Alexander Mett

Extreme Wildlife-Makrofotografie

Verlag: BILDNER Verlag GmbH
Bahnhofstraße 8
94032 Passau
http://www.bildner-verlag.de
info@bildner-verlag.de
Tel.: +49 851-6700
Fax: +49 851-6624

ISBN: 978-3-8328-0344-5

Covergestaltung: Christian Dadlhuber

Redaktion und Lektorat: Ulrich Dorn

Layout und Gestaltung: Nelli Ferderer

Autor: Alexander Mett

Herausgeber: Christian Bildner

Fotos auf dem Cover: Alexander Mett

MIX
Papier aus verantwortungsvollen Quellen
FSC® C014138
www.fsc.org

Das FSC®-Label auf einem Holz- oder Papierprodukt ist ein eindeutiger Indikator dafür, dass das Produkt aus verantwortungsvoller Waldwirtschaft stammt. Und auf seinem Weg zum Konsumenten über die gesamte Verarbeitungs- und Handelskette nicht mit nicht-zertifiziertem, also nicht kontrolliertem, Holz oder Papier vermischt wurde. Produkte mit FSC®-Label sichern die Nutzung der Wälder gemäß den sozialen, ökonomischen und ökologischen Bedürfnissen heutiger und zukünftiger Generationen.

Wichtige Hinweise

Vorwort

Die extreme Wildlife-Makrofotografie ist ein Bereich innerhalb der Makrofotografie, der mich schon seit vielen Jahren fasziniert. Sie fängt da an, wo die normale Makrofotografie aufhört, nämlich ab einem Abbildungsmaßstab (ABM) von 1,1:1.

Ich bewege mich normalerweise in Abbildungsmaßstäben von 2:1 bis 4:1. Um diese sehr starken Vergrößerungen zu erreichen, verwende ich eine spezielle Ausrüstung, die unter anderem aus Zwischenringen, einem Retroadapter und alten Festbrennweiten besteht.

Es gibt kaum einen anderen Bereich der Fotografie, der so anspruchsvoll ist wie die extreme Wildlife-Makrofotografie. Selbst wenn man genau weiß, welche Ausrüstung man benötigt und wie man sie zu bedienen hat, ist es immer noch ein weiter Weg bis zu den ersten wirklich guten Bildergebnissen, da man die Motive in stundenlangen Touren erst mal suchen und finden muss, um dann sehr vorsichtig dabei zu sein, sie auch noch zu fotografieren.

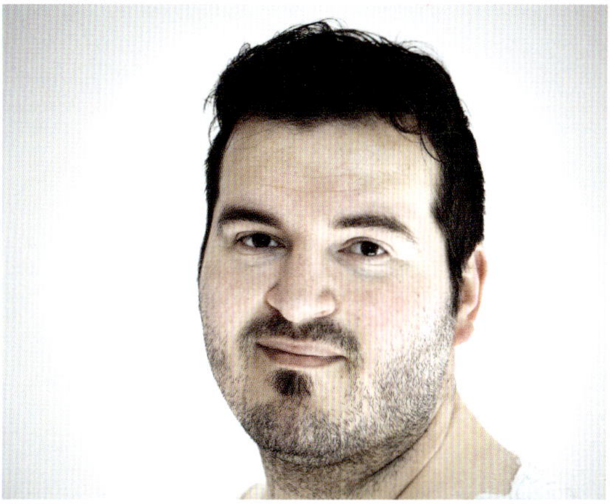

Selbstverständlich müssen die Bilder anschließend zu Hause entsprechend weiterbearbeitet werden. Eine besondere Schwierigkeit bei dieser Art der Fotografie besteht darin, ein Focus Stacking anzuwenden, um auf eine möglichst hohe Schärfentiefe im Bildergebnis zu kommen. Wenn man ein völlig bewegungsloses Motiv vor sich hat, das man gemütlich mit einem Makroschlitten Millimeter für Millimeter abfotografieren kann, ist auch das nicht besonders schwer.

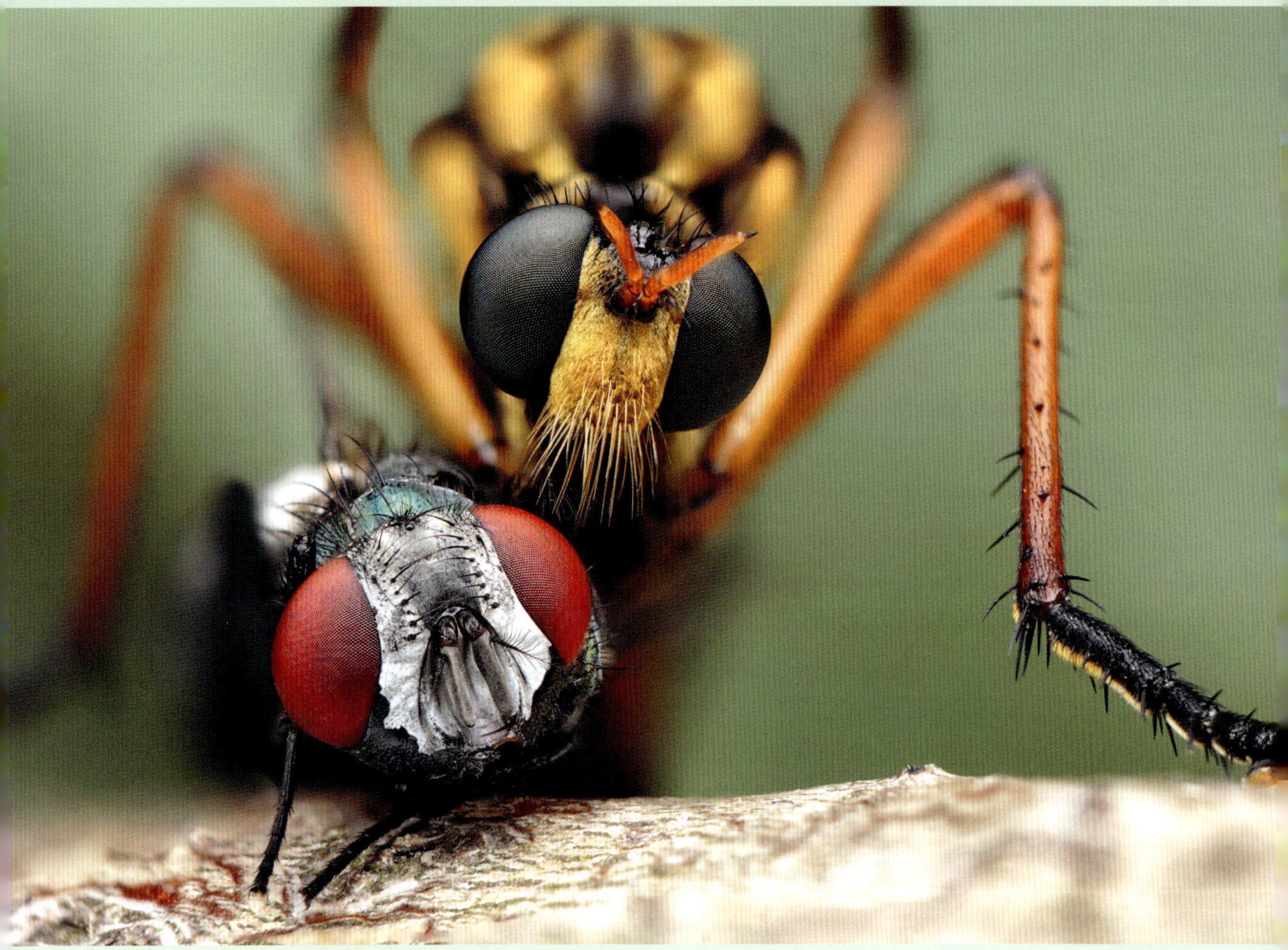

Die Kleine Wolfsfliege (Molobratia teutonus), hier mit Beute zu sehen, gehört zu den seltensten einheimischen Makromotiven.

So funktioniert es aber leider nicht in der extremen Wildlife-Makrofotografie, besonders dann nicht, wenn man wie ich bevorzugt tagsüber auf seine Fototouren geht. Um bei den sich bewegenden Motiven dennoch Focus Stacking betreiben zu können, muss das Ganze leider manuell durchgeführt werden, was viele Stunden Arbeit für ein Bild bedeuten kann.

Es hängt einfach von sehr vielen Faktoren ab, wirklich gute Bilder hinzubekommen. Nicht zu wissen, was man auf einer Fototour alles sieht und fotografieren kann, das macht für mich den Reiz dieses überaus spannenden Fotografiebereichs aus.

Außerdem gibt es immer wieder etwas Neues und Faszinierendes zu entdecken. Es spielen sich in dieser kleinen Welt der Spinnen und Insekten unglaubliche Dramen ab, die den Szenen der großen Tiere, wie man sie z. B. in der afrikanischen Savanne findet, in nichts nachstehen.

Da gab es unter anderem die Szene, in der ein Marpissa-muscosa-Männchen (Rindenspringspinne) ein trächtiges Buchenblattlaus-Weibchen erbeutet hatte und dieses praktisch mit letzter Kraft beim Sterben noch seine Jungen zur Welt brachte.

Oder die Situation, in der ein Berg-Sandlaufkäfer mit seinen kräftigen Mandibeln (Mundwerkzeugen) eine Schnake in zwei Hälften geteilt hatte und sich daranmachte, den Unterkörper zu fressen, während die noch lebende Schnake dabei zusehen musste.

Neben dem vielen Grausamen gibt es aber auch immer wieder mal etwas Schönes zu entdecken, wie z. B. Paarungsszenen und Bilder von Spinnen- und Insektenmüttern mit ihrem Nachwuchs, von denen in diesem Buch auch einige zu finden sind.

Ich hoffe, dass ich Sie mit dem Buch und den vielen darin enthaltenen Bildern für die extreme Wildlife-Makrofotografie begeistern kann. Mir brachte die extreme Wildlife-Makrofotografie in den sechs Jahren, die ich im Tölzer Land und im Spessart damit intensiv verbracht habe, eine große Freude und meinen schönsten Lebensabschnitt.

Alexander Mett, im Januar 2019

Inhalt

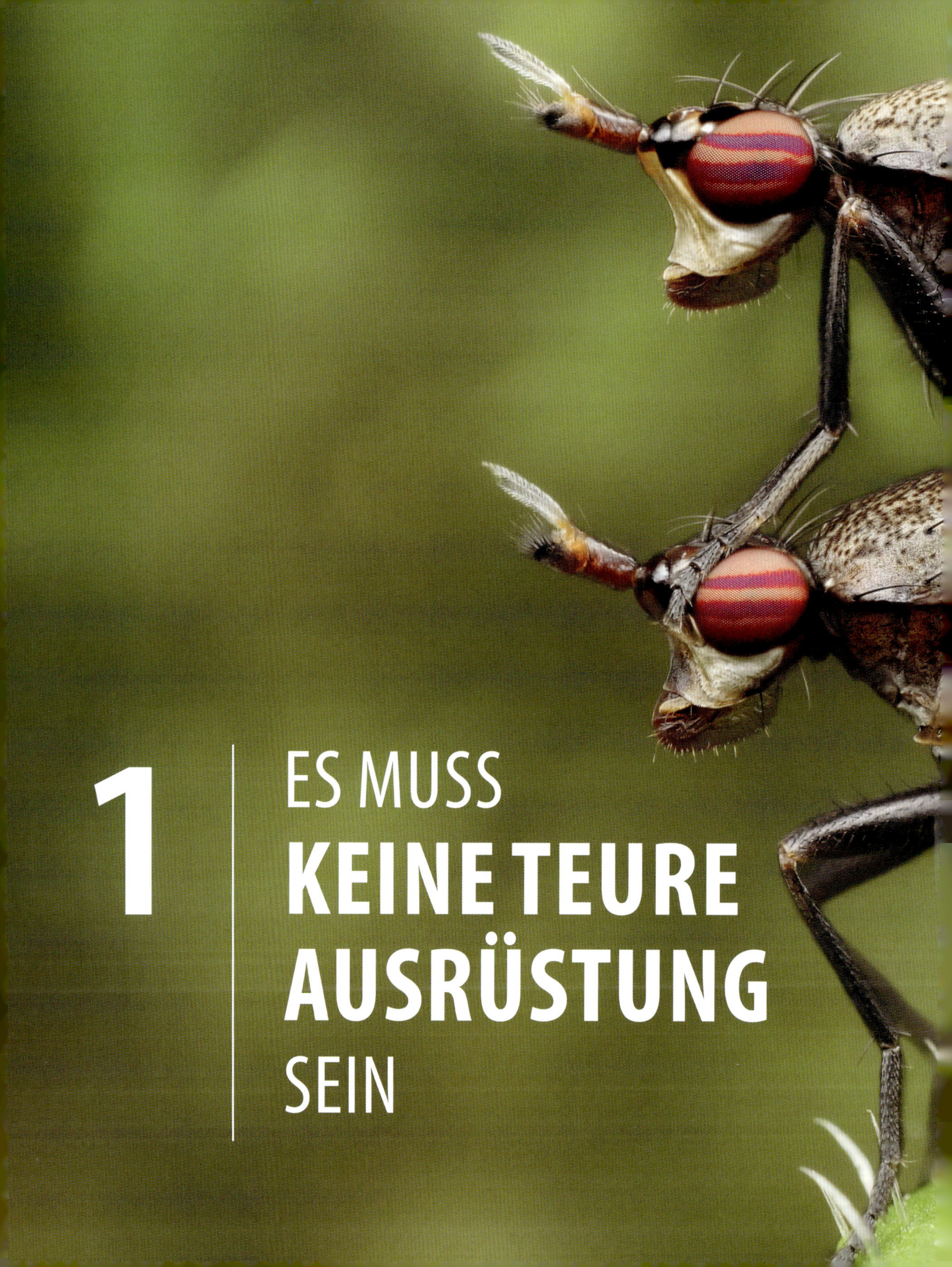

1 ES MUSS **KEINE TEURE AUSRÜSTUNG** SEIN

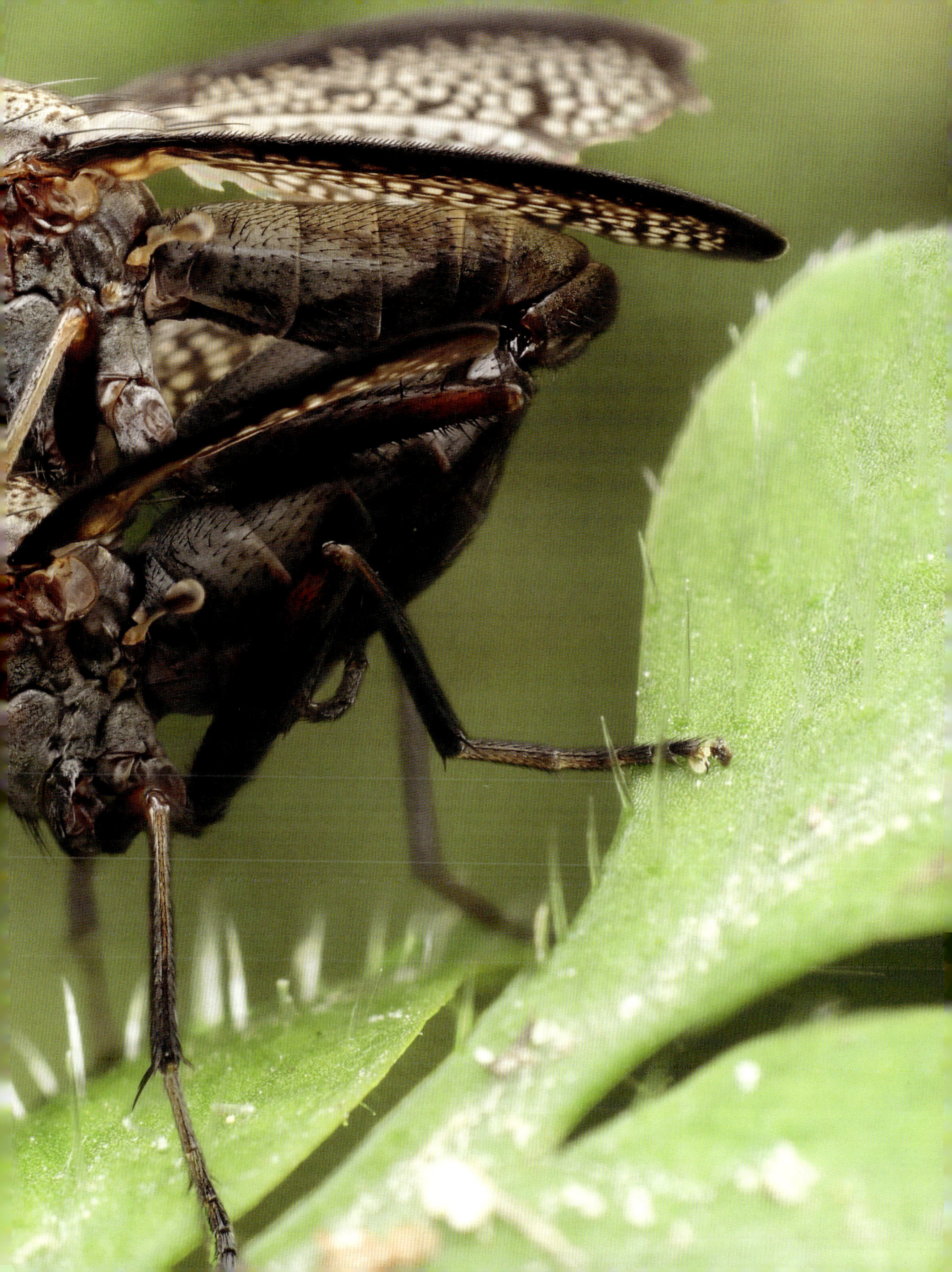

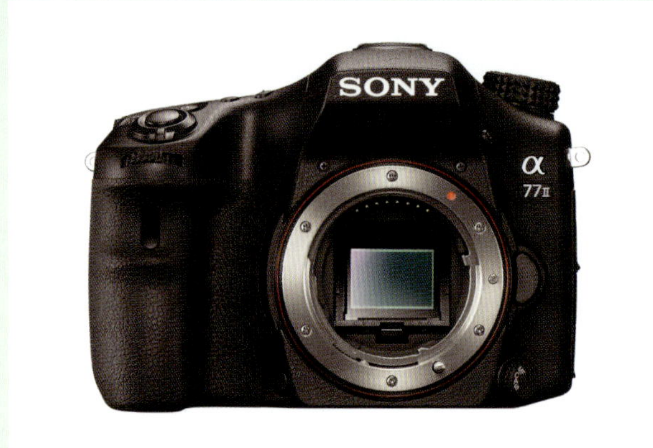
SONY
α
77II

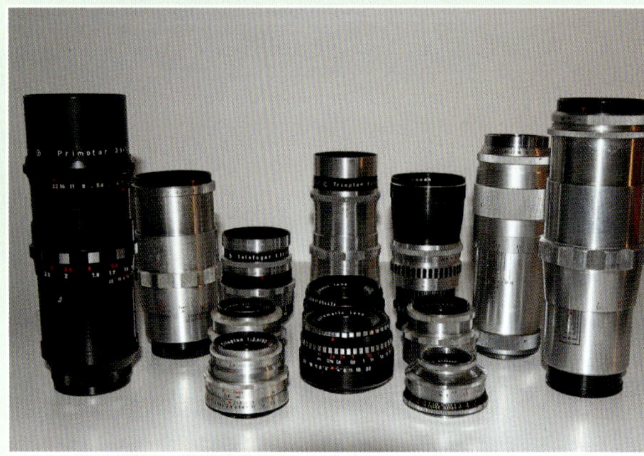

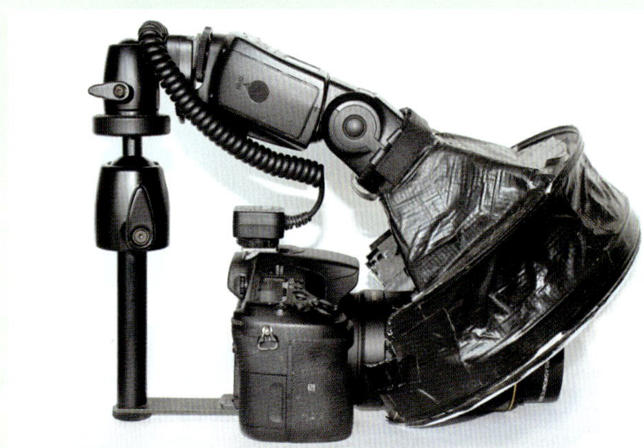

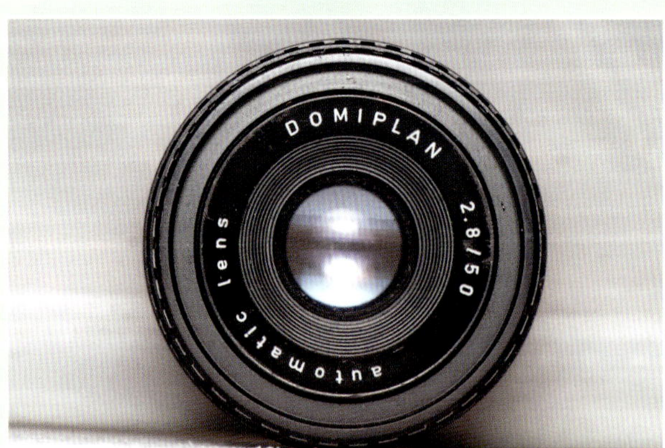
DOMIPLAN
2.8/50
automatic lens

1

Es muss keine teure Ausrüstung sein

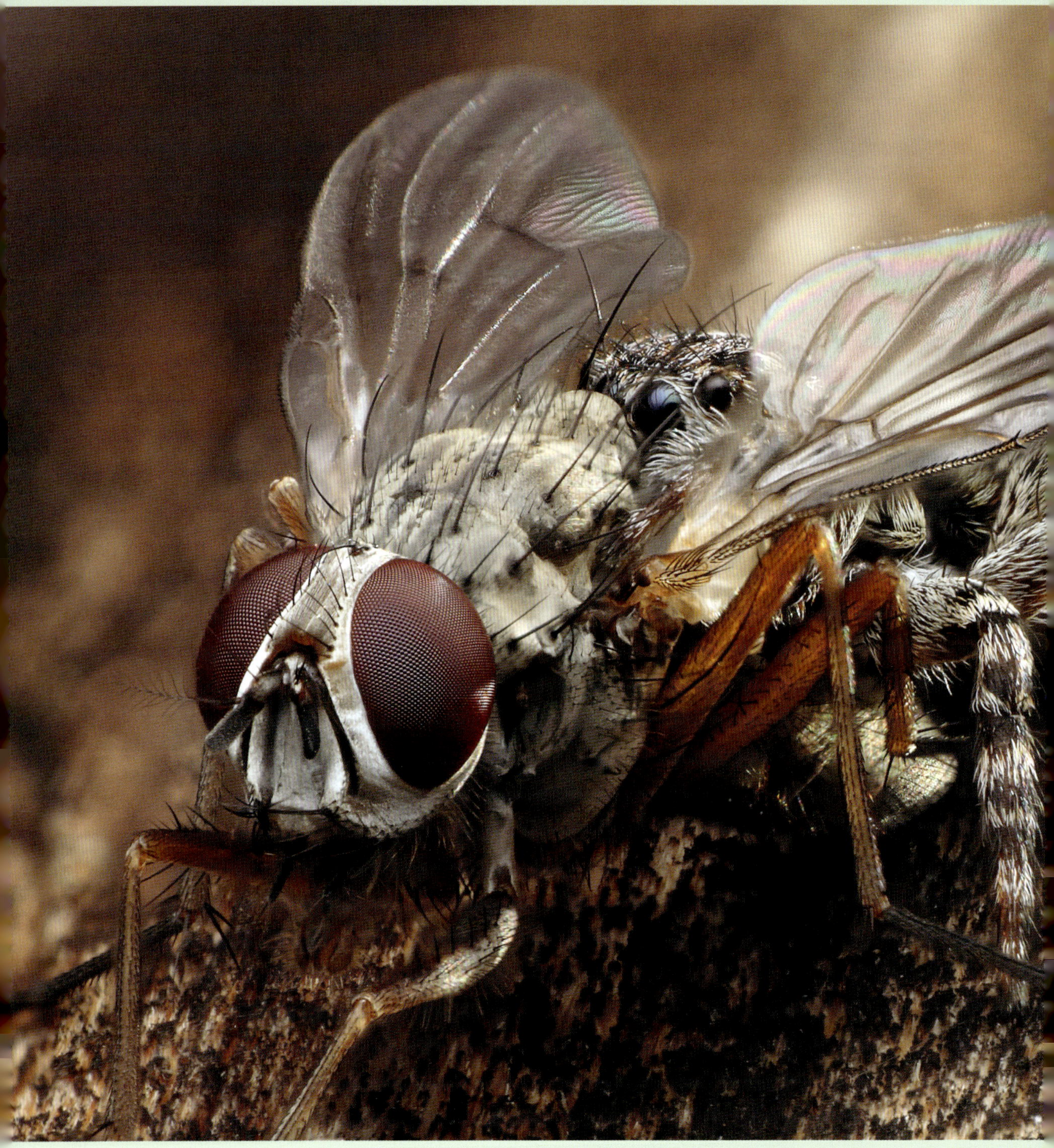

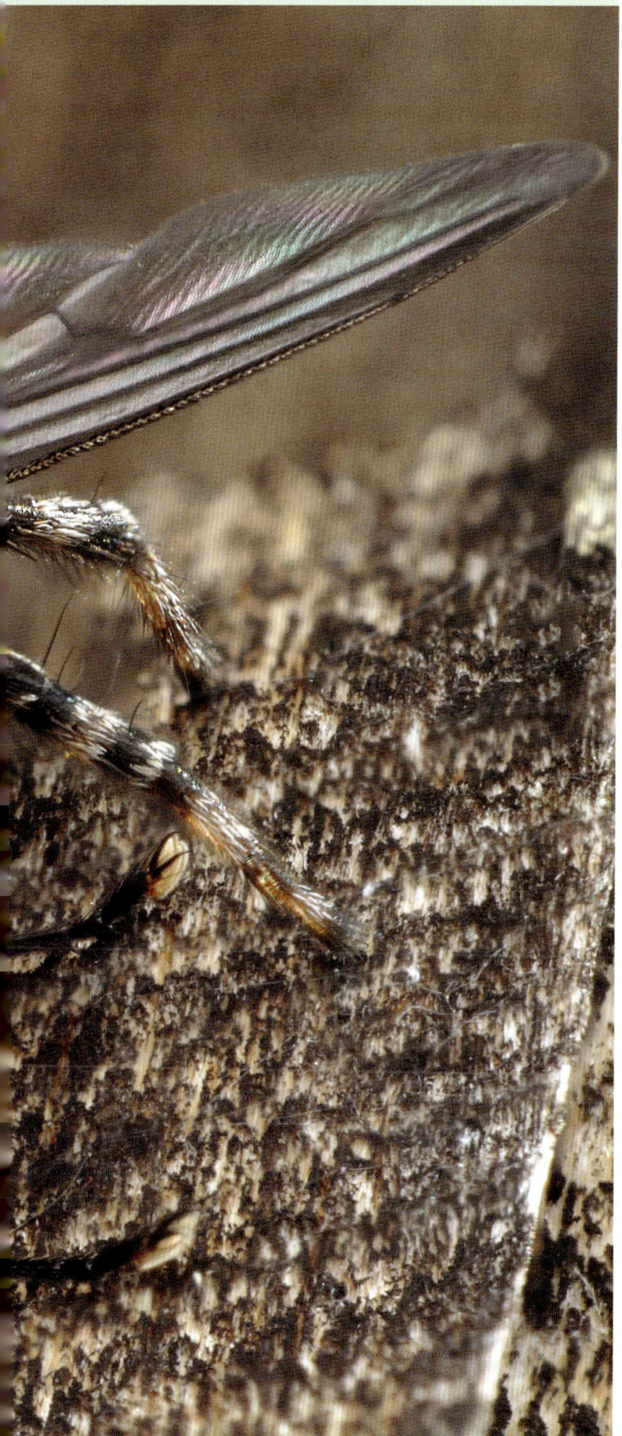

Um die extreme Makrofotografie betreiben zu können, benötigt man nicht unbedingt ein teures Lupenobjektiv. Es gibt viele Möglichkeiten, wie man große Abbildungsmaßstäbe realisieren kann. Viel wichtiger als die eigentliche Hardware ist das Wissen, wie man sie am besten einsetzt und worauf es bei einem guten Makrobildergebnis ankommt.

Kamera mit APS-C-Sensor

Natürlich gibt es technische Ausstattungen, die es einem deutlich erleichtern, gute Bilderergebnisse zu erhalten, wie z. B. ein Klappdisplay und Focus Peaking (farbliche Kantenanhebung der jeweils scharfen Bereiche im Display). Aber auch ohne diese Features ist es möglich, wie viele Makrofotografen auf der ganzen Welt in den vergangenen Jahren immer wieder gezeigt haben.

Sie brauchen nicht die teuerste und neueste Ausrüstung, um z. B. ein Vierpunktspringspinnen-Weibchen (Sitticus pubescens) mit Beute zu fotografieren.

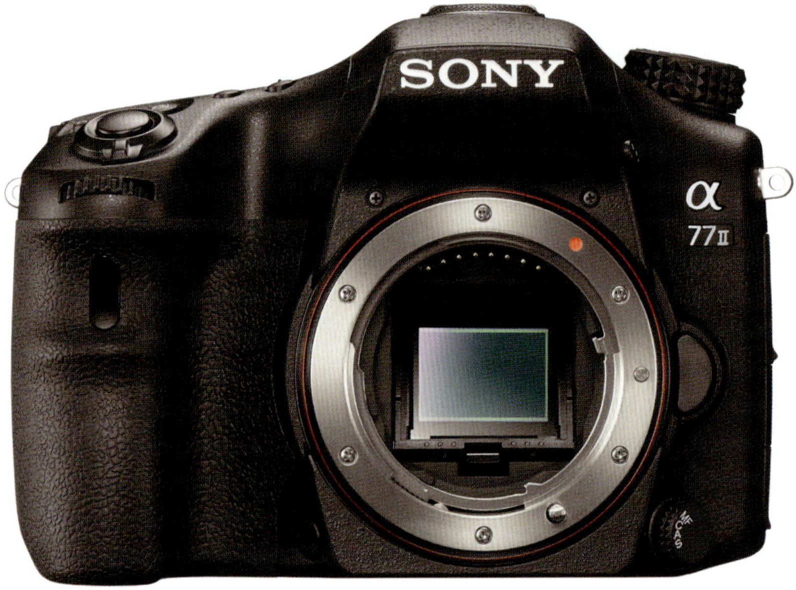

Die SONY α77II mit 24,3-Megapixel-APS-S-Sensor, nicht mehr ganz taufrisch, aber immer noch auf der Höhe der Zeit. Schnell und mit präziser Abbildungsleistung entgeht ihr kein Detail.

Es sollte eine Kamera mit Objektivwechselmöglichkeit vorhanden sein. Dabei spielt es aber keine Rolle, ob diese von Canon, Nikon, SONY oder einem anderen Hersteller ist. Ich selbst verwende SONY-E-Mount-Kameras mit APS-C-Sensor wie die Modelle SONY α77II und SONY α6000.

Falls Sie die Anschaffung einer neuen Kamera planen, empfehle ich, darauf zu achten, dass die Kamera mit schwenkbarem Klappdisplay, Live-View und am besten noch mit Focus Peaking ausgestattet ist. Das erleichtert das Erkennen der jeweils für das spätere Focus Stacking benötigten Schärfeebene enorm.

Flexibilität durch Wechselobjektive

Flexibilität durch Wechselobjektive ist eines der Hauptargumente für die Wahl einer Spiegelreflexkamera, kurz DSLR (engl. *Digital Single Lence Reflex Camera*), für viele Fotografen das Werkzeug der Wahl. Zum einen schwören sie auf die optischen Sucher der DSLRs, zum anderen natürlich auf die große Auswahl an verfügbaren Objektiven.

Es gibt diverse Möglichkeiten, manuell in den Belichtungsprozess einzugreifen. Zwar hat jede DSLR auch eine Vollautomatik und spezielle Motivautomatiken, weiß man aber um das perfekte Zusammenspiel von Blende, Verschlusszeit und

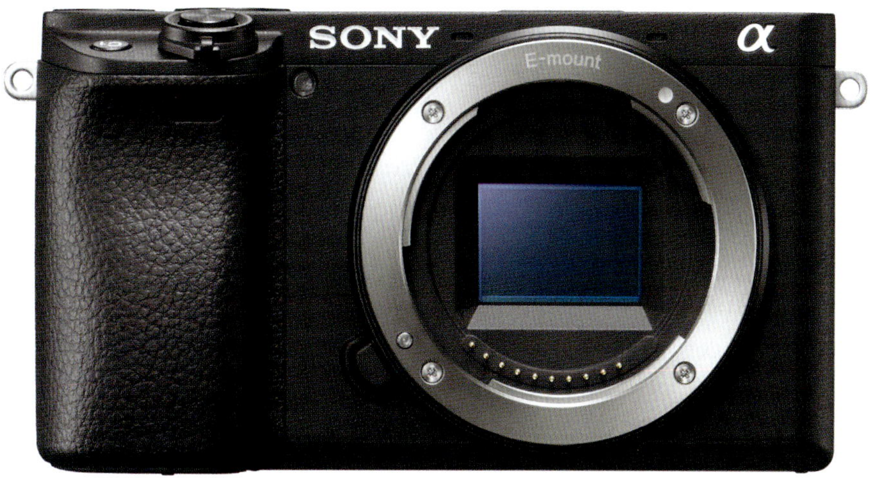

Die SONY α6400 ist das aktuelle Modell der erfolgreichen 6000er-Reihe. Kompakt, leicht und mit einem Leistungsspektrum ausgestattet, das den großen Vollformatflaggschiffen das Wasser reichen kann. Mit der α6400 haben Sie die perfekte APS-C-Kamera für den Einstieg in die extreme Makrofotografie.

ISO, sind Spiegelreflexkameras intuitiver und damit schneller zu bedienen. Sie liefern herausragende Bildqualität mit wenig Rauschen, beeindruckender Detailschärfe und verlässliche Farben.

Zudem haben Spiegelreflexkameras eine sehr hohe Auslösegeschwindigkeit und einen sehr schnellen Autofokus, einschließlich eines nachführenden Autofokus für bewegte Motive. Der Blick durch den optischen Sucher zeigt das Motiv praktisch unverändert, wodurch die manuelle Fokussierung immer noch deutlich besser klappt als mit einem elektronischen Sucher oder über eine Live-View-LCD.

Neben den Spiegelreflexkameras hat sich die Gattung der spiegellosen Systemkameras, kurz DSLM (engl. *Digital Single Lens Mirrorless*), für Fotoenthusiasten und Profis etabliert. Durch das Weglassen des Schwingspiegels ist der Kamerabody kleiner und vor allem „leichter" als der einer DSLR. Anstelle des Spiegels nutzen die Spiegellosen zur Fokussierung und Belichtung das Signal des Bildsensors. Im Aussehen erinnern viele Systemkameras an die legendären Rangefinder-Kameras aus den 1950er-, 1960er- und 1970er Jahren.

In Sachen Bildqualität stehen die Spiegellosen den Spiegelreflexkameras in nichts nach, und das Angebot an Objektiven ist mittlerweile annähernd so groß wie das im DSLR-Kamerasegment. Immer mehr Profifotografen entdecken die Spiegellosen für sich und setzen sie parallel zu ihren DSLRs ein. SONY und FUJIFILM sind die Player der Stunde, aber auch Canon und Nikon sind mittlerweile auf den DSLM-Zug aufgesprungen, wenngleich mit großer Verspätung.

APS-C-Format versus Vollformat

Sie fragen, warum ich Kameras mit APS-C-Format verwende? In vielen Bereichen der Fotografie gelten Vollformatkameras von Nikon und Canon als das Nonplusultra. In der extremen Makrofotografie aber ist das anders, da das APS-C-Format zwei Vorteile gegenüber dem Vollformat hat.

1. Durch den Cropfaktor von 1,53 (bei SONY) beim APS-C-Sensor erreicht man praktisch eine größere Brennweite bzw. einen höheren Abbildungsmaßstab mit einem identischen Objektiv, da weniger auf das Bild passt. Beim APS-C-Format wird die Brennweite aber nicht tatsächlich verlängert, sondern lediglich der Bildausschnitt wird kleiner bzw. gecroppt. Während man in der Landschaftsfotografie möglichst viel von der Umgebung auf das Bild bringen möchte, ist es bei der Makrofotografie und insbesondere bei der extremen Makrofotografie genau umgekehrt der Fall.

2. Der zweite Grund ist die bei einer Vollformatkamera um etwa eine Blendenstufe geringere Schärfentiefe. Diese ergibt sich aber nicht aus der Sensorgröße, sondern aus der größeren Brennweite, die nötig ist, um bei einer Vollformatkamera den gleichen Bildwinkel wie bei einer APS-C-Kamera zu erzielen.

Bei einer Vollformatkamera ist also wegen des fehlenden Cropfaktors eine größere Brennweite nötig, um auf den gleichen Bildwinkel zu kommen, und eine höhere Brennweite ergibt die geringere Schärfentiefe. Auch das ist für viele fotografische Bereiche wie z. B. die Porträtfotografie eher ein Vorteil, aber eben nicht für die extreme Makrofotografie, bei der die Schärfentiefe sowieso schon sehr gering ist.

Cropfaktor und Kleinbildäquivalent

Die Sensorfläche ist bei allen Kameras mit APS-C-Sensor kleiner als die Fläche eines 35-mm-Kleinbildnegativs, das Standardformat aus der analogen Fotografie. Durch diesen kleinen Umstand verändert sich bei gleicher Brennweite der Bildausschnitt, den Sie im Sucher einer digitalen Kamera im Vergleich zur Analogkamera sehen.

Aus diesem Grund geben die Kamerahersteller einen Umrechnungsfaktor an, mit dem man berechnet, wie sich der Bildausschnitt einer bestimmten Brennweite im Vergleich zum analogen Kleinbildformat verändert. In dem Zusammenhang taucht auch häufig der Begriff der „kleinbildäquivalenten Brennweite (KB)“ auf, die nichts anderes ist als das Ergebnis aus der Brennweite multipliziert mit dem Cropfaktor bezogen auf das Kleinbildformat von 24 × 36 mm.

Brennweite × Cropfaktor = Kleinbildformat (KB)

Formel zur Umrechnung der kleinbildäquivalenten Brennweite.

Weitere Umrechnungsbeispiele:

- Fotografieren Sie mit einer APS-C-Kamera der Marke Canon und einer 35-mm-Festbrennweite, entspricht das bei einem Cropfaktor von 1,61 einer Brennweite von 56 mm (abgerundet) an einer Kleinbildkamera.

- Fotografieren Sie mit einer APS-C-Kamera der Marke SONY, FUJIFILM oder Nikon und einer 35-mm-Festbrennweite, entspricht das bei einem Cropfaktor von 1,53 einer Brennweite von 53 mm (abgerundet) an einer Kleinbildkamera.

- Fotografieren Sie mit einer MFT-Kamera (engl. *Micro Four Thirds*) der Marken Olympus oder Panasonic und einer 35-mm-Festbrennweite, entspricht das bei einem Cropfaktor von 2 einer Brennweite von 70 mm an einer Kleinbildkamera.

Geeignete Objektive und Zubehör

Das Objektiv ist das Auge jeder Kamera. Fast alle Spiegelreflex- und spiegellosen Systemkameras werden zusammen mit einem Standardzoom verkauft, auch als Kitobjektiv bezeichnet. Darunter versteht man ein Objektiv, das den Bereich zwischen einem milden Weitwinkel und einem mittleren Tele abdeckt. Im Kleinbildbereich entspricht das einem Brennweitenbereich zwischen etwa 24 und 120 mm. Zwei wichtige technische Merkmale charakterisieren ein Objektiv für die digitale Fotografie: die Brennweite und die Lichtstärke. Die Brennweite beschreibt den Abstand zwischen dem Mittelpunkt der Linse und dem Sensor. Das durch das Objektiv auf den Sensor fallende Bild ist abhängig von der Brennweite. Mit einer langen Brennweite bilden Sie einen relativ kleinen Motivausschnitt groß ab. Mit einer kurzen Brennweite bilden Sie einen großen Motivausschnitt relativ klein ab.

Makroobjektive

Freunde von Insekten, Blüten und anderen kleinen Motiven greifen, wenn sie mit einer Spiegelreflexkamera arbeiten, gern zu speziellen Makroobjektiven. Daher sollten Sie einige Faktoren in Ihre Kaufentscheidung einfließen lassen:

- Fotografieren Sie Spinnen und Insekten, die sehr schreckhaft reagieren und schnell flüchten, im extremen Makrobereich, benötigen Sie eine lange Brennweite. Arbeitsgeräusche von Kamera und Objektiv spielen keine Rolle, da Spinnen und Insekten nichts hören können..

- Darüber hinaus sollte man sich fragen, welchen Abbildungsmaßstab man erreichen möchte. Wenn die Motive lebensgroß erfasst werden sollen, muss das Objektiv einen Abbildungsmaßstab von 1:1 schaffen. Eine 10 mm große Ameise wird dann exakt mit 10 mm auf dem Sensor abgebildet.

Aber muss es gleich ein teures Makroobjektiv sein? Nein, der erfolgreiche Einstieg in die Welt der Makrofotografie gelingt bereits mit überschaubaren finanziellen Mitteln, ohne dabei Abstriche an der Bildqualität in Kauf nehmen zu müssen. Mit einem Retroadapter (ca. 7 Euro) und einer analogen Weitwinkelfestbrennweite (gebraucht ab etwa 20 Euro) in Verbindung mit manuellen Zwischenringen (ca. 10 Euro) können Sie überaus günstig in den extremen Makrobereich vordringen.

Zwischenringe

Zwischenringe funktionieren wie ein Balgengerät, indem sie den Abstand zwischen Bildsensor und Objektiv bzw. dessen Hauptebene erhöhen und somit die Bildweite verlängern. Dadurch vergrößert sich der Abbildungsmaßstab, und die Naheinstellgrenze sinkt – bei Teleobjektiven sogar sehr deutlich. Zwischenringe sind klein und leicht, aber auch etwas unflexibel. Das heißt, wenn man sie in Verbindung mit einer Weitwinkelfestbrennweite in Retroposition nutzt, haben Sie in dem Moment nur einen festen Abbildungsmaßstab.

Abbildungsmaßstab

Der Abbildungsmaßstab wird mit dem griechischen Buchstaben Beta (β) symbolisiert. Möchten Sie Ihre Motive lebensgroß erfassen, muss das Objektiv einen Abbildungsmaßstab von 1:1 schaffen. Eine 10 mm große Ameise wird dann exakt mit 10 mm auf dem Sensor abgebildet.

Ich verwende Zwischenringe meistens in Verbindung mit dem LAOWA 60 mm f/2.8 Ultra-Makro 2:1 und kann am Objektiv den Abbildungsmaßstab ändern. Aber auch in Verbindung mit einem Retroadapter und einer

Festbrennweite ist der Einsatz zu empfehlen, da sich die Zwischenringe schnell wechseln und erweitern lassen. Durch Zwischenringe verlieren Sie etwas Licht, bei einem kompletten Satz Zwischenringen an einem 28-mm-Minolta-MD-Rokkor-Objektiv in Retroposition beträgt der Lichtverlust etwa zwei Blendenstufen. Da Zwischenringe aber keine Glaslinse haben, gibt es keinen Verlust bei der Abbildungsleistung des Objektivs.

Retroadapter

Es sollte auf jeden Fall keine neue Weitwinkelfestbrennweite sein, da alte Objektive aus den 1980er-Jahren eine manuelle Blendensteuerung haben, die natürlich dann auch noch in Retroposition funktioniert. Neue Objektive haben eine elektronische Blendensteuerung und bleiben ohne Verbindung mit der Kamera in der Ausgangsposition bzw. mit Offenblende. Viele der Bildergebnisse, die in diesem Buch gezeigt werden, sind mit einer solch günstigen Ausrüstung bestehend aus einem Retroadapter, Zwischenringen und einem alten Weitwinkelobjektiv entstanden.

Dadurch, dass man ein Objektiv in Retroposition mit der Frontlinse in Richtung Kamera per Retroadapter anbringt, wird plötzlich ein Weitwinkelobjektiv zum Vergrößerungsglas. Je weitwinkliger ein Objektiv ist, umso größer wird der Abbildungsmaßstab, wenn es in Retroposition eingesetzt wird.

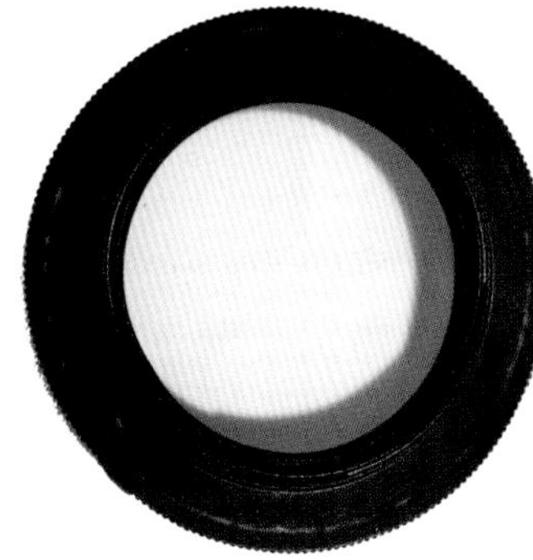

Ein Retroadapter, auch Umkehrring genannt, ist ein Adapter, der direkt am Bajonett der Kamera angebracht wird und mit dem sich Objektive in umgekehrter Position verwenden lassen.

Betreiben Sie zum Beispiel bei einer Spiegelreflexkamera mit APS-C ein 28-mm-Objektiv in Retroposition, bekommen Sie einen ungefähren Abbildungsmaßstab von 2:1. Bei einem 24-mm-Objektiv sind es schon etwa 2,6:1. Je weitwinkliger ein Objektiv ist, umso größer wird der Abbildungsmaßstab, wenn es in Retroposition verwendet wird.

Abbildungsmaßstäbe

Die folgenden Abbildungsmaßstäbe können mit einem Retroadapter und verschiedenen Objektiv-Zwischenring-Kombinationen an einer APS-C-Kamera erzielt werden. Es wurden hierbei manuelle Zwischenringe (ZW) eingesetzt, die so aufgebaut sind, dass sie, abgesehen von den eigentlichen Zwischenringen in den Größen 7 mm, 14 mm und 28 mm, noch über ein Vorder- und ein Rückteil verfügen,

die, zusammengeschraubt, auch alleine verwendet werden können.
Bei automatischen Zwischenringen besitzt jeder einzelne Zwischenring sowohl einen Bajonett- als auch einen Objektivanschluss.

Nur mit einem 28-mm-Objektiv = 1,9:1

- mit Vorder- und Rückteil der ZW = 2,4:1
- mit 7-mm-ZW = 2,7:1
- mit 14-mm-ZW = 2,9:1
- mit 14-mm- und 7-mm-ZW = 3:1
- mit 28-mm-ZW = 3,3:1
- mit 28-mm- und 7-mm-ZW = 3,5:1
- mit 28-mm- und 14-mm-ZW = 3,8:1
- mit allen ZW = 4,2:1

Nur mit einem 24-mm-Objektiv = 2,6:1

- Vorder-und Rückteil der ZW = 3,1:1
- 7-mm-ZW = 3,4:1
- 14-mm-ZW = 3,6:1
- 14-mm- und 7-mm-ZW = 3,8:1
- 28-mm-ZW = 4:1
- 28-mm- und 7-mm-ZW = 4,2:1
- 28-mm- und 14-mm-ZW = 4,5:1
- allen ZW = 4,9:1

Nur mit einem 35 -mm-Objektiv = ca. 1,5:1

Balgengerät

Weitere Möglichkeiten, um in den extremen Makrobereich vorzudringen, bieten Balgengeräte, Achromate und Teleadapter. Ein Balgengerät funktioniert zwar genau so wie die Zwischenringe und ist, was den Abbildungsmaßstab angeht, auch flexibel einstellbar, es hat aber einen recht klobigen Aufbau und ist daher für die extreme Wildlife-Makrofotografie eher ungeeignet.

Achromat

Bei einem Achromat handelt es sich um eine hochwertige Nahlinse, die am Filtergewinde eines Objektivs angebracht wird. Ein Achromat besteht gewöhnlich aus zwei Linsenelementen, wodurch chromatische Aberrationen (Farbsäume an kontrastreichen Stellen im Bild) korrigiert werden, die bei einer einfachen Nahlinse auftreten. Achromate gibt es in verschiedenen Ausführungen bzw. mit unterschiedlichem Vergrößerungsfaktor. Dieser wird bei Achromaten in Dioptrien angegeben. Ein häufig eingesetzter und sehr beliebter Achromat ist der Raynox DCR-250 mit 8 Dioptrien. Ich selbst verwende ebenfalls einen Achromat, und zwar den Siocore 10 x 62 mm.
Mit einem Achromat nimmt die Bildqualität des Objektivs leicht ab, für mich ist das bei den guten Achromaten von Raynox, Siocore und Marumi nicht wirklich sichtbar. Ganz im Gegenteil, man ist eigentlich erstaunt, wie gut die Bildqualität trotz des dicken Achromats ist. Neben einem Retroadapter ist ein Achromat die einfachste und günstigste Lösung, um in den extremen Makrobereich zu gelangen. Abhängig

davon, wie viel Dioptrien der Achromat besitzt, ist dazu aber schon ein Makroobjektiv als Basis nötig, um Abbildungsmaßstäbe von über 2:1 zu erreichen.

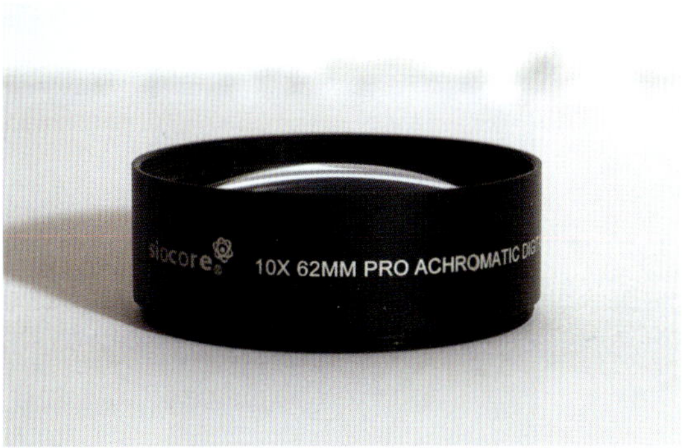

Achromate wie dieser sind eine gute Möglichkeit, um in den extremen Makrobereich vorzudringen.

Nahlinsen und Achromate

Nahlinsen werden auch als Vorsatzlinsen bezeichnet und finden ihren Platz im vorderen Teil des Objektivs. Dadurch verkürzt sich die Objektivbrennweite. Als Folge davon erreichen Sie einen größeren Abbildungsmaßstab. Wenn Sie darauf achten, in diesem Fall nicht zu weit abzublenden, ist die erreichbare Bildqualität durchaus zufriedenstellend. Wer die Bildqualität, besonders die Bildschärfe, dennoch etwas verbessern möchte, sollte die ein wenig teureren Achromate als Vorsatz wählen.

Telekonverter

Durch einen Telekonverter verlängert sich die Brennweite des Objektivs, bei einem 2-fach-Telekonverter sogar auf die doppelte Brennweite. Im Gegensatz zum Balgengerät und den Zwischenringen bleibt die Naheinstellgrenze beim Objektiv gleich, also bei Normalobjektiven bei unendlich. Der große Nachteil eines Telekonverters ist, dass er aus einem Linsensystem besteht und die Abbildungsleistung des eigentlichen Objektivs verringert.

Extreme Makrofotografie

Mit „extrem" werden Abbildungsmaßstäbe größer als 1:1 bezeichnet. Einen Abbildungsmaßstab von 1:1 bilden auch die meisten handelsüblichen Makroobjektive ab. In der Praxis bedeutet ein Abbildungsmaßstab von 1:1 an einer APS-C-Kamera, dass ein Motiv, das genauso groß wie die Sensorbreite (ca. 2,3 cm) ist, bildfüllend abgelichtet wird. Bei einem Abbildungsmaßstab von 2:1 wird dann nur noch ein 1,15 cm großes Motiv benötigt, um das gesamte Bild auszufüllen.

Mein ganz persönlicher „Lieblings-Abbildungsmaßstab" ist 2:1. Der Kopf einer gemeinen Wespe mit ausgestreckten Fühlern passt dann gerade noch so aufs Bild.

Bei einem 2-fach-Telekonverter ist die Minderung der Bildqualität schon deutlich zu sehen. Ich hatte mal einen 2-fach-Telekonverter von Kenko in Verbindung mit dem 60-mm-Makroobjektiv von Tamron eingesetzt, war aber mit der Bildqualität überhaupt nicht zufrieden. Darüber hinaus haben Sie es mit einem Lichtverlust zu tun. Im Makrobereich werden Telekonverter daher eher selten verwendet, ich kann sie überhaupt nicht empfehlen und setze sie auch nicht ein.

Zusätzlich zum eigentlichen Vergrößerungssetup, das im günstigsten Fall aus einem Retroadapter und einer alten Weitwinkelfestbrennweite besteht, braucht man noch einen Blitz, einen Diffusor und eine Blitzhalterung.

Aufsteckblitz

Der Yongnuo Speedlite YN560 II ist der Blitz, den ich seit Jahren für meine Makros verwende. Inzwischen gibt es schon das Modell Yongnuo 560 IV. Ich verwende die alte Zweierversion aber nach wie vor und bin sehr zufrieden damit. Ich habe mir von diesem Modell sogar noch ein zweites zugelegt, sollte das erste kaputtgehen – was aber nach über fünf Jahren der intensiven Nutzung nicht passiert ist. Der Yongnuo Speedlite YN560 II ist ein rein manueller Blitz und ohne TTL-Funktion. Das macht aber nichts, da ich beim Blitzen nur zwei verschiedene Einstellungen verwende und TTL dadurch unnötig ist. Meistens bleibt die Blitzstärke bei 1/32 Leistung eingestellt.

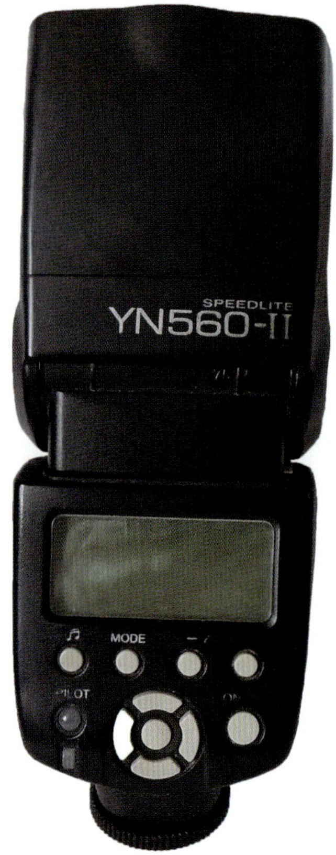

Dieser mittlerweile in die Jahre gekommene manuelle Blitz von Yongnuo ist nach wie vor die erste Wahl für mich. Die Speedlite-YN560-Modelle von Yongnuo sind für ungefähr 50 Euro zu haben. Es gibt aber auch vergleichbare Modelle von Herstellern wie z. B. Nissin.

Blitzleistung

Die Blitzleistung wird mit der Leitzahl angegeben und errechnet sich aus Blende und Motiventfernung in Meter, bezogen auf ISO 100. Die Formel dazu lautet:

Leitzahl = Blende × Entfernung

TTL-Blitzmessung

Bei der TTL-Blitzmessung findet die Belichtungsmessung durch das eingesetzte Objektiv statt (TTL = *Through The Lens*) und berücksichtigt die Brennweite der eingesetzten Objektive, fotografische Filter, die Auszugsverlängerung bei Nahaufnahmen und die tatsächliche Lichtstärke des Objektivs.

Spezielle Makroblitze

Es gibt neben den herkömmlichen Aufsteckblitzen auch noch spezielle Makroblitze wie Ringblitze und Zangenblitze. Ringblitze sind nicht zu empfehlen, da sie ein ziemlich hartes Licht erzeugen. Dieses lässt sich auch nicht nachträglich durch einen Diffusor weicher bekommen, da Ringblitze ganz vorne am Objektiv sitzen und für einen Diffusor kein Platz mehr ist. Außerdem kommt man mit einem Ringblitz nicht wirklich in den Bodenbereich und kann daher auch meistens nicht die ideale Perspektive einnehmen.

Zangenblitze wie z. B. der SONY HVL-MT24AM werden ebenfalls am Filtergewinde des Objektivs angebracht, dennoch sind die recht flexibel auszurichten. Bei ihnen lassen sich auch kleinere Diffusoren anbauen, womit sich durchaus ein sehr gutes Licht erzielen lässt. Sie sind aber meiner Blitz-Diffusor-Lösung vom Licht her nicht überlegen, und so ein Zangenblitz kostet ein Vielfaches eines Aufsteckblitzes. Ein Vorteil des Zangenblitzes besteht dagegen darin, dass man sich dafür keine Blitzhalterung basteln muss. Sie müssen also selbst entscheiden, ob Ihnen die Mehrkosten das wert sind.

Am flexibelsten bei den Makroblitzen sind Sie wohl mit einem sogenannten Twin Flash wie dem KX800 (kostet etwa 360 Euro), der von LAOWA vertrieben wird. Ich habe diesen Blitz besessen, ihn aber nach kurzer Zeit wieder verkauft, da seine Flexibilität auch sein großer Nachteil war. Die langen und in alle Richtungen biegbaren Blitzarme werden wohl früher

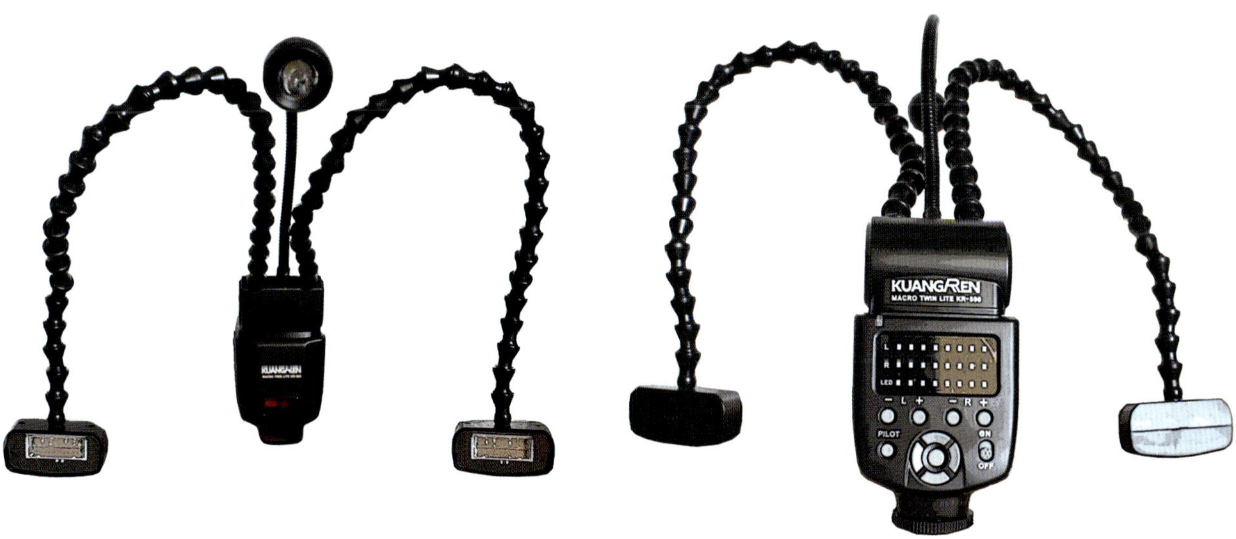

Der flexible LAOWA KX800 Twin Flash. Flexibel ja, aber mit kleinen Nachteilen, die in Kauf genommen werden müssen.

oder später einen Wackelkontakt bekommen, gerade wenn man sie für jede Fototour wieder entsprechend biegen muss, damit der Blitz in die Fototasche passt.

Blitzhalterung

Blitzhalterungen und Blitzschienen gibt es in den verschiedensten Ausführungen zu kaufen, nur leider hat mich bisher noch kein Modell wirklich überzeugt. Deshalb muss man als Makrofotograf unter Umständen etwas kreativ sein und sich selbst eine Blitzhalterung basteln, um das Blitzlicht dorthin zu leiten, wo es sein soll, nämlich kurz vor dem Objektiv.

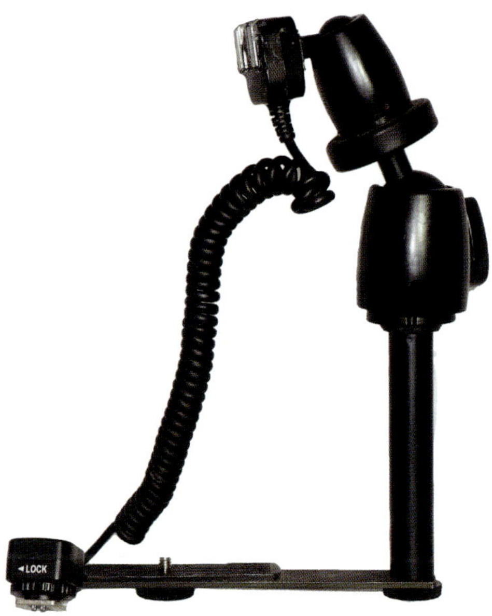

Diese relativ komplexe Blitzhalterung ist ein Eigenbau, der aus drei verschiedenen Komponenten besteht.

Ich habe mir daher vor Jahren eine Blitzhalterung selbst zusammengebaut, die den Blitz in eine perfekte Position bringt. Diese Blitzhalterung besteht aus einer Blitzschiene, dem Mittelteil eines Stativs und zwei Kugelköpfen. Zugegeben, wenn das Stück vom Stativ etwas länger wäre, könnte man auf den zweiten Kugelkopf verzichten, da er ohne Neigung und daher ohne Funktion ist.

Altgläser und Bokeh-Monster

Durch die sehr geringe Schärfentiefe bei der extremen Makrofotografie verschwimmen Pflanzen, Steine und was sich sonst noch alles im Hintergrund befinden kann zu einem homogenen Bokeh. Das sieht natürlich meistens sehr gut aus und stellt das Motiv schön frei, aber manchmal möchte man vielleicht einen Hintergrund haben, der an sich schon auffällt und ein Hingucker ist. So ist es mir zumindest ziemlich schnell ergangen, als ich mit der extremen Wildlife-Makrofotografie angefangen habe. Daher habe ich nach einer Möglichkeit gesucht, den für mich oft langweilig wirkenden Hintergrund bei manchen Bildern etwas aufzupeppen.

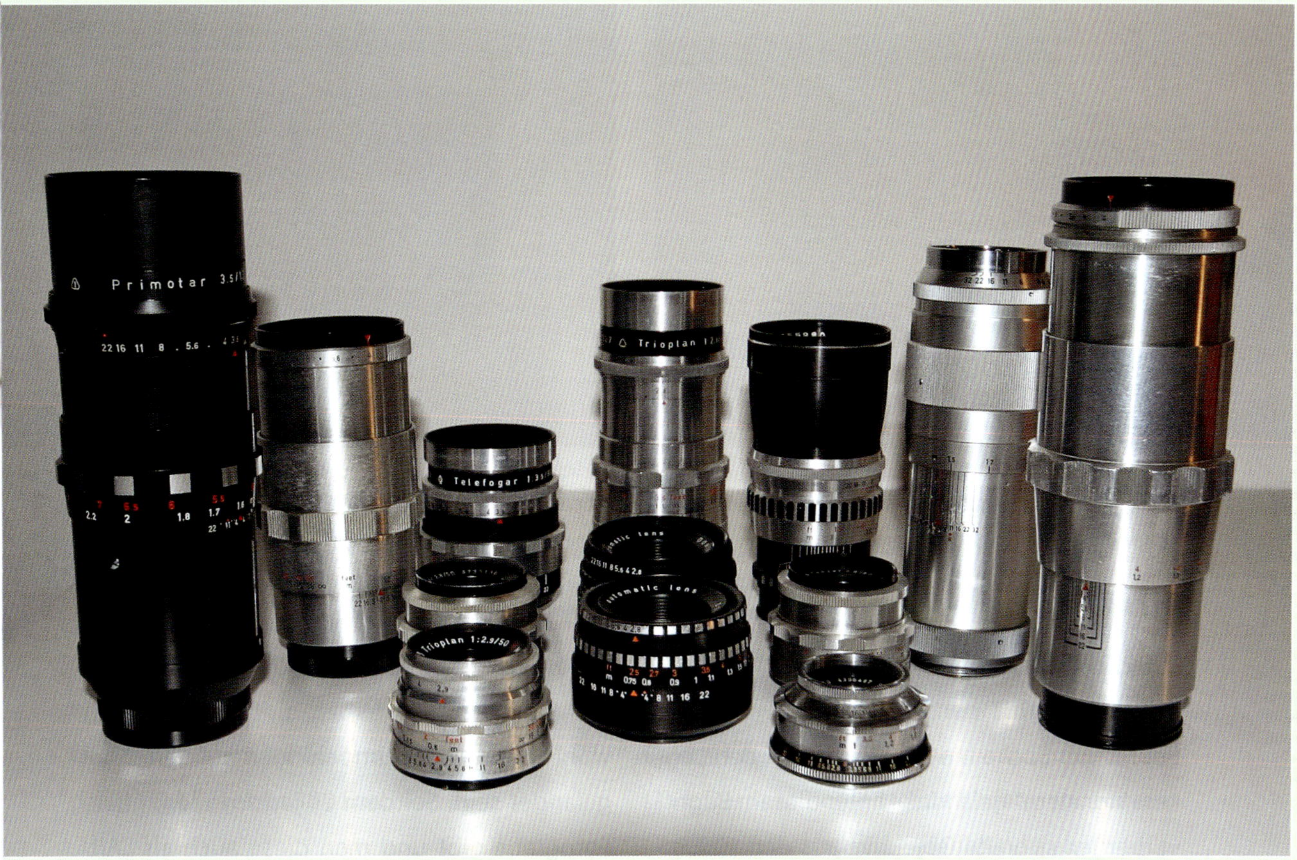

Analoge Objektive aus den 1950er- und 1960er-Jahren von Meyer-Optik Görlitz, Carl Zeiss, Schneider Kreuznach und anderen Herstellern können dank Adapter auch an modernen DSLR- und DSLM-Kameras eingesetzt werden und sind daher heute wieder sehr beliebt.

Bokeh

Bokeh ist ein Begriff aus dem Japanischen und bedeutet so viel wie „unscharf, verschwommen". Der Begriff „Bokeh" bezeichnet die Darstellung von Bildelementen, die nicht in der Schärfeebene liegen und somit unscharf dargestellt werden – z. B. der Hintergrund eines Makros.

Bokeh definiert sich also über die Darstellung der Unschärfe besonders von Lichtpunkten vor und hinter der Schärfeebene. Machen Sie Ihre Makroaufnahmen mit einem qualitativ hochwertigen Glas, wird das Bokeh „sanft" und „homogen" dargestellt. Bei weniger guten Objektiven wirkt das Bokeh eher rau und kantig.

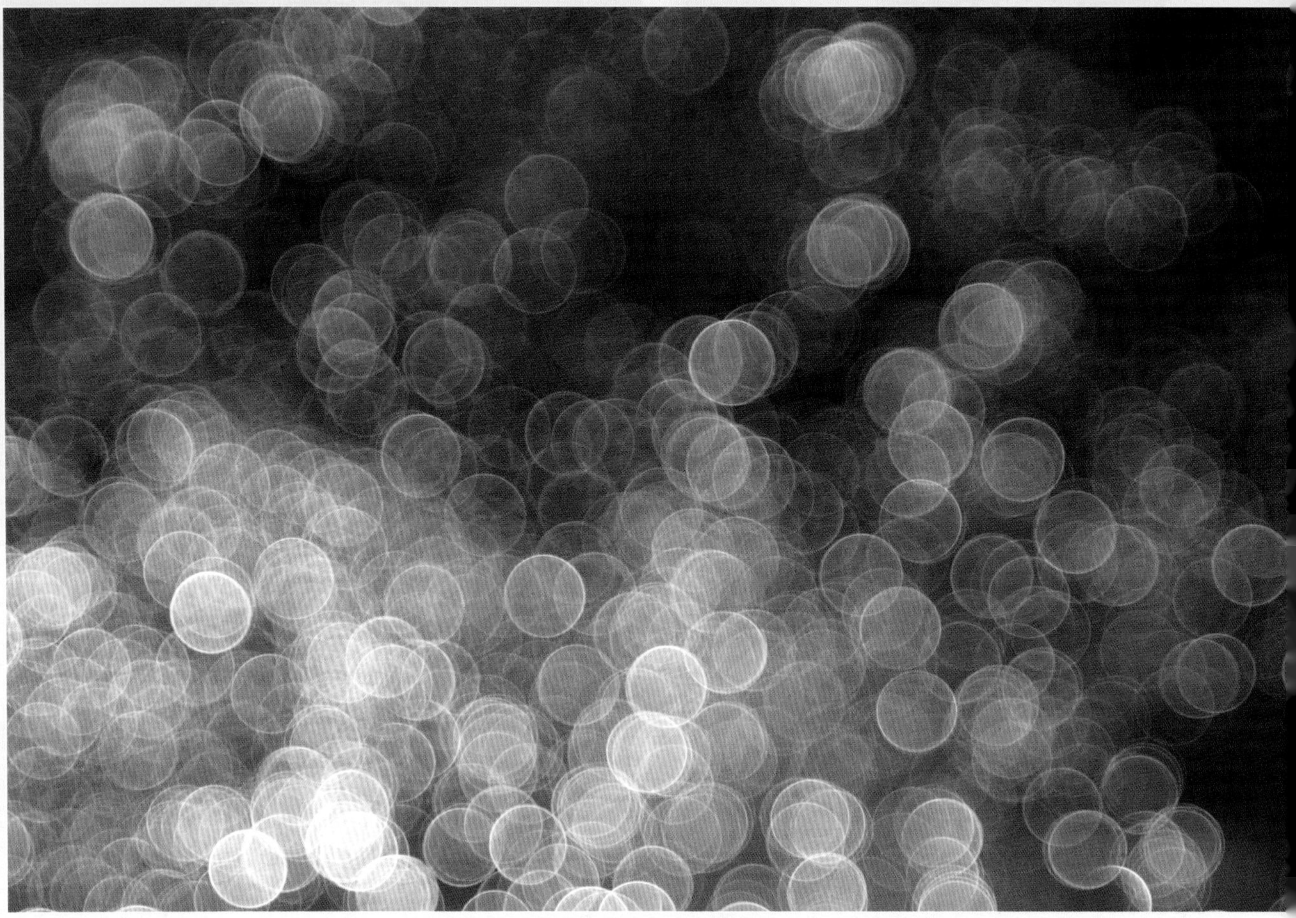

Diese Bokeh-Aufnahme entstand an einem Bachlauf. Die Lichtreflexionen der Sonne auf dem Wasser wurden zu Bokeh-Kreisen. Das Bild wurde mit dem Meyer-Optik Görlitz Domiplan 50 mm f/2.8 mit 2-fach-Telekonverter fotografiert.

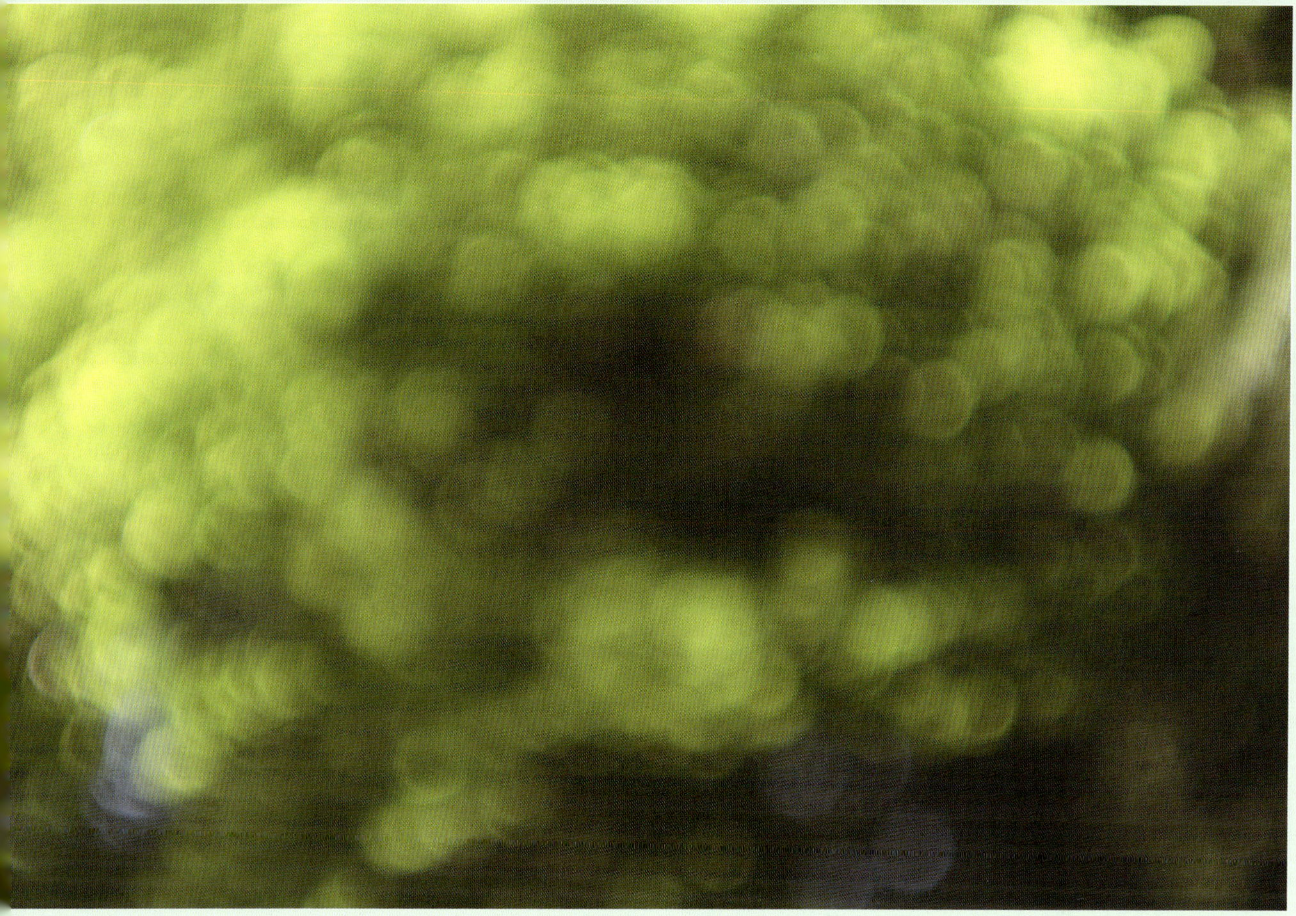

Diese Bokeh-Aufnahme ist mit einem Helios 44-2 f/2 58 mm entstanden. Dieses Objektiv hat ein ganz besonderes Bokeh, das auch wegen seines Wirbeleffekts „Swirly Bokeh" genannt wird. Für die Aufnahme wurde außerhalb vom Fokusbereich in Richtung eines Gebüschs fotografiert.

Diffusor für weiches Licht

Der Diffusor ist das wohl wichtigste Teil der Ausrüstung, da er für weiches Licht sorgt, das im Bild nicht mehr als Blitzlicht wahrgenommen wird, vorausgesetzt, der Diffusor ist entsprechend gut. Es meisten handelsüblichen Diffusoren sind rechteckig und haben eine Diffusorfläche, die meist aus Plastik oder Stoff besteht. Wenn kein besonderer Effekt mit dem Diffusor erzielt werden soll, eignen sich rechteckige Diffusoren durchaus.

Achten Sie bei der Anschaffung eines Diffusors darauf, dass er mit mindestens 10 cm Länge mal 20 cm Breite möglichst groß ist. Darüber hinaus sollte die Diffusorfläche aus undurchsichtigem Fotostoff, wie er z. B. bei Lichtzelten für die Produktfotografie verwendet wird, bestehen. Ist das nicht der Fall und die Diffusorfläche besteht nur aus einer leicht milchigen Plastikfolie, können Sie auch eine zweite Lage darüberziehen. Dazu nehmen Sie einfach eine trübe DIN-A4-Klarsichthülle, schneiden diese zurecht und befestigen sie dann mit Klebeband. Alternativ können Sie auch die originale Diffusorfläche ausschneiden und stattdessen eine aus Fotostoff einsetzen.

Diffusor Marke Eigenbau

Möchten Sie aber einen besonderen Effekt mit dem Diffusor erzielen, etwa dass die Reflexionen in den Augen von zum Beispiel Springspinnen oder auch die Tautropfen auf einem Insekt besonders schön herauskommen sollen, ist es am besten, wenn man sich die Mühe macht und einen eigenen runden Diffusor baut. Der Fantasie sind dabei keine Grenzen gesetzt. Ich gehe zum Beispiel immer wieder mal durch den Baumarkt, um mich von den verschiedenen Materialien und Möglichkeiten inspirieren zu lassen.

Ein runder Diffusor hat nicht nur den Vorteil, dass er als Spiegelung auf einem Motiv besonders schön und natürlich aussieht, er bringt auch mehr Licht in den Bodenbereich, da er an dem Objektiv seitlich vorbeireicht, während ein normaler rechteckiger Diffusor aus dem Handel einfach nur auf dem Objektiv aufliegt. Um einen guten Diffusor bauen zu können, muss man sich aber nicht nur über die Materialien Gedanken machen, man muss auch wissen, worauf es überhaupt ankommt.

Diese drei Punkte sind wichtig für einen guten Diffusor:

1. Die Diffusorfläche muss groß genug sein, um das Licht möglichst weitflächig zu streuen, was für eine gleichmäßigere Ausleuchtung im Bild sorgt. Bei einem runden Diffusor sollte der Durchmesser mindestens 20 cm betragen.

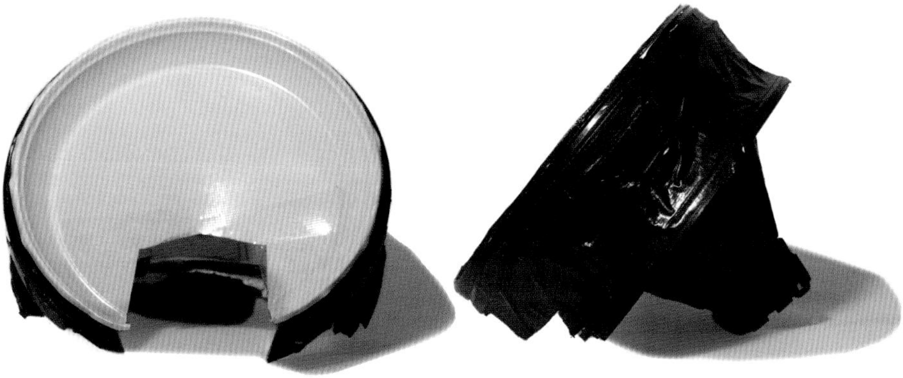

Mein Eigenbaudiffusor von vorne und von der Seite. In der Frontansicht ist gut der Partyteller mit dem Ausschnitt für das Objektiv zu sehen.

2. Der Blitz darf nicht zu weit in den Diffusor reinragen bzw. nicht zu nah an der Diffusorfläche sein, weil dadurch das Licht zu stark gebündelt wird. Bei meinem Eigenbaudiffusor ist der Blitz etwa 8 cm von der Diffusorfläche entfernt.
3. Die Diffusorfläche darf weder zu dick noch zu dünn sein, um genau die richtige Menge an Licht durchzulassen.

So könnte ein Diffusor Marke Eigenbau aussehen:

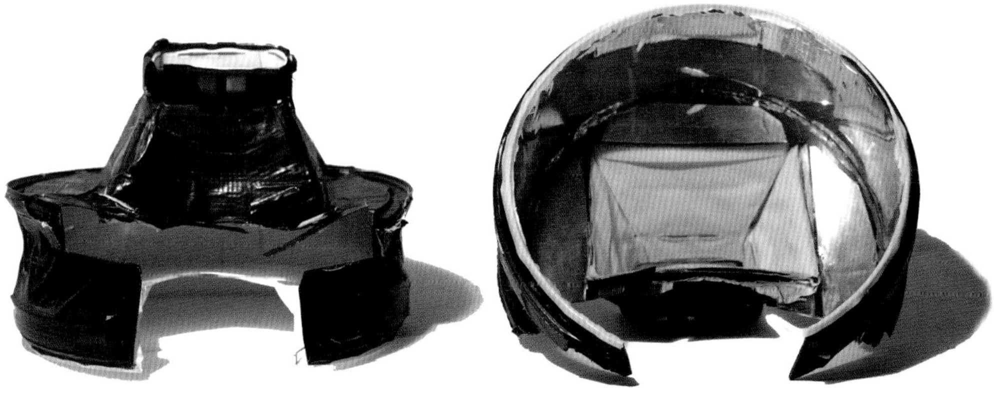

Links sehen Sie den Diffusor mit der Front auf dem Boden. Der Universaldiffusor auf der Rückseite (im Bild oben) wurde mit einer Menge Panzerband befestigt. Rechts ist das „Innenleben" des Diffusors mit abgenommener Front zu sehen. Da es sich um einen schwarzen Eimer handelt, habe ich ihn innen mit Spiegelfolie ausgekleidet, um eine bessere Lichtausbeute zu erzielen.

Erfahren Sie jetzt, wie ich meinen Eigenbaudiffusor, der ein sehr weiches Licht erzeugt, das den meisten Tageslichtsituationen weit überlegen ist, angefertigt habe.

Checkliste: Material zum Diffusorbau

- Schwarzes oder silbernes Panzerband (im Baumarkt ca. 7 Euro).
- Weiße, dünne Partyteller aus Plastik, ca. 21 cm Durchmesser (im 100er-Pack ca. 10 Euro).
- Ein Proteinpulvereimer, ein Plastikeimer oder eine Plastikdose mit einem Durchmesser von ca. 21 cm (ca. 10 Euro). Wenn der Durchmesser passt, ist auch eine Gummibärchendose oder eine Gefrierdose geeignet.
- Selbstklebende Spiegelfolie (ca. 4 Euro).

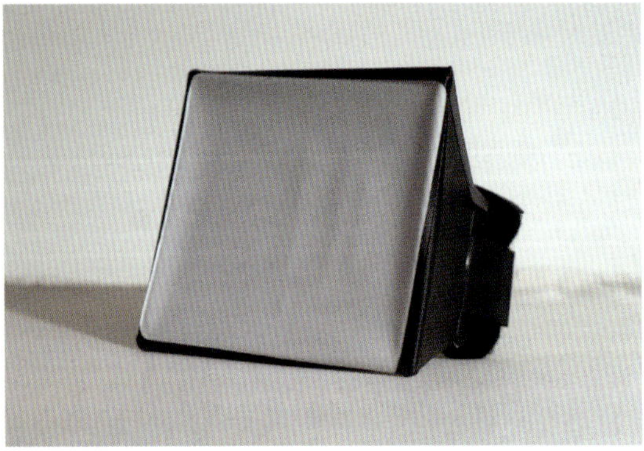

Diesen Universaldiffusor gibt es für ungefähr 7 Euro im Internet zu kaufen. Er wird unter anderem von den Firmen Neewer und Picxo vertrieben. Er hat eine Diffusorfläche von 12 × 10 cm, was normalerweise zu klein ist. Für den Eigenbaudiffusor wird aber nur die Blitzhalterung des Universaldiffusors benötigt, daher eignet er sich sehr gut für das Projekt.

- Ein Universaldiffusor, z. B. von Neewer, mit einer Diffusorfläche von 12 × 10 cm (ca. 8 Euro).
- Eine Silikonkartusche (ca. 5 Euro), eine Silikonpresse gibt es auch schon ab ca. 5 Euro, falls keine vorhanden ist.
- Ein Teppichmesser und eine starke Schere.

Checkliste: Die Bauanleitung für den Diffusor

1. Zuerst wird der Universaldiffusor zusammengebaut, was im Fall des Neewer mit ein paar Handgriffen erledigt ist.

2. Jetzt muss der Eimer auf eine Höhe von etwa 8 cm gekürzt werden. Bei einem Proteinpulvereimer geht das recht einfach, da er nur aus dünnem Plastik besteht, das sich leicht mit einem Teppichmesser schneiden lässt. Der Boden und der Eimerrand werden für den Diffusor benötigt.

   Achten Sie beim Schneiden darauf, dass die knappen 8 cm, die von der Höhe bzw. der Eimerwand noch benötigt werden, am besten vom Eimerrand aus gemessen werden. So ist dieser Teil aus einem Stück, was für mehr Stabilität sorgt.

3. Jetzt wird vom Universaldiffusor die Diffusorfläche ausgeschnitten. Direkt danach wird der Diffusor mittig auf den Eimerboden gelegt, und die Form wird auf dem Boden

mit einem Filzstift nachgezeichnet. Dann wird dieses Rechteck ausgeschnitten – auch das geht mit einem Teppichmesser, wenn auch deutlich schwerer, da der Boden stärker ist als die Eimerwand. Schneiden Sie vorsichtig und immer vom Körper weg.

4. Ist das geschafft, kann der Eimerboden zunächst mit dem silbernen Panzerband an den Eimerrand geklebt werden. Das Zurechtschneiden des Eimers kann eventuell vermieden werden, sofern ein entsprechend flacher Plastikeimer oder eine flache Plastikdose gefunden wird.

   Bei einem weißen Eimer kann der nächste Schritt übersprungen werden!

5. Da das schwarze Innere des Eimers zu viel vom Blitzlicht schlucken würde, müssen Sie nun die Spiegelfolie innen anbringen. Danach kann, ebenfalls mit Panzerband, der Universaldiffusor am Eimerboden angebracht werden.

6. Damit das Blitzlicht auch seitlich am Objektiv vorbeikommt, muss nun noch der Eimer ein wenig ausgeschnitten werden, so wie auf dem Bild zu sehen ist.

7. Zu guter Letzt wird beim Partyteller noch die Form bzw. Größe des Objektivs ausgeschnitten. Wenn mehrere Objektive für die extreme Makrofotografie verwendet werden sollen, nehmen Sie am besten das dickste Objektiv für das Ausschneiden der Form. Stellen Sie also das Objektiv auf den Partyteller, zeichnen Sie die Form mit einem Filzstift nach und schneiden Sie sie dann aus.

   Mit Silikon (Plastikkleber geht auch) kleben Sie den Partyteller jetzt auf den Rand des Eimers, und fertig ist der Diffusor Marke Eigenbau. Ich weiß, es ist schon ein wenig Arbeit, aber wenn alles parat liegt, sollte die Arbeit in ungefähr einer Stunde geschafft sein.

Die Schwachstelle dieses Eigenbaudiffusors ist die Diffusorfläche, die aus einem Partyteller besteht. Da aber noch 99 weitere Teller vorhanden sind, sofern Sie ein 100er-Pack gekauft haben, ist es kein Problem, einen beschädigten gegen einen intakten Teller auszutauschen. Wenn die Diffusorfläche nach einigen Wochen oder gar Monaten wirklich stark eingerissen ist, ersetze ich sie einfach durch eine neue, die ich in ein paar Minuten angebracht habe. Kleine Risse, die sich schnell mal rund um die ausgeschnittene Objektivform bilden können, repariere ich mit durchsichtigem Klebeband. Da man sich sicher sein kann, dass die Diffusorfläche nicht ewig hält, schneiden Sie am besten, direkt nachdem Sie mit dem ersten Partyteller die Form des Objektivs erfasst haben, den ganzen Stapel Teller in gleicher Form aus.

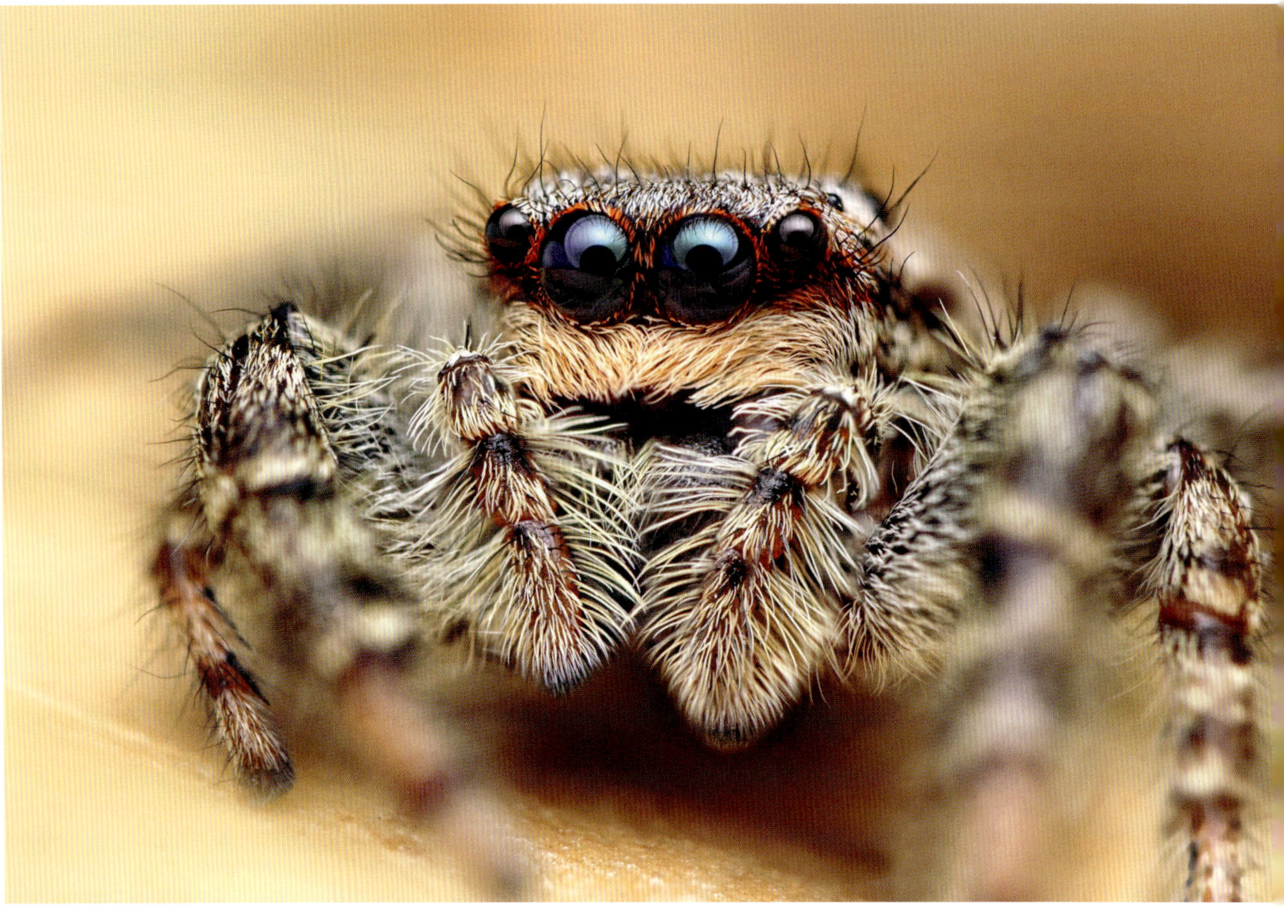

Und warum sollte man sich die Mühe eines Eigenbaudiffusors überhaupt machen? Genau für solche Bildergebnisse! Die Wirkung, sprich die Reflexion des Diffusors, ist in den großen Kulleraugen der Springspinne gut zu erkennen und lässt die Augen „lebendiger" wirken, wodurch die kleine Spinne gleich sympathischer wirkt.

Fazit: Alles in allem ist das mein bisher bester Eigenbaudiffusor, da er neben sehr weichem Licht auch eine tolle Reflexion von Springspinnenaugen liefert.

Es führen ja bekanntlich viele Wege nach Rom, sicher gibt es noch diverse weitere Möglichkeiten, sich einen Diffusor zu bauen. Achten Sie aber auf jeden Fall auf die oben aufgezählten drei wichtigen Voraussetzungen für einen guten Diffusor, dann wird es schon klappen mit dem sehr weichen Blitzlicht, das nicht als solches auf den Bildern zu erkennen ist.

Im Beispielbild der kleinen Springspinne sehen Sie außerdem auch gut, dass das Blitzlicht sehr weich ist und an keiner Stelle überstrahlt wirkt. Die Augen von Springspinnen sind übrigens ein guter Indikator dafür, wie gut ein Diffusor wirklich ist, denn sie sind spiegelglatt und reflektieren Licht so stark wie kaum eine andere Fläche im Spinnen- und Insektenreich. Nur die metallisch glänzenden Chitinpanzer von manchen Käferarten haben eine ähnlich reflektierende Fläche.

Diffusor

Das Abschatten des Motivs und dessen näherer Umgebung durch den Diffusor erscheint im ersten Moment wie ein Nachteil. Bei genauerer Betrachtung ist es jedoch ein entscheidender Vorteil, denn dadurch brauchen Sie sich bei zu hart wirkendem Tageslicht keine Sorgen zu machen. Sie haben durch diese Blitzlicht-Diffusor-Kombination praktisch immer das perfekte Licht dabei, ganz egal wie gerade das Tageslicht ist. Für diesen Zweck ist es sogar umso besser, je größer der Diffusor ist.

Stativ nur im Ausnahmefall

Ein Stativ wird generell nicht benötigt, weil es in der Praxis bei dieser Art der Fotografie völlig unpraktisch ist. Tagsüber halten die wenigsten Motive lange genug still, um in Ruhe erst mal alles aufbauen zu können. Zudem spielen sich die meisten Situationen an Stellen ab, die man mit der Kamera auf einem Stativ nicht erreichen kann. Wer jedoch früh morgens auf Tour gehen möchte, für den ist der Stativeinsatz natürlich schon zu empfehlen.

Meine Makroausrüstung

Seit ich mit der Makrofotografie begonnen habe, arbeite ich mit SLT-Kameras von SONY. SLT bedeutet *Single Lens Translucent* und bezeichnet einen Kameratypus, der zwischen spiegellosen Systemkameras (DSLM, engl. *Digital Single Lens Mirrorless*) und herkömmlichen Spiegelreflexkameras (DSLR, engl. *Digital Single Lence Reflex Camera*) angesiedelt ist.

Angefangen hat es bei mir mit der SONY α55, danach kam die SONY α58, die ich immer noch habe, und seit einer Weile besitze ich die SONY α77 Mark II und eine SONY α6000. Ich verwende außerdem manuelle Zwischenringe, einen Retroadapter und alte Weitwinkelfestbrennweiten, wie das Minolta W. MD Rokkor 28 mm f/2.8, das eine super Schärfeleistung besitzt.

Weitere alte Analogobjektive, die ich für den Retroeinsatz nutze, sind von Soligor (MC C/D f/2.8 Wide-Auto 24 mm) und Tokina (RMC f/2.8 24 mm). Zusätzlich verwende ich seit März 2016 noch das Ultramakroobjektiv LAOWA 60 mm 2:1 mit Zwischenringen und seit Kurzem das SIGMA MAKRO 105 mm f/2.8. Das SIGMA

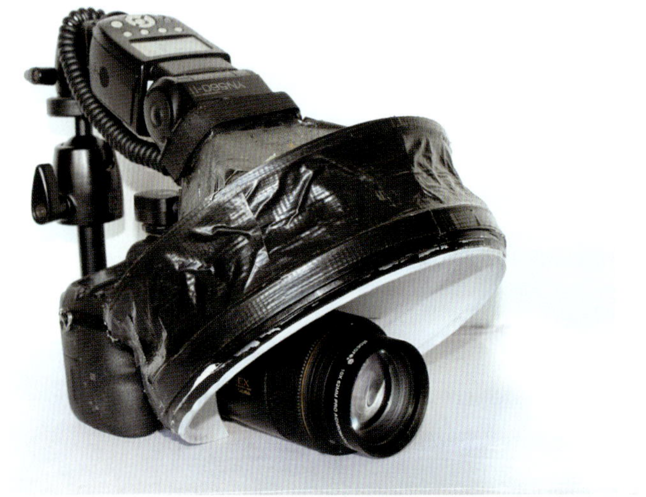

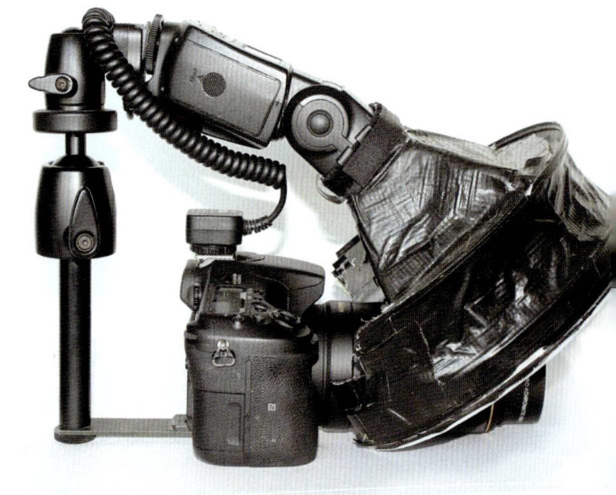

Es sieht vielleicht nicht besonders schön aus mit dem selbst gebauten Diffusor, aber es ist effektiv, und nur das zählt. Dieses Setup besteht aus der SONY a77II, einem SIGMA MAKRO 105 mm f/2.8 EX DG OS HSM mit aufgeschraubtem 10x-Achromat von Siocore, dem selbst gebauten Blitzhalter sowie dem Yongnuo-Blitz Speedlite YN 560 II mit Eigenbaudiffusor.

verwende ich in Verbindung mit einem Siocore-10-Dioptrien-Achromat. Damit komme ich immerhin auf einen Abbildungsmaßstab von knapp 2,5:1.

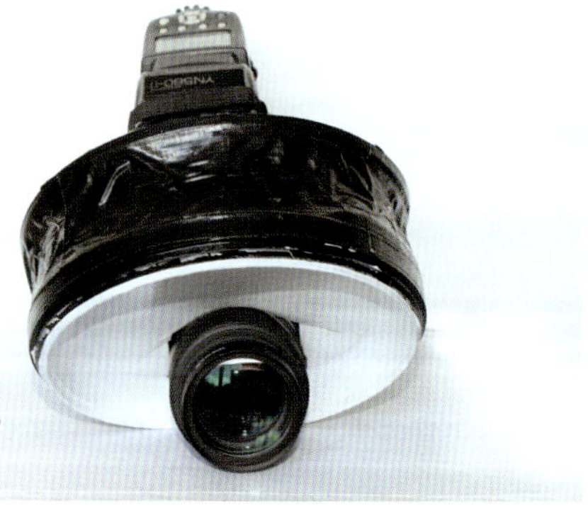

In dieser Ansicht lässt sich gut erkennen, dass der Diffusor bis zum Boden reicht und dadurch das Licht ideal auf das Motiv wirft.

Zusätzliches Glas vor dem Objektiv

Es ist zwar richtig, dass die Bildqualität abnimmt, wenn man zusätzliches Glas vor ein Objektiv schraubt, aber die Schärfeleistung des SIGMA ist auch mit den Achromaten immer noch top. Es handelt sich, wie auch bei den Achromaten von Raynox oder Marumi, um einen sehr hochwertigen Achromat, der die Bildqualität kaum verschlechtert. Ich hatte zunächst versucht, mit Zwischenringen – da sie eben keinen Schärfeverlust, sondern nur einen Lichtverlust bewirken – beim 105er-SIGMA in den extremen Bereich zu kommen, die erzielten Vergrößerungen waren mir aber selbst mit dem ganzen Set an Zwischenringen zu wenig. Und der Lichtverlust war dafür umso größer.

Obwohl ich die ersten drei Jahre ausschließlich mit der Kombi aus Retroadapter, altem Weitwinkelobjektiv und Zwischenringen fotografiert und damit einige meiner besten Bilder aufgenommen habe, verwende ich mittlerweile fast nur noch das LAOWA 60 mm mit Zwischenringen und das SIGMA 105 mm mit dem Achromat, da ich damit einfach flexibler bin und auch die Bildqualität noch mal deutlich besser ist als mit einem alten Weitwinkelobjektiv in Retrostellung.

Das Makroobjektiv LAOWA 60 mm f/2.8 Ultra 2:1 ist ein komplett manuelles Objektiv. Das heißt, Blenden- und Fokussteuerung geschehen rein manuell am jeweiligen Einstellring. Daher sind keine objektivspezifischen (Blende, Brennweite) EXIF-Daten (engl. *Exchangeable Image File Format*) bei den Bildern abrufbar.

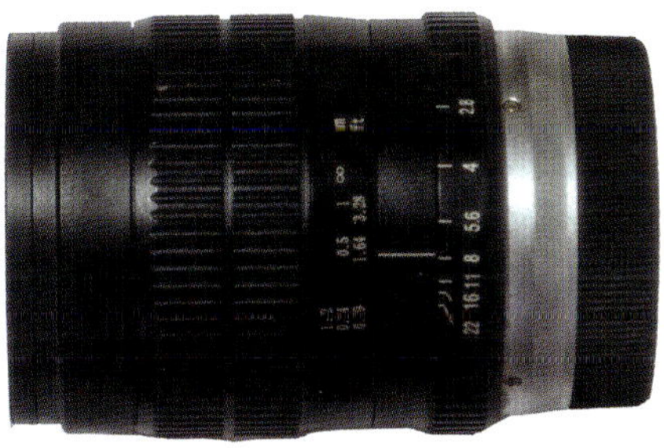

Das LAOWA 60 mm f/2.8 Ultra-Makro 2:1.

Das Besondere bei diesem Objektiv ist, dass es sich z. B. auch als Porträtobjektiv eignet, da es sich auf unendlich fokussieren lässt. Das können andere extreme Makroobjektive nicht. Das LAOWA 60 mm f/2.8 Ultra 2:1 liegt bei preislich derzeit bei ca. 450 Euro.

EXIF

EXIF ist das Standardformat für die Beschreibung und das Speichern von Metadaten in digitalen Fotos.

Das SIGMA MAKRO 105 mm f/2.8 EX DG OS HSM ist innenfokussierend, und auch das LAOWA 60 mm f/2.8 Ultra-Makro 2:1 verändert seine eigentliche Baulänge nicht beim Fokussieren. Das SIGMA-Makroobjektiv kostet derzeit etwa 400 Euro, der Siocore-Achromat liegt je nach benötigtem Filterdurchmesser zwischen 50 und 80 Euro.

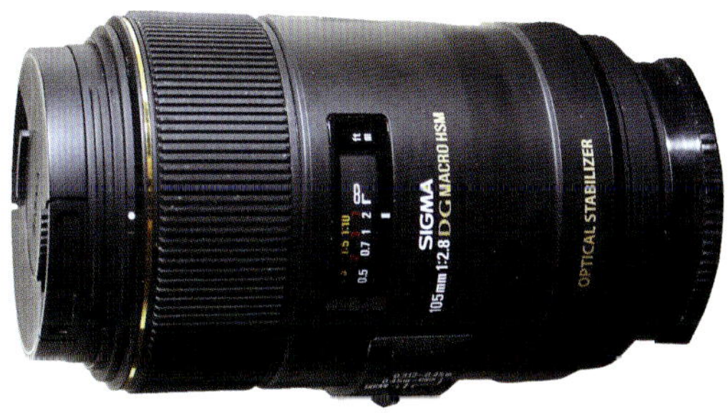

Das SIGMA MAKRO 105 mm f/2.8 EX DG OS HSM.

Ein nicht ganz unwichtiger Punkt ist die Wahl eines passenden Fotorucksacks. Der Eigenbaudiffusor ist relativ empfindlich, wodurch man ihn nicht einfach in einen Rucksack quetschen

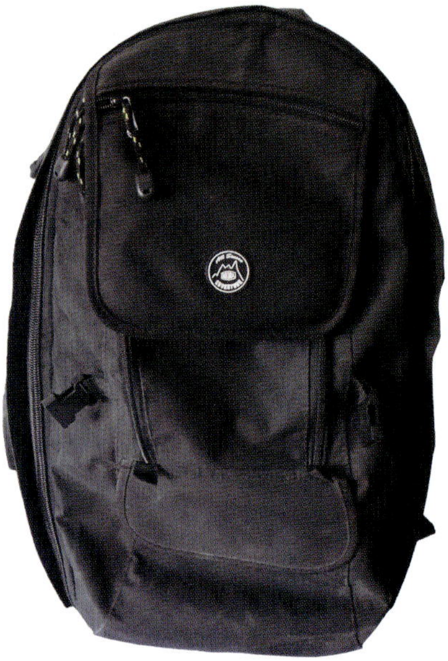

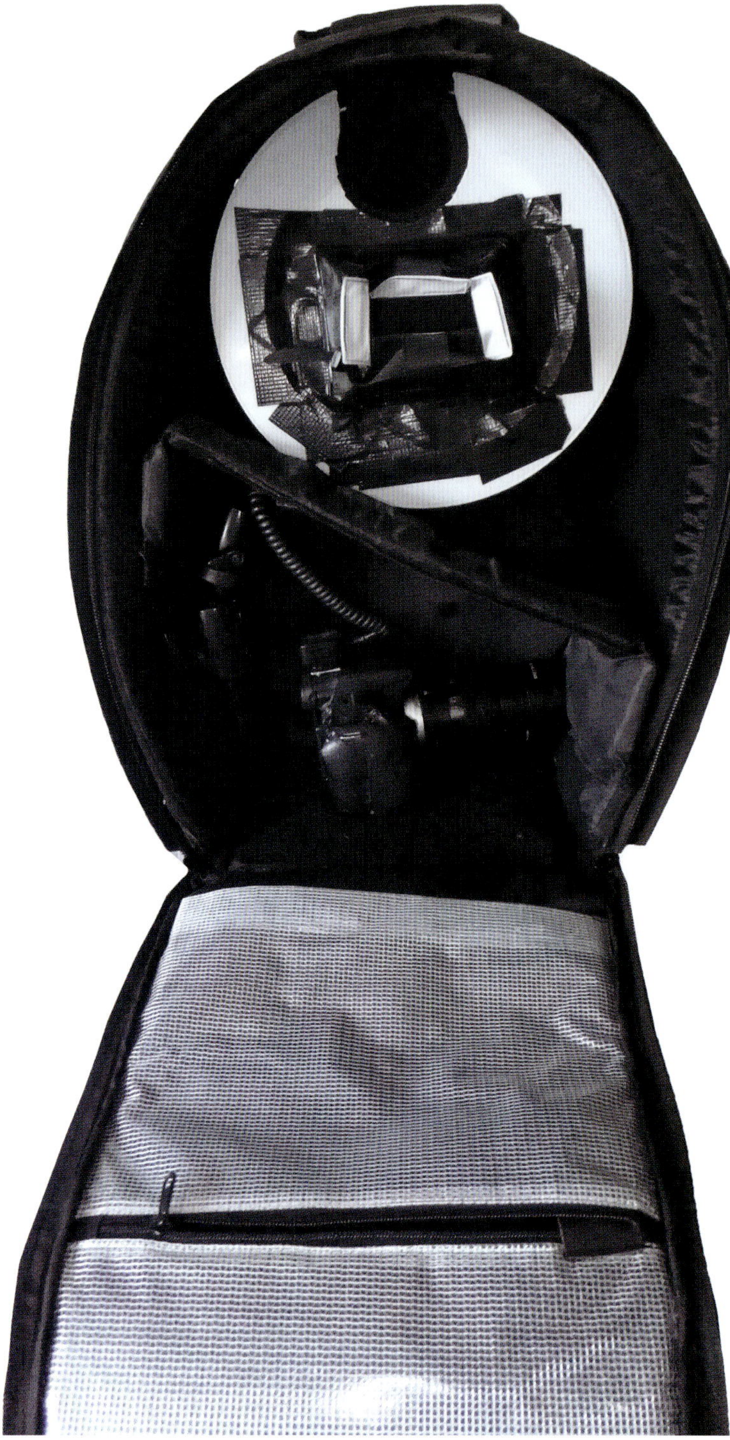

Mein Fotorucksack, der Bilora 320-R Backpack 1.

kann. Er sollte dort schon sehr genau reinpassen und im besten Fall noch etwas Platz haben. Nach einem geeigneten Rucksack habe ich eine Weile gesucht. Ich verwende den „Bilora 320-R Backpack 1", da ich meine Ausrüstung darin perfekt unterbringe. Die Schulterpolster könnten etwas dicker sein, aber ansonsten bin ich mit dem Rucksack sehr zufrieden. Er kostet etwa 105 Euro.

Wer die extreme Wildlife-Makrofotografie wirklich ambitioniert angehen möchte, dem kann ich meine Ausrüstung nur wärmstens empfehlen. Sie hat mir in den letzten Jahren viel Freude bereitet und viele tolle Bilder ermöglicht.

Checkliste Ausrüstung: Das brauchen Sie

- Eine Kamera mit Objektivwechselmöglichkeit.
- Retroadapter und alte Weitwinkelfestbrennweite (35 mm, 28 mm oder 24 mm). Falls schon ein 1:1-Makroobjektiv vorhanden ist, kommt man am besten in den extremen Bereich mit einem Achromat wie z.B. dem 10-Dioptrien-Achrormat von Siocore.
- Zusätzlich zum Setup mit dem Retroadapter sind auch einfache manuelle Zwischenringe zu empfehlen.
- Blitz mit Diffusor.
- Blitzschiene bzw. Blitzhalterung.

2 RUND UM DIE AUFNAHME-TECHNIK

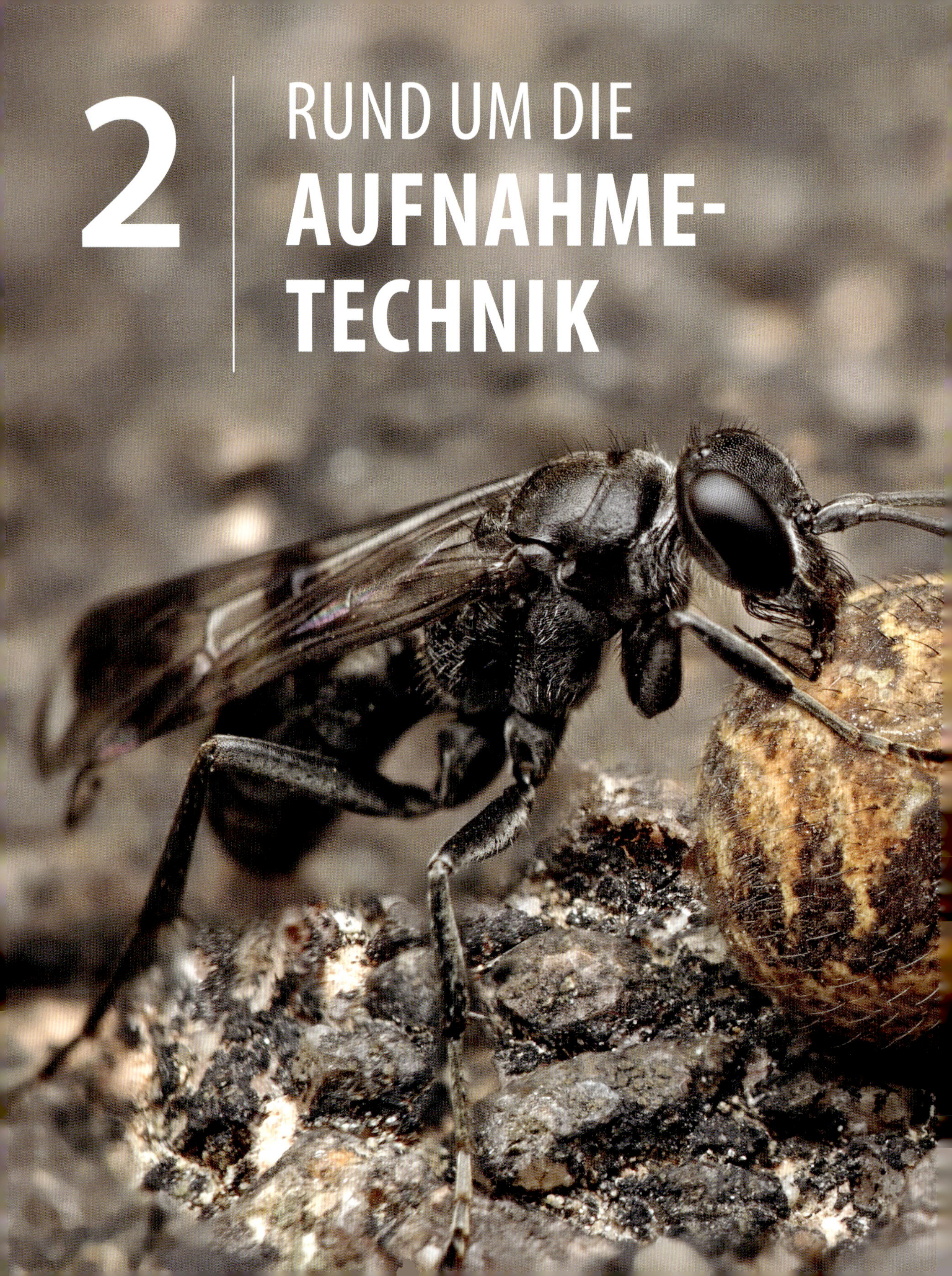

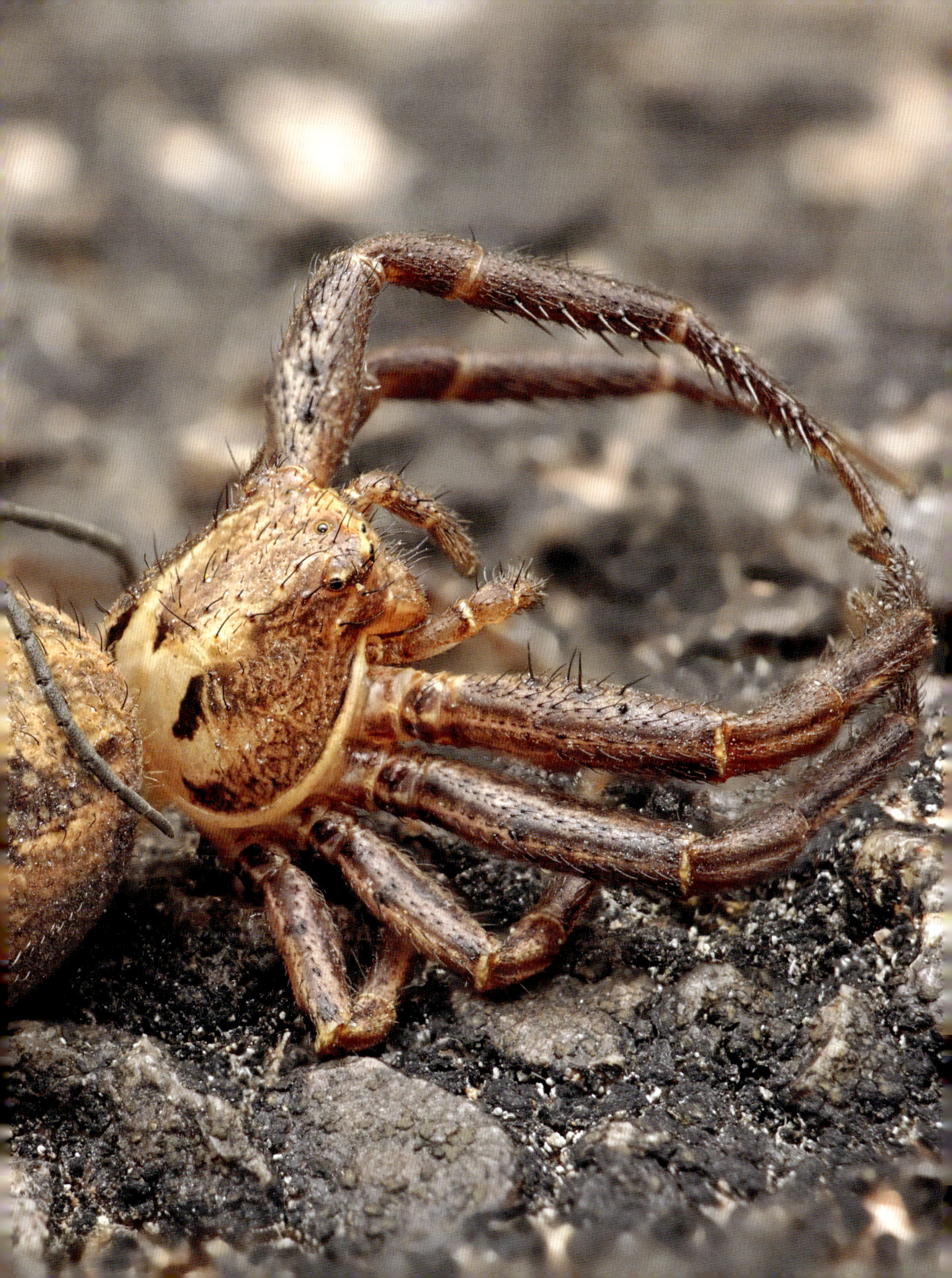

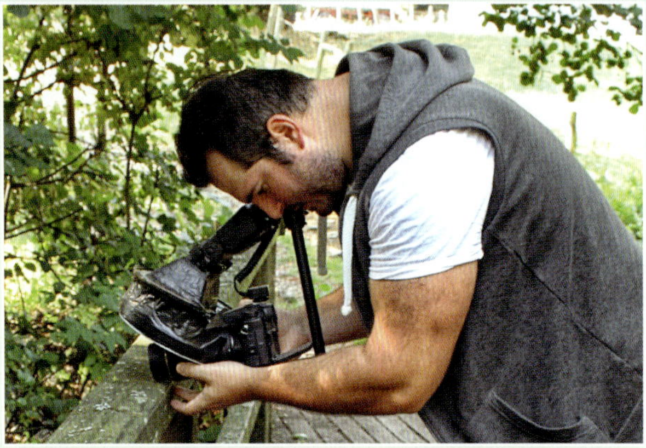

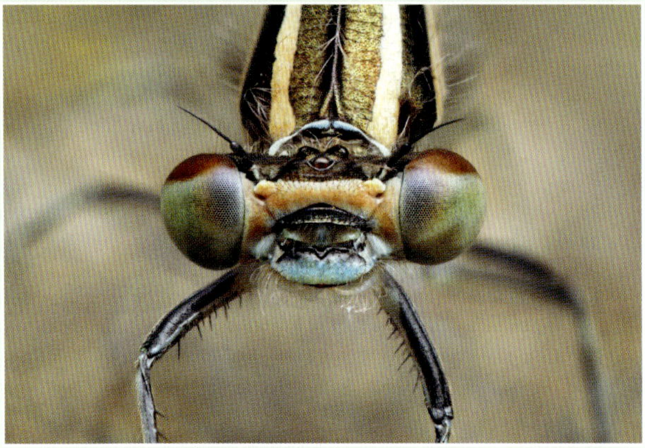

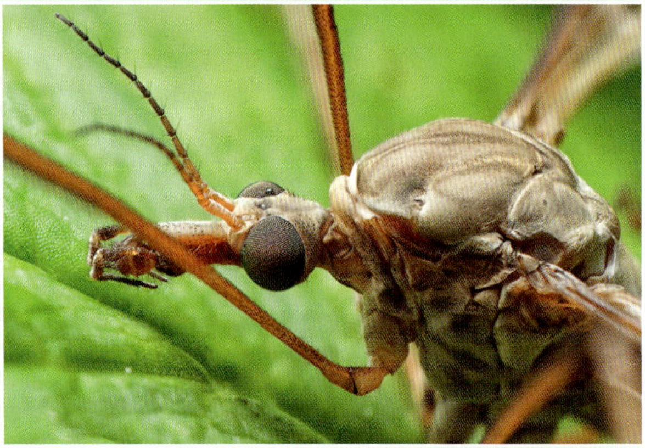

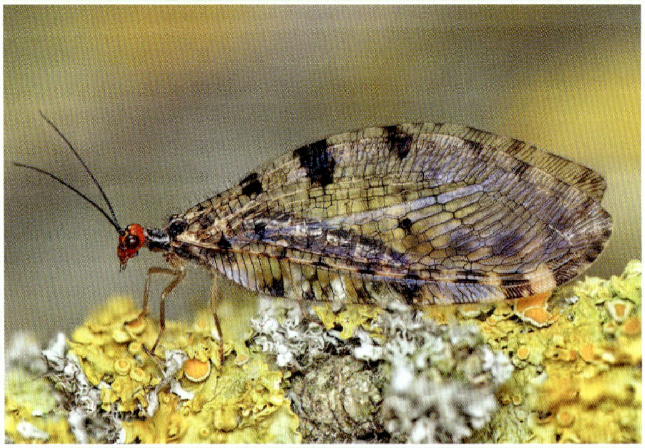

2

Rund um die Aufnahmetechnik

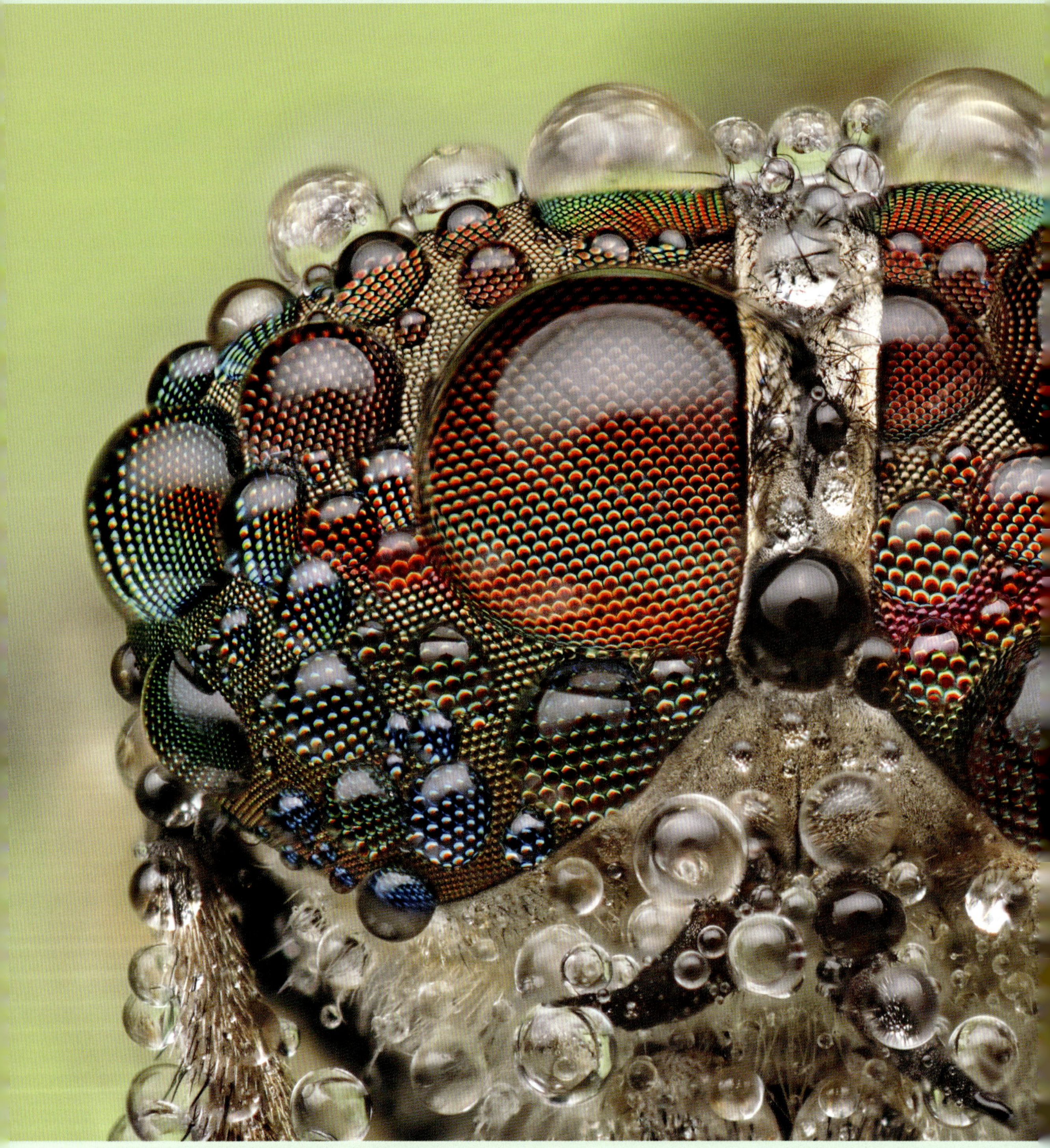

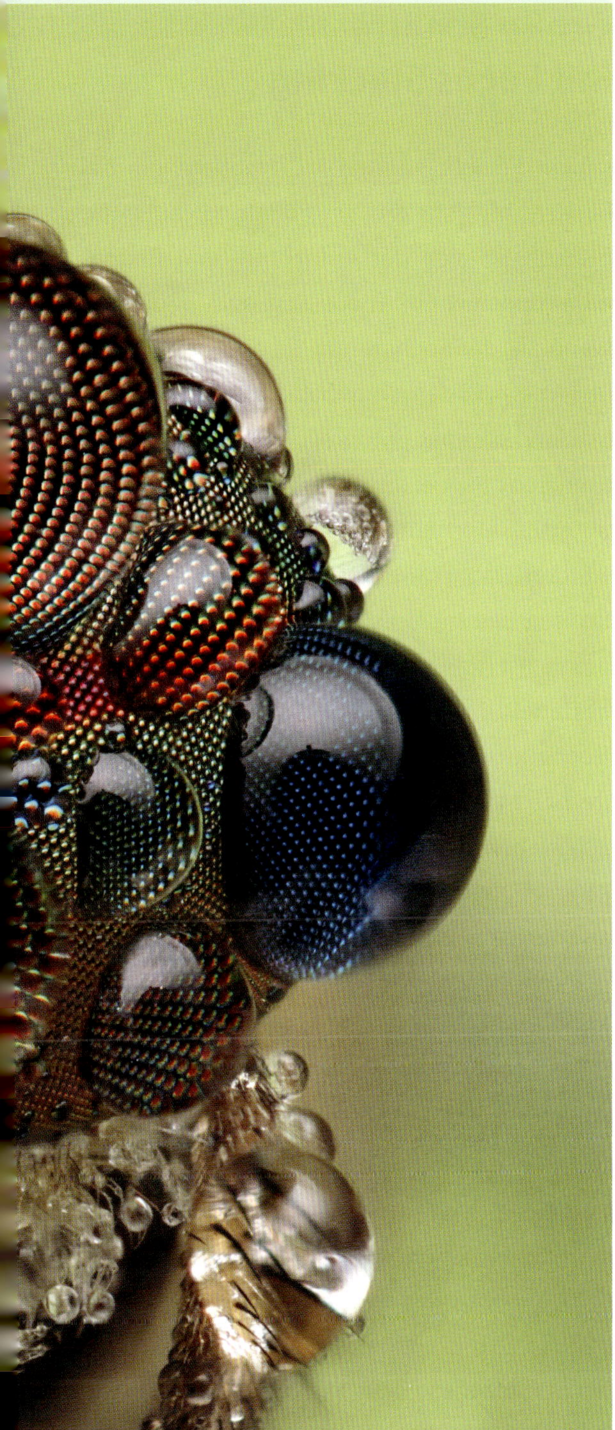

Je größer der Abbildungsmaßstab wird, umso geringer wird die Schärfentiefe. Dem kann man zwar durch Abblenden etwas entgegenwirken, jedoch sollte man mit stärkeren Vergrößerungen auch immer weniger abblenden, da man ansonsten Beugungsunschärfen erhält. Beugungsunschärfe bezeichnet ein physikalisches Phänomen, bei dem Bilder mit steigender Blendenzahl unschärfer werden.

Phänomen der Beugungsunschärfe

Warum ist das so? Der Grund dafür ist, dass das einfallende Licht erst mal an der Blendenöffnung vorbei muss, bevor es den Sensor belichtet. Ist diese Blendenöffnung durch einen hohen Blendenwert sehr klein, wird das Licht am Rand der Blende gebeugt, und es werden vermehrt Beugungsscheiben gebildet, die das Bild unscharf machen.

Gerade bei so feinen und detailreichen Strukturen wie den Facettenaugen einer Bremse, darf die Blende für ein optimales Bildergebnis nicht zu weit geschlossen werden.

Je kleiner die Blende ist, umso mehr Licht wird gebeugt und umso unschärfer wird ein Bild. Den besten Mittelwert aus möglichst hoher Schärfentiefe durch Abblenden bei gleichzeitig niedriger bzw. nicht sichtbarer Beugungsunschärfe erhalten Sie, indem Sie nicht zu weit abblenden.

Besonders schnell macht sich Beugungsunschärfe an den feinen Facettenaugen von z. B. Fliegen bemerkbar. Bei einer für die extreme Wildlife-Makrofotografie schon sehr starken Vergrößerung von 3:1 blende ich nicht weiter als bis Blende 11 ab, bei Motiven mit Facettenaugen wie Raubfliegen oder Libellen sogar nur noch bis Blende 8, da Beugungsunschärfen bei den sehr fein strukturierten Facetten besonders deutlich hervortreten.

Beispiele zur Schärfentiefe

1. Bei einem Abbildungsmaßstab von 2:1 und einer Blende von f/16 beträgt die Schärfentiefe ca. 0,8 mm.

2. Bei einem Abbildungsmaßstab von 3:1 und einer Blende von f/8 liegt die Schärfentiefe bei nur noch ca. 0,25 mm.

Große Schärfe mit Focus Stacking

Durch die sehr geringe Schärfentiefe, die bei Bildern mit starker Vergrößerung entsteht, müssen Sie sich der Aufnahme- und Bildbearbeitungstechnik Focus Stacking bedienen, wenn Sie dennoch genug Schärfe und Details im fertigen Bildergebnis haben möchten. Focus Stacking ist eine Fotografie- und Bildbearbeitungstechnik, bei der zunächst Bilderserien mit unterschiedlichem Fokuspunkt aufgenommen werden. Danach werden diese Bilderserien per Bildbearbeitungssoftware zu einem Bild mit möglichst hoher Schärfentiefe verrechnet bzw. gestapelt.

Der Grund dafür ist, dass besonders in der extremen Makrofotografie nur eine sehr geringe Schärfentiefe pro Aufnahme erreicht werden kann. Diese ist meistens deutlich geringer, als man es sich für eine optimale Bildwirkung wünscht, und nimmt weiter ab, je größer der Abbildungsmaßstab wird. Durch Focus Stacking überwindet man dieses Hindernis und kann trotz großer Abbildungsmaßstäbe Bildergebnisse mit hoher Schärfentiefe erzielen.

Damit die Software die Einzelbilder fehlerfrei verrechnen kann, sollte sich das Motiv möglichst nicht bewegen. Da das in der Praxis im Wildlife-Bereich aber nur selten der Fall ist, reicht einfaches Focus Stacking, durchgeführt

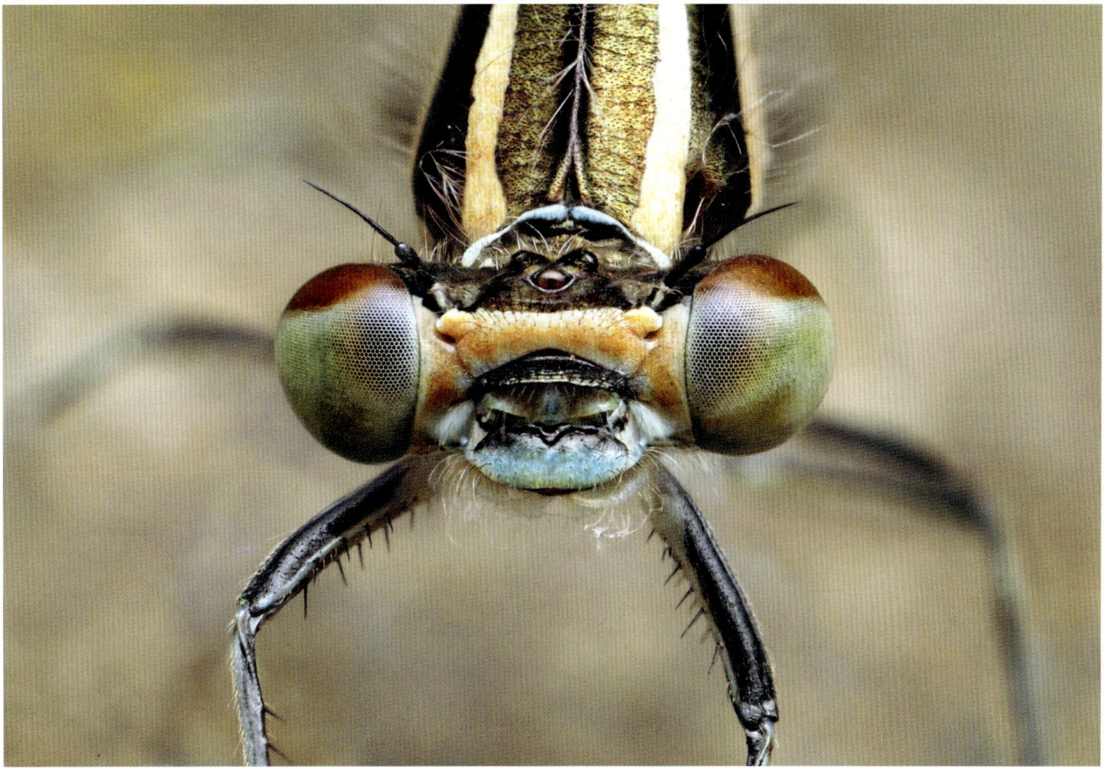

Eine Kleinlibelle, vermutlich die Gemeine Winterlibelle (Sympecma fusca). Ein Focus Stack, bestehend aus 24 Einzelaufnahmen.

durch die Software, jedoch nicht aus, da dadurch zu viele Stacking-Fehler wie Doppelabbildungen von Beinen oder matschig aussehende Bildbereiche entstehen.

Manuelles Focus Stacking

Das Zauberwort heißt „manuelles Focus Stacking". Dahinter verbirgt sich eine Bildbearbeitungstechnik, mit der sich selbst schwierigste Bilderserien, bei denen oft kein Bild dem anderen gleicht, dennoch zu einem guten Bild-

Schärfentiefe und Tiefenschärfe

Beide Begriffe werden häufig verwechselt und oder gleichgestellt. Dabei ist die Schärfentiefe etwas anderes als die Tiefenschärfe. Während die Schärfentiefe exakt mess- und berechenbar ist, ist die Tiefenschärfe eine Bezeichnung für die Qualität des Bereichs vor und hinter dem Schärfebereich. Hohe Tiefenschärfe bedeutet, dass der Hintergrund eines Insekts vergleichsweise scharf ist. Eine geringe Tiefenschärfe bedeutet, dass der Hintergrund sehr stark verschwimmt.

ergebnis zusammenfügen lassen. Diese Technik wende ich in Photoshop CC an. Sie basiert grundsätzlich darauf, dass Sie die Einzelbilder (bzw. die benötigten Teile davon) im *Ebenen*-Bedienfeld als extra Ebenen einfügen und dann mit der Maskenfunktion die Bereiche ins Bild holen, die Sie haben möchten.

Als Fundament bzw. unterste Ebene suchen Sie sich die Einzelaufnahme aus, die den wichtigsten Bildbereich schön scharf abbildet. Das ist dann meistens die Aufnahme, in der die Augen des Motivs scharf sind. Diese Technik habe ich über die Jahre perfektioniert und bringe sie interessierten Teilnehmern auch seit Mitte 2015 in meinen Workshops bei.

Arbeitsweise und Probleme vor Ort

Um brauchbare Einzelbilder für das Focus Stacking am Computer zu erhalten, verwenden viele Fotografen ein Stativ und einen Makroschlitten, um die einzelnen Schärfeebenen genau abzupassen. Da ich ja kein Stativ benutze, habe ich natürlich auch keinen Makroschlitten im Einsatz.

Focus-Stacking-Serien aus freier Hand

Meine Focus-Stacking-Serien entstehen alle aus freier Hand, wobei das nicht unbedingt wortwörtlich zu nehmen ist. In den meisten Fällen stütze ich mich zumindest mit den Ellbogen am Boden oder einer Holzhütte ab. In den allerwenigsten Fällen nehme ich die Bilder tatsächlich komplett freihändig auf, also ohne jedes Ab- oder Aufstützen. Hierbei geht es mir nicht um Verwackler im Bild, die können durch den Blitzeinsatz tatsächlich kaum entstehen, da die Abbrenndauer des Blitzes extrem kurz ist.

Der Grund ist ganz einfach der, dass die kleinste Körperbewegung in der extremen Makrofotografie große Auswirkungen auf das Bild hat. Da man ja auf dem Display oder durch das Okular einen Bereich sieht, der z. B. nur einen Zentimeter breit ist, lässt eine Bewegung von nur zwei Zentimetern nach rechts, links, oben oder unten eventuell das gesamte Motiv aus dem Bild verschwinden.

1. Wenn Sie nun mit dem Abfotografieren der einzelnen Schärfeebenen beginnen möchten, besteht die logische Reihenfolge darin, ganz vorne am Motiv den Fokus zu setzen, dort anzufangen und sich dann nach hinten durchzuarbeiten.

2. Scharf stellen sollten Sie aber zuerst auf die Augen – weil dieser Bereich des Motivs der wichtigste ist. Sollte sich nach dieser Aufnahme das Motiv bewegen oder weglaufen, haben Sie zumindest die Augen und je nach Abbildungsmaßstab auch noch etwas mehr scharf, was als Einzelbild bereits gut aussehen kann.

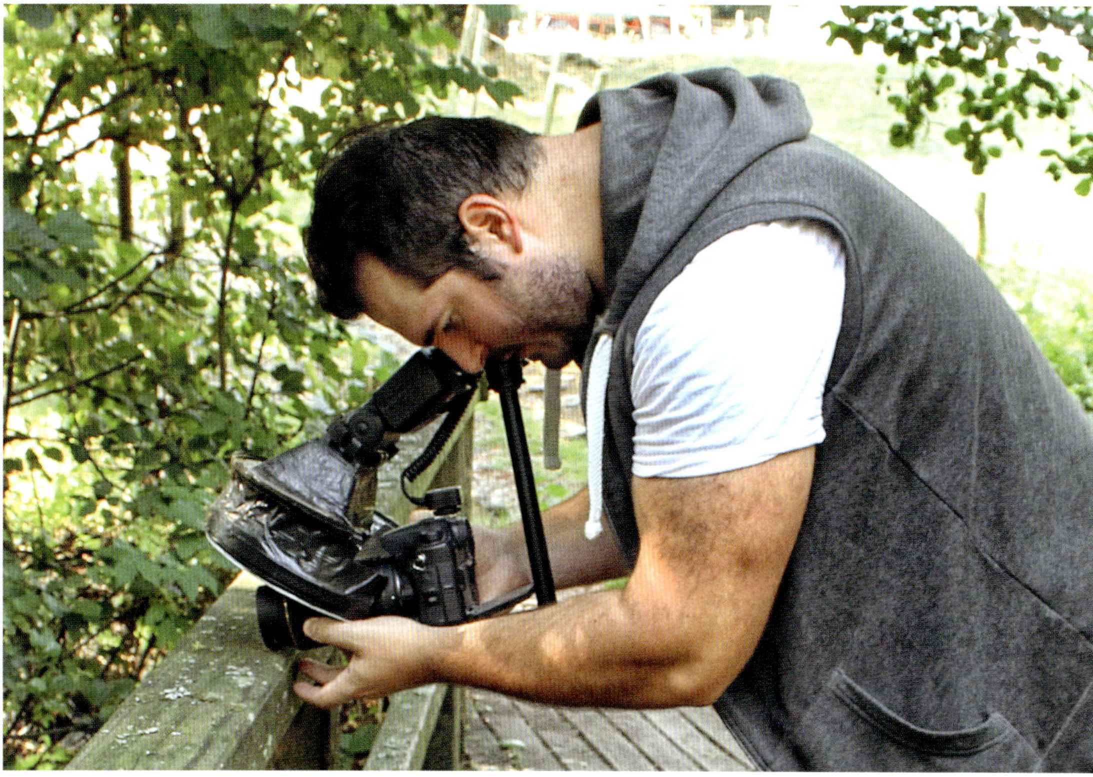

In den allermeisten Situationen können Sie sich mit den Händen oder Unterarmen aufstützen, wenn auch nicht immer so ideal wie bei dieser Brücke.

3. Nun bewegen Sie die Hand langsam nach vorne und lösen dabei die Aufnahmen aus, bis Sie so weit hinten angelangt sind, wie Sie möchten. Da Sie aber bei dieser einen Aufnahmereihe durchaus die eine oder andere Schärfeebene durch eine zu große Bewegung zwischen den Aufnahmen überspringen können, sollten Sie dann noch mal von hinten nach vorne und anschließend noch mal bis zu den Augen durchfotografieren.

Auf dieses Weise erhalten Sie die gewünschte Schärfentiefe mal zwei, nach der der Devise „lieber zu viel als zu wenig Aufnahmen".

Bewährte Kameraeinstellungen

Erfahren Sie jetzt, welche Kameraeinstellungen sich für Focus-Stacking-Aufnahmen in der Praxis bewährt haben.

Einstellungen für das Stacking

- **Serienbildfunktion** – Bei der Kamera muss für Focus-Stacking-Aufnahmen die Serienbildfunktion eingestellt sein, damit Sie nicht jede Aufnahme einzeln auslösen müssen. Ich habe tatsächlich die ersten paar Jahre alle Bilder einzeln ausgelöst, wobei es zu der Zeit auch nicht extrem umfangreiche Stacking-Serien waren. Dennoch ist es natürlich ein großer Unterschied in der Geschwindigkeit, ob man jedes Bild einzeln auslöst oder einfach den Auslöser gedrückt hält.

- **Belichtungszeit** – Die Belichtungszeit stelle ich zwischen 1/125 und 1/160 Sekunde ein. Meistens versuche ich, den Wert von 1/160 Sekunde zu halten. Vom Licht her ist der Unterschied zwischen 1/125 und 1/160 Sekunde nicht wirklich groß. Brauchen Sie bei Ihrer Aufnahme mehr Licht, ist ein Verstellen der Blende oder des Blitzes besser geeignet.

- **Blende** – Die gewählte Blende ist vom Abbildungsmaßstab abhängig, in dem Sie gerade fotografieren. Bei einem Abbildungsmaßstab von 2:1 können Sie noch bis Blende 16 gehen, wenn es nicht gerade ein Motiv mit Facettenaugen ist – wegen der Beugungsunschärfe. Bei einem Abbildungsmaßstab von 3:1 können Sie in der Regel runter auf Blende 8 gehen. Den größten Abbildungsmaßstab, den ich bisher verwendet habe und bei dem ich mich zudem noch an die Blende erinnern kann, war 3,8:1, und auch da war es Blende 8.

- **ISO** – Stellen Sie die ISO-Empfindlichkeit in der Regel auf ISO 400 ein. Das ist zumindest bei meiner Kamera ein guter Wert, bei dem sich kaum Rauschen bemerkbar macht. Auf der anderen Seite bekommen Sie dadurch schon eine ausreichende Aufhellung. Der Weißabgleich steht auf „Blitz".

- **Blitz** – Den Blitz, einen Yongnuo YN Speedlite 560II, stelle ich zwischen 1/32 und 1/64 Leistung ein. Dieser Blitz ist kein TTL-Blitz und muss rein manuell bedient werden, aber er bleibt meistens bei 1/32 Leistung fest eingestellt.

- **JPEG** – Die Bilder nehme ich im JPEG-Format auf. Natürlich bietet das RAW-(Rohdaten-)Format gegenüber dem JPEG-Format einige Vorteile, wie z. B. das nachträgliche Bestimmen des Weißabgleichs, das größere Potenzial bei der Optimierung von Tiefen und Lichtern durch einen höheren Dynamikumfang und insgesamt bessere Eingriffsmöglichkeiten, was Kontraste, Farben und

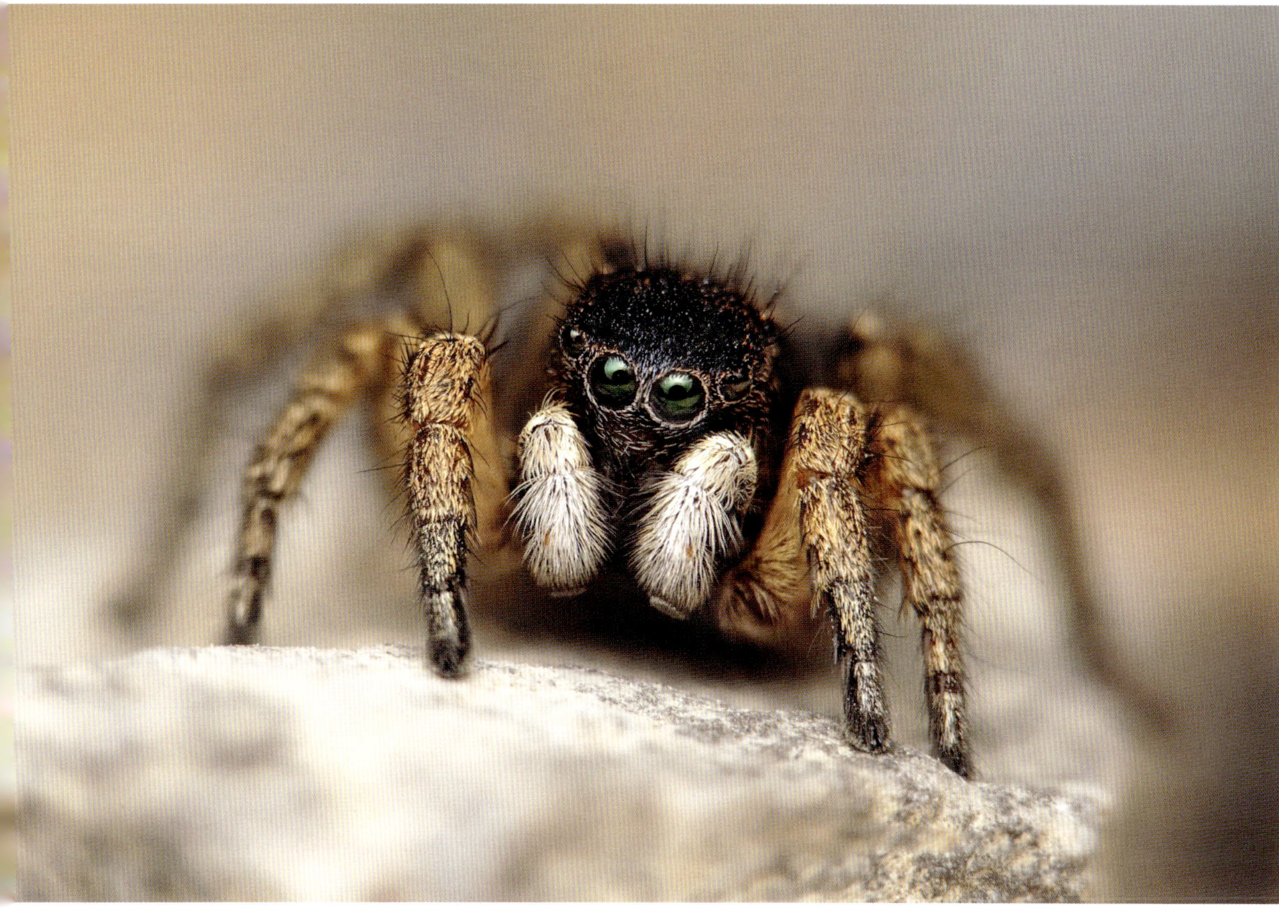

Bei diesem Bild eines Springspinnen-Männchens (Asianellus festivus) habe ich die folgenden Einstellungen verwendet: Kamera SONY A77 II, Objektiv MAKRO 105 mm f/2.8 EX DG OS HSM mit Siocore-10-Dioprien-Achromat, Blende 9, Belichtungszeit 1/160 Sekunde, ISO 400, Blitz mit Diffusor.

Schärfe angeht. Dennoch verwende ich das JPEG-Format, da die RAW-Dateien sehr groß werden und dadurch zum einen die Serienbildgeschwindigkeit der Kamera deutlich verringert wird und zum anderen auch das Focus Stacking per Bildbearbeitungssoftware viel länger dauert.

- **Kein Autofokus** – In der extremen Makrofotografie wird rein manuell fokussiert, da durch die verwendete kleine Blende zu wenig Licht für den Autofokus vorhanden ist. Außerdem muss für das Focus Stacking die Schärfeebene selbst bestimmt werden und das geht nur bei manueller Fokussierung.

Meine Bilder haben direkt bei der Aufnahme schon einen korrekten Weißabgleich, und auch bei den Tiefen/Lichtern und den anderen Parametern greife ich nicht so stark ein, dass ich auf das RAW-Format angewiesen wäre. In der Landschaftsfotografie hingegen verwende ich immer das RAW Format, da hier die Vorteile deutlich überwiegen und ich dabei auch nicht auf das Optimierungspotenzial des RAW-Formats verzichten möchte.

Die meisten Kameraeinstellungen sind bei mir ziemlich fest, wenn ich mal etwas mehr oder weniger Licht benötige, ändere ich die Belichtungszeit oder die Blende. Beides kann ich ganz einfach mit einer Hand machen und die Kamera gleichzeitig weiter auf das Motiv richten.

Problem schwarzer Hintergrund

Wenn Sie mit einem Blitz fotografieren und dabei die oben erwähnten Einstellungen verwenden, kann es passieren, dass der Bildhintergrund zu dunkel bzw. schwarz wird. Das liegt zum einen daran, dass das Blitzlicht zu schwach ist, um den Hintergrund auszuleuchten, und zum anderen ist der Blitz auf den Bereich unmittelbar vor dem Objektiv ausgerichtet. Es kann so also gar nicht den Hintergrund erreichen.

Ein schwarzer Hintergrund entsteht meist bei Bildern, bei denen die Umgebung mehr als 10 cm vom Motiv entfernt ist. Ist der Hintergrund dagegen recht nah am Motiv, wird auch er mit ausreichend Licht versorgt, was zu einem farbig ausgewogenen Bild führt.

Probleme beim Blitzen verhindern

Zum einen können Sie das Problem eines schwarzen Hintergrunds verhindern, indem Sie dafür sorgen, dass der Hintergrund nah genug ist. Das erreichen Sie z. B. durch ein Blatt, das Sie hinter dem Motiv platzieren. Falls das nicht möglich ist, weil das Motiv zu schreckhaft ist, können Sie auch die Kameraeinstellungen so weit ändern, dass das meiste Licht nun nicht mehr vom Blitzlicht kommt, sondern von den Belichtungseinstellungen der Kamera.

Es empfiehlt sich, dabei die Blende zu öffnen und die ISO-Empfindlichkeit noch etwas zu erhöhen. Das Blitzlicht wird etwas schwächer eingestellt, da nun genügend Licht über die offene Blende kommen sollte. Falls das Motiv ruhig genug ist und die Situation es zulässt, können Sie auch ein Stativ einsetzen und ganz auf den Blitz verzichten. Früh am Morgen eine Spinne in ihrem Netz zu fotografieren, wäre z. B. eine solche Situation, in der es klappen könnte.

Bei den meisten Motiven ist der Hintergrund aber nah genug am Motiv, was auch daran liegt, dass die Kamera meist leicht schräg gehalten wird, wenn ein Motiv auf einer flachen Ebene fotografiert wird. Dadurch wird dann der Bereich unmittelbar hinter dem Motiv zum eigentlichen Hintergrund. Durch den hohen Abbildungsmaßstab erreichen Sie dennoch einen sehr weichen Hintergrund, der normalerweise kaum Struktur aufweist.

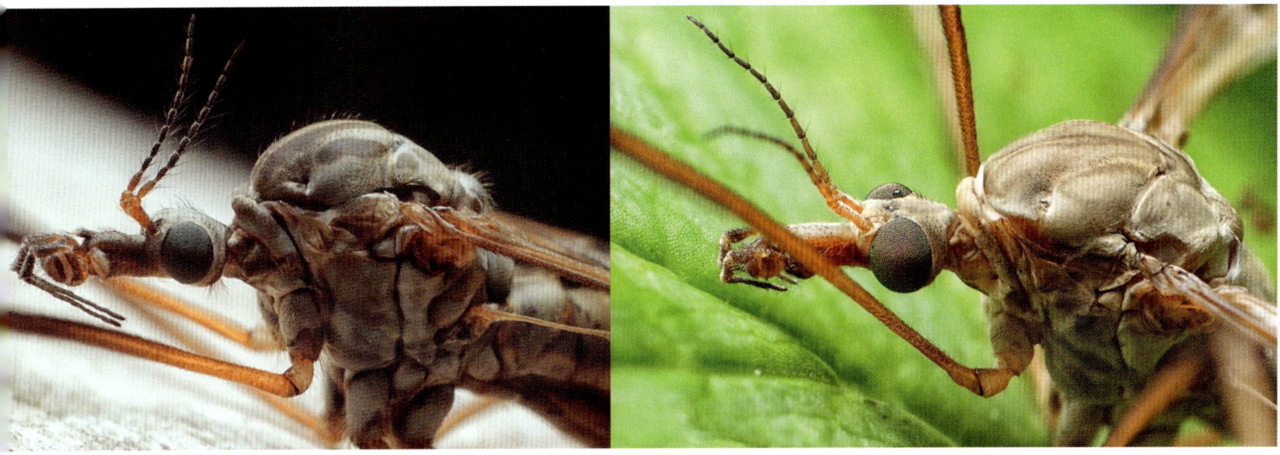

Die Schnake auf dem linken Bild saß an einer Stelle, an der der Hintergrund weit weg war und somit zu dunkel belichtet wurde. Die Schnake auf dem rechten Bild saß auf einem Blatt, das für einen gleichmäßig ausgeleuchteten Hintergrund gesorgt hat.

Leichte und schwierige Motive

Gerade bei Anfängern macht sich beim Einstieg in die extreme Wildlife-Makrofotografie schnell Frustration breit, wenn sich partout kein Erfolgserlebnis einstellen will, weil die Motive einem ständig entwischen. Konzentrieren Sie sich daher gerade am Anfang eher auf die leichten Motive und gehen Sie die schweren erst dann an, wenn Sie schon einige tolle Aufnahmen machen konnten und etwas Übung haben.

Besonders schwer ist es vor allem dadurch, dass man den Motiven durch die großen Abbildungsmaßstäbe sehr nahe kommen muss. Bei einem Abbildungsmaßstab von 2:1 sind es nur ca. 5 cm vom Objektivende zum Motiv. Dazu kommen noch der große Diffusor, der das Motiv komplett abschattet, und natürlich auch das Blitzlicht, das so manches Motiv in die Flucht schlägt oder zumindest in Bewegung versetzt.

In der Realität aber gibt es bei Spinnen und Insekten keine festen Fluchtdistanzen. Je nach Situation und Vorgehen kann ein Insekt schon flüchten, wenn Sie einen Meter entfernt ist, oder aber auch ganz still sitzen bleiben, wenn Sie bis auf Fotoreichweite herangekommen sind und Ihre Aufnahmeserien abfotografieren. Die jahrelange Erfahrung bringt jedoch die Erkenntnis, dass es Motive gibt, die eher flüchten bzw. schwerer zu fotografieren sind als

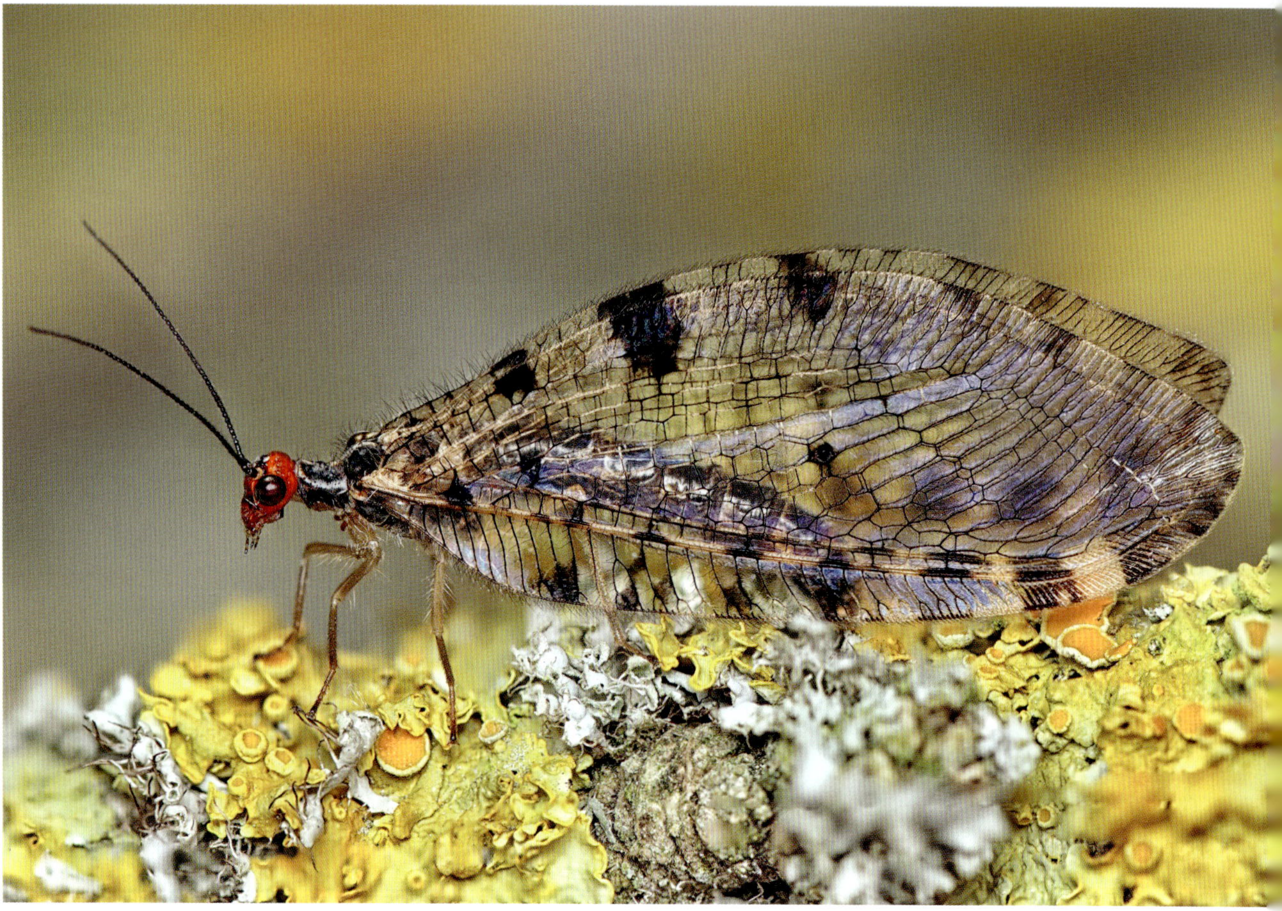

Dieser wunderschöne Netzflügler ist ein Europäischer Bachhaft (Osmylus fulvicephalus). Es ist der einzige Vertreter der Bachhafte in Mitteleuropa. Ich hatte einfach Glück, dass das Insekt für wenige Sekunden ruhig vor der Kamera „posierte".

andere. Die nachfolgende Liste spiegelt aber nur meine persönliche Erfahrung wider und muss nicht bei jedem Motiv stimmen. Ich glaube dennoch, dass sie sich mit den Erfahrungen anderer Wildlife-Makrofotografen überwiegend deckt.

Leicht zu fotografierende Motive

- Insekten früh morgens in Kältestarre,
- Spinnen, die ruhig in ihrem Netz hängen, während man nah genug an sie herankommt,
- einige Käferarten wie z. B. Rüsselkäfer,

- einige Spinnenarten wie z. B. Krabbenspinnen und Listspinnen,
- Raupen,
- Wanzen,
- Raubfliegen,
- Asseln.

Schwierig zu fotografierende Motive

Tagsüber auch bei gutem Wetter

- Libellen,
- Schmetterlinge,
- Goldwespen,
- Ameisen,
- Grashüpfer,
- Sandlaufkäfer,
- Zikaden,
- Wildbienen.

Springspinnen sind schwer in eine der beiden Kategorien einzuordnen. Durch die vielen Springspinnenbilder in diesem Buch könnte man den Eindruck gewinnen, sie seien besonders leicht zu fotografieren. Springspinnen sind neben Raubfliegen aber meine Lieblingsmotive, für die ich die meiste Zeit geopfert habe. Allein im Jahr 2014 habe ich über 400 Stunden nur damit verbracht, Springspinnen aufzuspüren und zu fotografieren. Bei Springspinnen ist es so, dass es manches Mal tatsächlich sehr leicht ist, gute Aufnahmen von ihnen zu bekommen, ein anderes Mal kann es aber sein, dass sie die ganze Zeit herumwuseln und kaum ruhig stehen bleiben.

Das gilt besonders für die Ameisenspringspinnenarten, die wirklich zu den am schwersten zu fotografierenden Makromotiven überhaupt gehören. Es ist aber eher selten, dass Springspinnen wirklich Angst haben und aus diesem Grund das Weite suchen. Meistens sind sie eher interessiert an dem, was da auf einmal vor ihnen passiert, daher springen sehr häufig auch auf das Objektiv.

Wer das große Glück hat, Springspinnen bei der Paarung zu finden, wird sie in dem Fall normalerweise leicht fotografieren können, da sie dabei nicht schnell aus der Ruhe zu bringen sind. Springspinnen mit Beute sind normalerweise ebenfalls eher leicht aufzunehmen.

3 LOCATIONS FÜR WILDLIFE-MAKROS

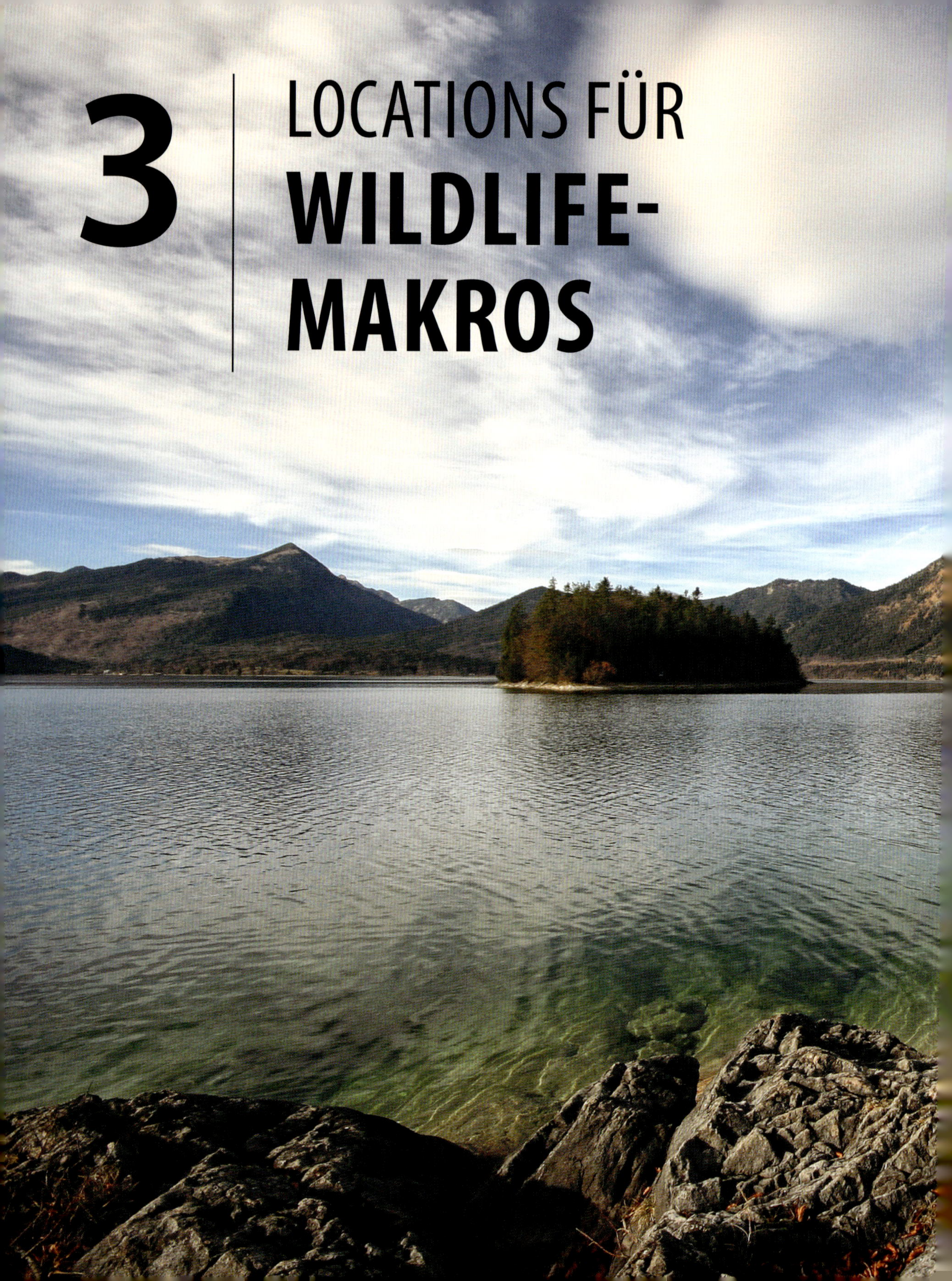

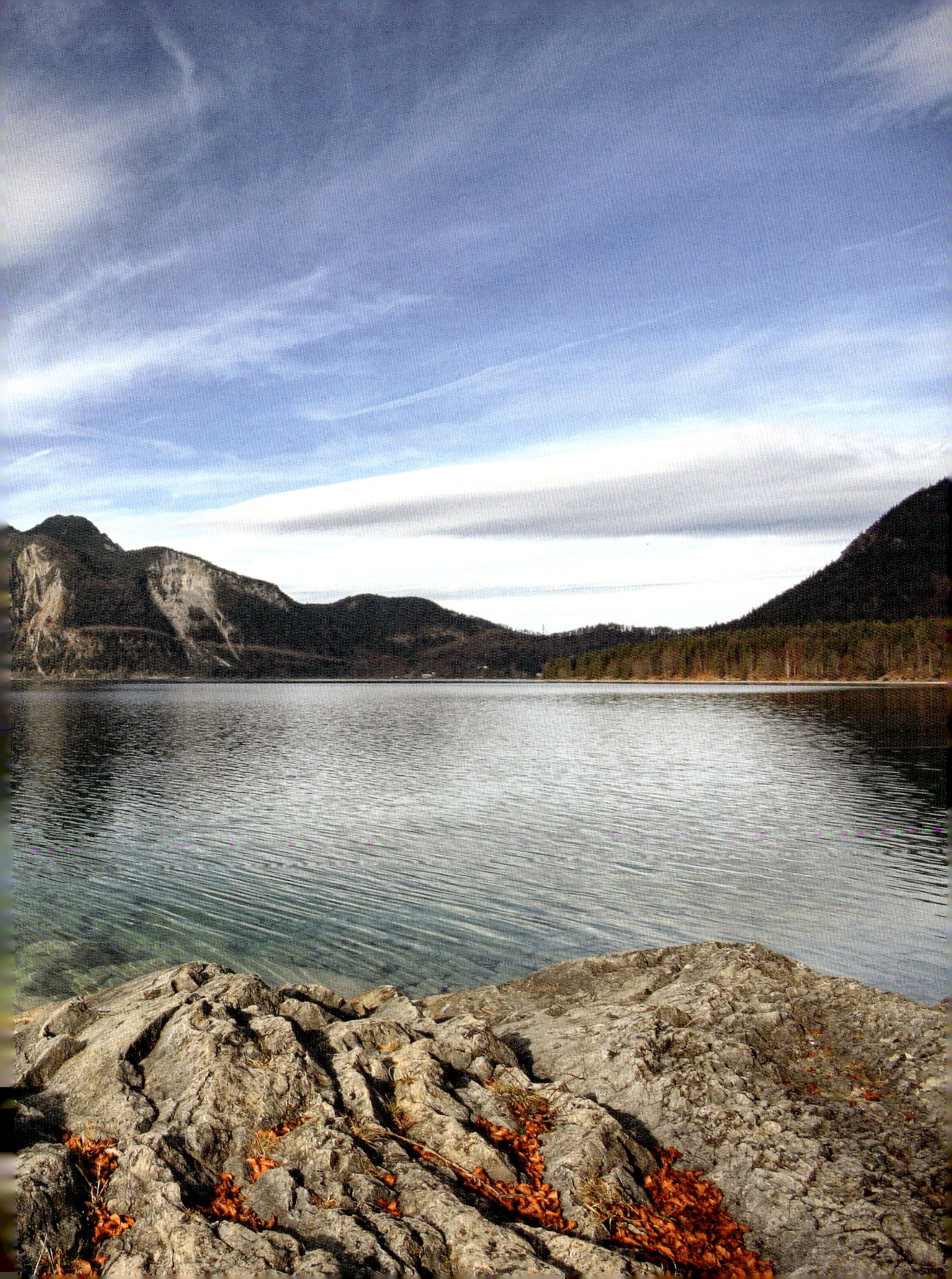

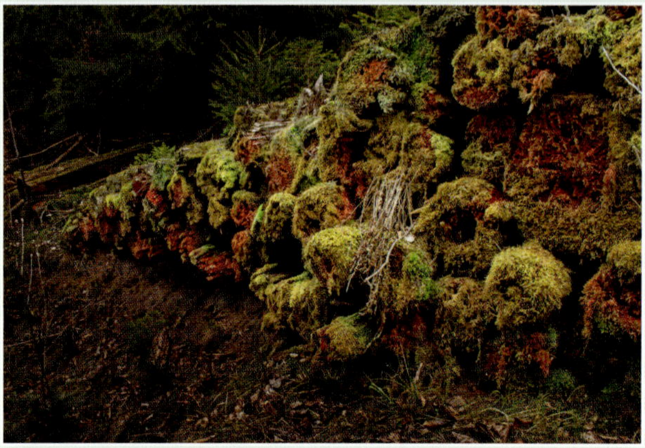
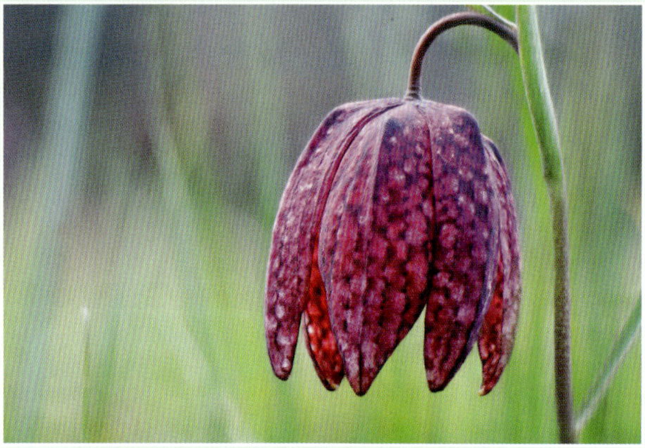
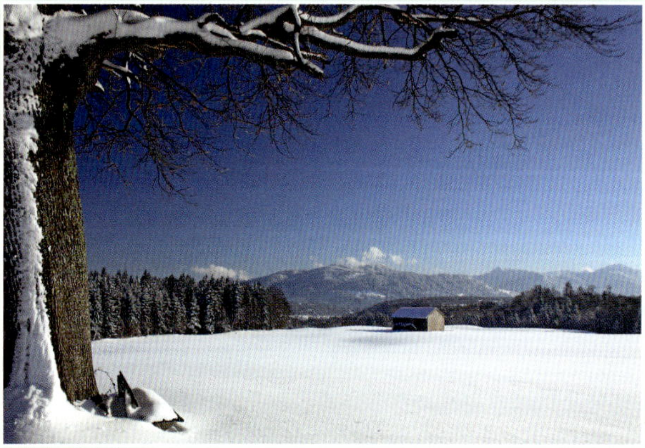
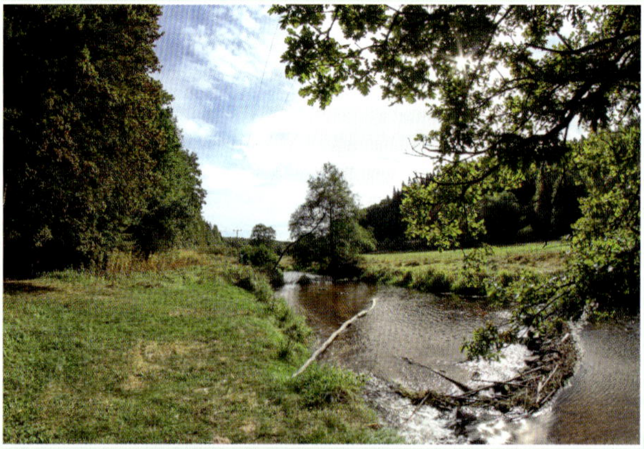

3

Locations für Wildlife-Makros

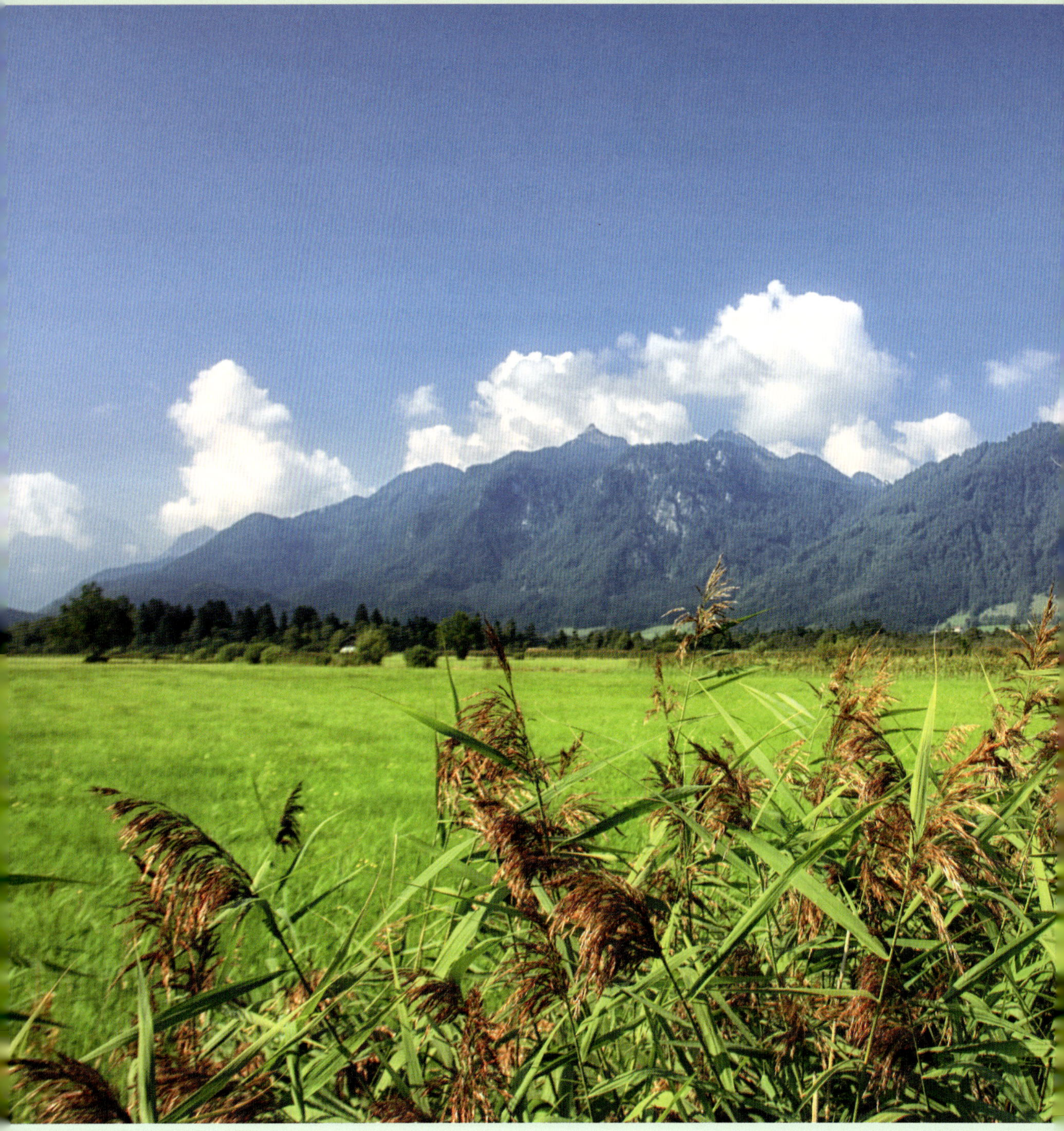

Das Murnauer Moos mit Blick auf die Ammergauer Alpen.

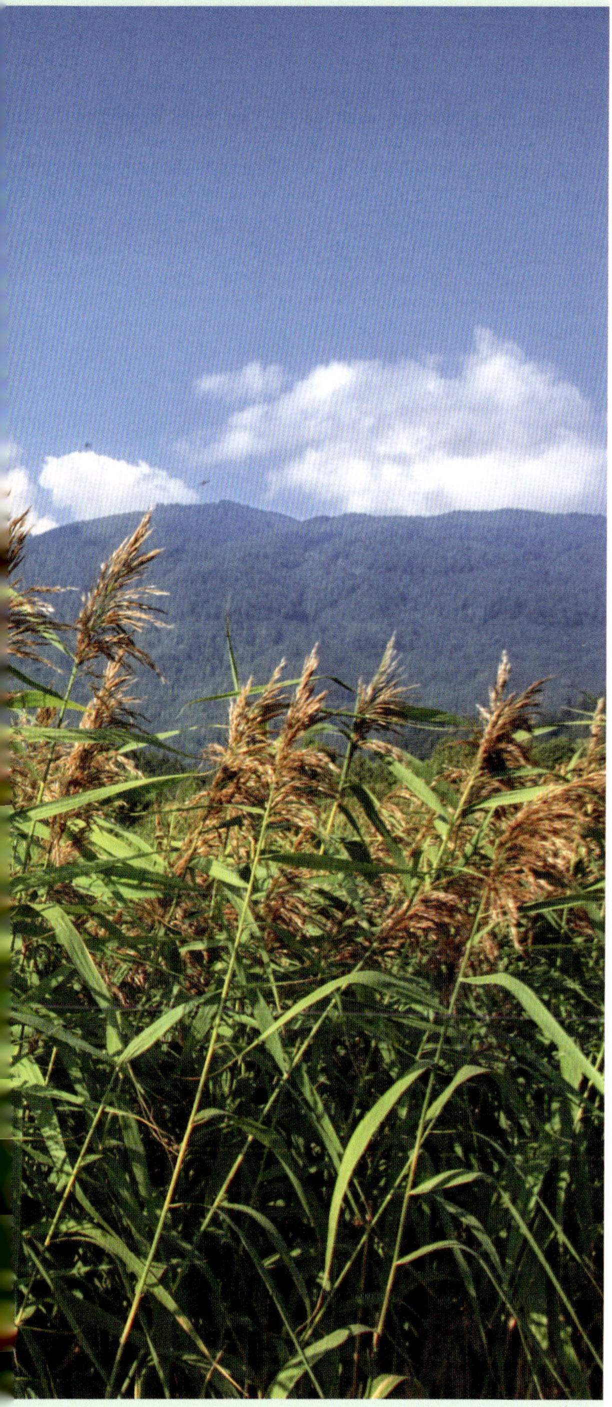

Geeignete Motive für die extreme Wildlife-Makrofotografie lassen sich praktisch überall finden, wie z. B. im eigenen Garten, auf einer Blumenwiese oder an einem Teich. Jede Spinnen- und Insektenart hat aber ihren speziellen Lebensraum, und besonders seltene Motive lassen sich teilweise nur an ganz wenigen Orten in Deutschland finden.

Top-Locations in Deutschland

Ein paar der besten Makrogebiete möchte ich hier kurz vorstellen.

Der Kaiserstuhl

Der Kaiserstuhl in Baden Württemberg ist das wohl bekannteste Makrogebiet Deutschlands, und das hat auch seinen Grund. In diesem Wärmegebiet gibt es eine Vielzahl von seltenen Motiven wie z. B. die Gottesanbeterin oder auch die Goldaugenspringspinne.

Das Murnauer Moos

Das Murnauer Moos in Bayern ist ebenfalls ein fantastisches Makrogebiet und liegt zudem noch in einer atemberaubenden Landschaft, umgeben von den Ammergauer Alpen mit Blick auf die Zugspitze, Deutschlands höchsten Berg. Hier habe ich einige sehr seltene Motive entdeckt, die auch im Buch gezeigt werden.

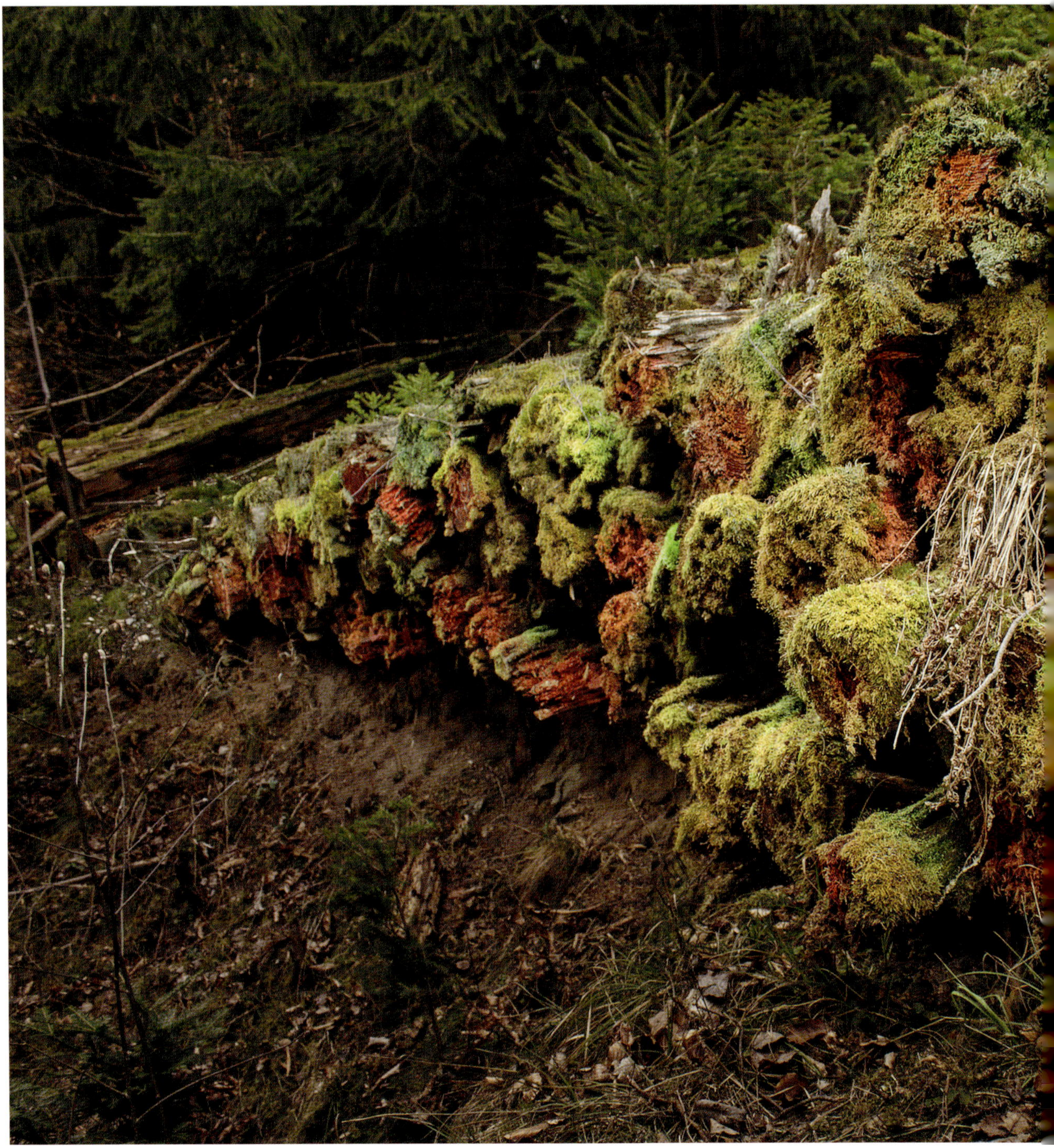

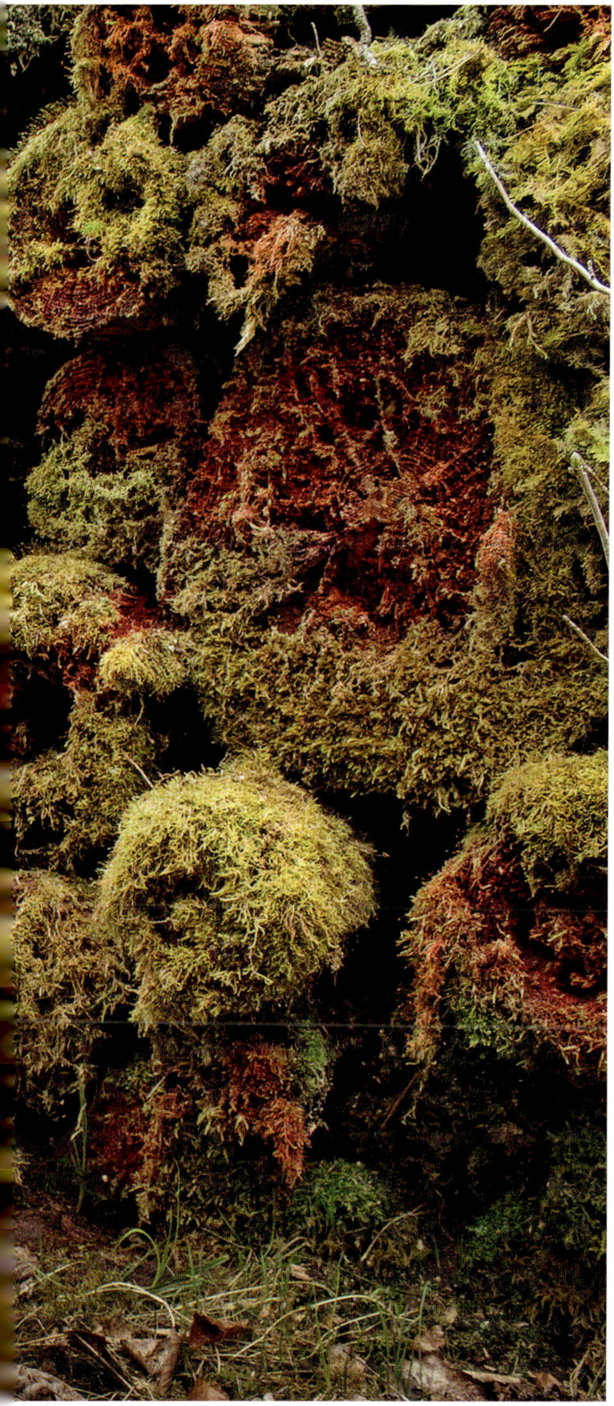

Die Püttberge

Das nördlichste Top-Makrogebiet Deutschlands sind zweifellos die Püttberge bei Berlin. Auch hier lassen sich viele seltene Makromotive finden.

Der Spessart

Der Spessart ist ein Mittelgebirge, das sich von Bayern bis nach Hessen erstreckt. Zugleich ist er ein fantastisches Makrogebiet mitten im Deutschland. Der Spessart ist ein sehr waldreiches Gebiet – sogar das größte zusammenhängende Gebiet aus Laubmischwäldern in ganz Deutschland. Die Umgebung zwischen Mernes und Jossa war für einige Jahre mein meistbesuchtes Makrogebiet, und ich war erstaunt, was sich dort alles finden lässt.

Im Spessart gibt es viel zu entdecken, wie z. B. diesen von Moos überwachsenen Holzstapel. Ganz in der Nähe davon habe ich ein sehr gutes Raubfliegengebiet gefunden.

Besonders hervorheben lassen sich die vielen verschiedenen Goldwespen- und Raubfliegenarten, die ich dort gefunden habe. Aber auch andere schöne und seltene Makromotive wie z.B. den Hirschkäfer, Bachhafte und Kamelhalsfliegen lassen sich im Spessart finden. Das Landschaftsbild des Spessarts ist von großen Waldflächen mit angrenzenden Wiesen geprägt.

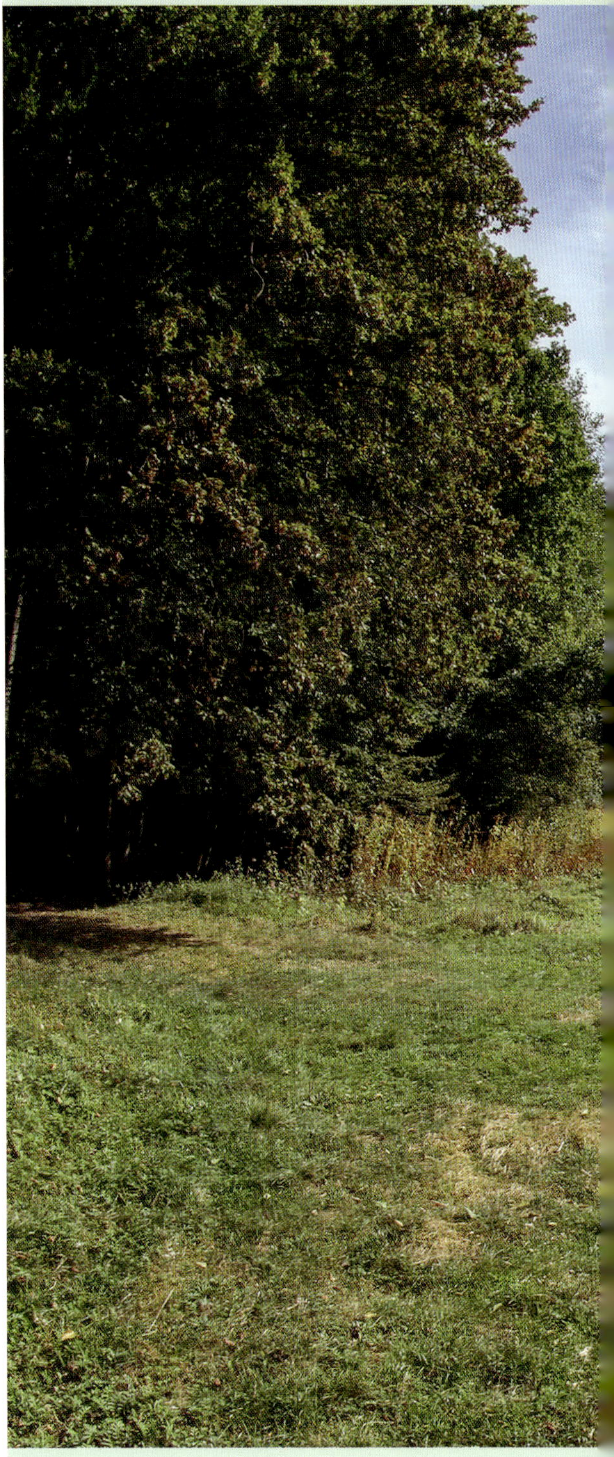

Dazu gibt es eine Vielzahl von sauberen Gewässern wie etwa den Fluss Jossa, hier aufgenommen in der Nähe des gleichnamigen Dorfs Jossa.

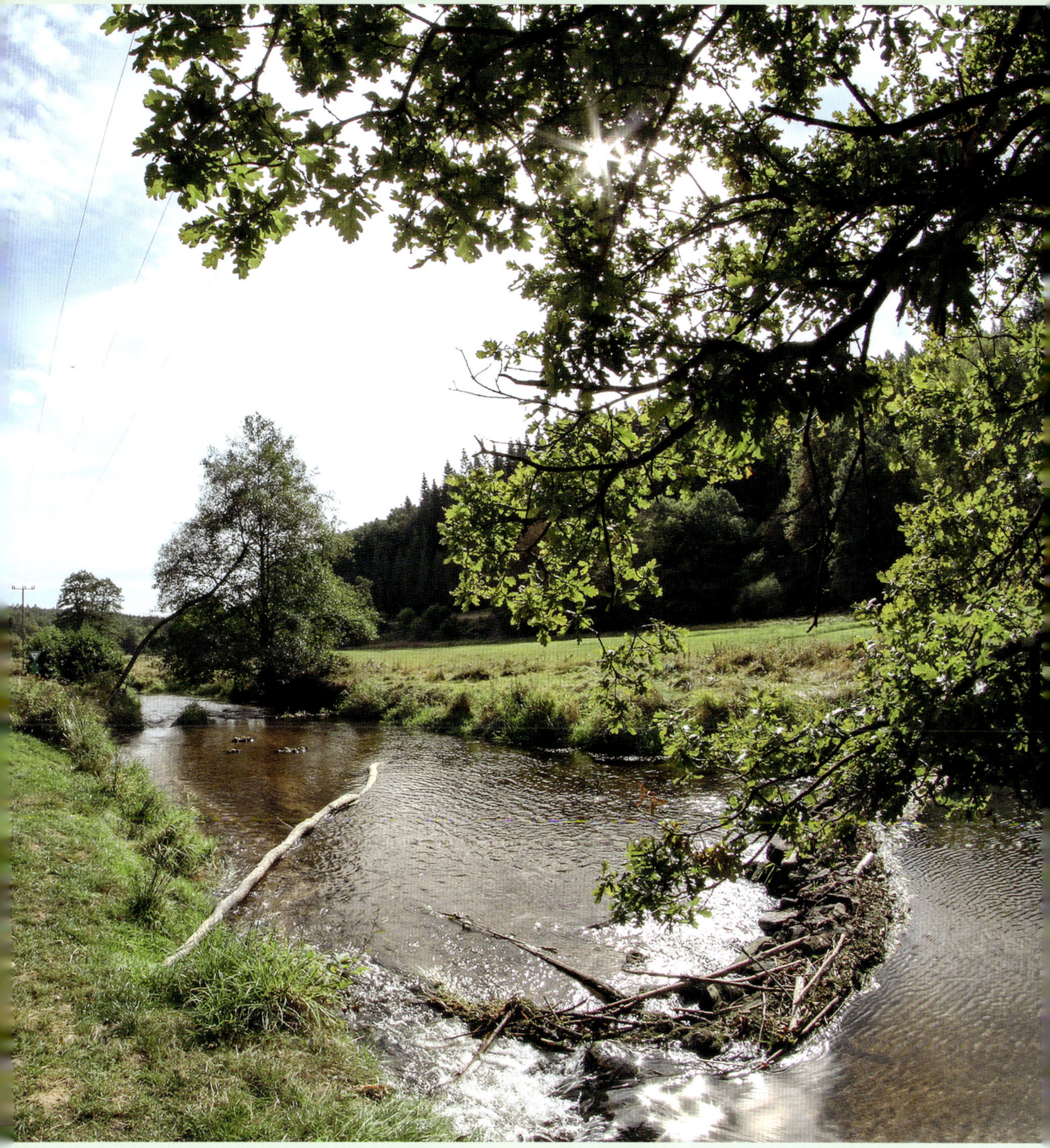

Im Kapitel „Reise in eine faszinierende Motivwelt“ sind viele Bilder von Insekten und Spinnen aus dem Spessart zu sehen. Bei den seltensten steht auch der Fundort dabei. Für Makrofans ist ein Besuch im Spessart auf jeden Fall sehr zu empfehlen.

Geheimtipp!

Falls Sie zu weit weg von den Top-Makrogebieten wohnen, aber dennoch eine tolle Location für Ihre regelmäßigen Makrotouren finden wollen, hier noch ein Geheimtipp:

Schauen Sie nach einem stillgelegten bzw. renaturierten Steinbruch bei sich in der Nähe (Listen von Steinbrüchen sind im Internet zu finden). Falls sich in einem solchen alten Steinbruch neben großen Trockenflächen auch ein paar Wasserstellen befinden, ist dort eine große Vielfalt an Insekten und Spinnen fast schon garantiert.

Ganz in der Nähe von Jossa liegt das Naturschutzgebiet „Sinnwiesen von Altengronau“, das mit dem angrenzenden Naturschutzgebiet „Sinngrund“ bei Obersinn zusammen das in Deutschland größte zusammenhängende Vorkommen der seltenen Schachblume (Fritillaria meleagris) beherbergt.

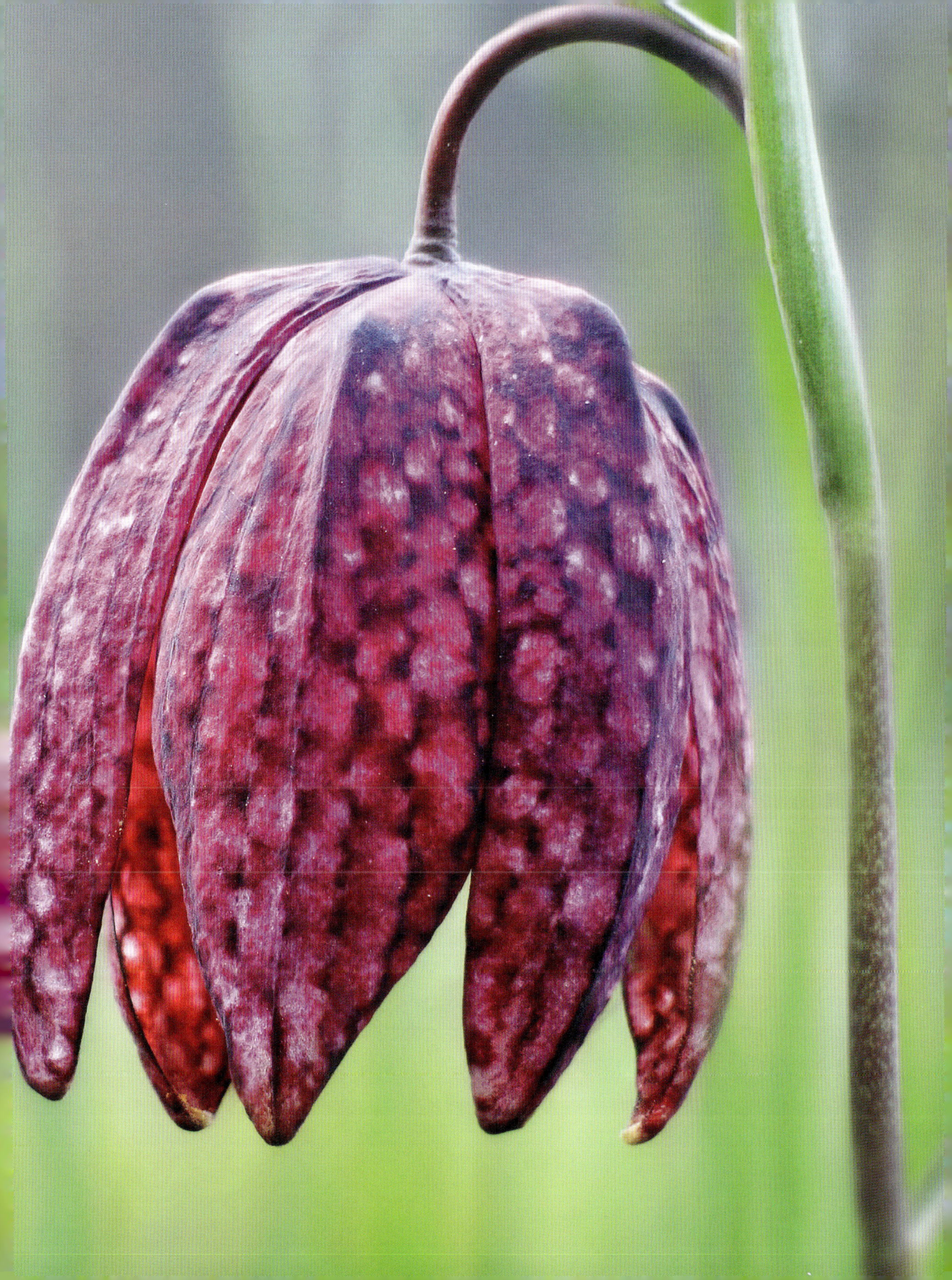

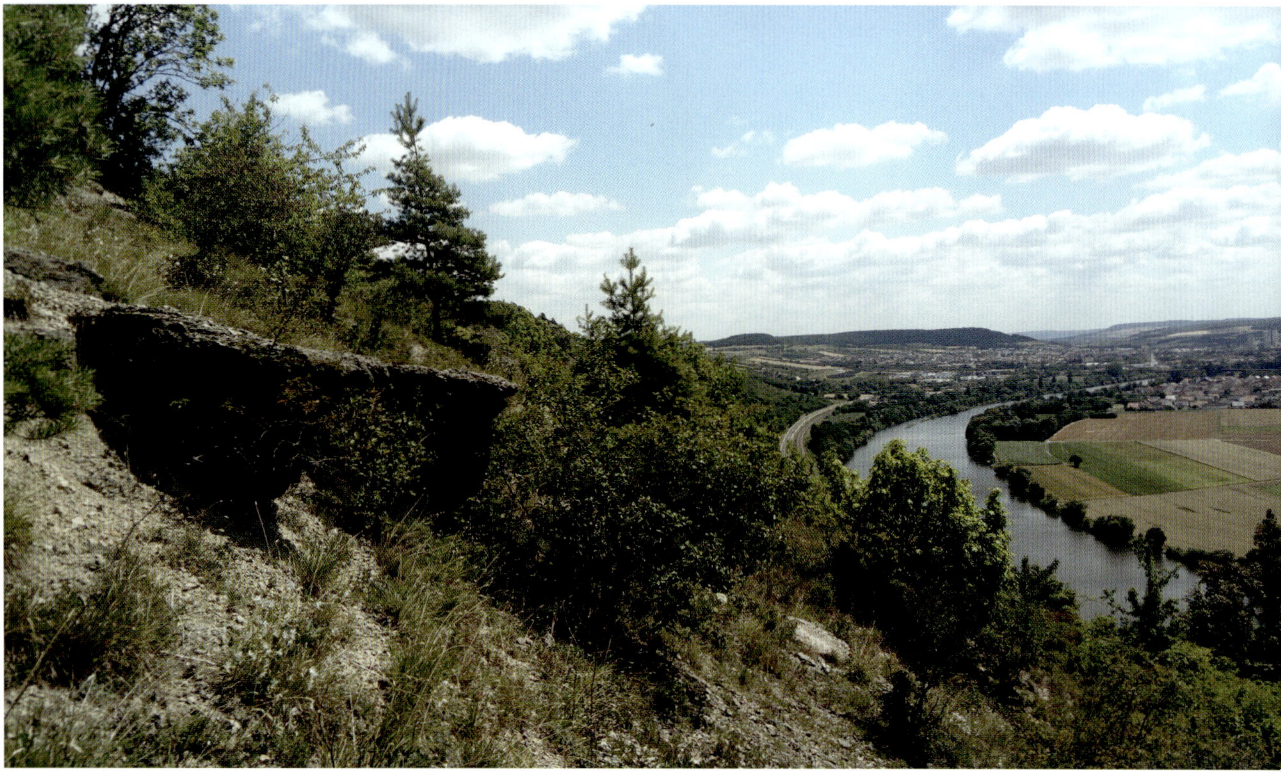

Spezielle Gebiete, wie die Trockenhänge bei Würzburg, bieten einigen seltenen Spinnen- und Insektenarten einen geeigneten Lebensraum.

Habitate und deren Bewohner

Um gezielt nach besonderen Spinnen- und Insektenarten suchen zu können, ist es wichtig, das man weiß wo sie leben und wo sie zu finden sind. Auf meiner Suche nach seltenen Motiven bin ich schon an vielen Orten in Deutschland gewesen. Wenn Sie z. B. am Wegrand einer Graslandschaft in etwa 50 cm Höhe eine kreisrunde Aussparung der Grashalme erkennen, ist das das Netz einer Wespenspinne, die die Grashalme für das Netz aus dem Weg geräumt hat. Erfahren Sie jetzt, in welchen Habitaten man bestimmte Insekten- und Spinnenarten findet.

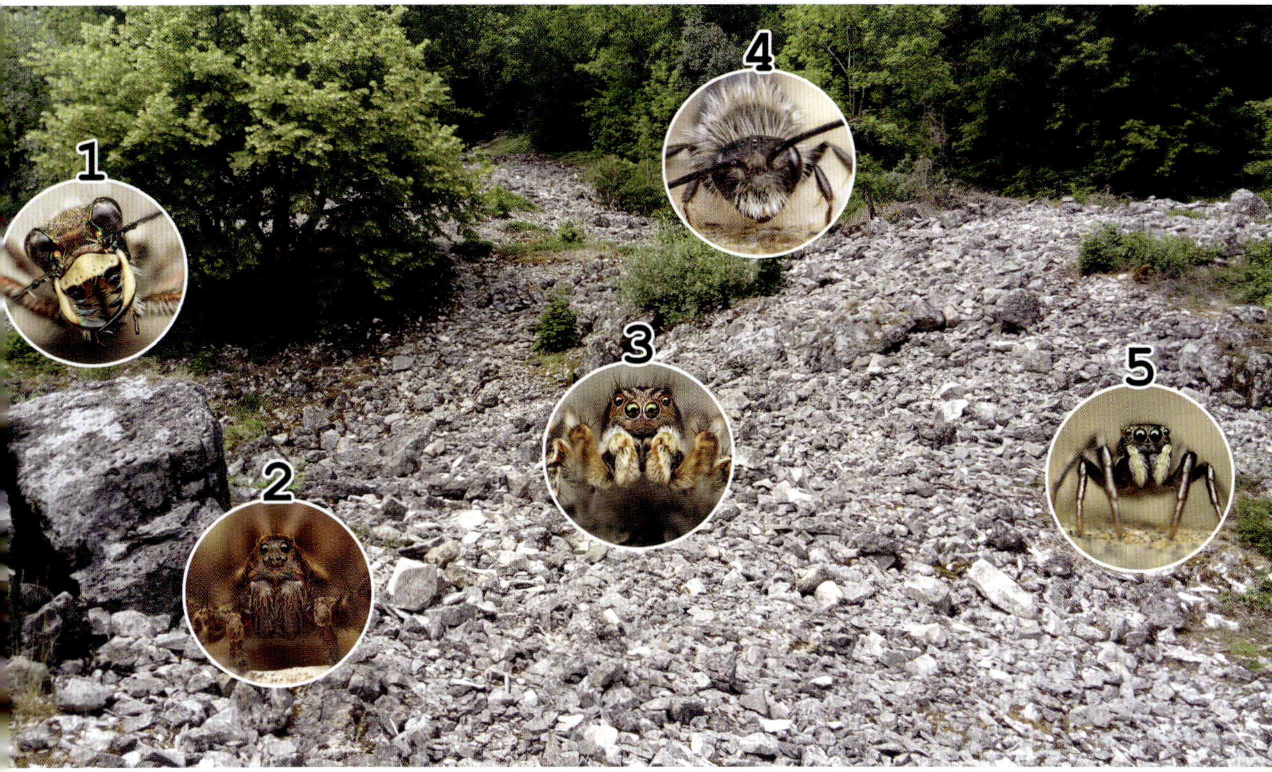

Renaturierte Steinbrüche und deren typische Bewohner.

Renaturierte Steinbrüche

1. **Sandlaufkäfer** – Leben in einigen alten Steinbrüchen. Treten dort meistens auch in großer Anzahl auf.
2. **Wolfspinnen** – Zählen zu den am häufigsten anzutreffenden Spinnen. Man kann sie praktisch fast überall finden, besonders auf Trockenrasen und an sonnigen Waldrändern.
3. **V-Springspinne** – Hält sich vor allem in den sehr trockenen und steinigen Randbereichen von Steinbrüchen auf.
4. **Wildbienen** – Sind häufig an Totholz in sandigen Randzonen von Steinbrüchen zu finden.
5. **Heliophanus** – Eine Springspinnengattung, die oft in unmittelbarer Nähe der V-Springspinne zu finden ist.

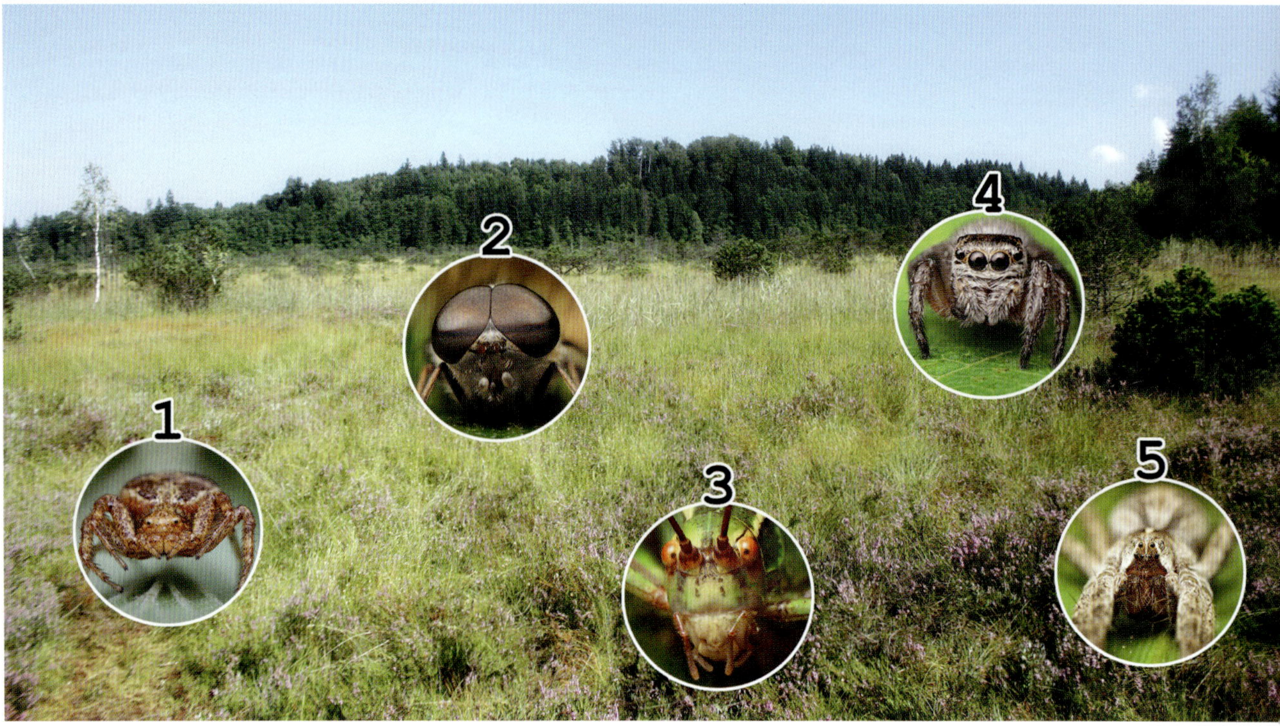

Feuchtwiesen und deren typische Bewohner.

Feuchtwiesen

1. **Krabbenspinnen** – Sitzen oft auf Blättern von Gebüschen am Wegrand.
2. **Bremsen** – Bremsenarten wie die Pferdebremse und die Rinderbremse sind häufig in der Nähe von Viehweiden zu finden. Andere Bremsen wie etwa Goldaugenbremsen und Regenbremsen findet man auch in noch feuchteren Gebieten wie Sümpfen und Mooren.
3. **Grashüpfer** und **Heuschrecken** – Zirpen vorzugsweise in jeder Art von Grasland.
4. **Evarcha arcuata** und **Evarcha falcata** – Zwei Springspinnenarten, die leicht im kniehohen Gras an Wegrändern zu finden sind.
5. **Listspinnen** – Sind oft im niedrigen Gebüsch auf Blättern zu sehen, meistens in einer flachen Lauerhaltung.

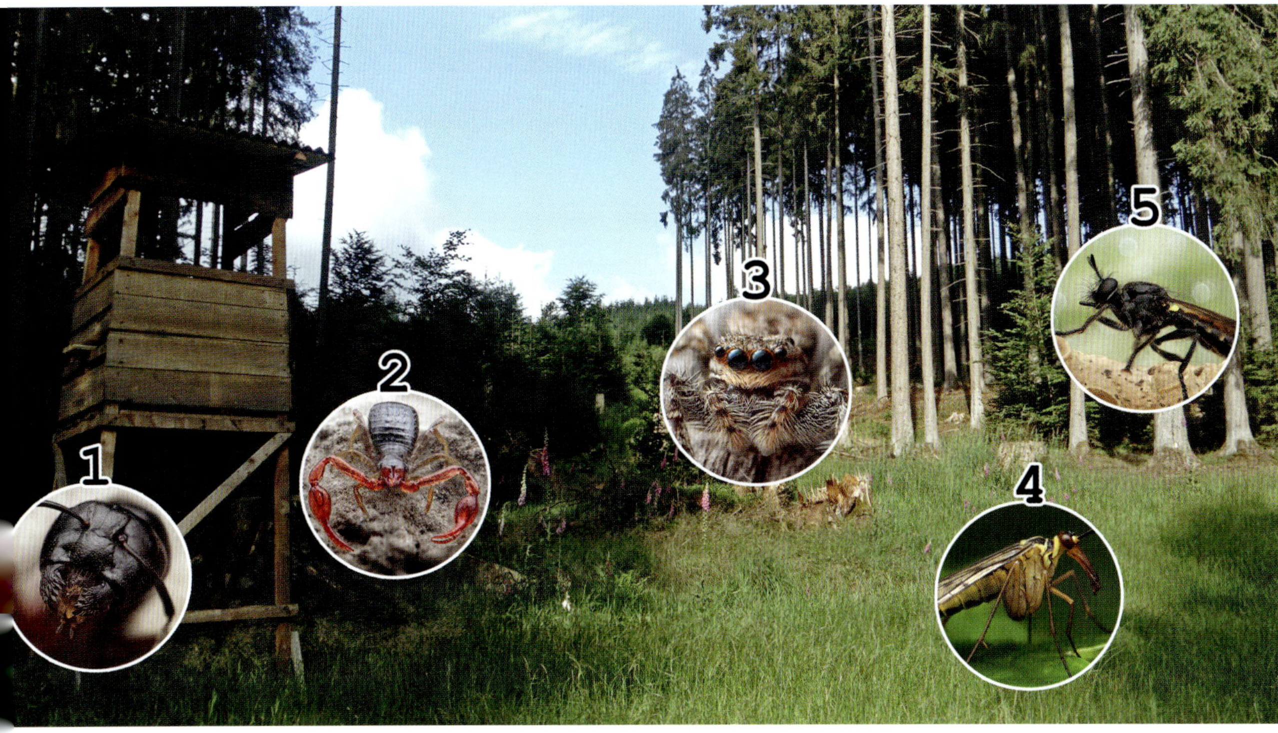

Waldränder und Wälder sowie deren typische Bewohner.

Waldränder und Wälder

1. **Waldameisen** – Waldameisen bauen ihre Hügel und Nester vorzugsweise an Waldrändern und auf Lichtungen.
2. **Pseudoskorpione** – Finden sich unter Totholz oder brüchiger Rinde alter Bäume.
3. **Rindenspringspinnen** – Leben z. B. an Holzstapeln oder Holzzäunen.
4. **Skorpionsfliegen** – Halten sich besonders gern an Wegrändern in Wäldern und darum herum auf Brennnesseln auf.
5. **Raubfliegen** – Lauern an Baumstämmen oder Totholz auf vorbeifliegende Beute.

Kamelhalsfliegen, Käfer und Wanzen

Weitere Bewohner von Wäldern und deren Randbereichen sind Käfer und Wanzen, die im Gebüsch oder auf den Blättern von Bäumen sitzen, sowie Kamelhalsfliegen. Alle meine bisherigen Funde von Kamelhalsfliegen stammen von sonnigen Waldrändern.

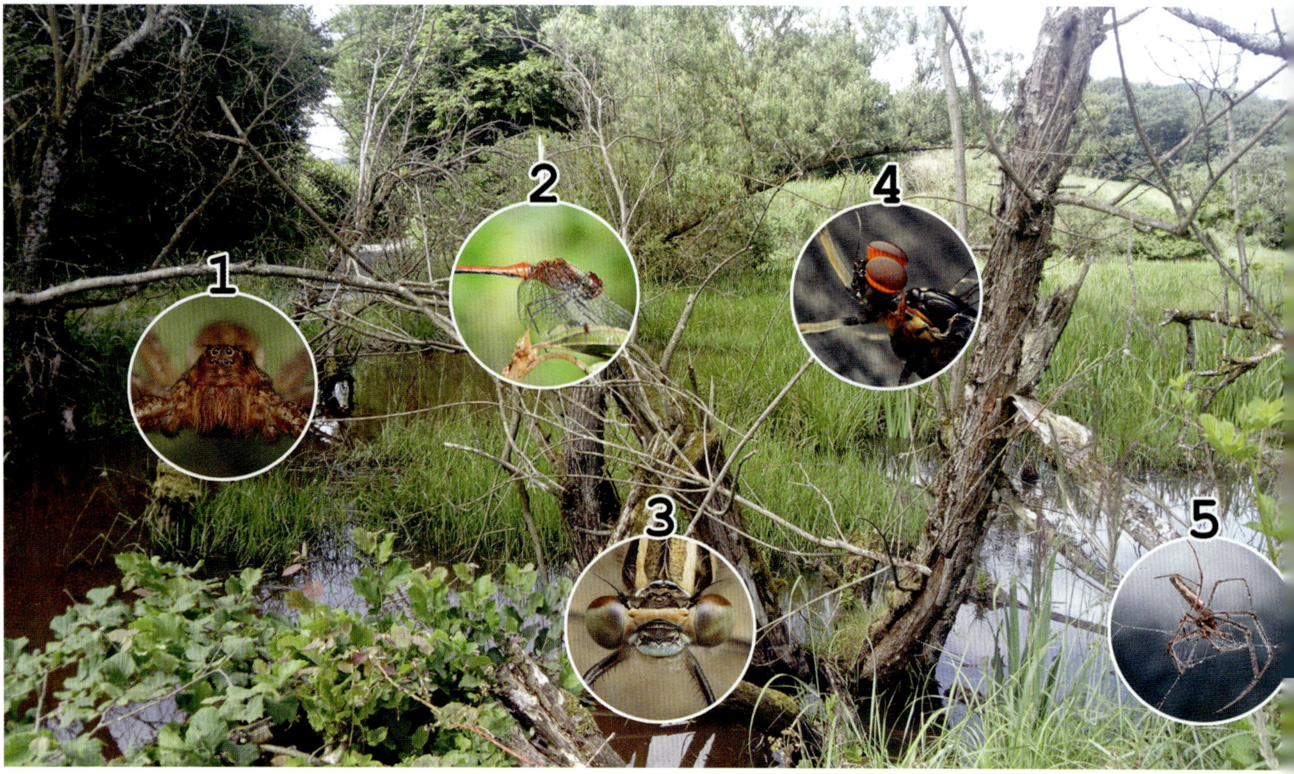

Gewässerufer und deren typische Bewohner.

Gewässerufer

1. **Jagdspinnen** – Lauern in unmittelbarer Ufernähe auf Insekten und kleine Fische.
2. **Großlibellen** – Tagsüber meistens in Gewässernähe, sonnen sie sich auch gern auf Holzflächen wie Bänken, Zäune oder Brücken.
3. **Kleinlibellen** – Sitzen besonders gern an Pflanzenhalmen in Gewässernähe.
4. **Eintagsfliegen** – Leben bevorzugt an Bächen, sind aber auch an sauberen Stillgewässern zu finden.
5. **Streckerspinnen** – Spannen ihre Netze häufig über schmale Bachläufe oder im Randbereich von Bächen.

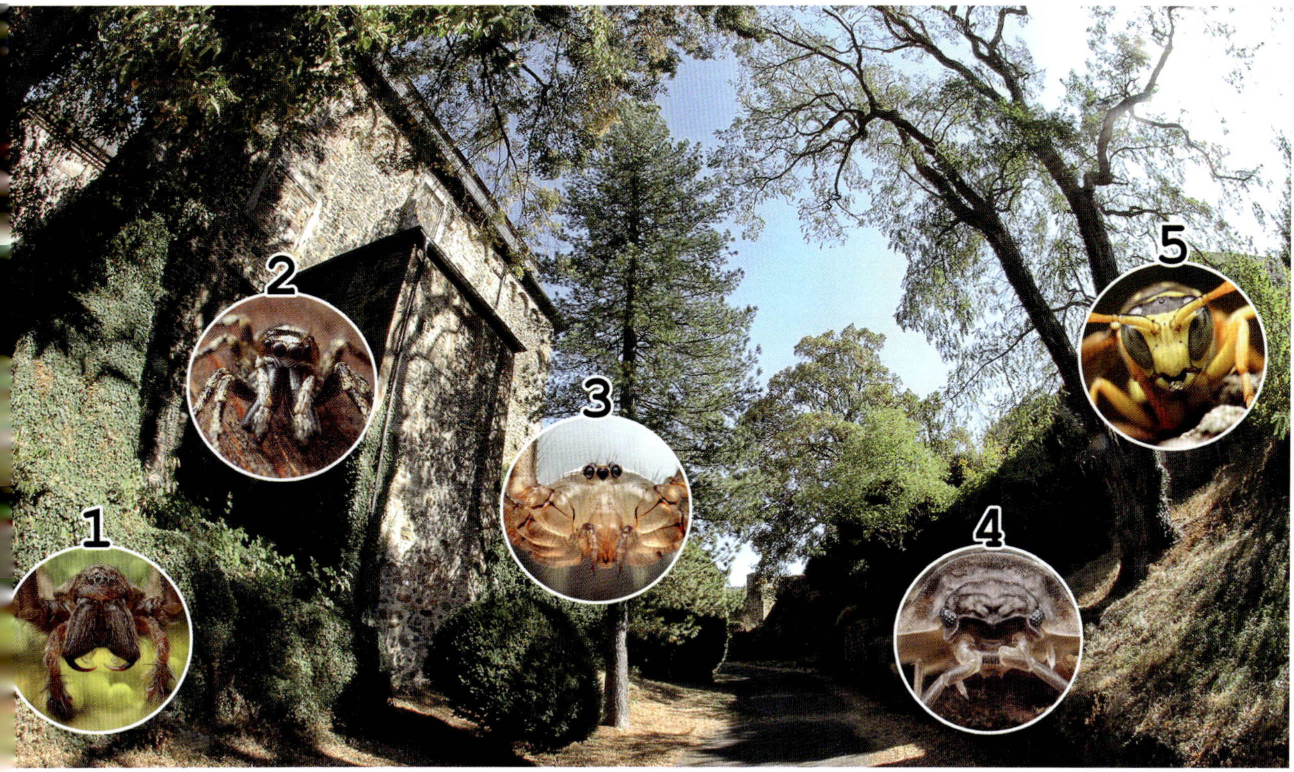

Haus und Garten sowie deren typische Bewohner.

Haus und Garten

1. **Hauswinkelspinne** – Lebt in und um Häuser herum. Auch in Gartenlauben zu finden.
2. **Zebraspringspinne** – Lebt an den Außenwänden von Gebäuden wie Häusern und Garagen, ist daneben aber auch z. B. an Betonbrücken zu finden.
3. **Zitterspinne** – Lebt vor allem in Häusern, praktisch in jedem Zimmer.
4. **Asseln** – Meistens unter Steinen rund ums Haus.
5. **Wespen** – Besonders die Arten „Deutsche Wespe", „Gemeine Wespe" und „Feldwespen".

Weitere Insekten und Spinnen

Weitere Insekten und Spinnen, die rund ums Haus zu finden sind: Schwarze Raubwanzen, Weberknechte (halten sich oft an Außenwänden von Häusern auf), Ameisen und Gartenkreuzspinnen, die ihre Netze oft in Hecken bauen. Besonders beliebt scheinen bei den Kreuzspinnen Thuja-Bäume zu sein.

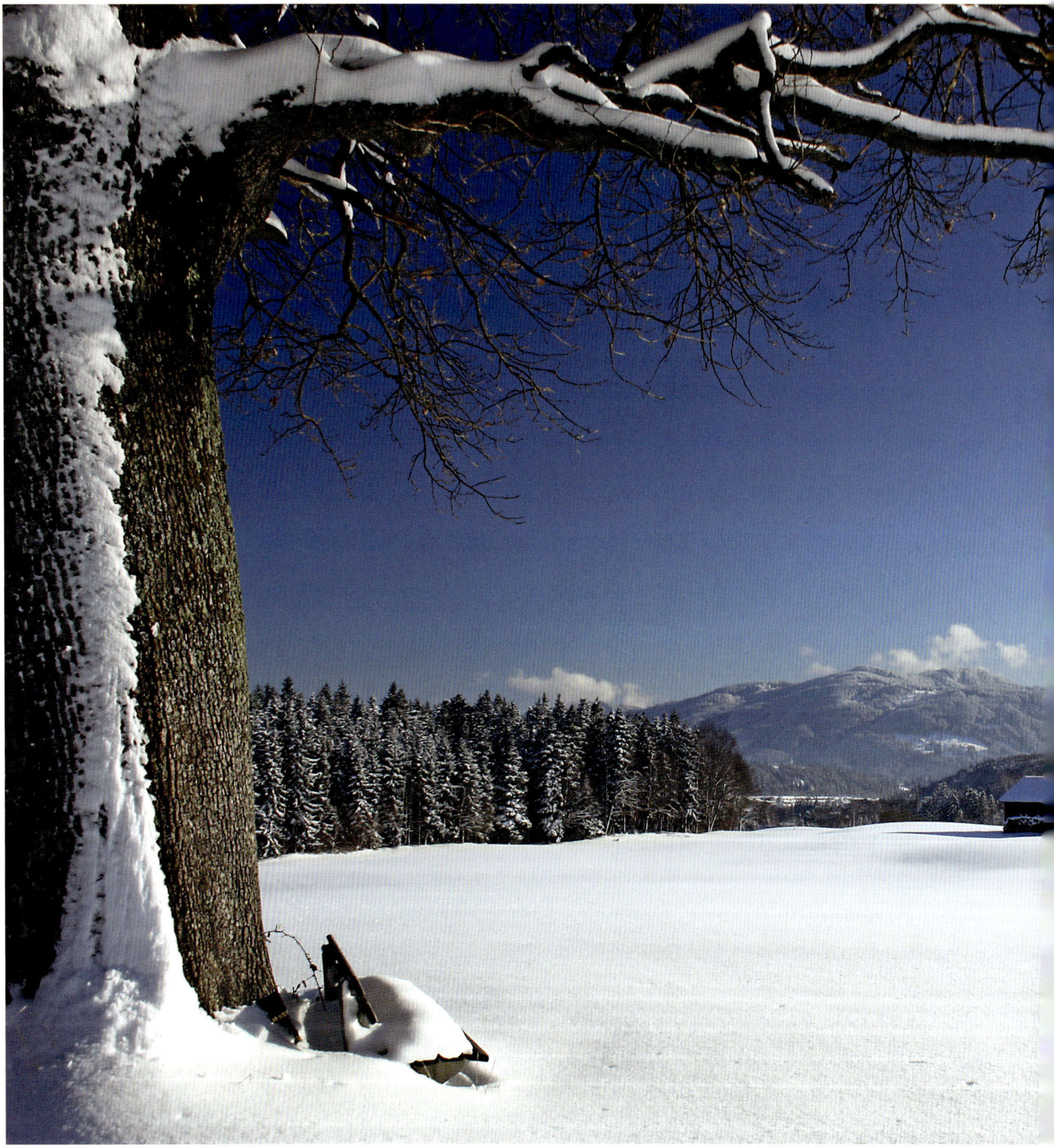

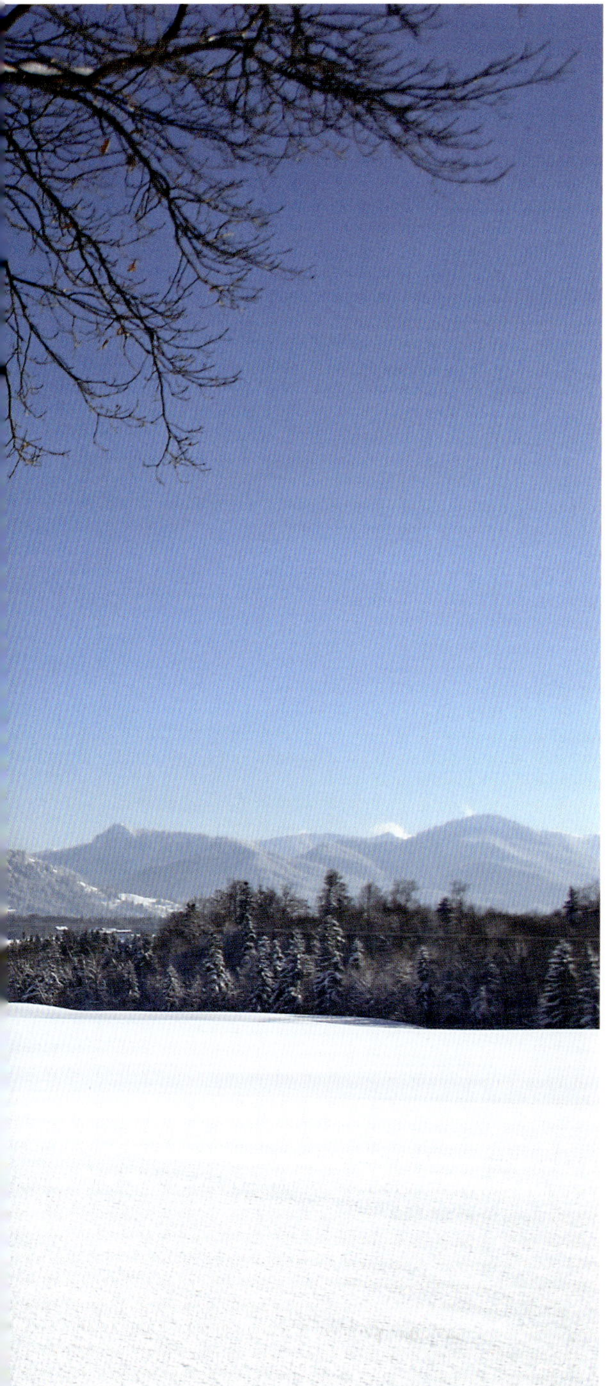

Motive auch im Herbst und Winter finden

Wenn es auf den Herbst zugeht, findet man draußen kaum noch Spinnen und Insekten. Viele von ihnen sterben zum Winter hin, aber manche überwintern einfach nur in geeigneten Verstecken. Wenn man unter Totholz nachschaut, kann man auch im Winter noch allerhand interessante Makromotive finden, z.B. Finsterspinnen, Krabbenspinnen, Hundertfüßer und Asseln.

Ein weiteres tolles Makromotiv im Winter kann einfach eine alte Spinnenhaut sein. Man kann sie z.B. im Keller im Netz einer Hauswinkelspinne finden. Solche alten Spinnenhäute gibt es eigentlich in fast jedem Netz einer Winkelspinne, da sie sich von Zeit zu Zeit häuten müssen. Außerdem ist es ein interessantes Makromotiv, weil man es nicht allzu häufig auf Bildern sieht. Darüber hinaus gibt es aber bestimmte Spinnen, die Sie gerade im Winter finden können. Dazu gehört z.B. die Spinnenart Walckenaeria acuminata, deren Körperlänge bis zu 3,5 mm betragen kann, und einige weitere Spinnen aus der Familie der Baldachin- und Zwergspinnen (Linyphiidae). Gerade aber Walckenaeria acuminata ist eine wirklich außergewöhnliche Spinne, denn das Männchen trägt die Augen

Zauberhafte Winterlandschaft bei Bad Tölz.

an einem Stil, der etwa 1 mm aus dem Kopf herauswächst. Mit etwas Glück kann man diese Spinne im Winter auf Schnee finden, wo sie dann relativ leicht erkennbar ist. Auch manche Wolfspinnenarten finden sich ebenfalls im Winter. An besonders sonnigen Wintertagen sind sie an Waldrändern an schneefreien Stellen und auf Laub zu entdecken.

Einige Gliederfüßer wie die winzig kleinen Springschwänze (Collembola) lassen sich ebenfalls im Winter finden. Sie sind selbst bei Temperaturen deutlich unter dem Gefrierpunkt aktiv. Sie finden sie unter Totholz und Moospolstern. Auch ein paar wenige Insektenarten sind im Winter aktiv. Dazu gehören z. B. die Wintermücke, die Schneeschnake und der an eine Skorpionsfliege erinnernde Winterhaft (Boreus westwoodi).

Motive aus der Pflanzenwelt

Der Begriff „Wildlife" umfasst neben Tieren auch die Pflanzen. Pflanzen waren aber für mich nie Motive, auf die ich es wirklich abgesehen hatte. Nur ganz selten habe ich auch die eine oder andere Blume fotografiert wie diesen Enzian (Gentiana), den ich im Berchtesgadener Land als Focus Stack aufgenommen hatte. Dabei sind Blumenblüten sehr schöne Makromotive, besonders wenn sie durch die extreme Makrofotografie so detailreich zu sehen sind.

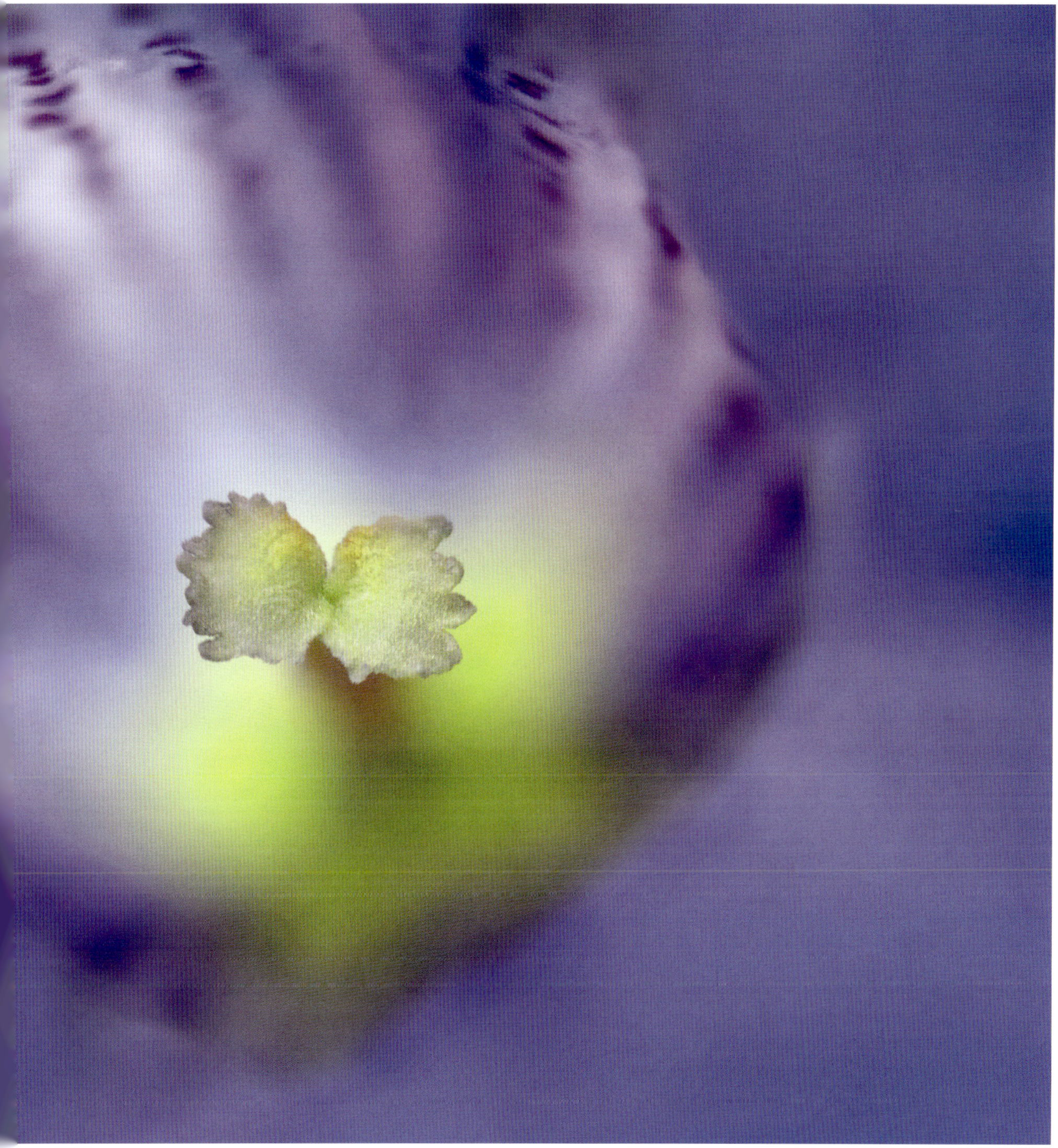

Auch Pflanzen gehören zur Wildlife-Fotografie.

4 REISE IN EINE ATEMBERAUBENDE MOTIVWELT

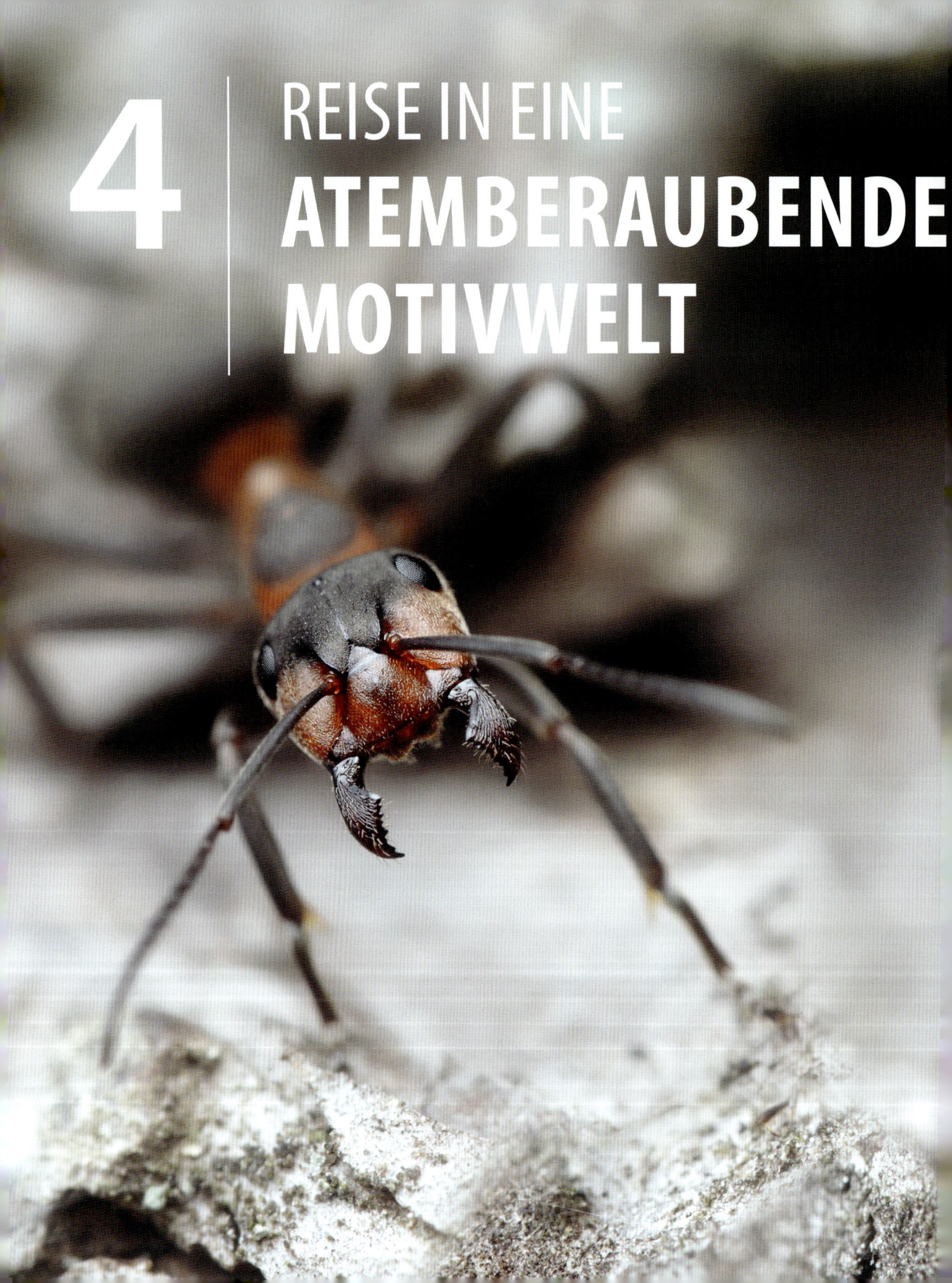

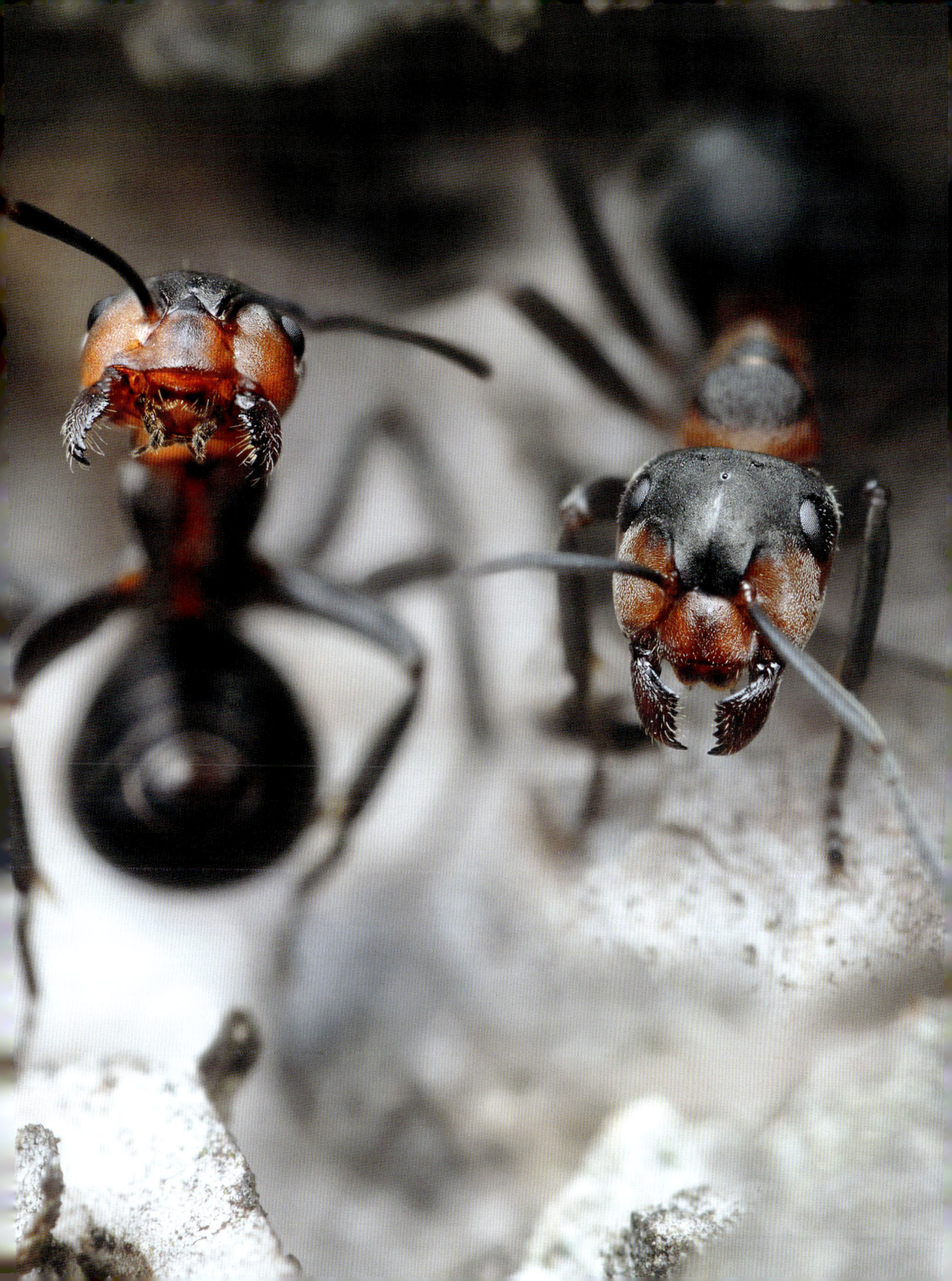

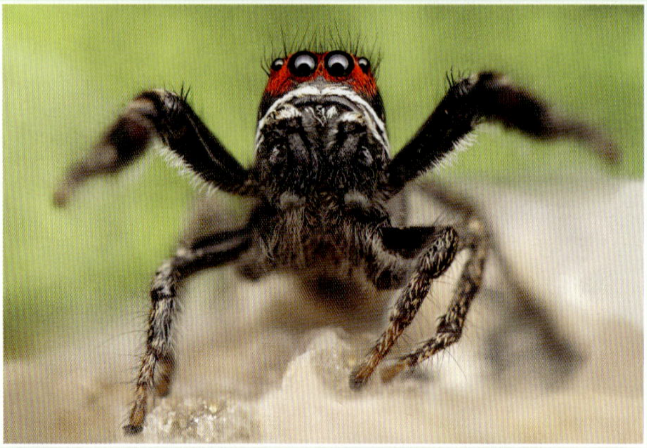

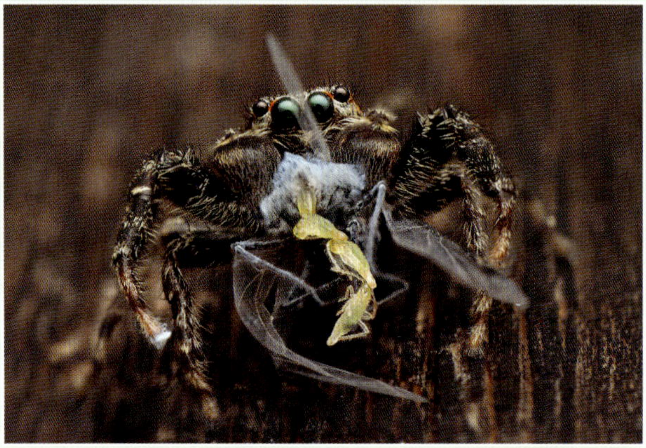

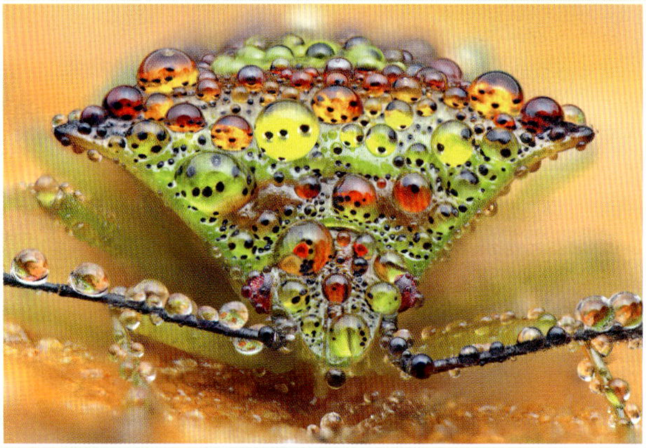

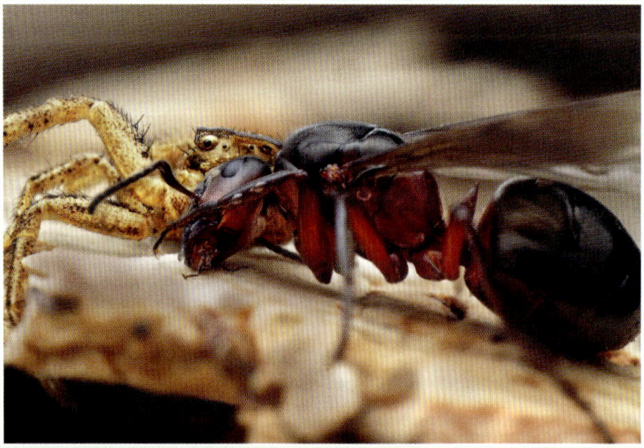

4

Reise in eine atemberaubende Motivwelt

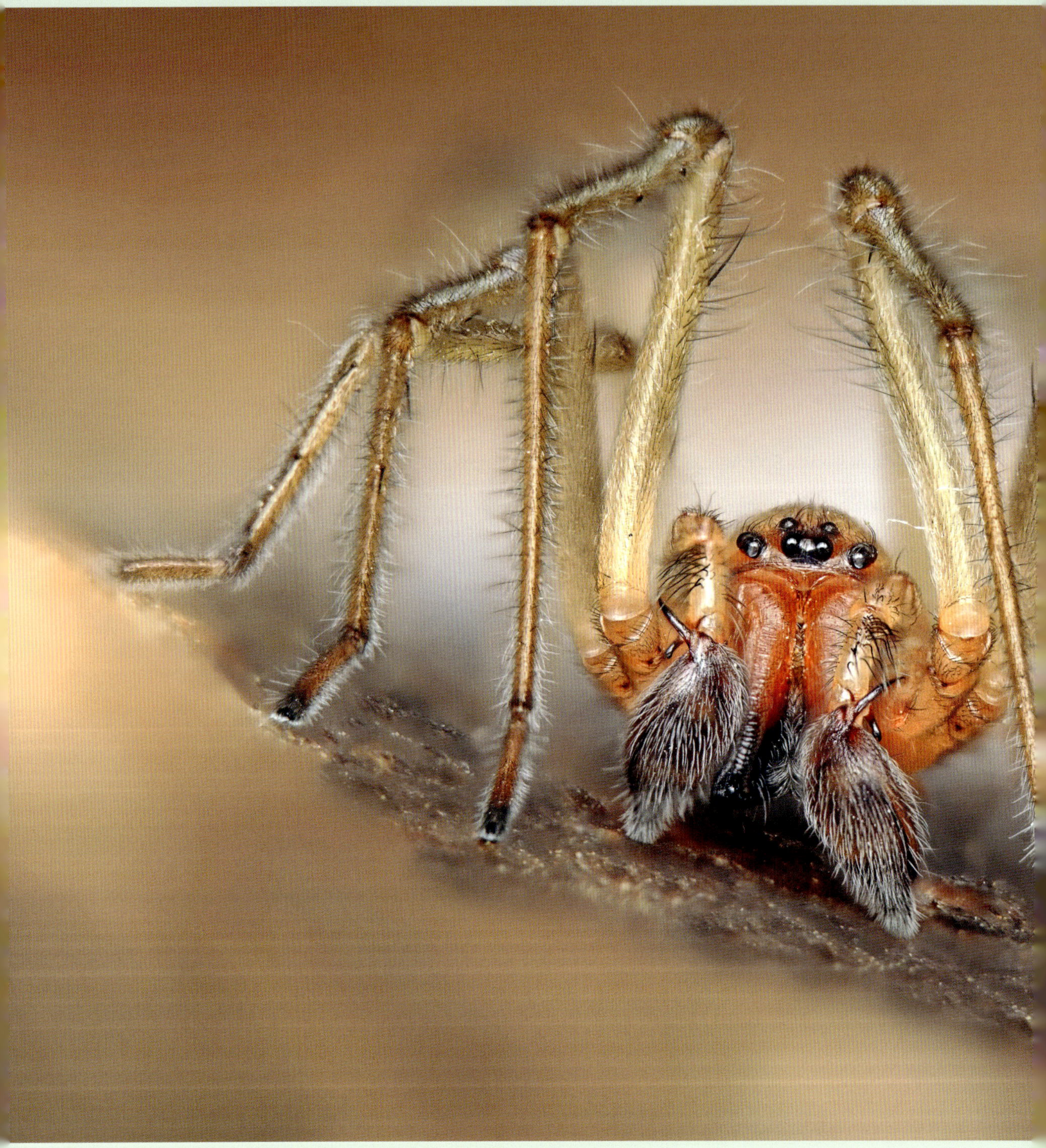

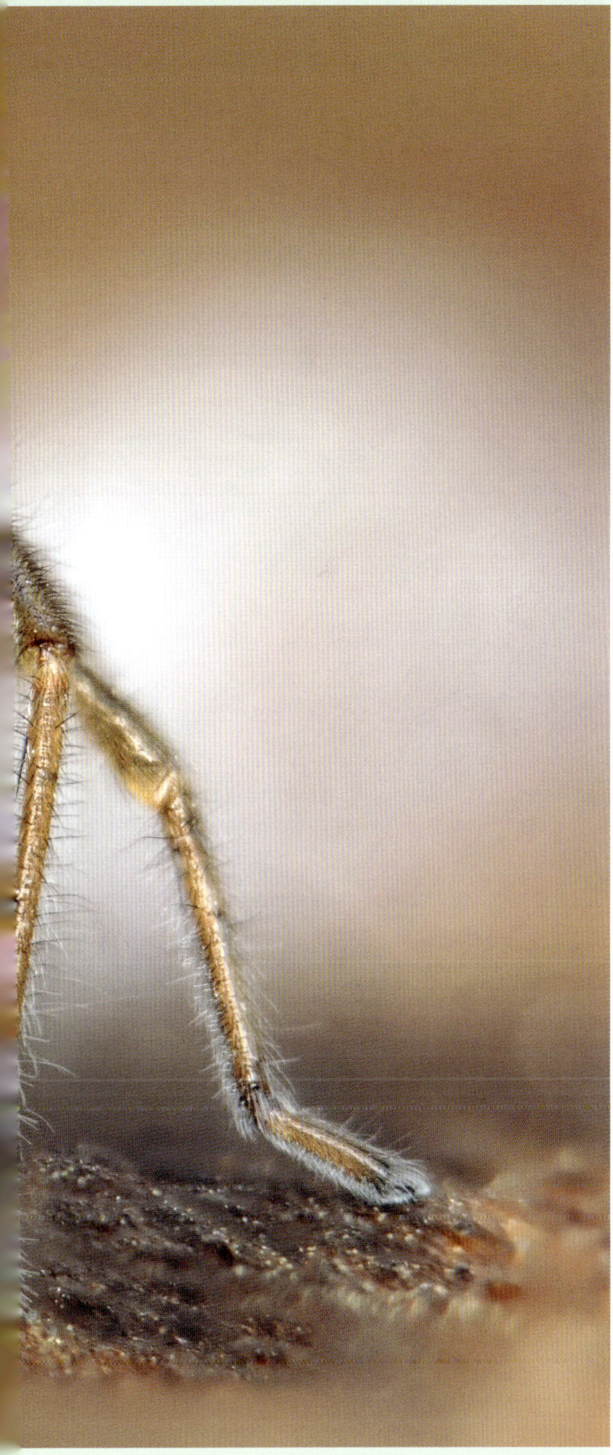

In der extremen Wildlife-Makrofotografie sind Insekten und Spinnen die bevorzugten Motive. Natürlich lassen sich aber auch Pflanzen bzw. einzelne Bereiche davon, Eiskristalle und viele weitere statische Bildmotive in freier Natur in hohen Abbildungsmaßstäben und mit Focus Stacking fotografieren – sogar viel leichter als ein lebendes und sich bewegendes Motiv.

Meine Hauptmotive sind von Anfang an Spinnentiere und Insekten, die ich in freier Natur finde und fotografiere. Die besten Bildergebnisse der letzten sechs Jahre, in denen ich die extreme Wildlife-Makrofotografie intensiv betrieben habe, werden hier gezeigt. Die Bilder sind nicht alphabetisch sortiert, stattdessen entspricht die Reihenfolge meiner Vorliebe für die Motive. Daher finden Sie die Springspinnen ganz am Anfang.

Die Bilder sind nicht zur zweifelsfreien Bestimmung einzelner Insekten oder Spinnen gedacht, denn ich werde wohl nicht überall richtig liegen, was den genauen Namen angeht.

Ein Männchen der Ammen-Dornfingerspinne.

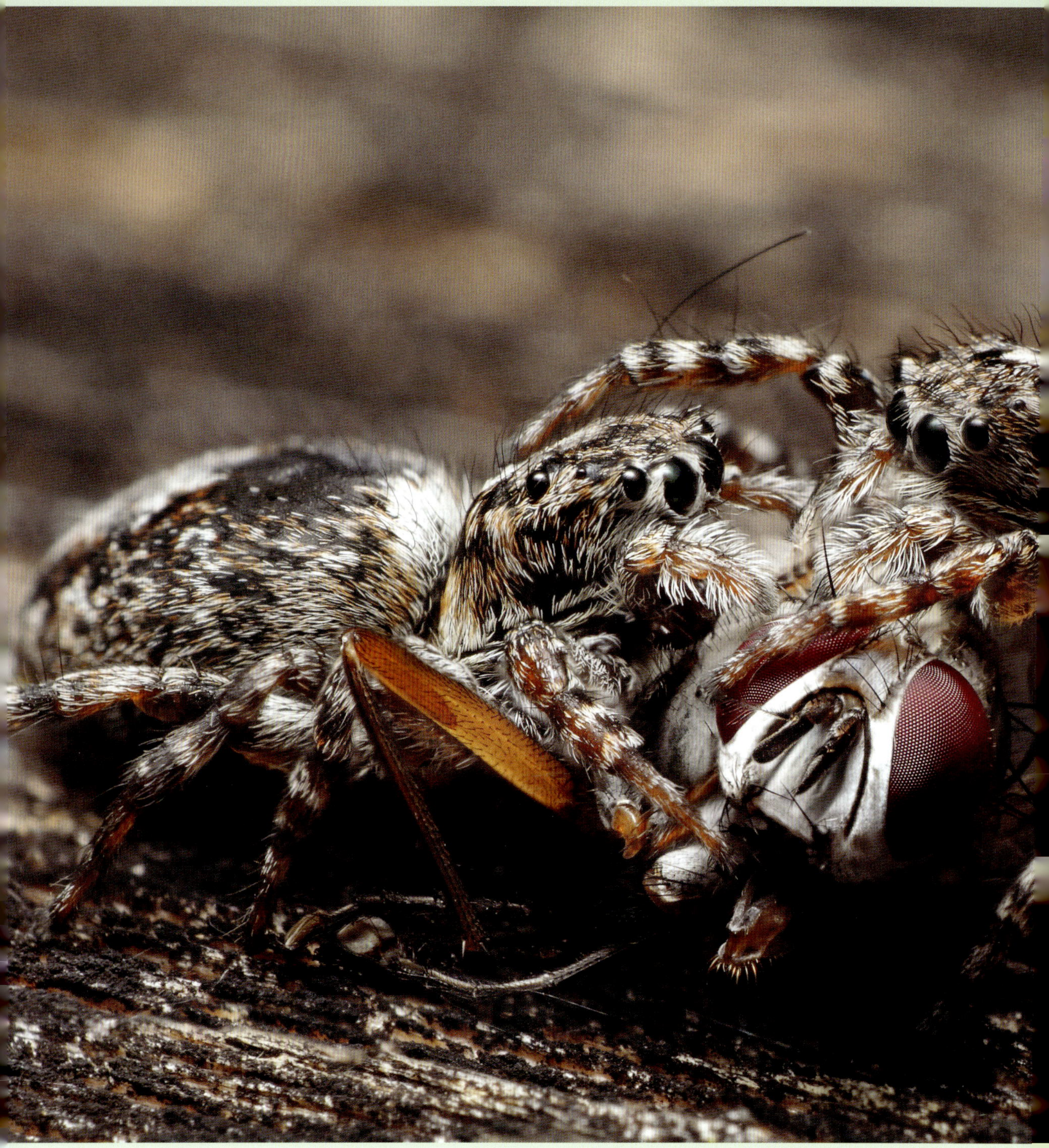

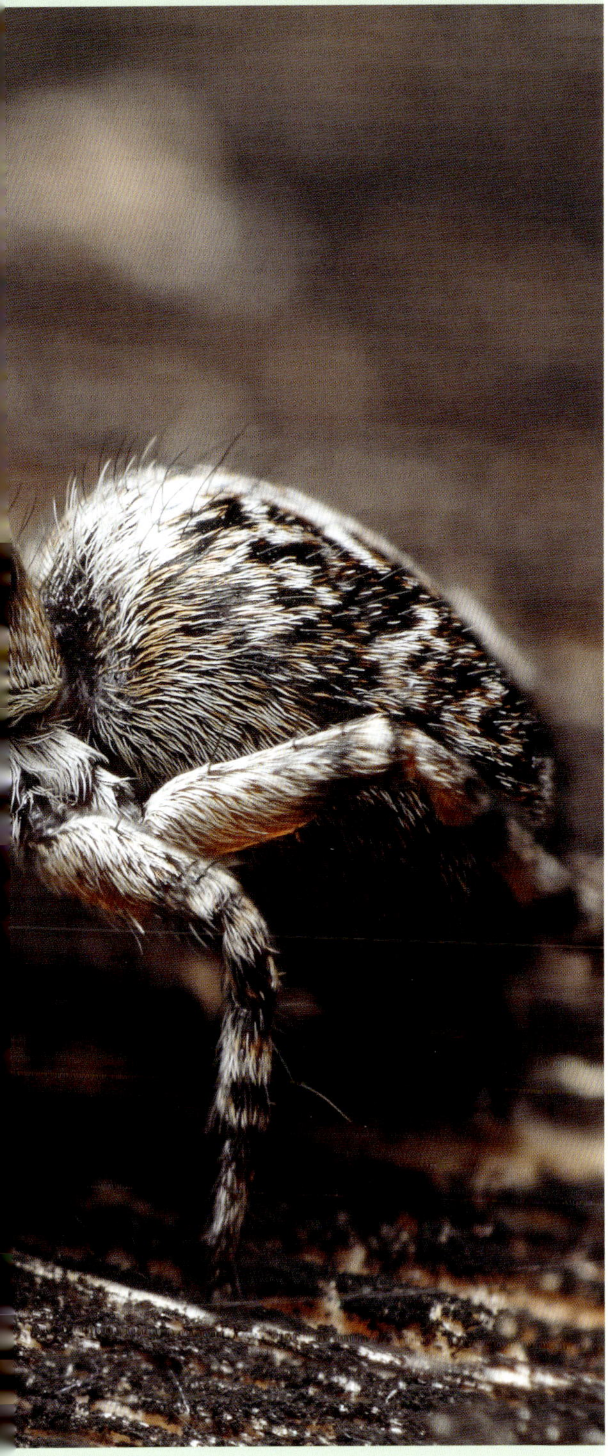

Dieses Kapitel gibt Ihnen einen tiefen Einblick in die Vielfalt von möglichen Fotomotiven in der Welt der Spinnen und Insekten. Es beweist, wie schön und faszinierend diese kleinen Geschöpfe doch sind, wenn sie durch die extreme Wildlife-Makrofotografie in voller Pracht mit all ihren Details gezeigt werden.

Faszinierende Spinnentiere

Freuen Sie sich jetzt auf eine fotografische Reise in die atemberaubende Welt der Spinnentiere und Insekten.

Fotogene Springspinnen

In Deutschland gibt es ungefähr 80 verschiedene Springspinnenarten. In ganz Europa sind es etwa 380. Weltweit gibt es sogar ca. 6.000 Springspinnenarten, womit die Springspinnen (*Salticidae*) die größte Familie innerhalb der Spinnen bilden.

Zwei Springspinnen-Weibchen (Sitticus terebratus) beim erbitterten Kampf um die Beute.

Für Makrofotografie gemacht

Springspinnen sind faszinierende kleine Geschöpfe, die für die extreme Makrofotografie wie gemacht scheinen, da sie meistens so klein sind, dass man ihre volle Schönheit tatsächlich erst dann sieht, wenn man sie mit einem hohen Abbildungsmaßstab fotografiert und dann staunend am Computer betrachtet.

Springspinnen besitzen als einzige Spinnenfamilie eine echte (nachgewiesene) Intelligenz – und das, obwohl ihr Gehirn nur etwa die Größe eines Salzkristalls hat. Als die schlauesten aller Springspinnen gelten die Portia-Gattungen die unter anderem in Afrika, China und Australien leben. Sie besitzen ein komplexes Jagdverhalten, bei dem oft das Beutetier aus den Augen gelassen wird, nur um es über einen Umweg sicher überwältigen zu können. Solche Jagdmethoden, bei denen der Sichtkontakt zur Beute bewusst unterbrochen wird, setzen eine gewisse Intelligenz voraus.

Ausdauer zahlt sich aus

Viele meiner besten Bilder habe ich meiner Ausdauer zu verdanken. Wenn man an einer Stelle nichts findet, heißt das nicht unbedingt, dass es dort keine Insekten oder Spinnen gibt, sondern dass man einfach nur zur falschen Zeit dort ist.

Sitticus terebratus

Das Bild von zwei Springspinnen-Weibchen (Sitticus terebratus), die sich um eine Fliege streiten, habe ich an einer Holzhütte in einem meiner Lieblingsgebiete aufgenommen. Ich war zu dem Zeitpunkt eigentlich schon mit meiner Tour durch, habe aber an dem Tag bis dahin noch nicht wirklich viel aufnehmen können.

An dieser Holzhütte bin ich an dem Tag schon dreimal vorbeigekommen und war eigentlich schon auf dem Rückweg. Weil es zu regnen angefangen hatte, bin ich doch noch mal zur Holzhütte gegangen, die etwas abseits vom Weg lag – und siehe da, ich habe diese Megasituation gesehen und aufnehmen können.

Zwei Springspinnen zu finden, die sich um eine Beute streiten, ist ein wirklich seltener Anblick, auch wenn ich hier gleich zwei dieser Situationen präsentieren kann. Ich habe dazu aber allein in einem Jahr mehrere Hundert Stunden damit verbracht, Springspinnen aufzuspüren und zu fotografieren.

Am ehesten hat man die Chance auf solch ein tolles Makromotiv an alten Holzhütten, wo sich häufig gleich ein Dutzend Springspinnen auf wenigen Quadratmetern aufhalten können. Wenn sich dann eine Fliege an die Wand der Hütte setzt, kann es vorkommen, dass sich gleich mehrere Springspinnen für sie interessieren und versuchen, sie zu erbeuten. In all

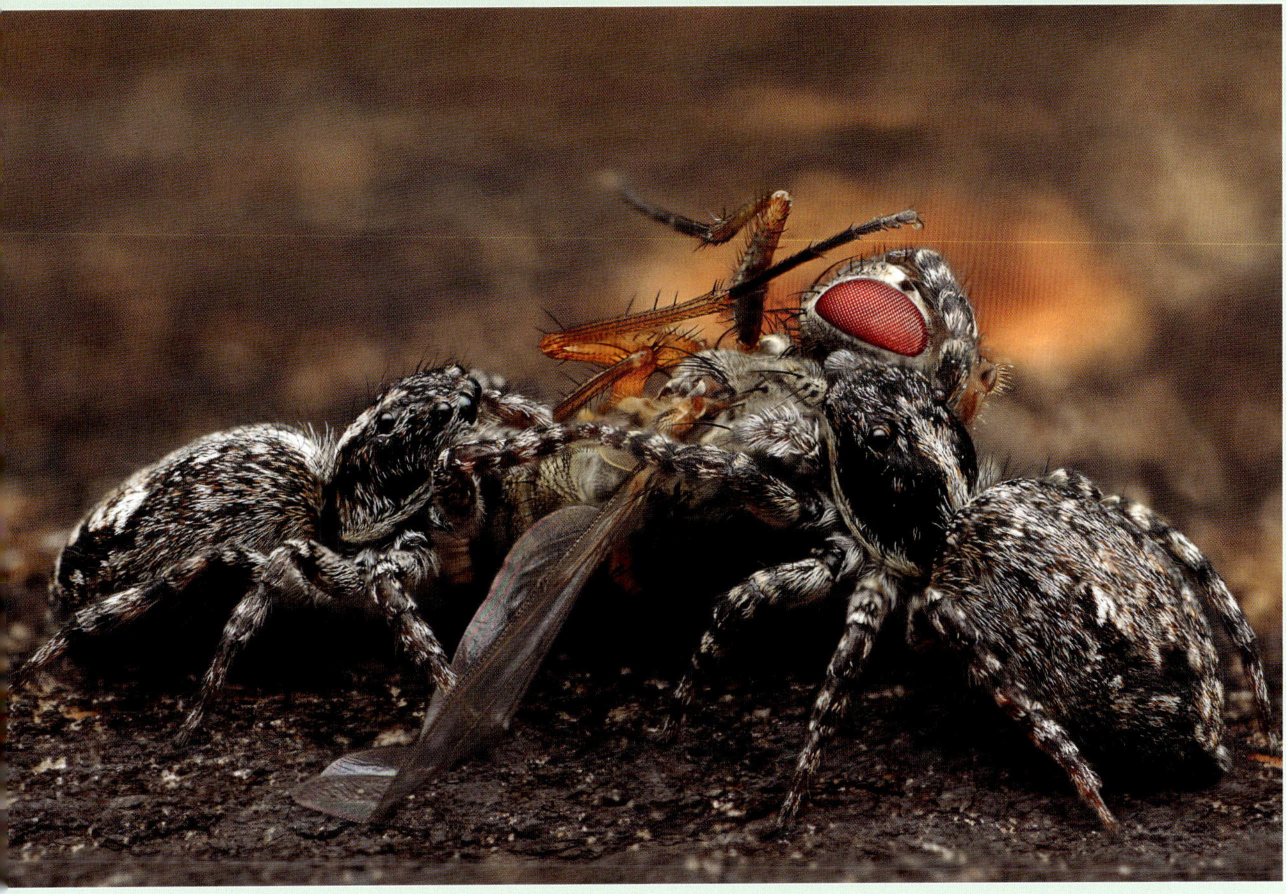

Zwei Springspinnen-Weibchen (Sitticus terebratus) streiten sich um eine Fliege.

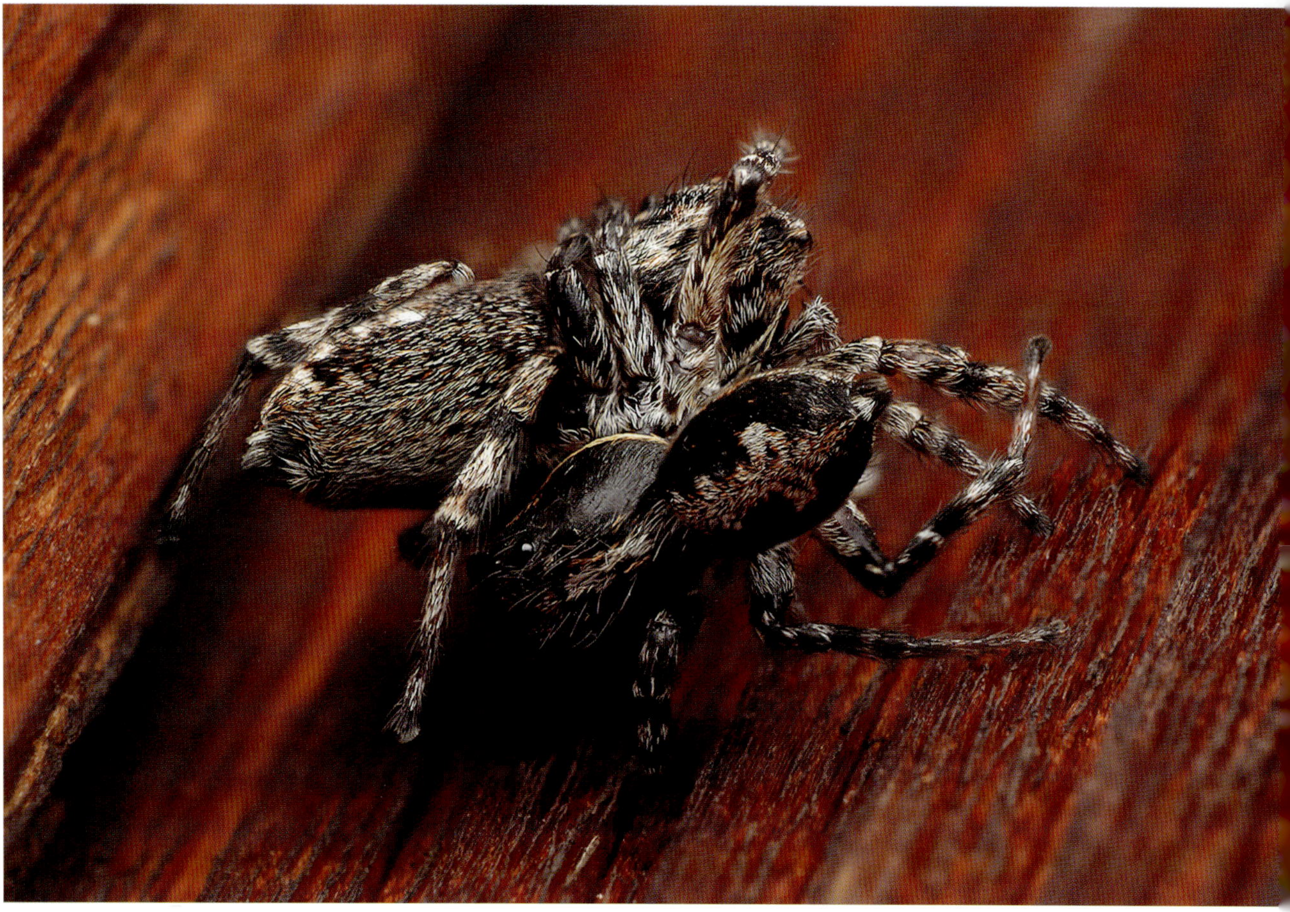

Die sehr seltene Springspinnenart „Sitticus terebratus" bei der Paarung.

den Jahren konnte ich drei solcher Szenen beobachten. Zwei davon sind hier zu sehen. Auch hierbei handelt es sich um die sehr seltene Art „Sitticus terebratus".

Diese Sitticus-Unterart erreicht eine Körperlänge von bis zu 6 mm. Sie ist extrem selten und nur an ganz wenigen Fundorten in Deutschland bisher nachgewiesen worden. Diese beschränken sich auf den Süden Deutschlands, wobei Nürnberg schon der nördlichste Ort ist.

Fundort: Eine Holzhütte bei Garmisch-Partenkirchen.

Sitticus saxicola

Diese seltene Springspinne ist gewöhnlich nur ab einer bestimmten Höhe von ca. 700 Metern zu finden. Sie lebt dort auf Totholz und Steinen. Aus dem deutschen Flachland sind mir keine Fundorte bekannt.

Fundort: Ich habe sie an einer Holzhütte bei Bad Tölz auf etwa 650 Metern gefunden. Ein anderes Exemplar konnte ich ein paar Hundert Meter weiter auf ähnlicher Höhe am Rand eines steinigen Wanderwegs entdecken.

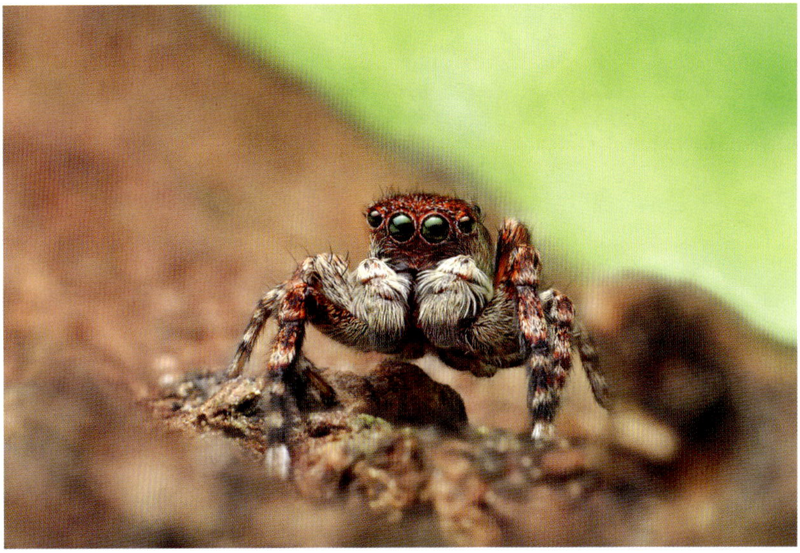

Ein Sitticus saxicola Männchen.

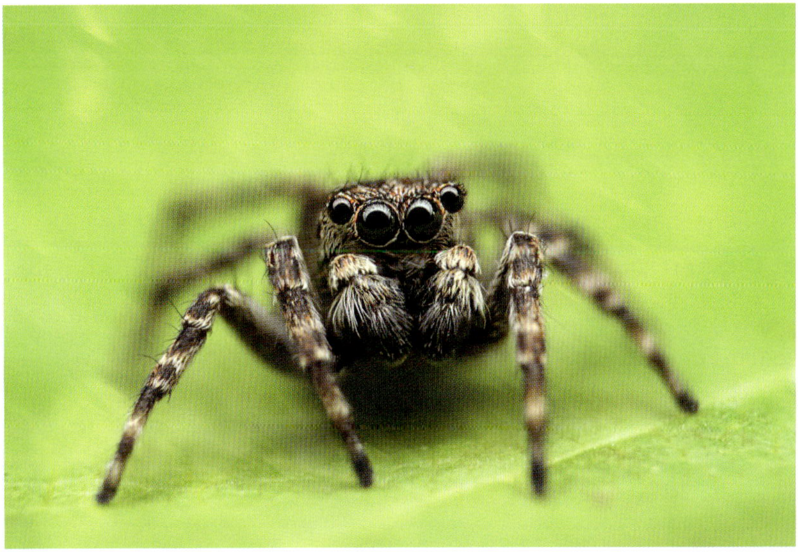

Ein Sitticus-pubescens-Männchen.

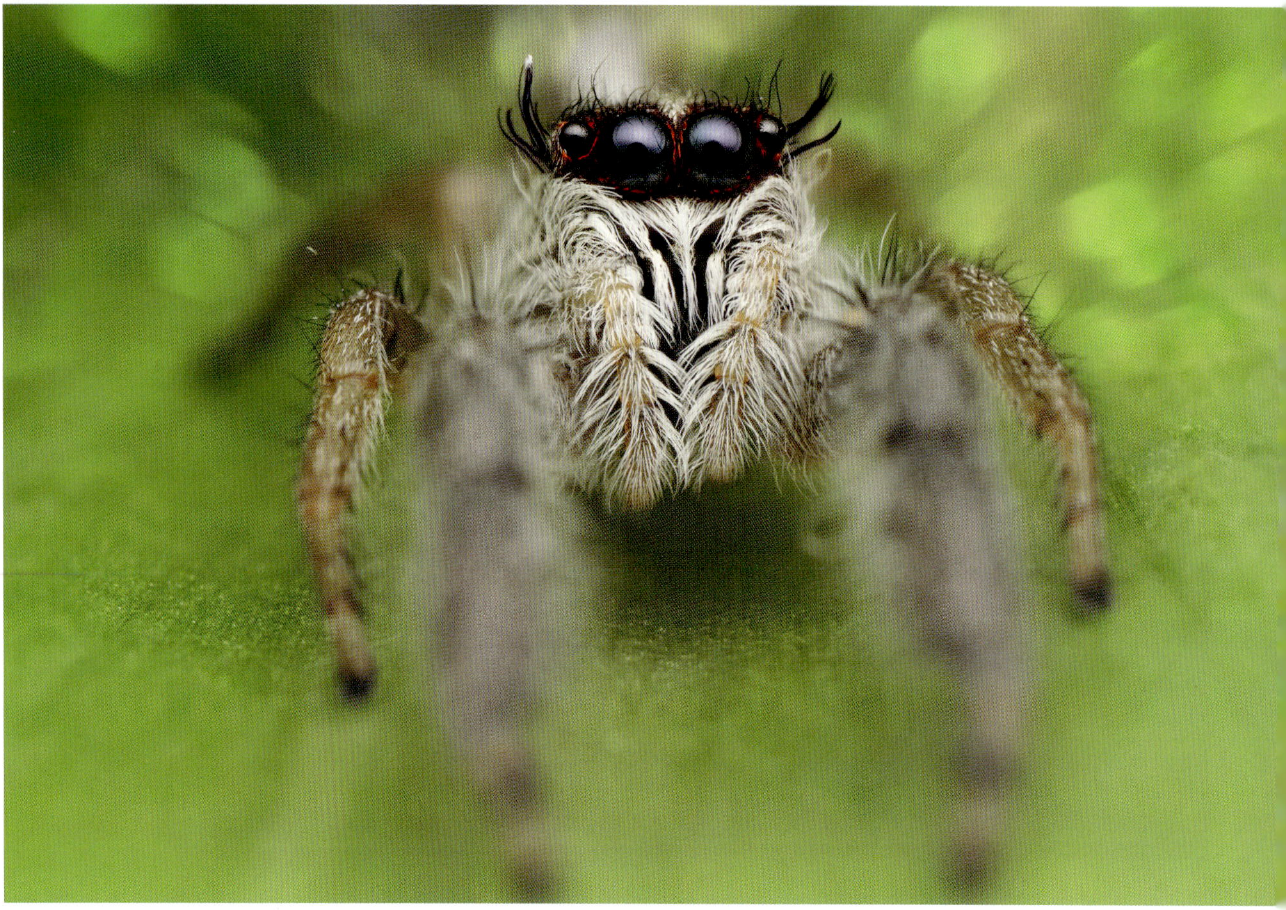

Die Springspinnenprinzessin, ein Marpissa-canestrinii-Weibchen.

Marpissa canestrinii

Diese wunderschöne Springspinne habe ich 2015 in Deutschland entdeckt. Diese Art kommt laut Spinnenbestimmungsbuch erst 400 Kilometer südlich vom eigentlichen Fundort vor, genauer gesagt, die nördlichsten bekannten Fundorte bis dahin waren das südliche Tessin in der Schweiz und der Neusiedler See (Österreich-Ungarn). Umso erstaunter war ich natürlich über diesen Superfund in einem meiner Lieblingsgebiete.

Fundort: Am Kochelsee in Oberbayern.

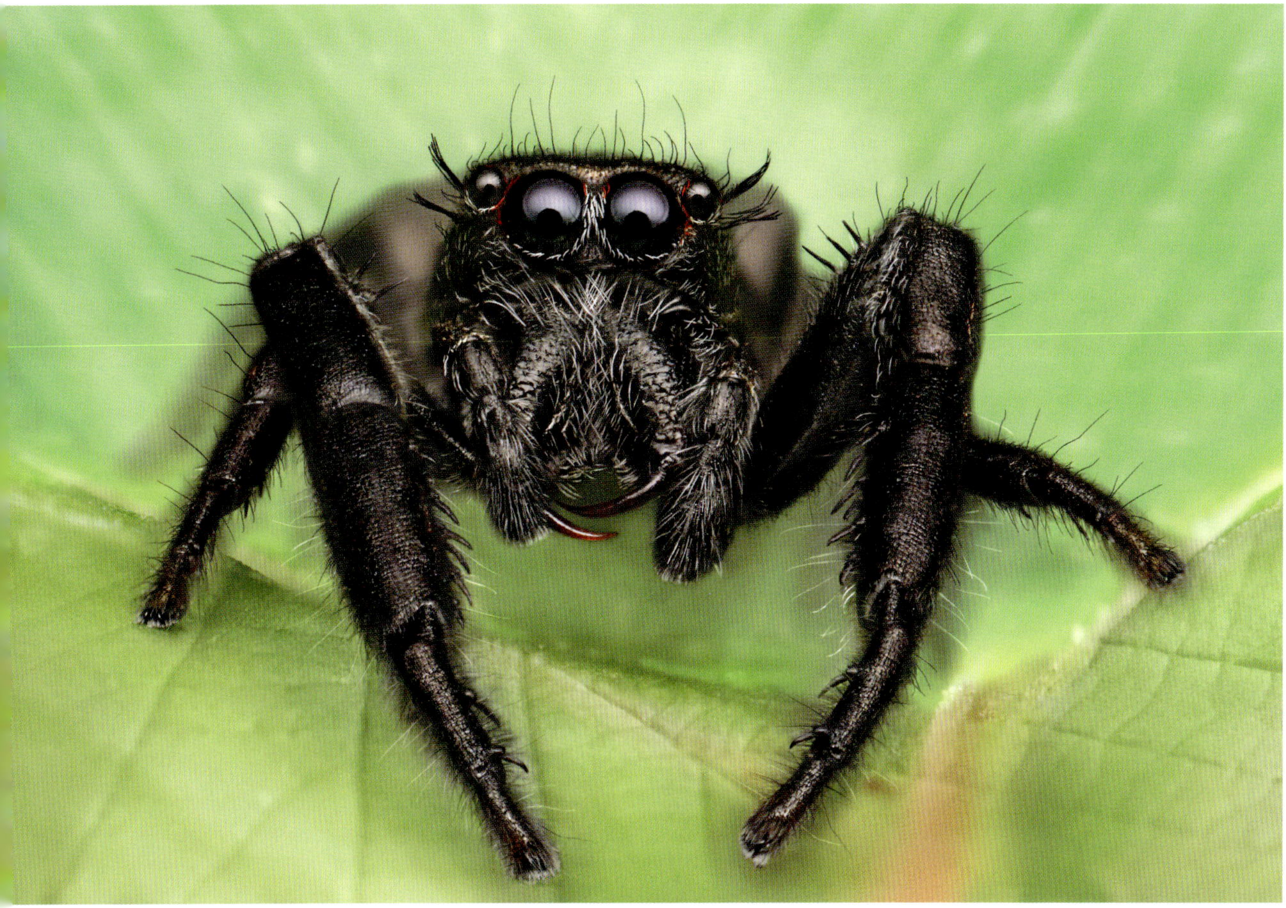

Ein lauerndes Marpissa-canestrinii-Männchen.

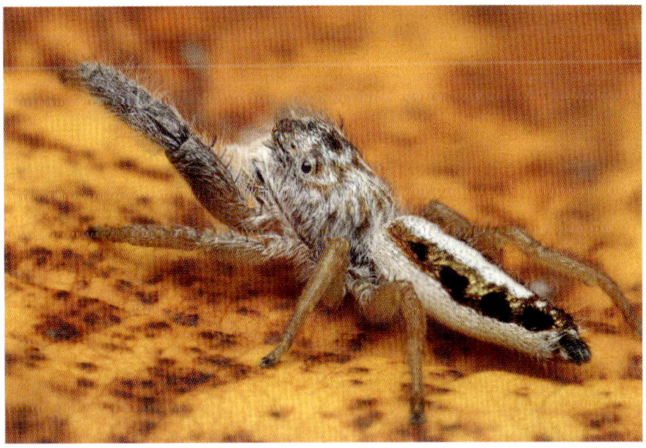

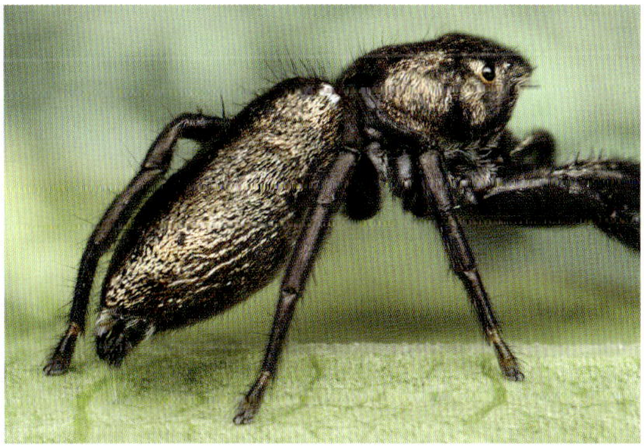

Marpissa canestrinii hat einen für Springspinnen außergewöhnlich dünnen und langen Hinterleib.

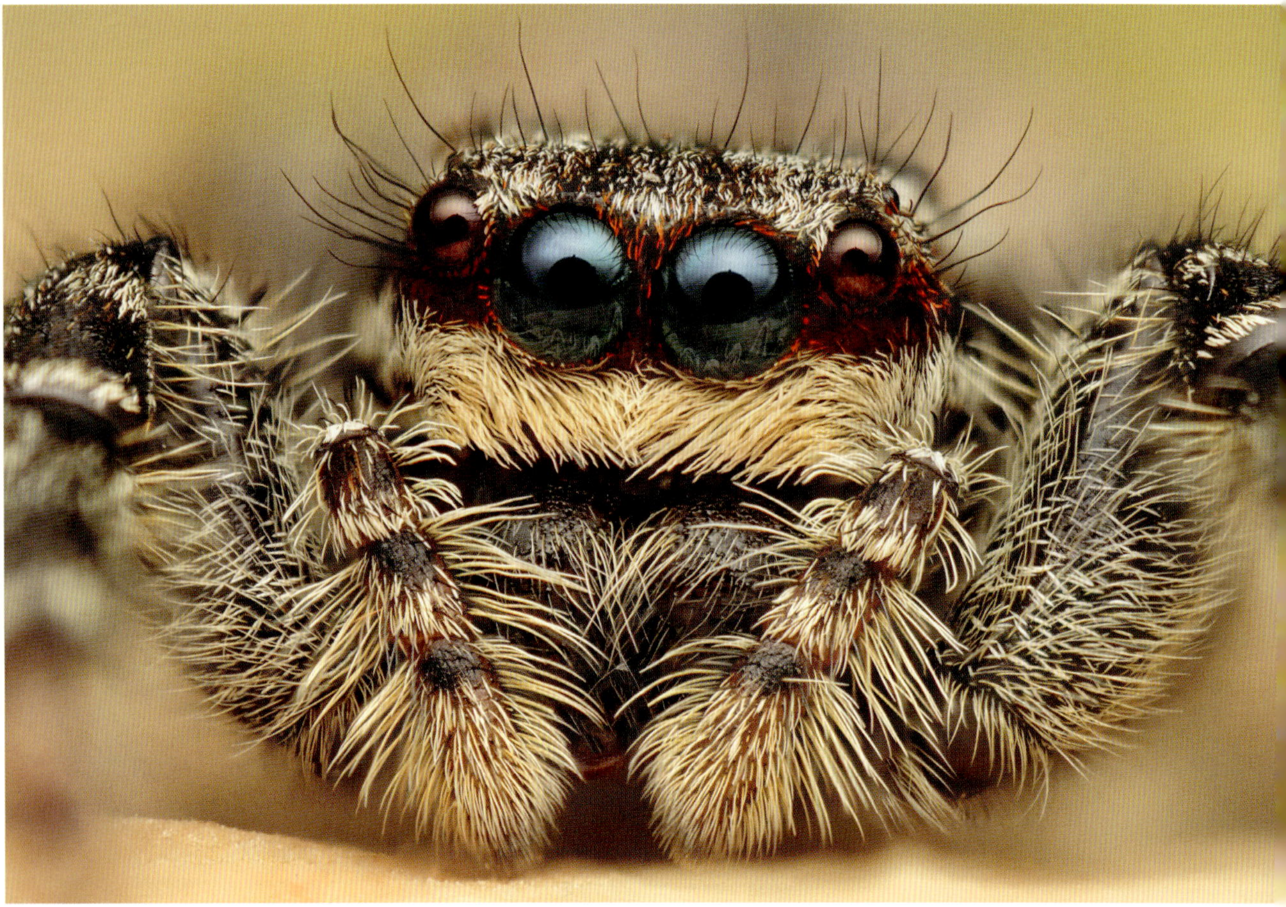

Ein Marpissa-muscosa-Weibchen

Marpissa muscosa

Ein Marpissa-muscosa-Weibchen in extremer Vergrößerung – Abbildungsmaßstab 3,7:1. Einen größeren Abbildungsmaßstab habe ich bisher noch nicht verwendet.

Die Springspinne hat zum Glück für einen kurzen Moment stillgehalten, was aber bei Springspinnen nichts Außergewöhnliches ist.

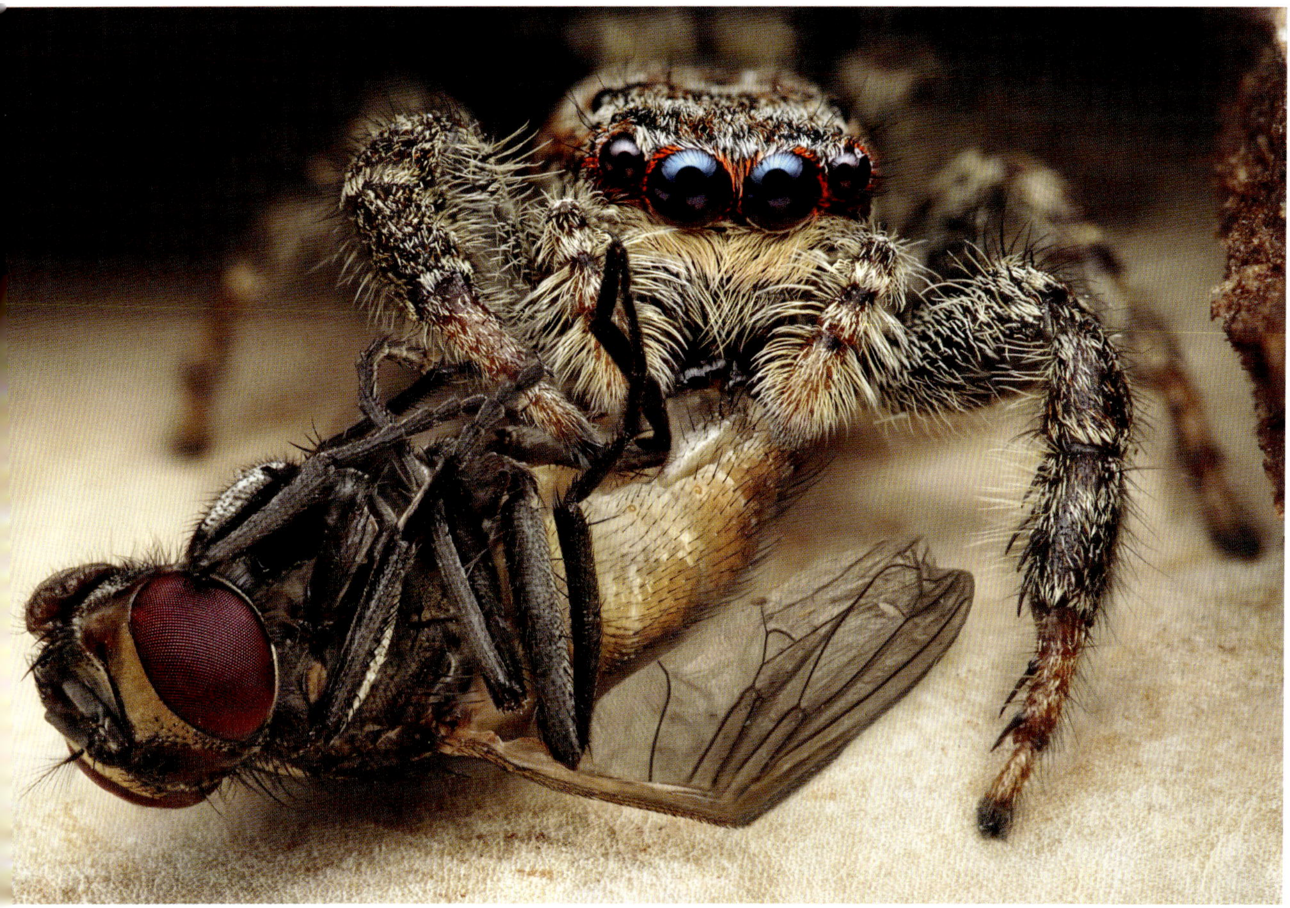

Ein Marpissa-muscosa-Weibchen mit ihrer Beute.

Männchen bei der Jagd

Das Bild (Seite 99 oben) zeigt eine Situation, wie sie dramatischer und grausamer kaum sein kann. Zu sehen ist ein Rindenspringspinnen-Männchen (Marpissa muscosa), das eine Buchenblattlaus erbeutet hat. So weit nichts Besonderes, schaut man jedoch genauer hin, erkennt man, dass die Buchenblattlaus im Todeskampf noch ihre Jungen zur Welt bringt. Die Buchenblattlaus war nämlich ein trächtiges Weibchen. Neues Leben und der Tod in einem Bild vereint.

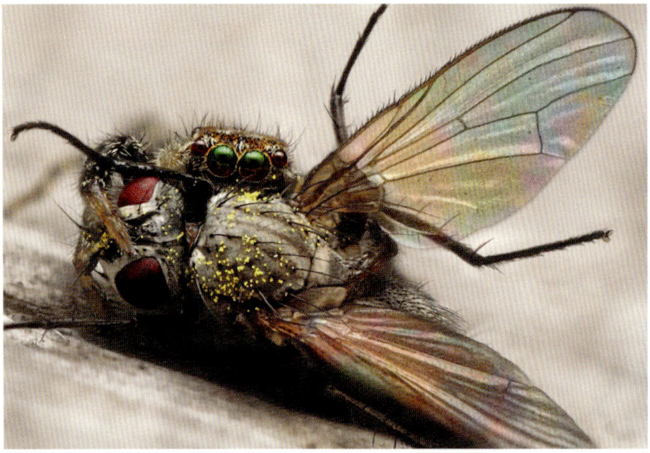
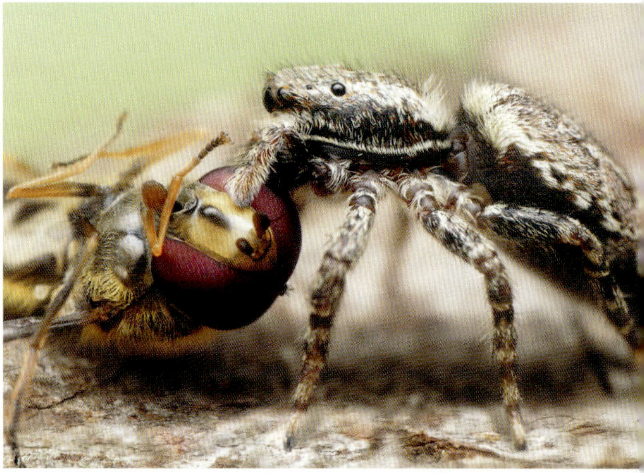
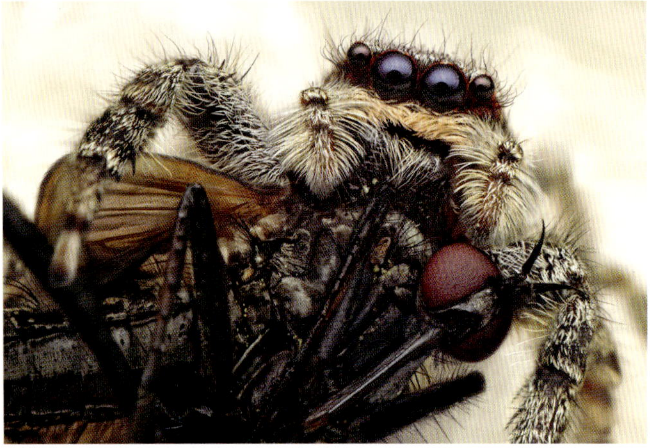
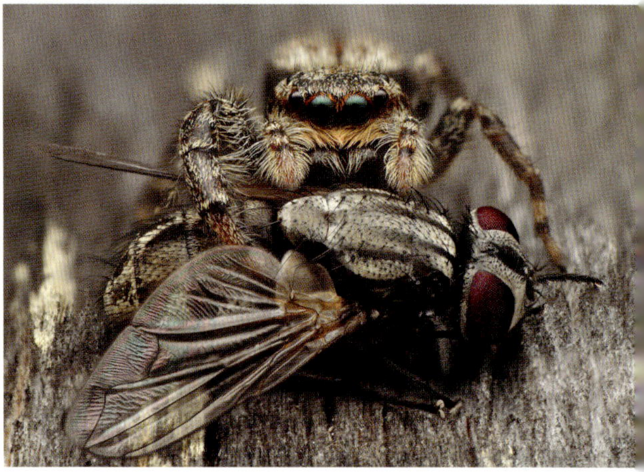

Rindenspringspinnen-Weibchen (Marpissa muscosa) mit erbeuteten Insekten. Rindenspringspinnen jagen mit Vorliebe verschiedene Fliegenarten, wie auf den Bildern zu sehen ist.

Das Bild ist ein manueller Focus Stack, bestehend aus 7 Aufnahmen im Abbildungsmaßstab von ca. 2,5:1.

Rechts oben: *Ein Marpissa-muscosa-Männchen mit Buchenblattlaus.*

Rechts unten: *Auch vor anderen kleinen Spinnen machen Springspinnen nicht halt. Durch ihre guten Augen und den Überraschungsangriff mit dem gezielten Sprung sind Springspinnen anderen Spinnen meistens deutlich überlegen. Hier wurde eine Kürbisspinne von einem Rindenspringspinnen-Männchen erlegt.*

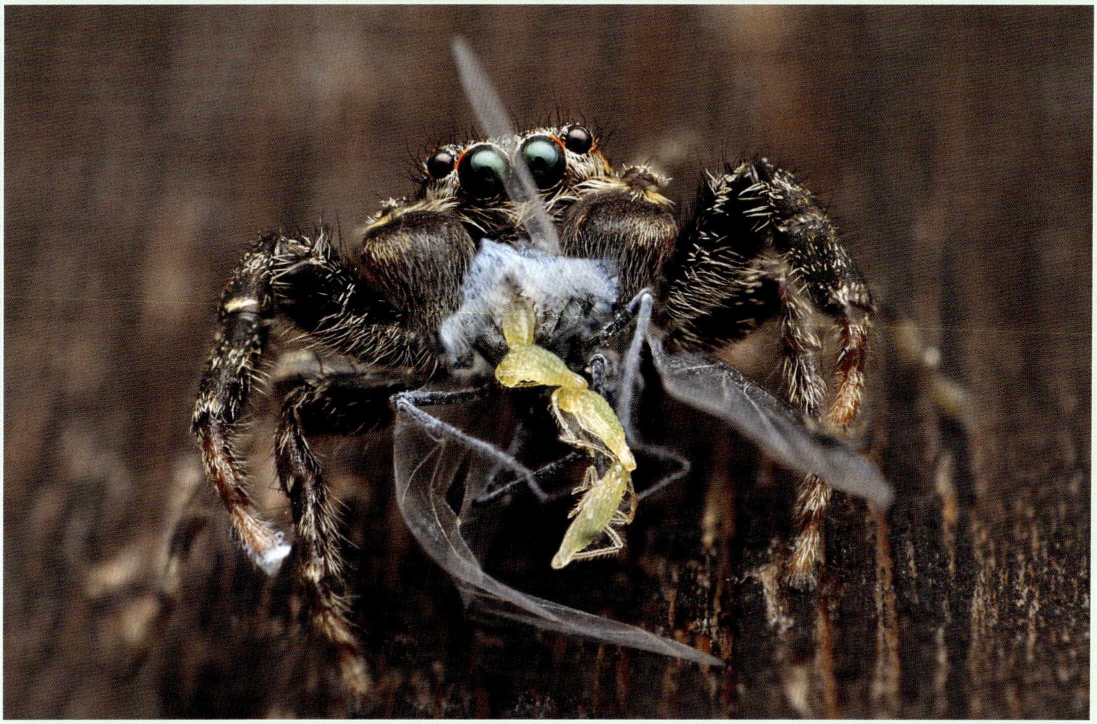

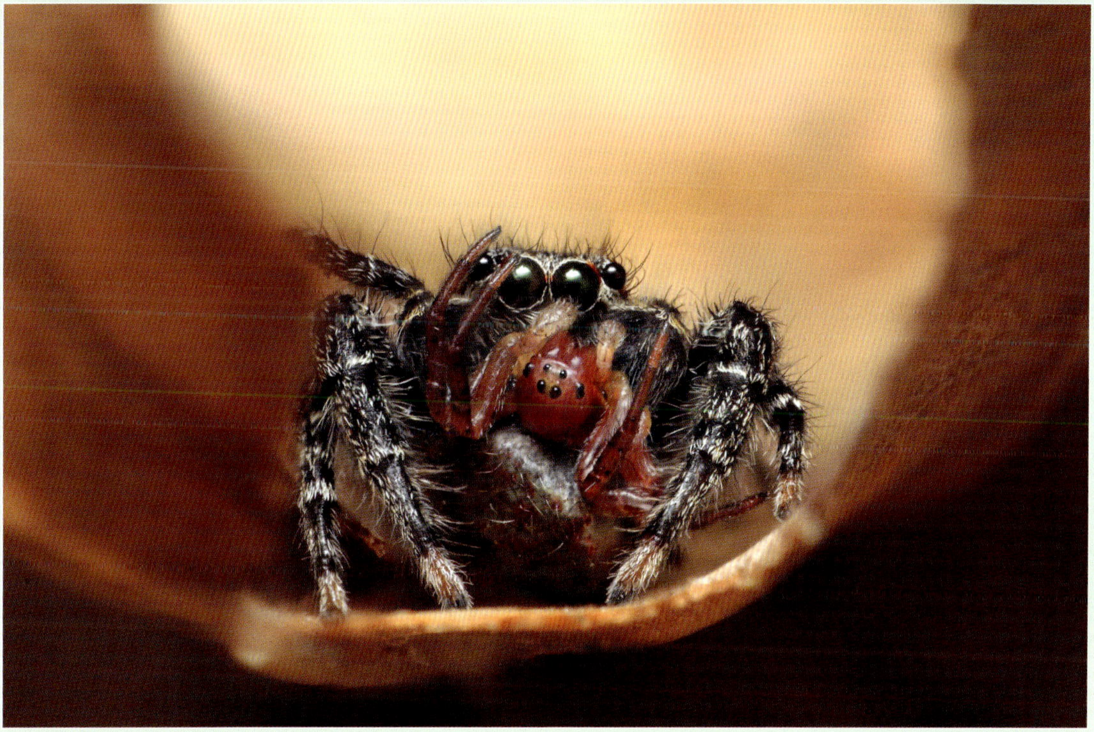

Männchen beim Balztanz

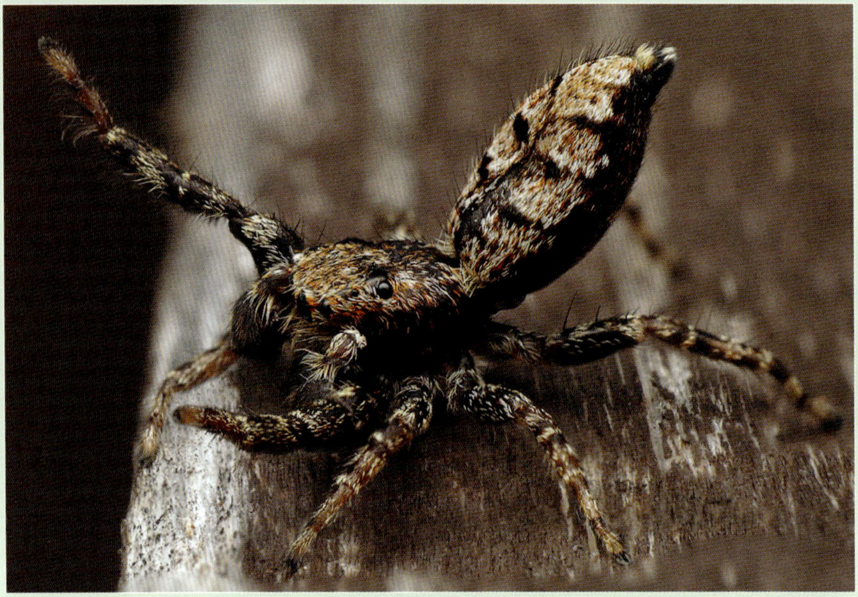

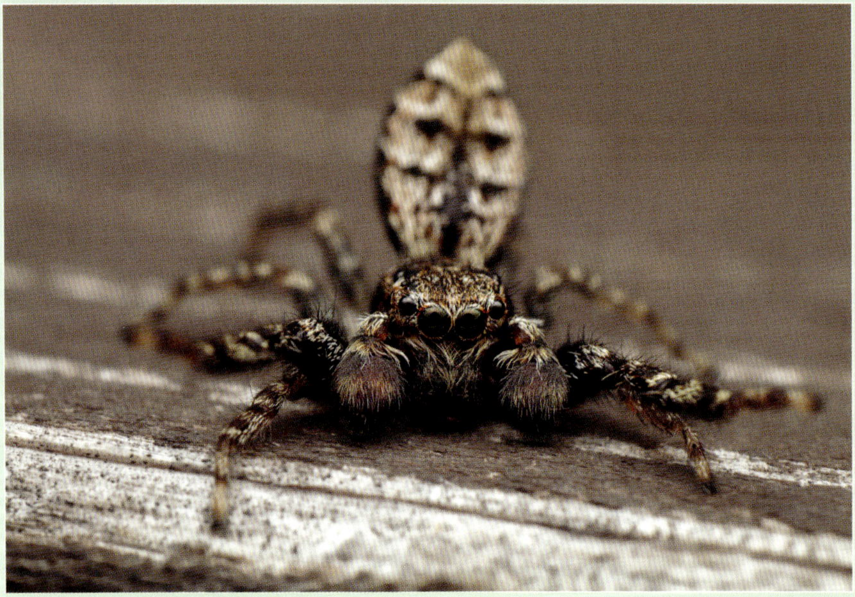

Ein Marpissa-muscosa-Männchen beim Balztanz. Zuvor hatte ich das Männchen beim Balztanz auch als Focus Stack bereits von der Seite aufgenommen. Als diese erste gute Serie im Kasten war, wollte ich einfach ausprobieren, ob ich es schaffe, das Männchen auch von vorne aufzunehmen, was natürlich viel spektakulärer wirkt.

Auf diesem Bild (Seite 100 unten) ist der Paarungstanz eines Rindenspringspinnen-Männchens zu sehen. Um diese Aufnahme zu realisieren, musste ich mich mit der Kamera zwischen Männchen und Weibchen zwängen, und zwar während das Männchen den Paarungstanz aufführte. Der Abstand zum Männchen betrug ca. 5 cm vom Objektivende gemessen. Als ich so nah dran war, flüchtete das Weibchen. Davon ließ sich das Männchen aber nicht beeindrucken und machte mit seinem Paarungstanz einfach weiter. Das Bild ist eine Einzelaufnahme im Abbildungsmaßstab von 2:1.

Beide Paarungen wurden im Mai aufgenommen, das ist auch die Zeit der Balztänze. Springspinnen haben zwar im Vergleich zu anderen Spinnen keine besonderen Größenunterschiede bei den Geschlechtern, bei der Paarung kann es aber immer wieder vorkommen, dass unterschiedlich alte und somit verschieden große Springspinnen zueinanderfinden.

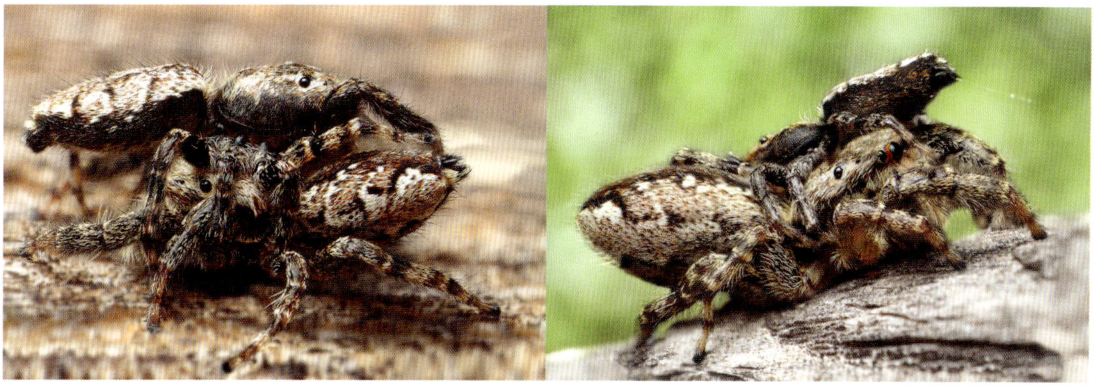

Die Paarung der Rindenspringspinne. Im linken Bild sind Weibchen und Männchen etwa gleich groß, im rechten Bild ist das Männchen deutlich kleiner.

Eine Paarung oder ein Beuteszene von Springspinnen zu fotografieren, ist schon eine tolle Sache, bei dieser Situation ist aber tatsächlich beides auf einmal zu sehen (Bild Seite 102). Während das Marpissa-muscosa-Männchen auf dem Weibchen sitzt und die Paarung vollführt, saugt das Weibchen darunter gerade eine Fliege aus. Eine sogenannte Doppelsituation, in der gleich zwei Dinge passieren, ist sehr selten und für einen Makrofotografen fast schon ein Sechser im Lotto. In all den Jahren habe ich hier erst das zweite Mal eine solche Doppelsituation sehen und fotografieren können. Die erste war die des Rindenspringspinnen Männchens, das eine weibliche Buchenblattlaus erbeutet hat, die im Sterben noch ihre Jungen zur Welt brachte.

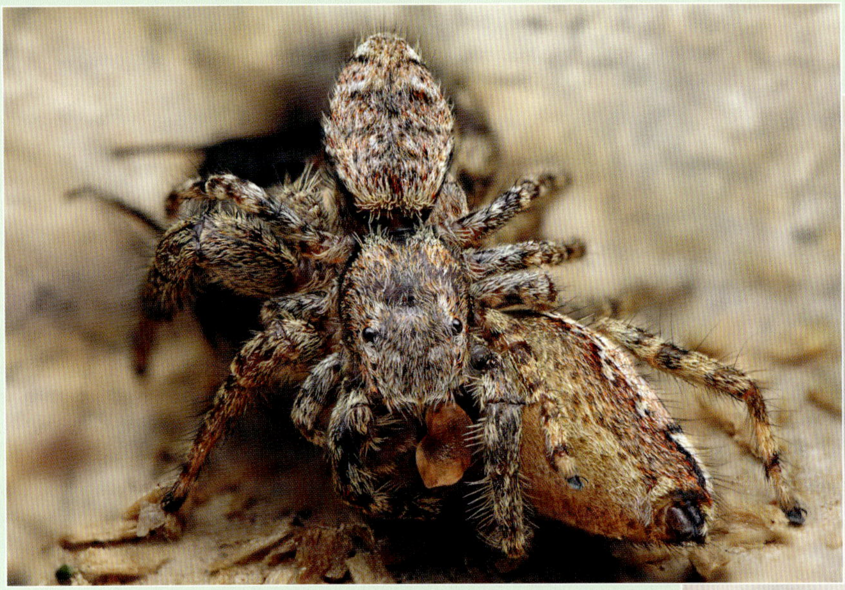

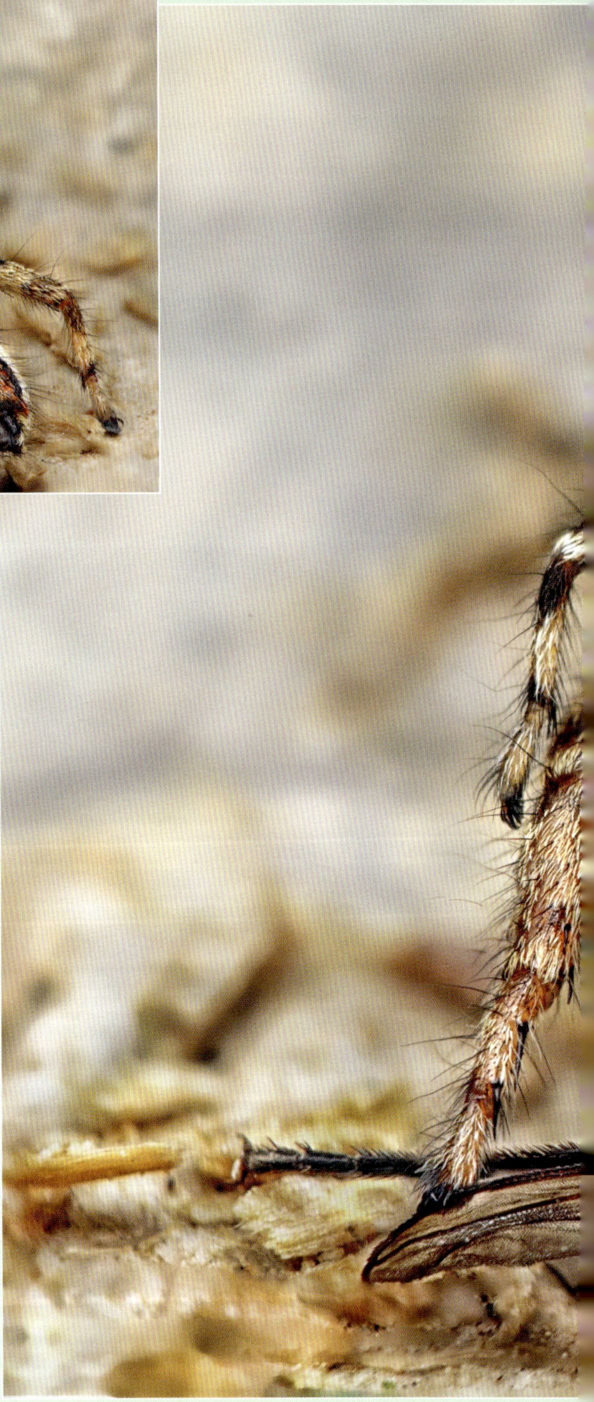

***Oben:** Aus dieser Perspektive ist gut der Bulbus, also das mit Sperma gefüllte Geschlechtsorgan des Männchens zu sehen. Er befindet sich ungefähr in der unteren Bildmitte direkt unter dem Kopf des Männchens, das hier kopfüber auf dem Weibchen liegt. Im Hintergrund lässt sich unscharf die Fliege erkennen, die vom Weibchen ausgesaugt wurde.*

***Unten:** Eine überaus seltene Doppelsituation: Das Männchen sitzt auf dem Weibchen und vollführt die Paarung, während das Weibchen darunter eine erbeutete Fliege aussaugt.*

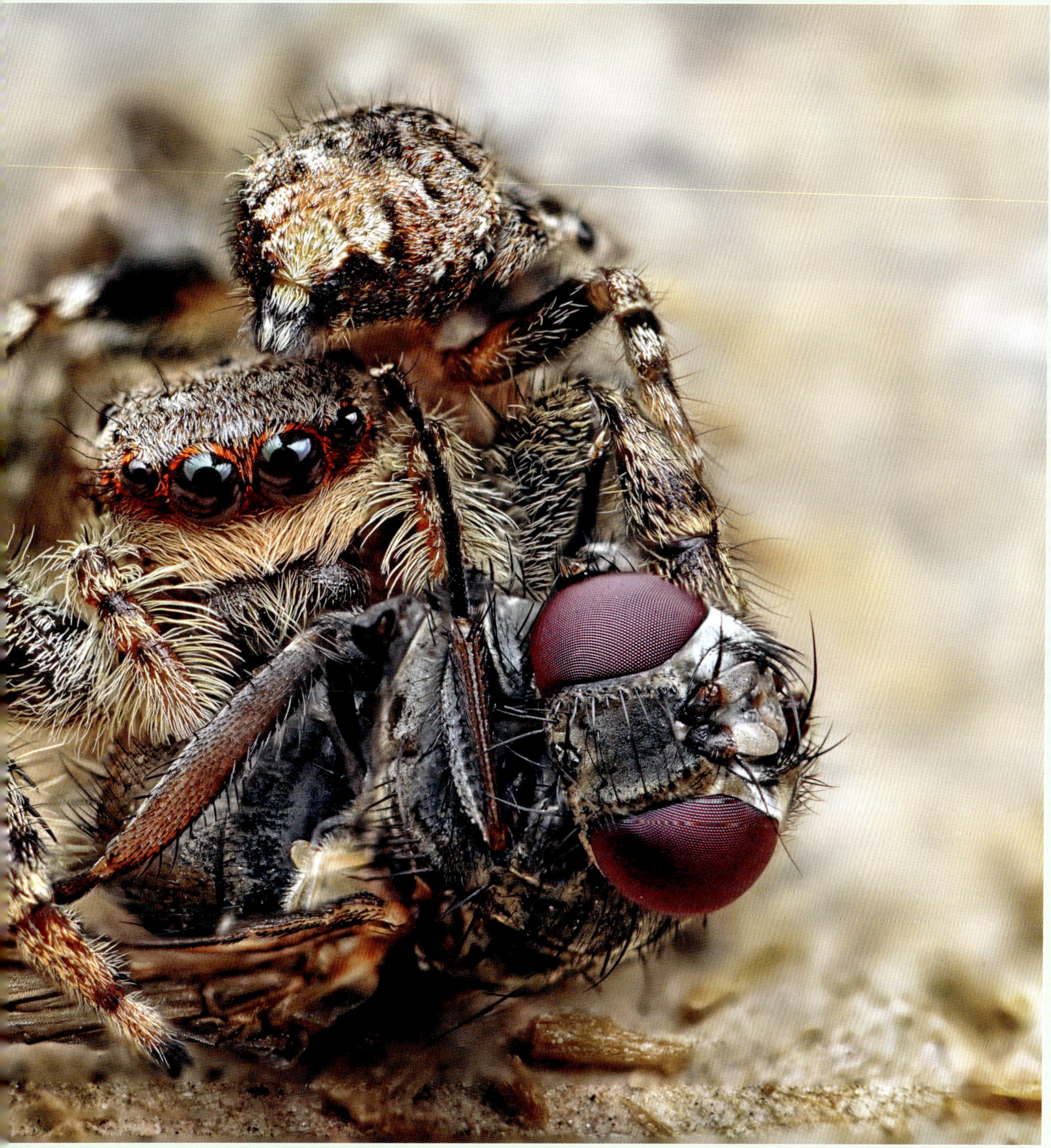

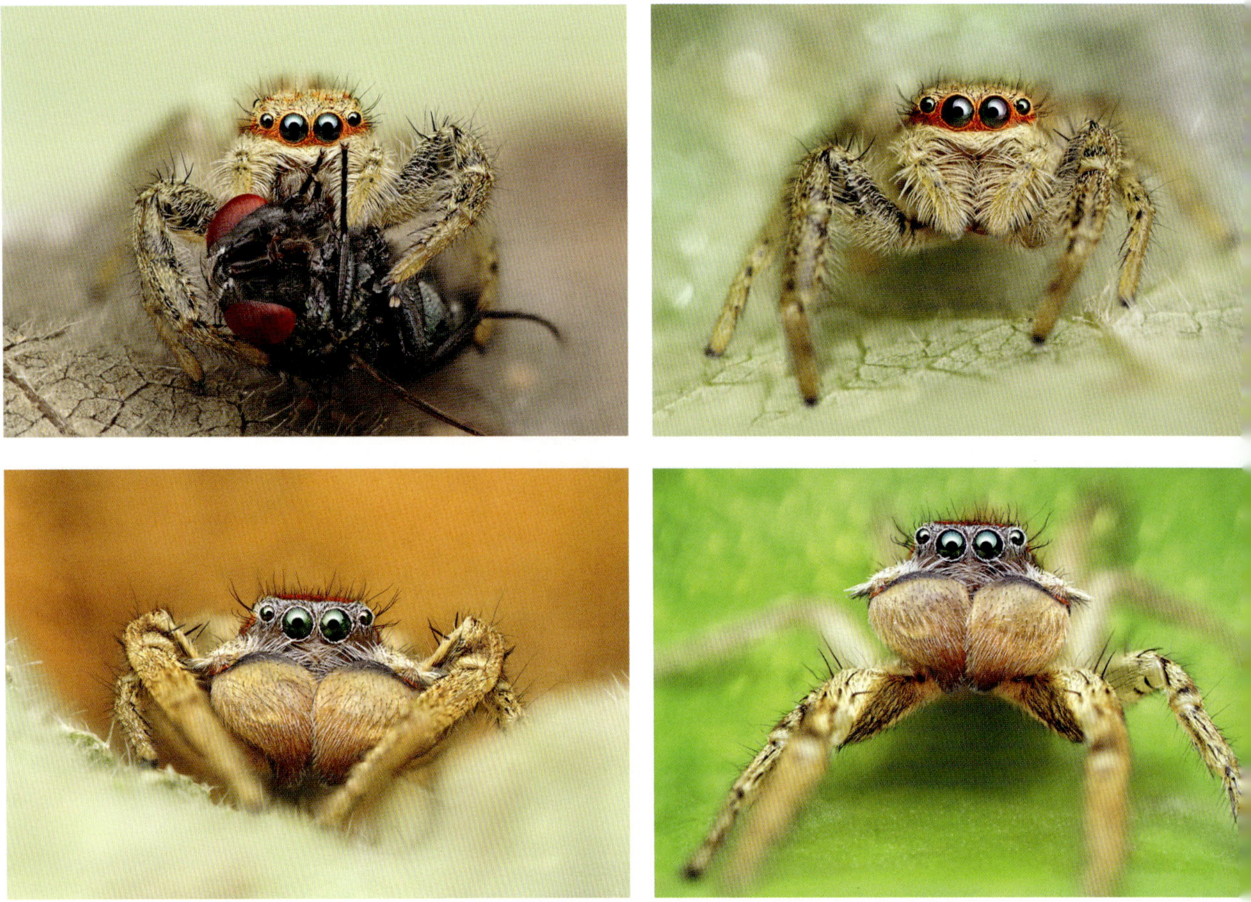

Oben das Weibchen, unten das Männchen.

Marpissa pomatia

Hier ist eine der seltensten und schönsten einheimischen Springspinnenarten zu sehen. Während das Weibchen mit einer orangefarbenen „Augenbinde" auffällt, hat das Männchen noch ganz andere Attribute. Es verfügt über besonders große Pedipalpen, die wie Boxhandschuhe anmuten. Zudem ist das Männchen ebenfalls besonders schön gefärbt. Diese Springspinnenart gilt nach der Roten Liste als stark gefährdet und ist extrem selten, selbst an bekannten Fundorten. Mit etwas Glück kann man sie am Kaiserstuhl und in geeigneten Gebieten bei Berlin finden.

Fundort: Ich habe die hier gezeigten Exemplare auf einer Feuchtwiese in der Nähe von Markt Nordheim (Mittelfranken) gefunden.

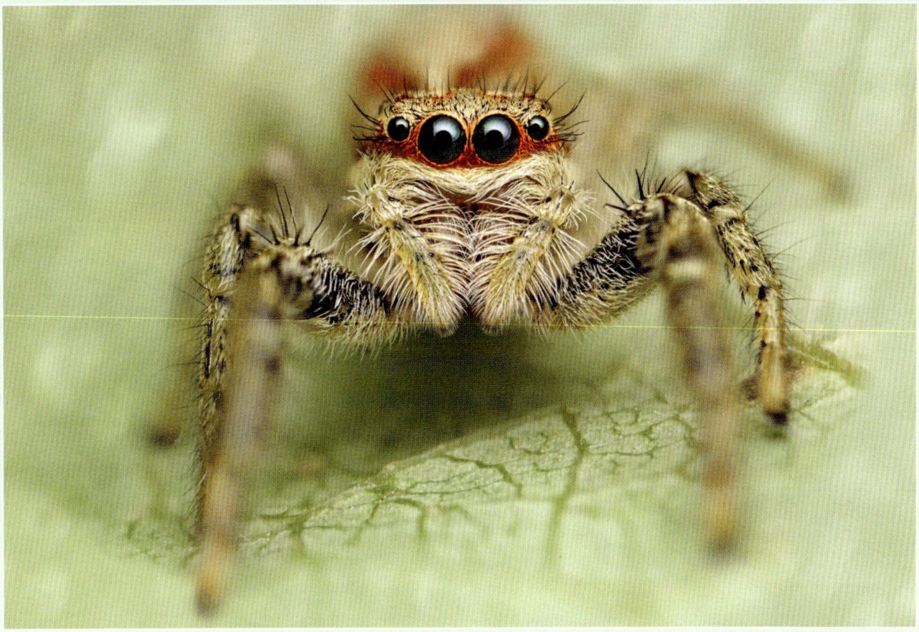

Ein schönes Marpissa-pomatia-Weibchen mit orangefarbener „Augenbinde".

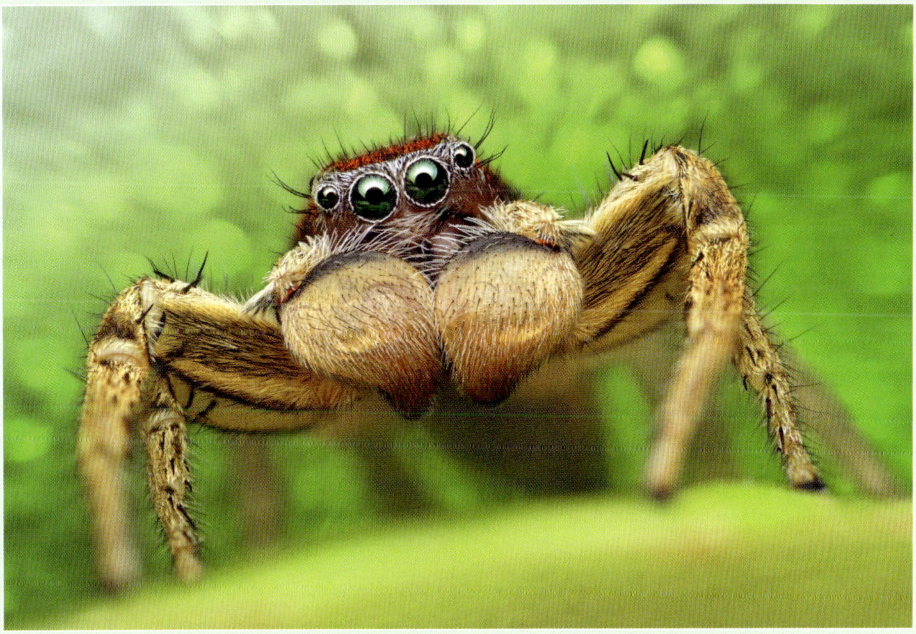

Ein Marpissa-pomatia-Männchen mit seinen boxhandschuhähnlichen Pedipalpen.

Diese Springspinne (Marpissa sp.) habe ich in einem Schilfrohr gefunden. Auf dem Bild ist aber nicht nur die Springspinne zu sehen, sondern links oben auch die alte Haut der Springspinne. Deren Kopfteil (Carapax) ist ungefähr in der oberen Bildmitte zu sehen.

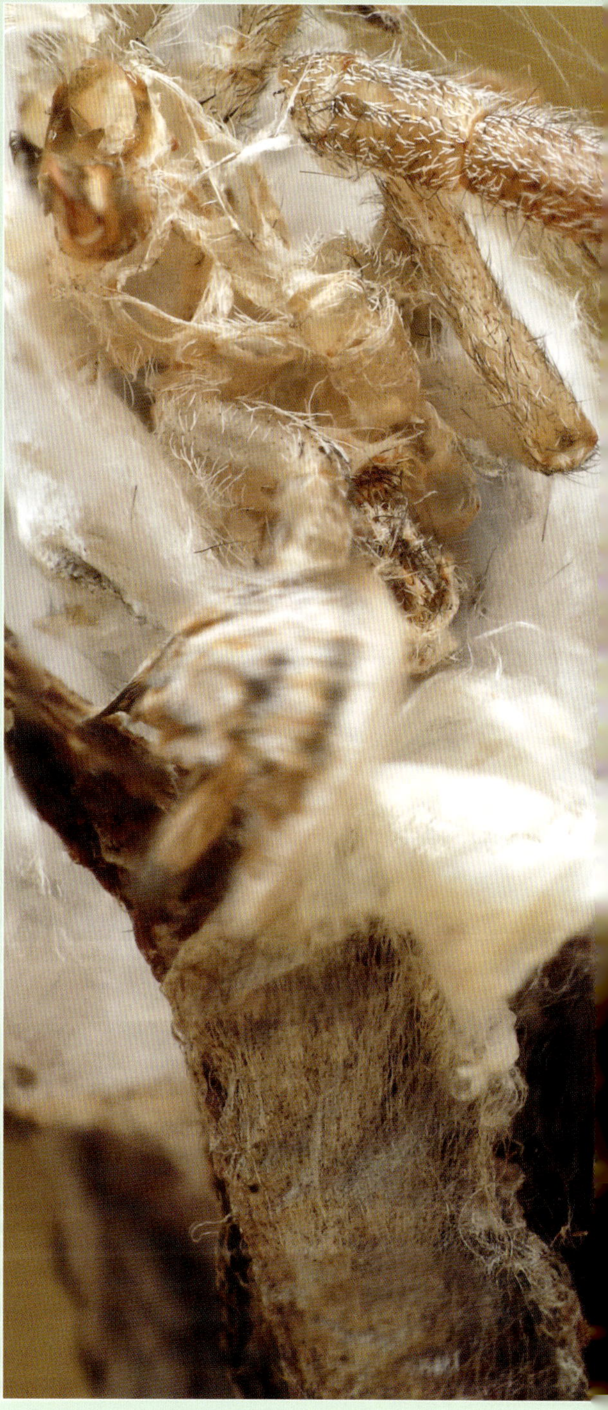

Springspinnen leicht finden

Wo lassen sich Springspinnen einfach finden und fotografieren? Springspinnen können Sie besonders leicht an alten Holzhütten und Gebäudewänden beobachten. Sie heben sich dort in der Regel gut vom Untergrund ab, und diese Bereiche sind auch leicht zu überblicken.

Außerdem haben diese Stellen noch den Vorteil der fehlenden Tiefe. Im offenen Gelände kann eine Springspinne in alle möglichen Richtungen abhauen, an einer Wand fehlen zumindest zwei Richtungen. Generell lassen sich Springspinnen fast überall finden, da jede Art ihren eigenen speziellen Lebensraum besitzt.

V-Springspinnen findet man in Steinbrüchen, während man z. B. die Art Evarcha arcuata besonders auf Wiesen an Waldrändern finden kann.

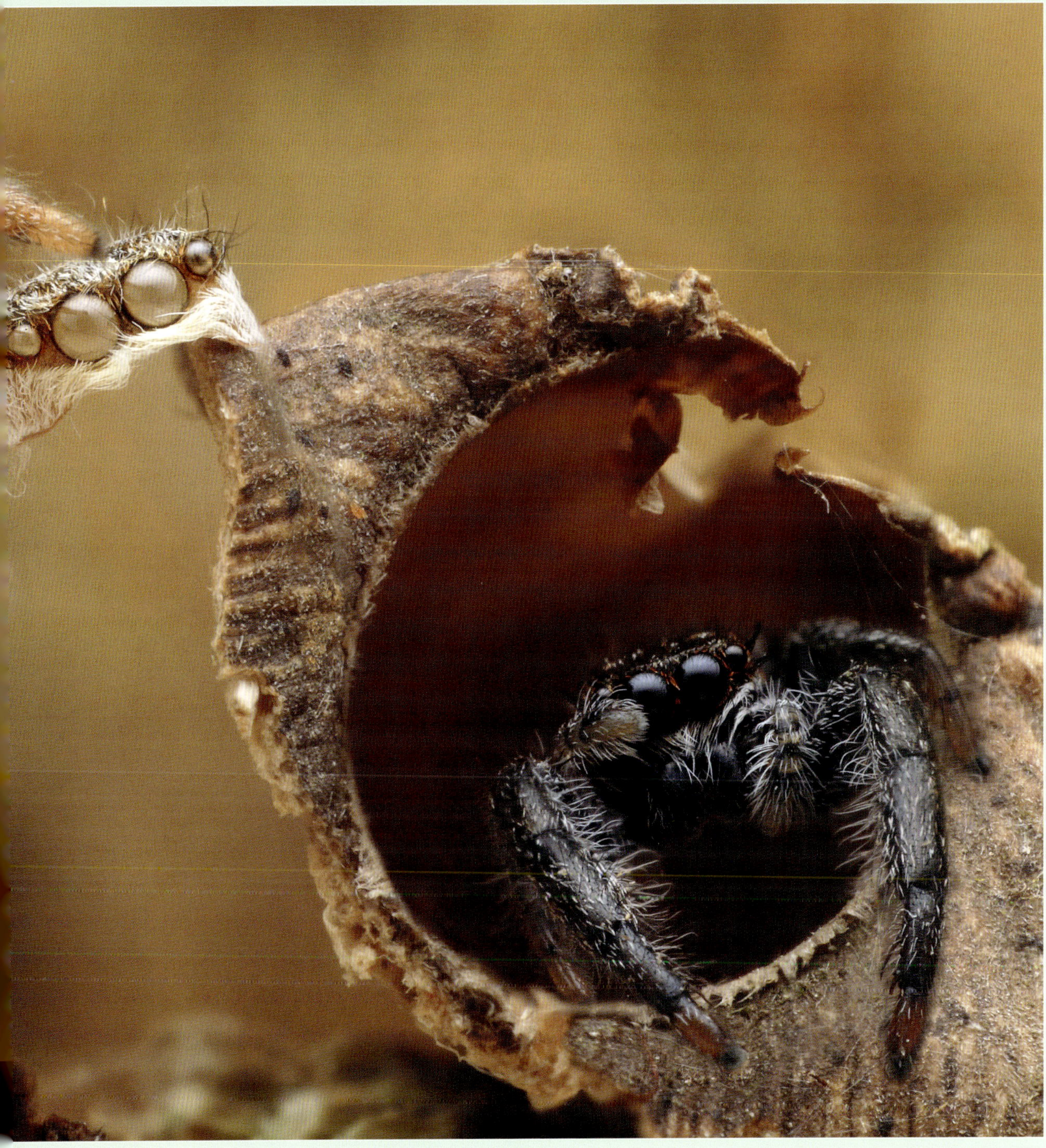

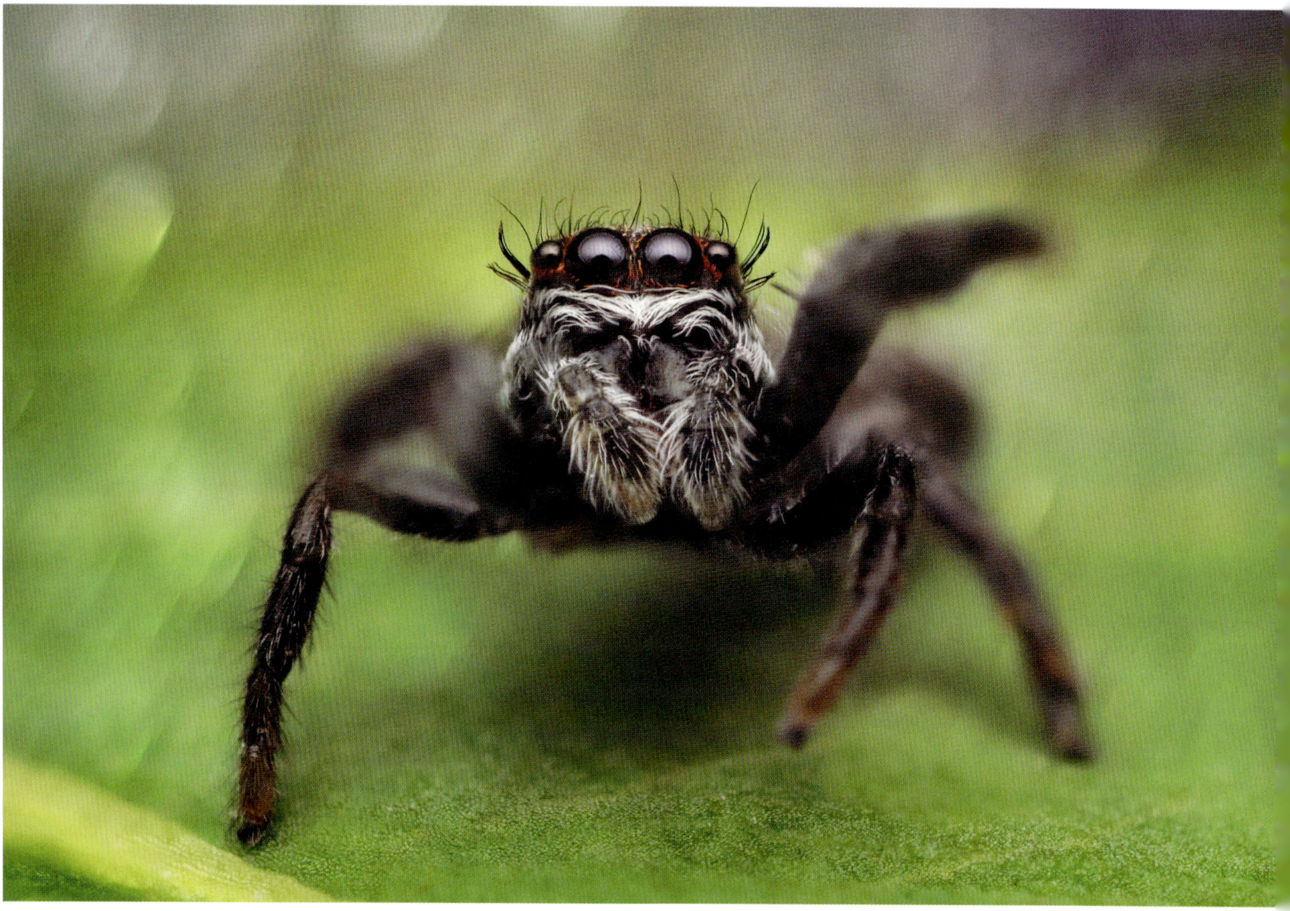

Diese Springspinne (Marpissa sp.) schaute interessiert in Richtung Objektiv und streckte die Vorderbeine dahin aus. Springspinnen schauen oft erst mal eine Weile in Richtung Kamera und springen dann sogar häufig auf das Objektiv.

Ein schönes V-Springspinnen-Weibchen (Aelurillus v-insignitus).

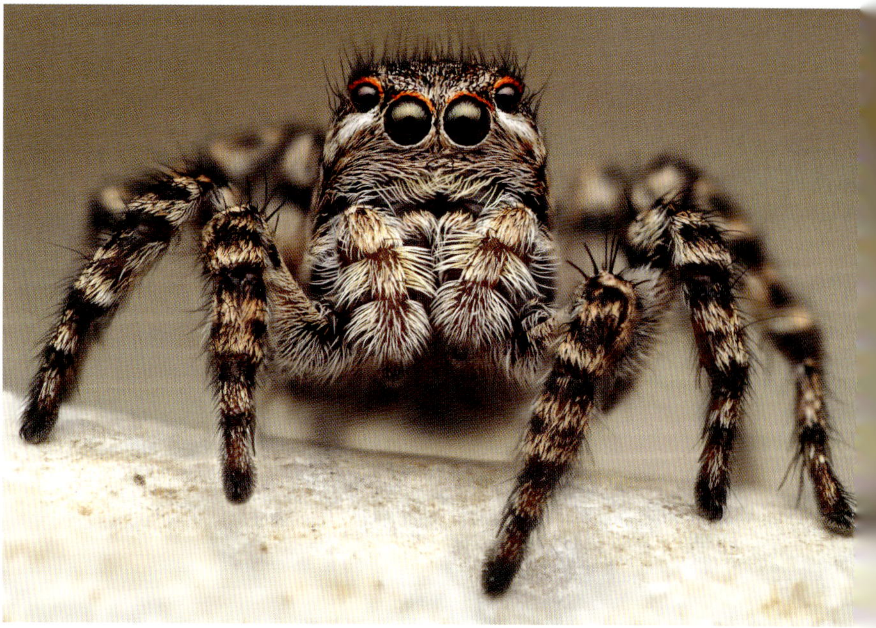

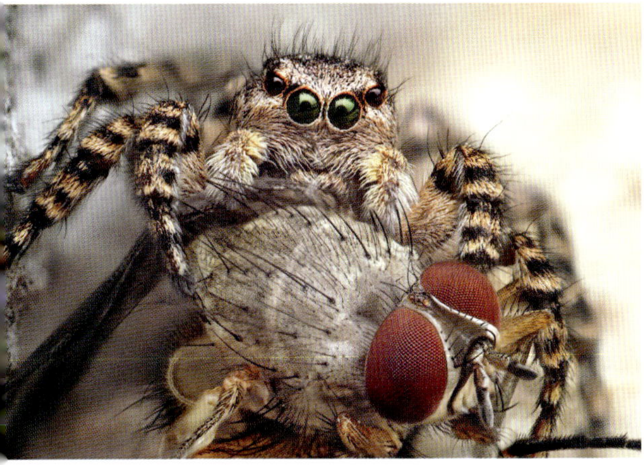

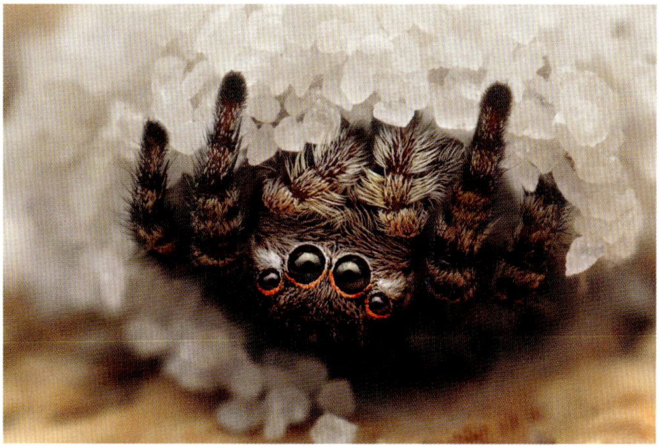

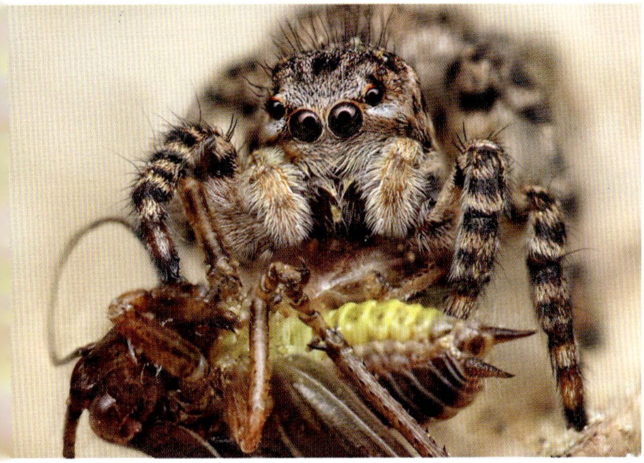

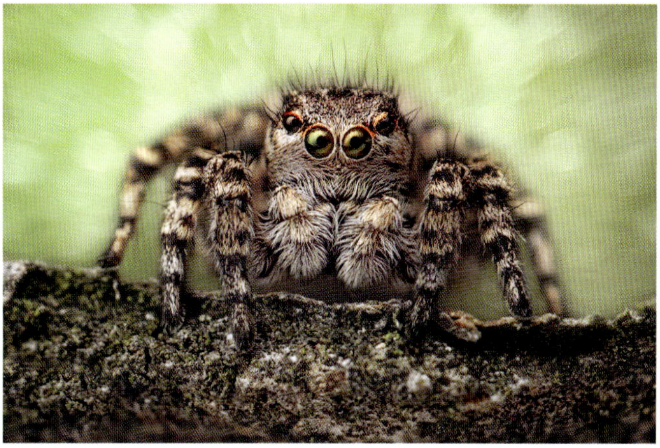

Ein V-Springspinnen-Weibchen, in verschiedenen Situationen fotografiert.

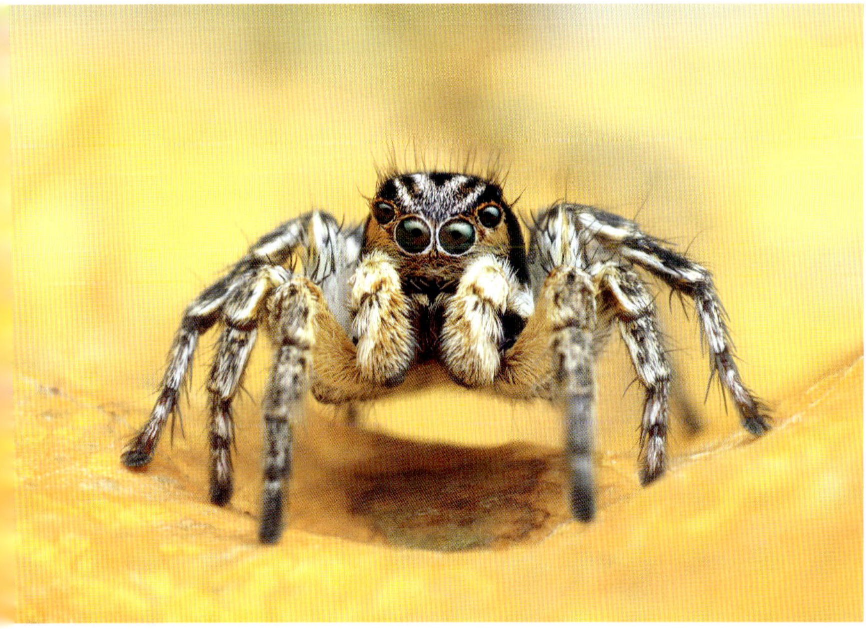

Ein V-Springspinnen-Männchen.

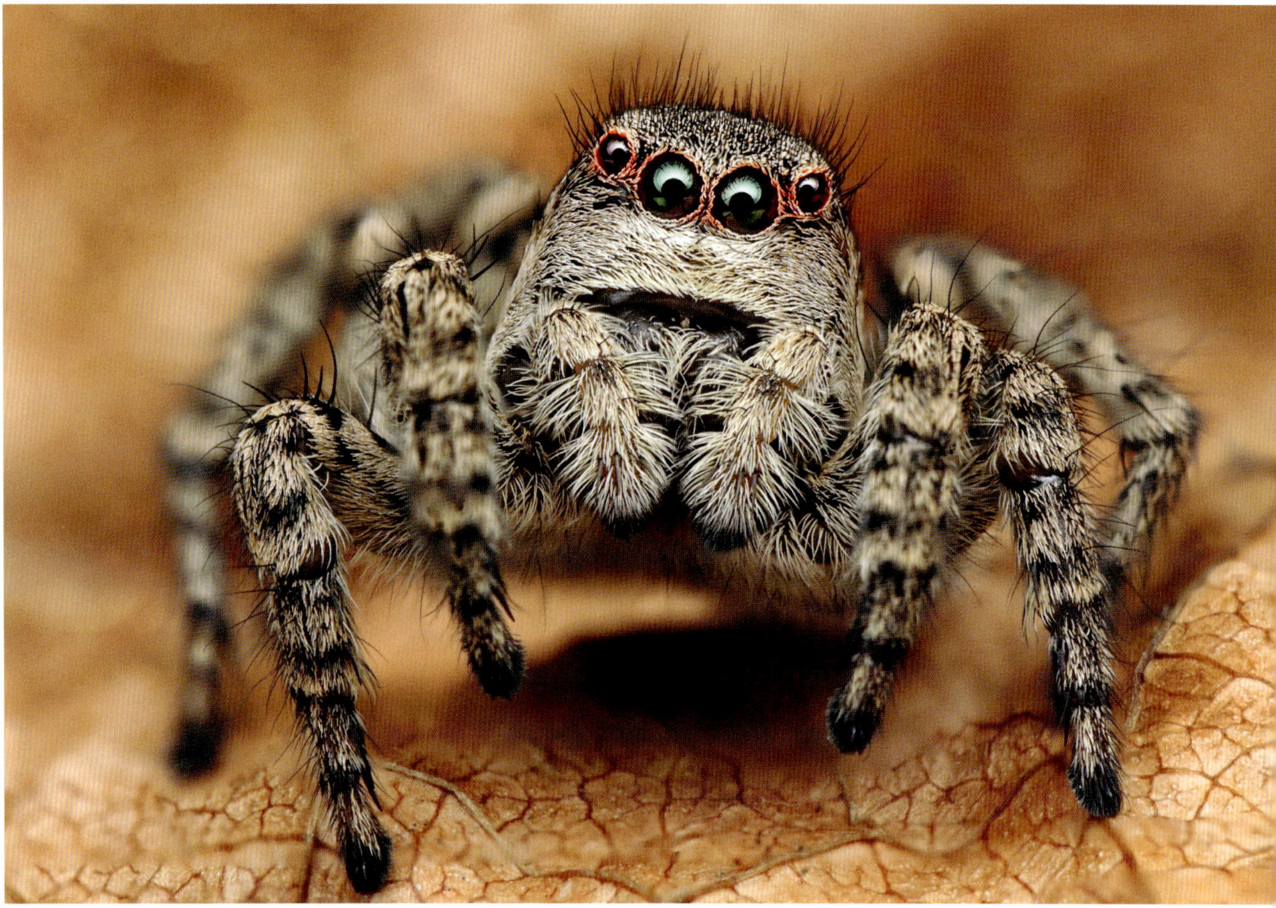

Ein Asianellus-festivus-Weibchen.

Asianellus festivus

Diese Springspinne sieht der V-Springspinne sehr ähnlich. Besonders das Weibchen kann mit dem Weibchen der Aelurillus v-insignitus leicht verwechselt werden. Während sich beim Weibchen der V-Springspinne jeweils neben dem Seitenauge ein weißer Streifen befindet, hat das Weibchen von Asianellus festivus stattdessen einen weißen Streifen unter den Frontalaugen. Asianellus festivus ist wesentlich seltener als die V-Springspinne, beide bevorzugen aber einen ähnlichen Lebensraum. Man findet sie in sehr trockenen und warmen Gebieten wie etwa Steinbrüchen.

Fundort: Trockengebiet bei Würzburg.

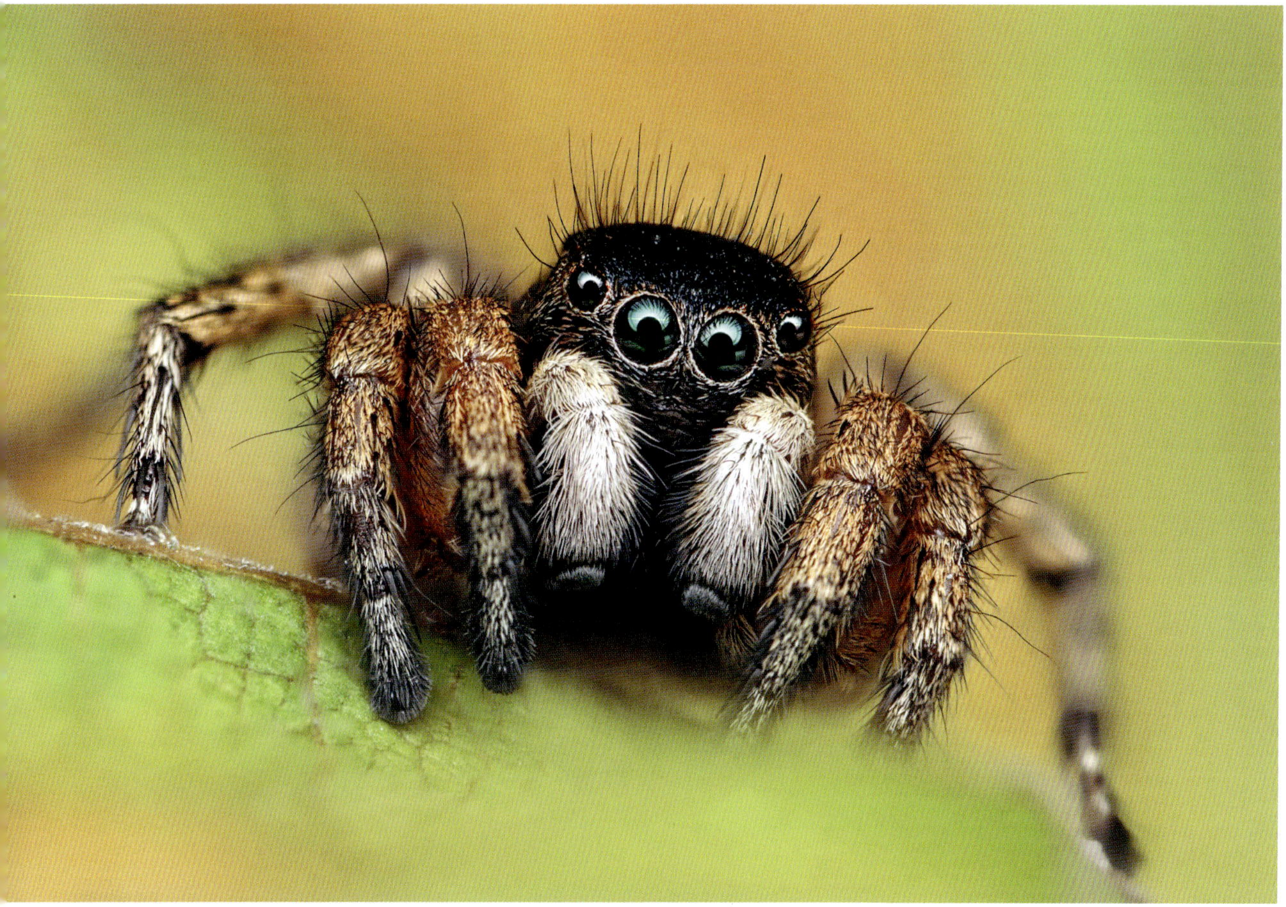

Ein Asianellus-festivus-Männchen.

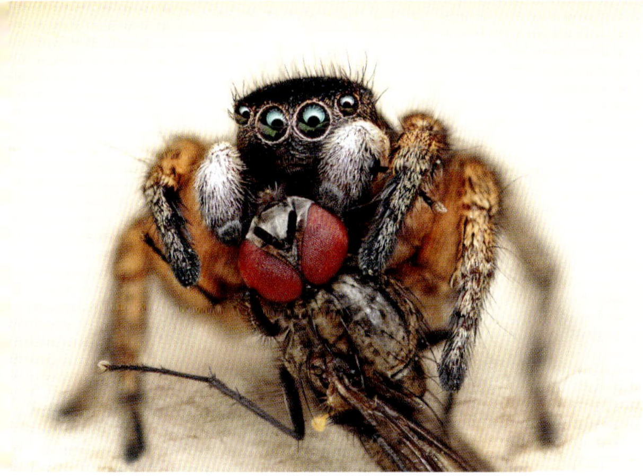

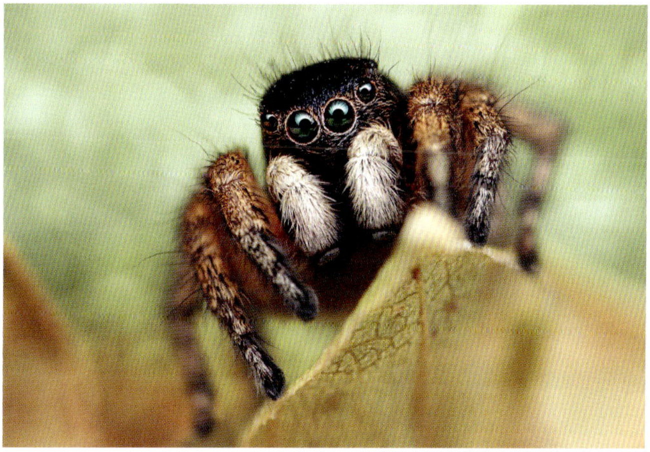

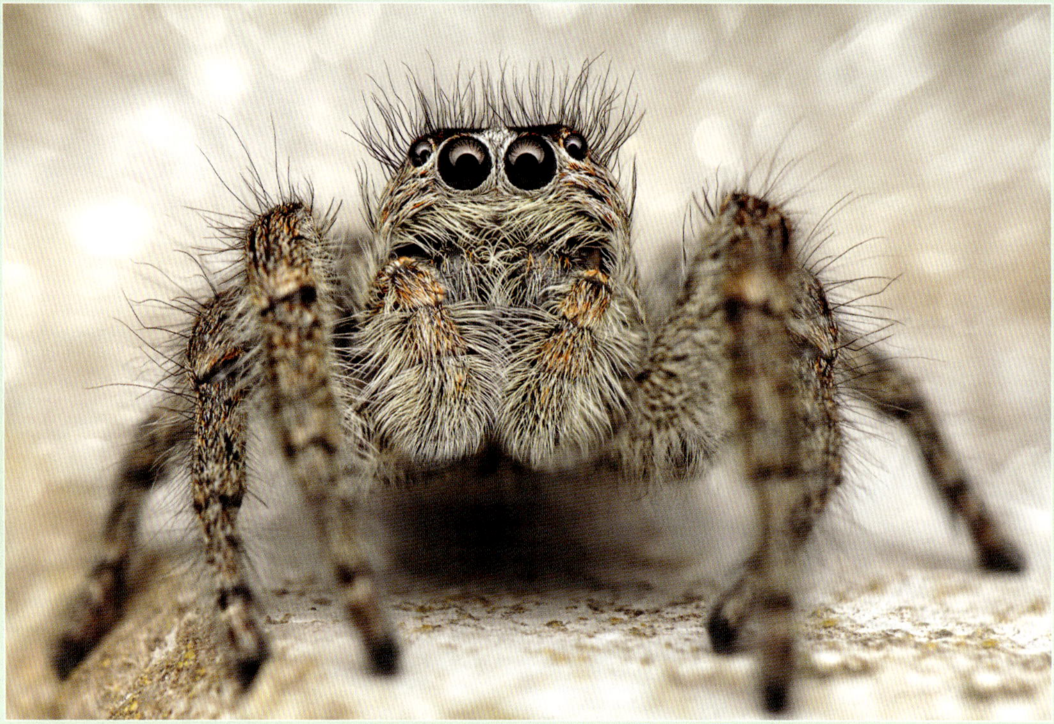

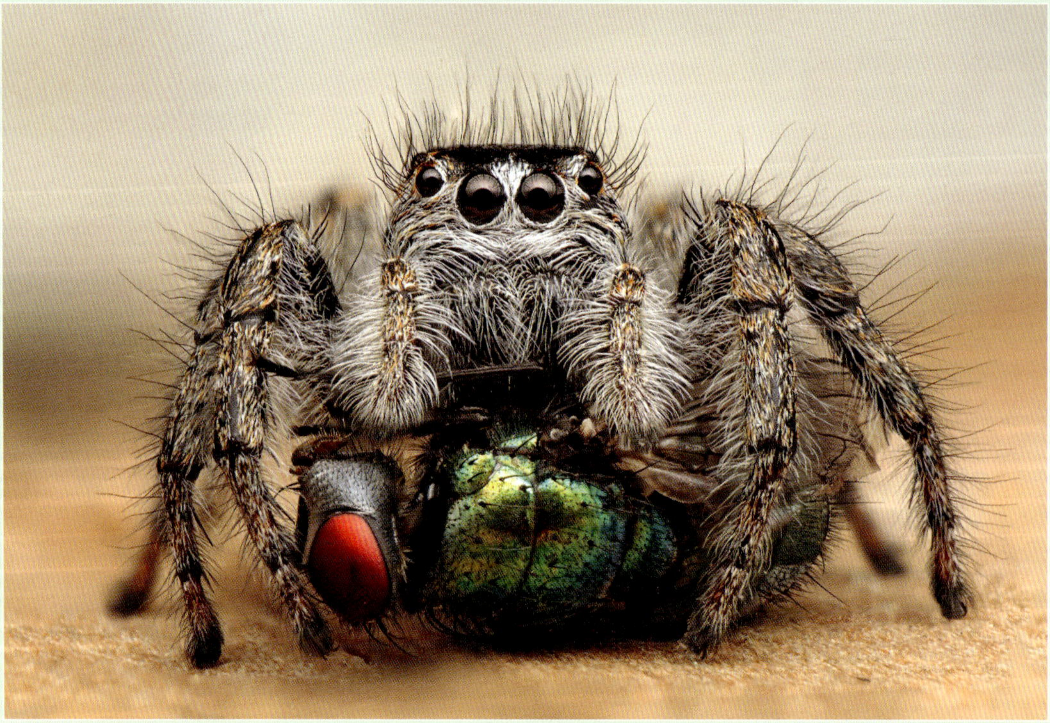

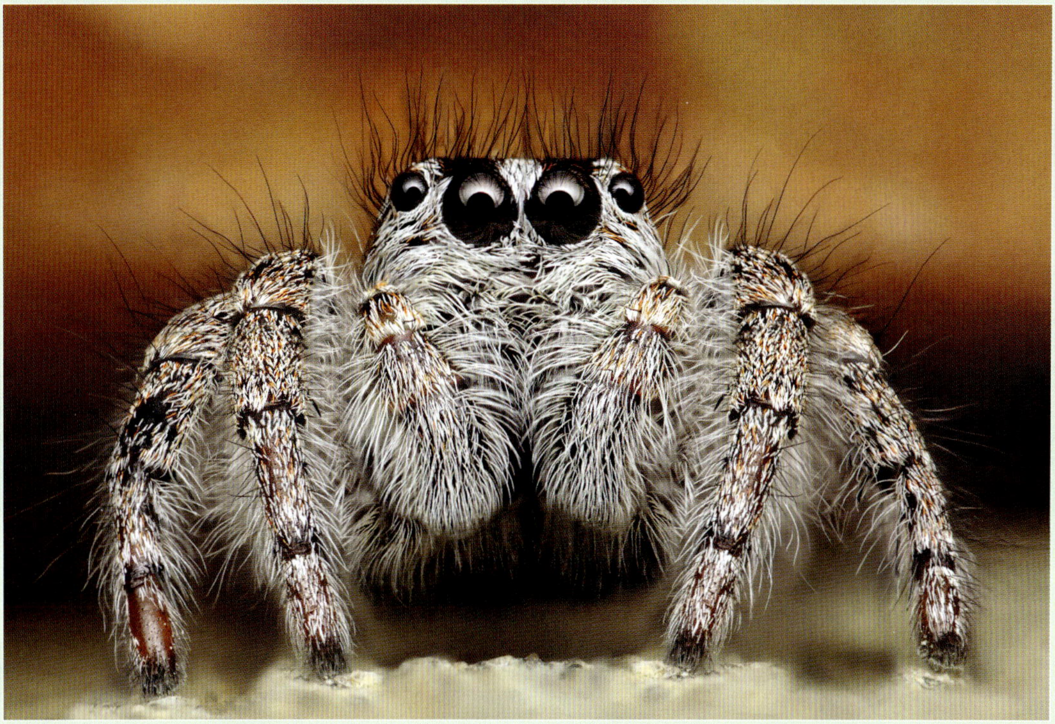

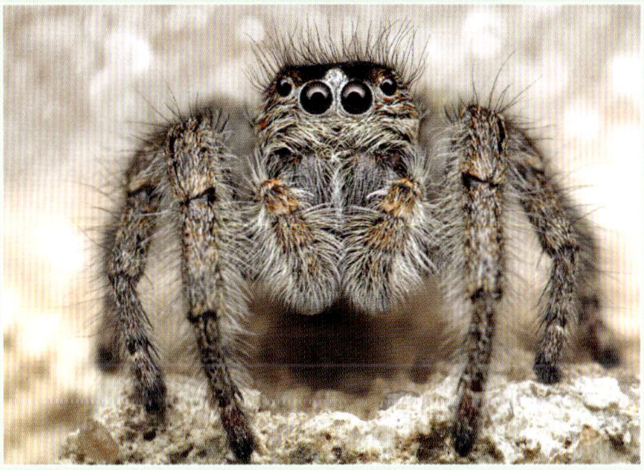

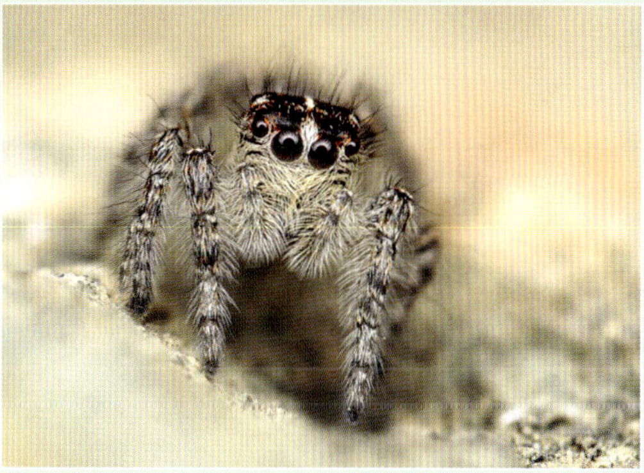

Links oben: *Goldaugenspringspinne (Weibchen).*

Links unten: *Eine Goldaugenspringspinne mit erbeuteter Goldfliege (Lucilia sericata).*

Rechts oben: *Ein fast ausgewachsenes Goldaugen-springspinnen-Weibchen (Philaeus chrysops).*

Rechts unten: *Ein voll ausgewachsenes und ein noch sehr junges Philaeus-chrysops-Weibchen.*

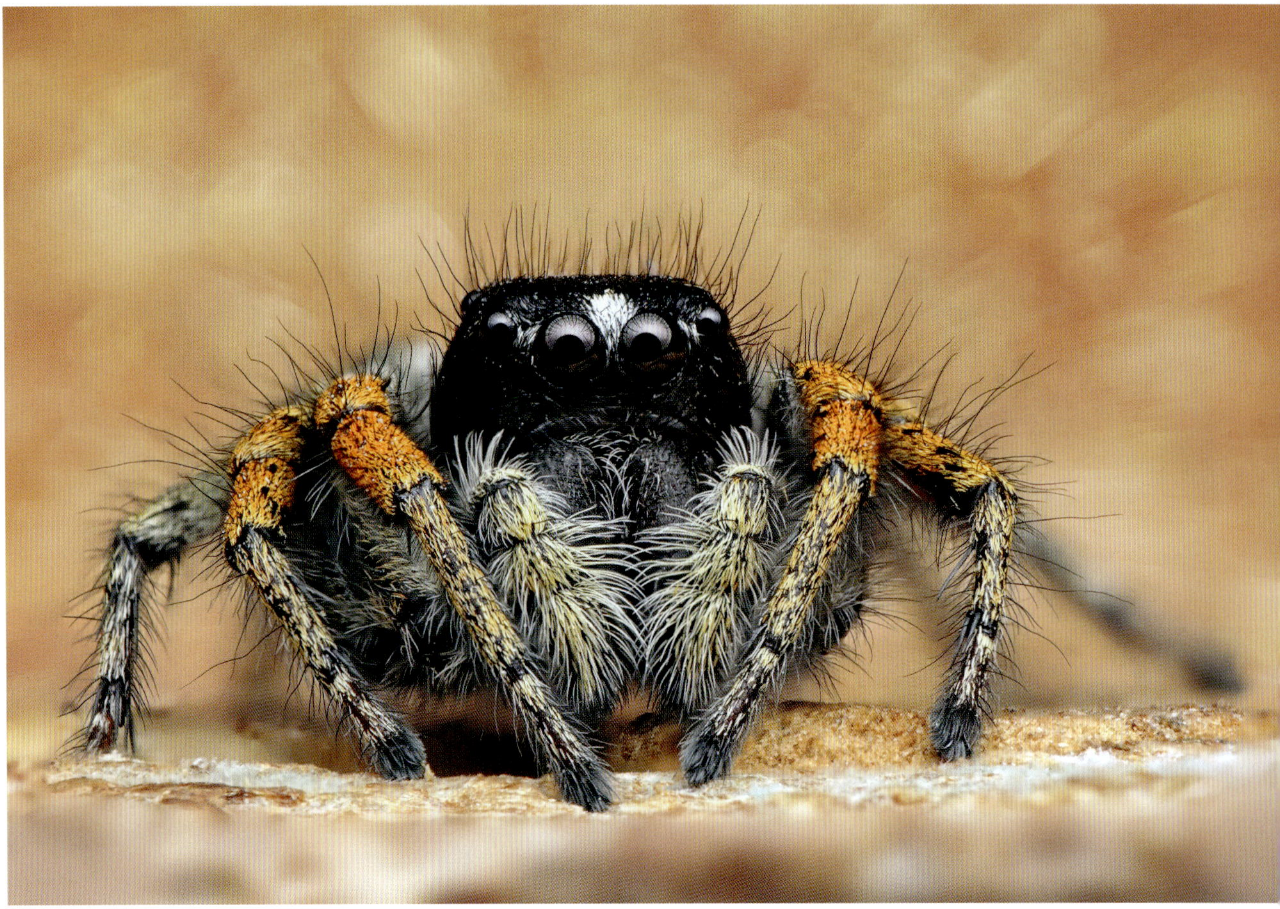

Philaeus chrysops

Dies ist eine weitere sehr seltene Springspinne. Die Goldaugenspringspinne ist nicht nur sehr selten – sie gilt nach der Roten Liste als vom Aussterben bedroht –, sondern auch sehr groß. Mit einer Körperlänge von bis zu 12 mm ist sie wohl neben Marpissa canestrinii die größte einheimische Springspinnenart. Aufgrund ihrer Seltenheit ist sie die einzige Springspinne in Deutschland, die gesetzlich geschützt ist. Diese wunderschöne Springspinne hat wohl zudem die ausgeprägteste und auffälligste „Föhnfrisur" aller einheimischen Arten.

Fundort: Ein Geröllabgang nahe Nürnberg.

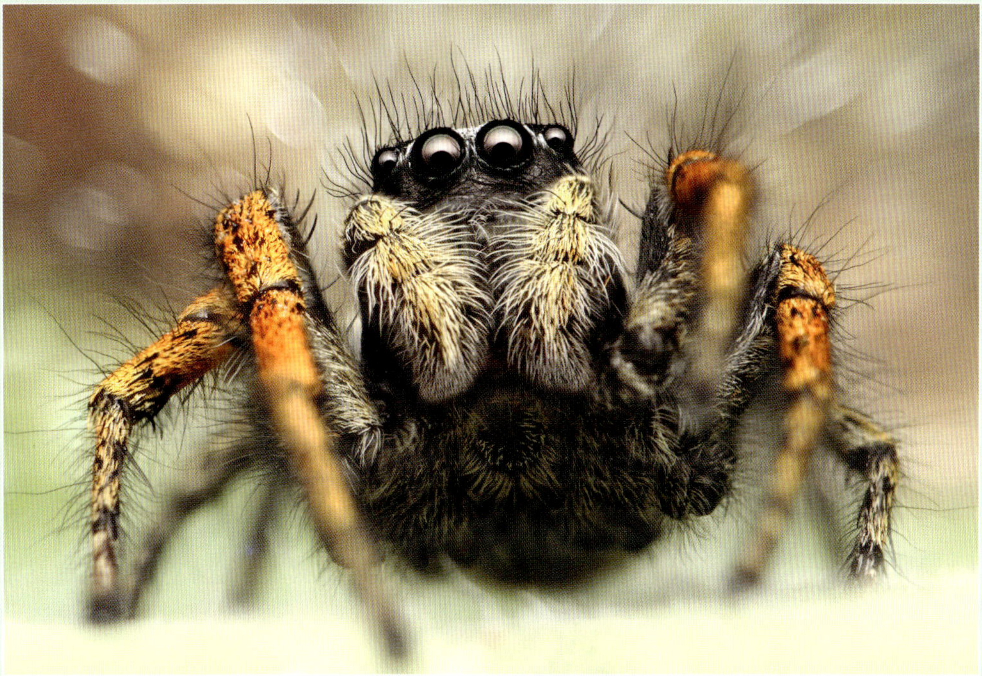

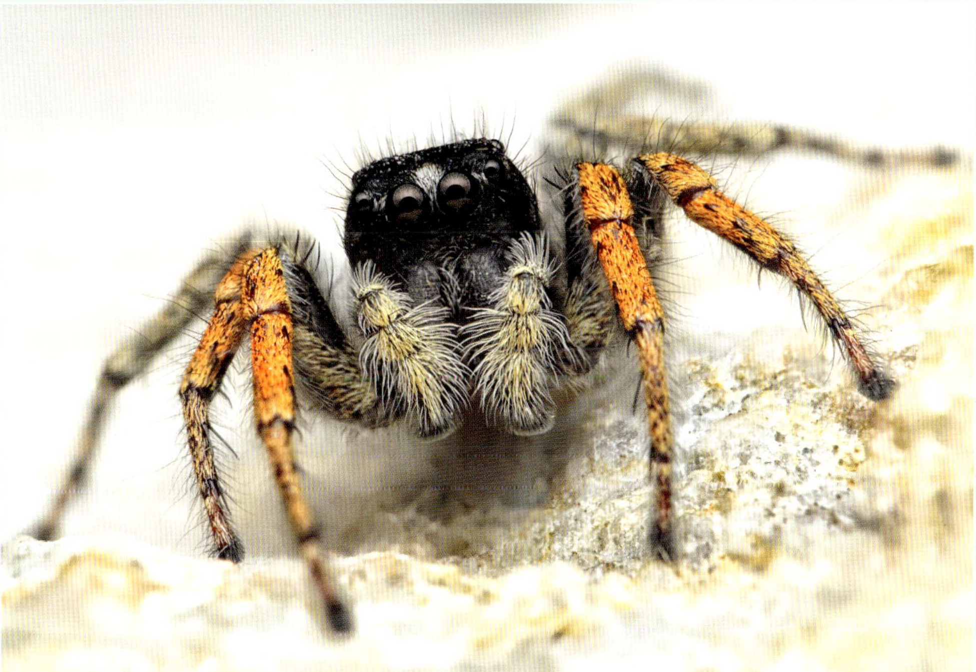

Ein wunderschönes Goldaugenspringspinnen-Männchen.

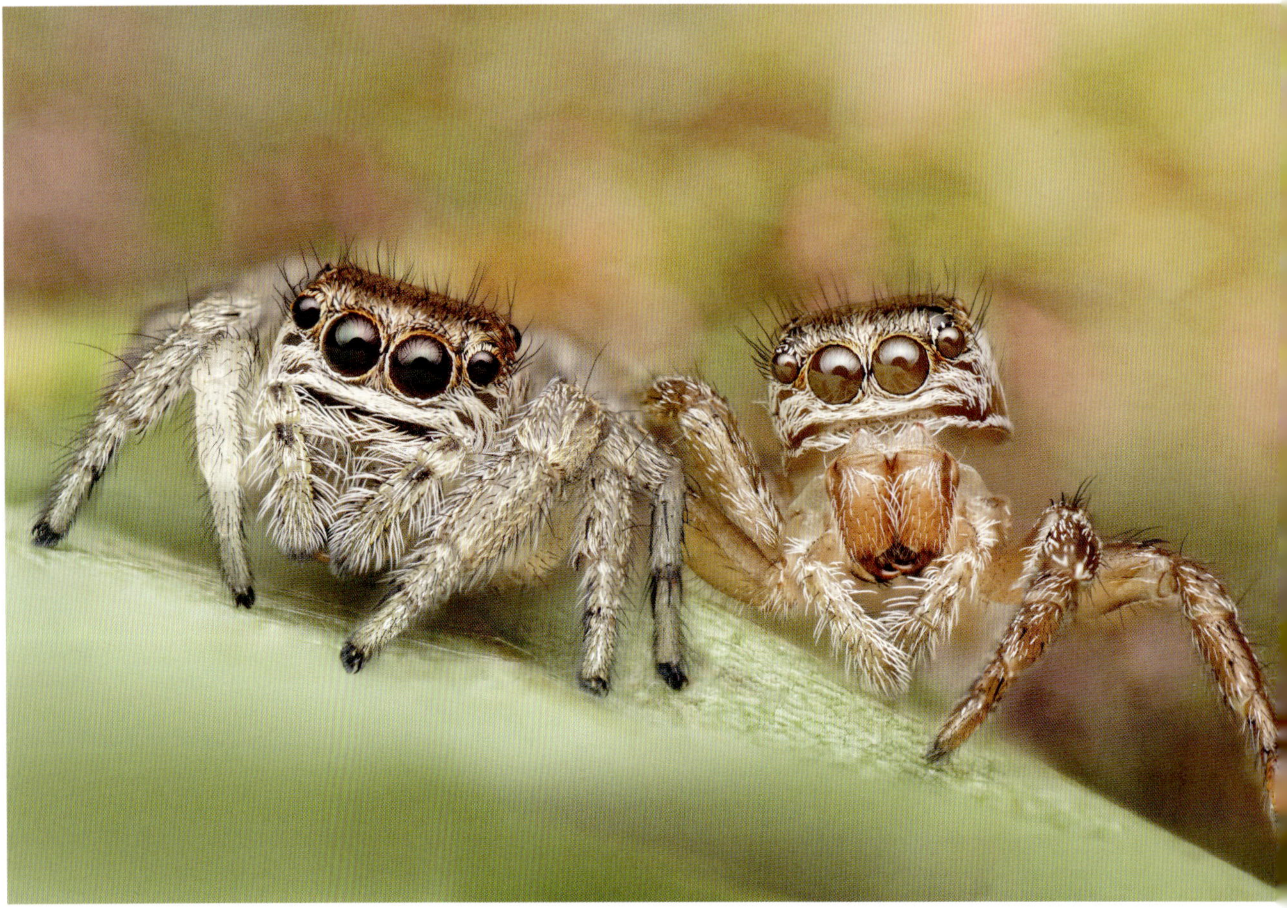

Ein Evarcha-arcuata-Weibchen nach der Häutung.

Evarcha arcuata

Ein Evarcha-arcuata-Weibchen kurz nach der Häutung mit der alten Haut (Exuvie) daneben. Spinnen bzw. Springspinnen müssen sich in ihrem Leben mehrmals häuten, um zu wachsen. Das starre Exoskelett reißt dabei an einer Stelle auf, die Rückenplatte stülpt sich nach hinten, und die Spinne windet sich mit rhythmischen Bewegungen der Beine aus der Haut. Dieser Vorgang dauert einige Minuten, und danach muss die Spinne ihre neue Haut erst mal aushärten lassen.

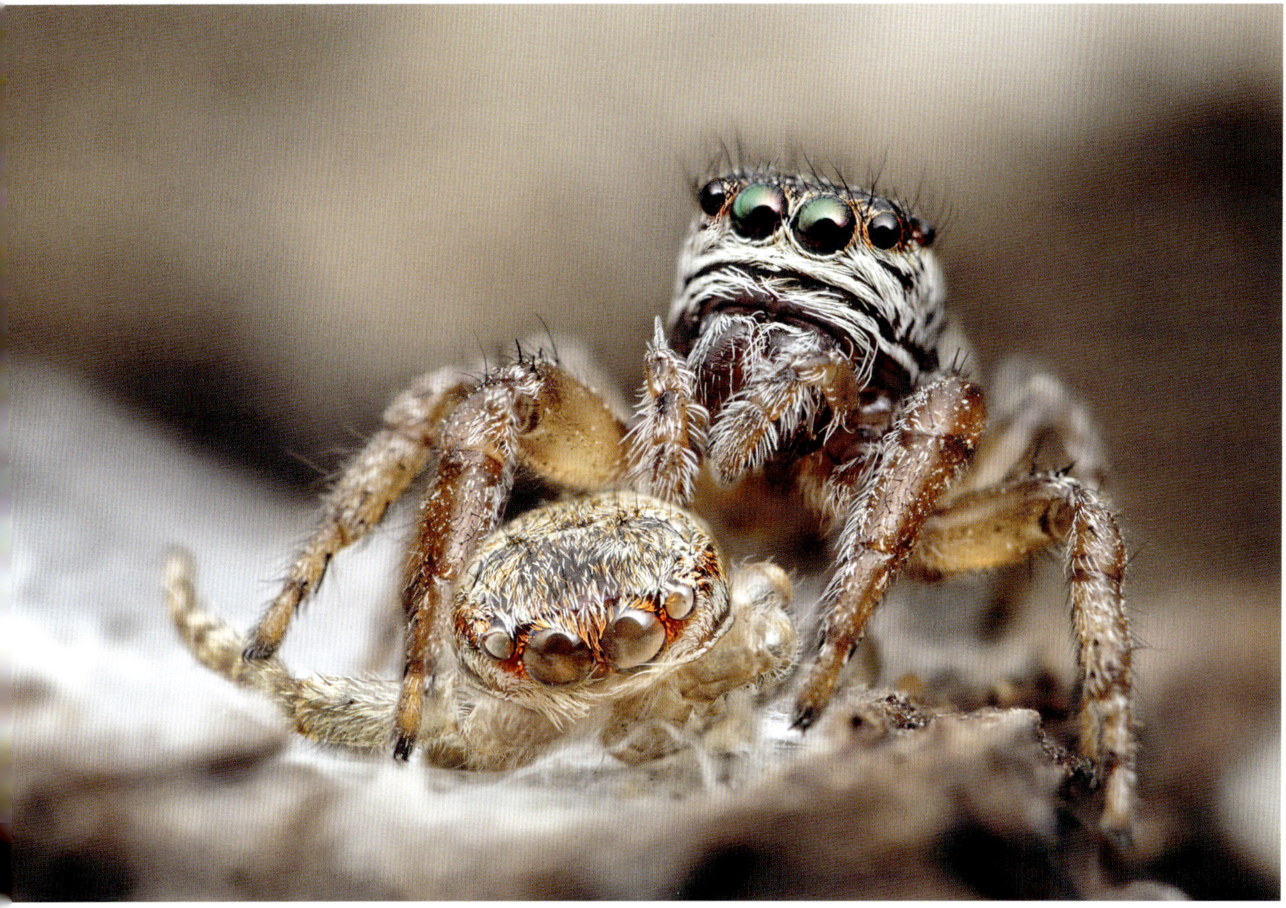

Ein Evarcha-arcuata-Weibchen steht auf einer Springspinnenhaut.

Diese kuriose Szene habe ich im September bei Hanau fotografiert. Eigentlich suchte ich dort nach Ameisenspringspinnen, als ich an eine Stelle bei einem Bach kam, an der ein Baum offensichtlich erst kürzlich von einem Tier einige Stücke seiner Rinde abgerissen bekommen hatte. Diese Rindenstücke lagen im Gras verteilt, und auf einem davon habe ich das Evarcha arcuata-Weibchen gefunden, das gerade in dem Moment über die Springspinnenhaut, vermutlich von einer Rindenspringspinne, lief. Für einen kurzen Moment blieb sie dabei auf der Haut stehen.

Ein ausgewachsenes Evarcha-arcuata-Männchen. Hier ist eindrucksvoll zu sehen, warum diese Art auch „Gorilla-Springspinne" genannt wird.

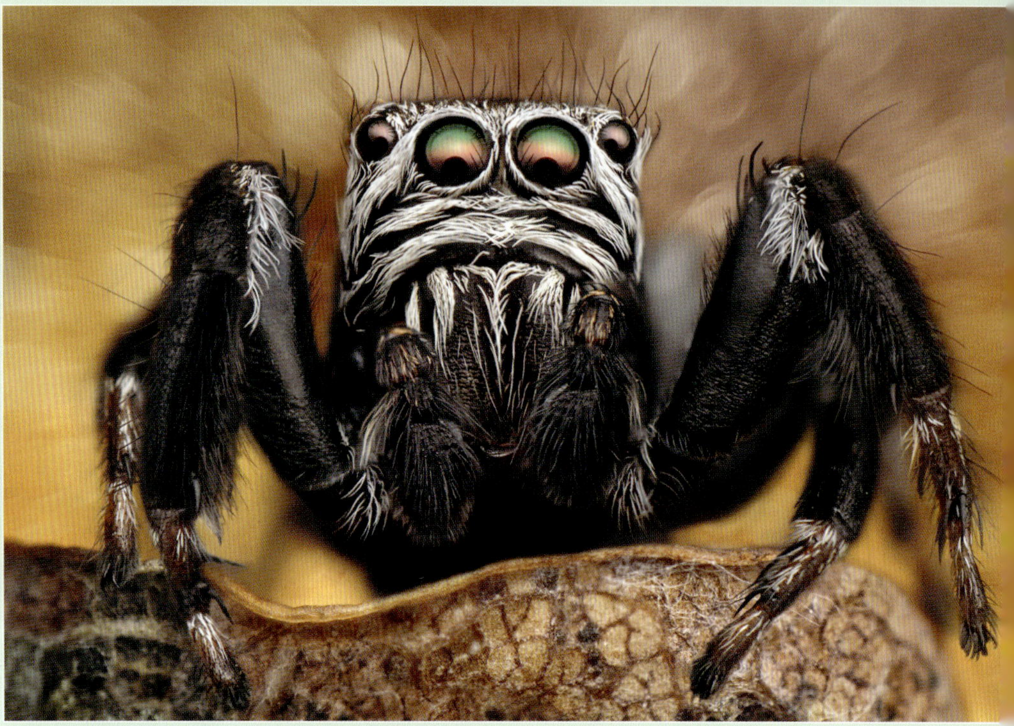

Ein junges Evarcha-arcuata-Männchen. Hier ist noch nicht wirklich erkennbar, dass der Kleine einmal zu einem stattlichen „Gorilla" heranwachsen wird.

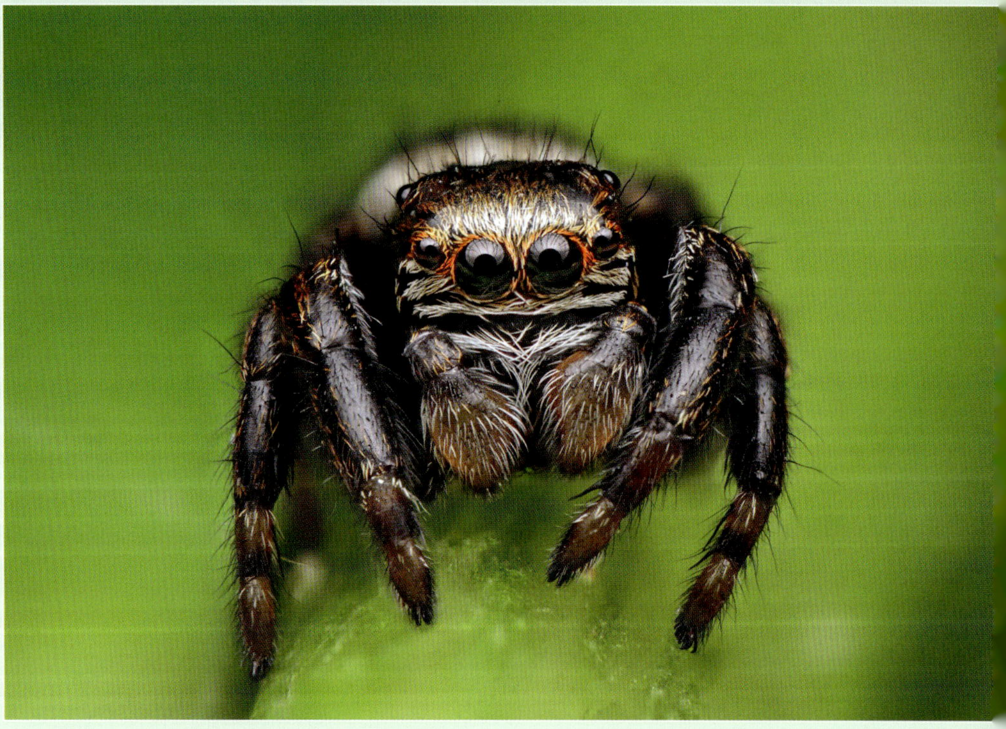

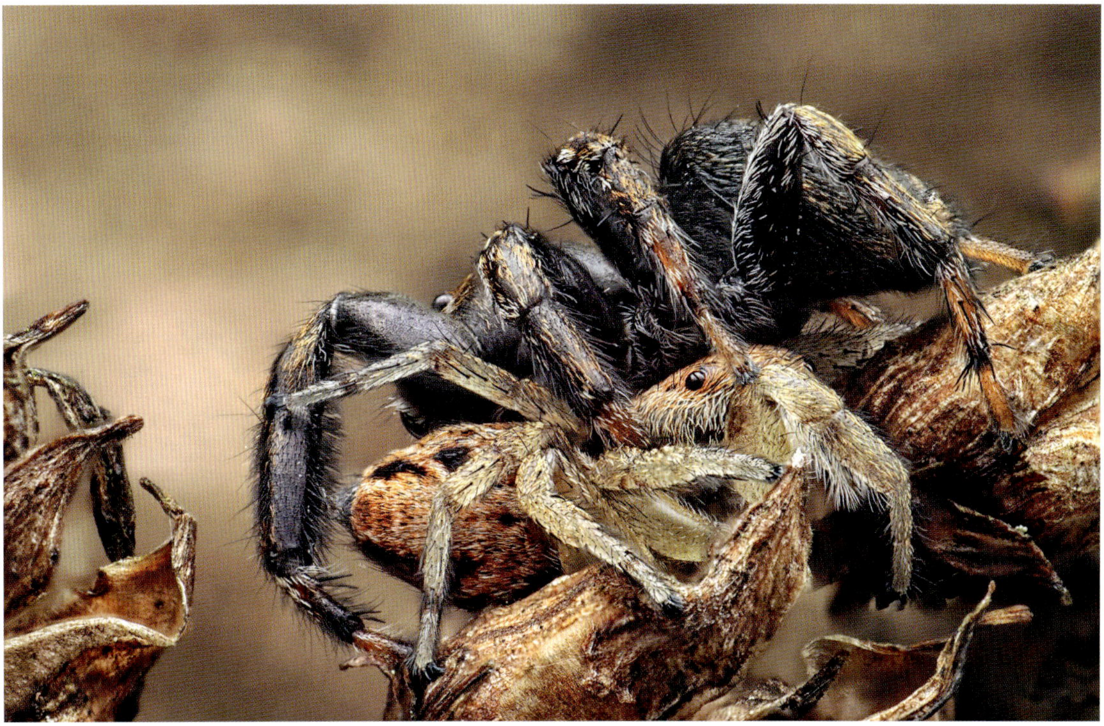

Die Paarung, von der Seite aufgenommen. Die Springspinnen waren so mit sich beschäftigt, dass ich genug Zeit für die Aufnahmen hatte.

Springspinnenpaarung

Eine Springspinnenpaarung in freier Natur mit einem so großen Abbildungsmaßstab und als Focus Stack, bestehend aus 54 Aufnahmen, zu fotografieren, ist schon etwas Einzigartiges (Bild Seite 120). Was dieses Bildergebnis aber wirklich speziell macht, ist ein besonderes Detail. Man kann den Bulbus, ein mit Sperma gefülltes Palpenorgan, sehr gut sehen. Normalerweise haben Springspinnen während der Paarung eine Position, in der man das Geschlechtsorgan nicht so gut sehen kann. Dieses Organ zieht sich während der Paarung immer wieder etwas zusammen, pumpt dann auf und leitet so das Sperma weiter.

Der Bulbus ist auf dem Bild dieser transparente „Beutel", den das Männchen an seinem rechten Pedipalpus (Fühler) hat und in das Weibchen einführt.

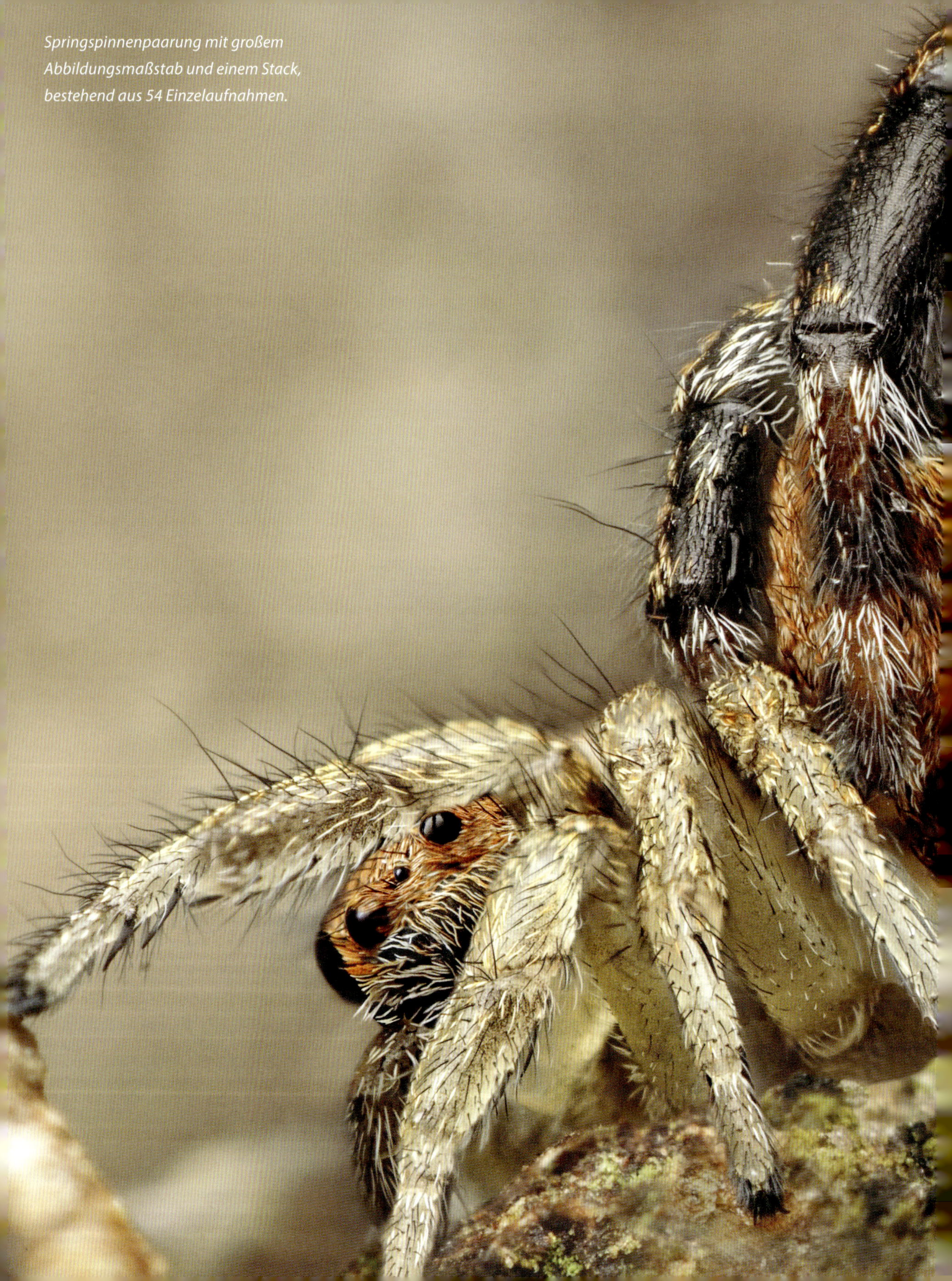

Springspinnenpaarung mit großem Abbildungsmaßstab und einem Stack, bestehend aus 54 Einzelaufnahmen.

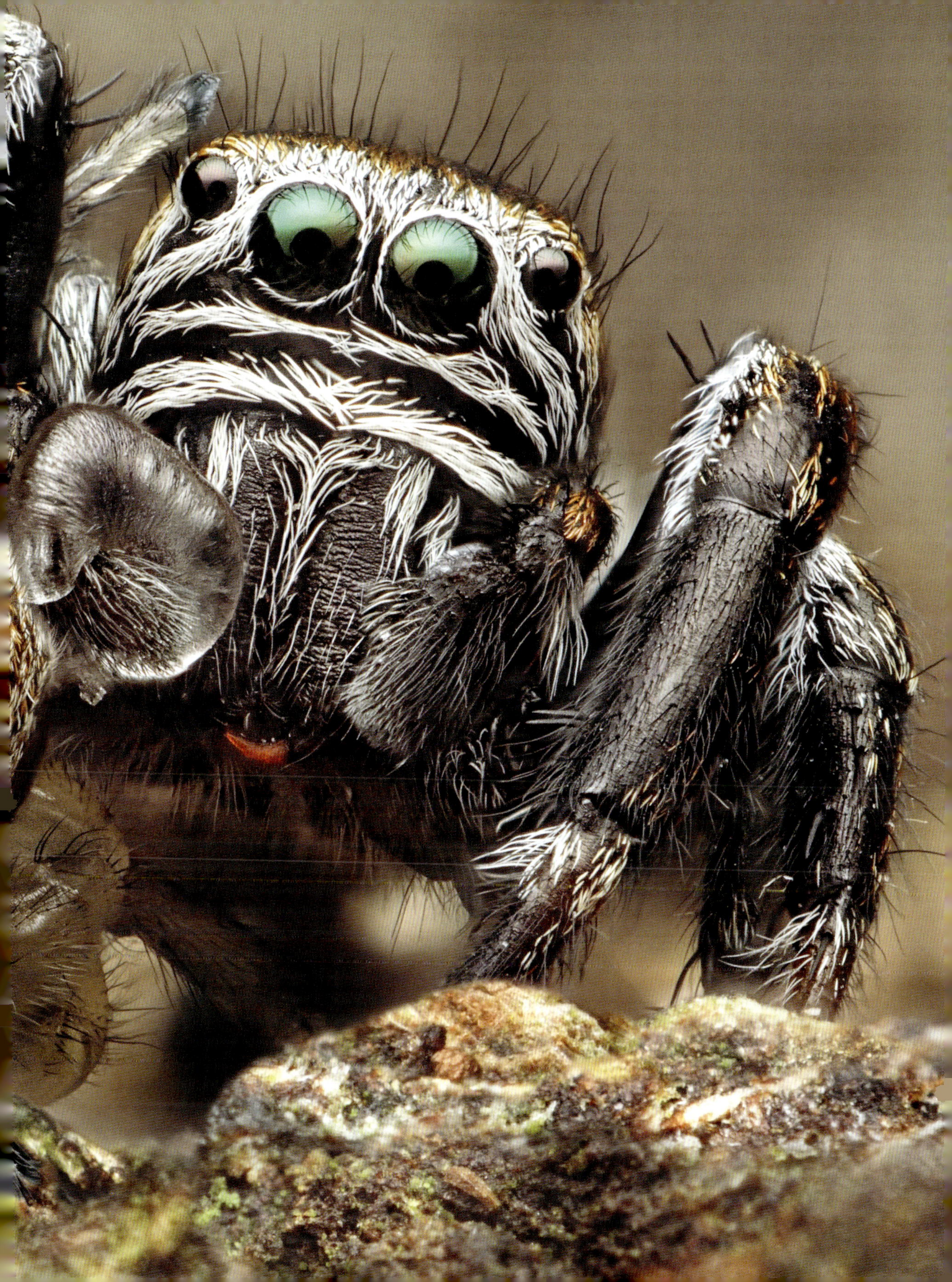

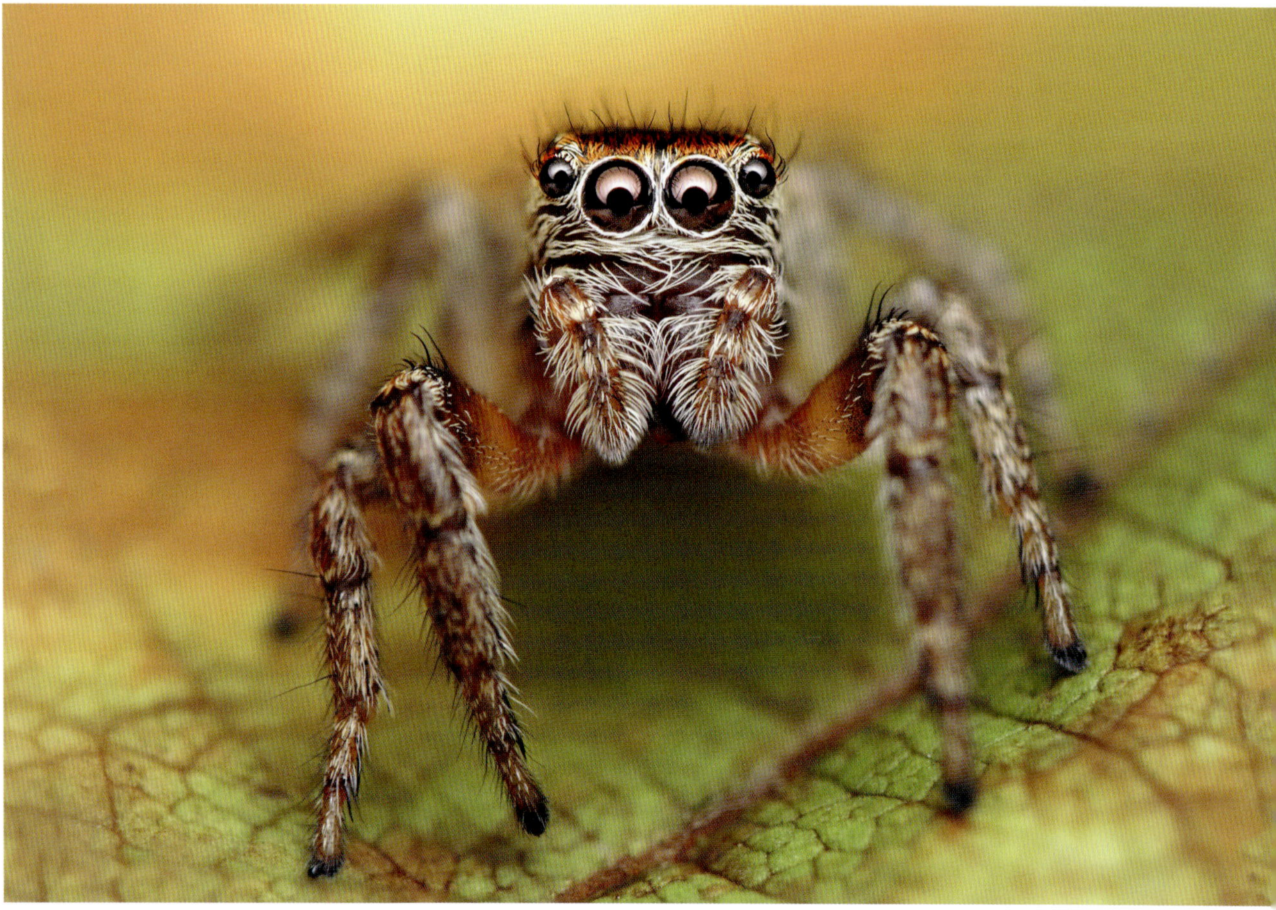

Ein Evarcha falcata-Weibchen auf bunten Herbstlaub.

Evarcha falcata

Bei Spinnen kann es schon mal passieren, dass sie sich gegenseitig töten. Bei Springspinnen kommt das im Vergleich zu anderen Arten aber eher selten vor. Auf diesem Bild ist ein Evarcha-falcata-Männchen zu sehen, das ein junges Weibchen erbeutet hat (Seite 124). Es war für mich als Springspinnenfan zwar nicht gerade ein schöner Anblick, aber dennoch bin

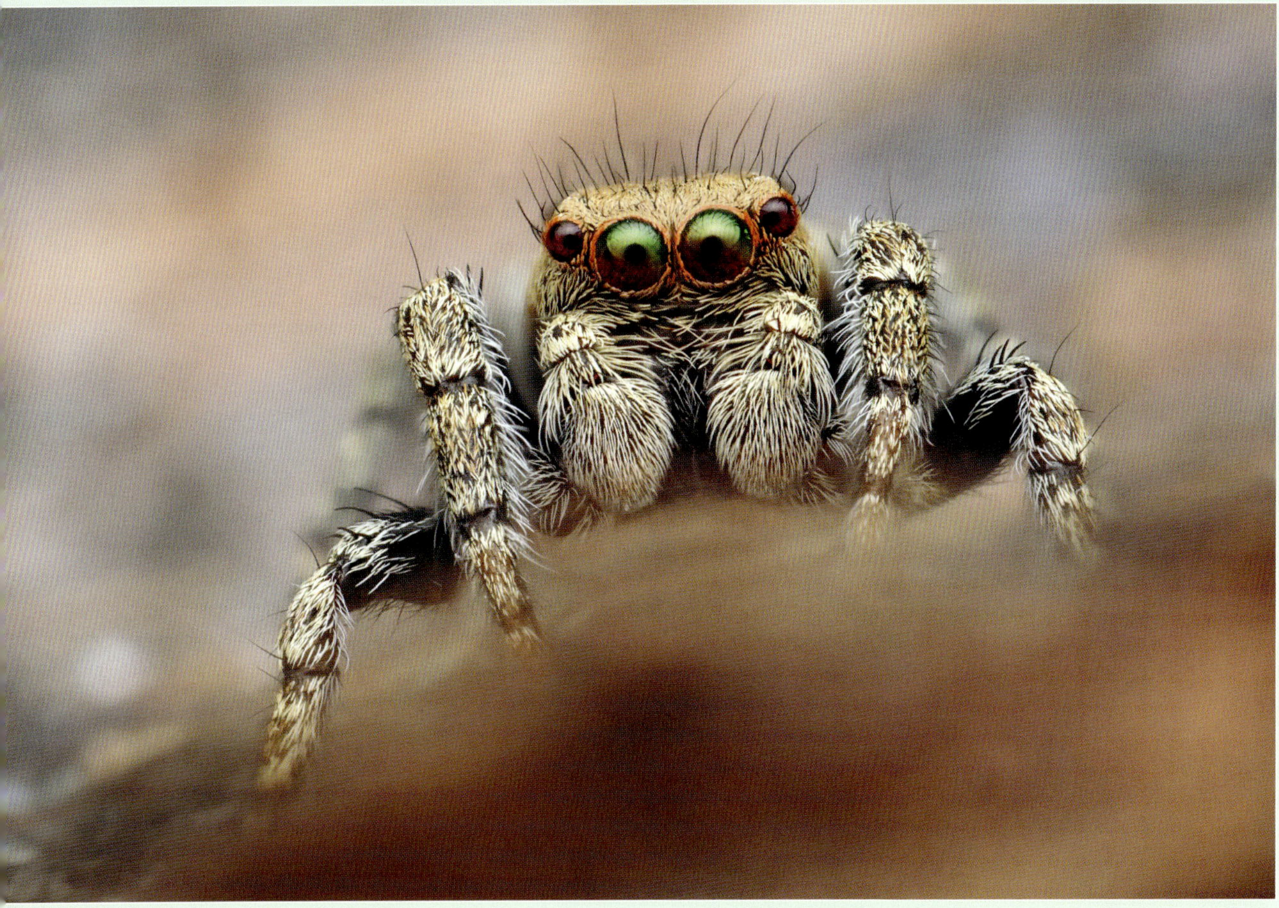

Das Männchen der braunen Springspinne (Evarcha falcata).

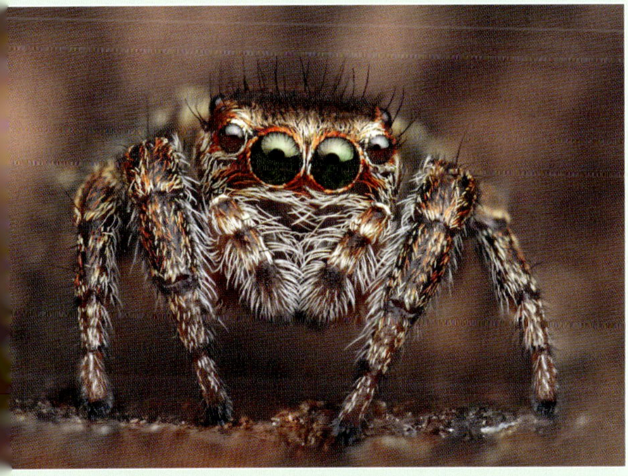

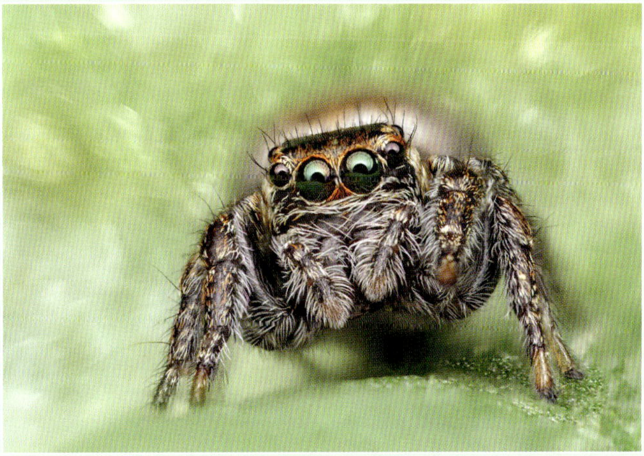

Zwei ausgewachsene-Evarcha-falcata-Weibchen. Das rechte Weibchen wird aufgrund des sehr dicken Hinterleibs wohl bald Nachwuchs bekommen.

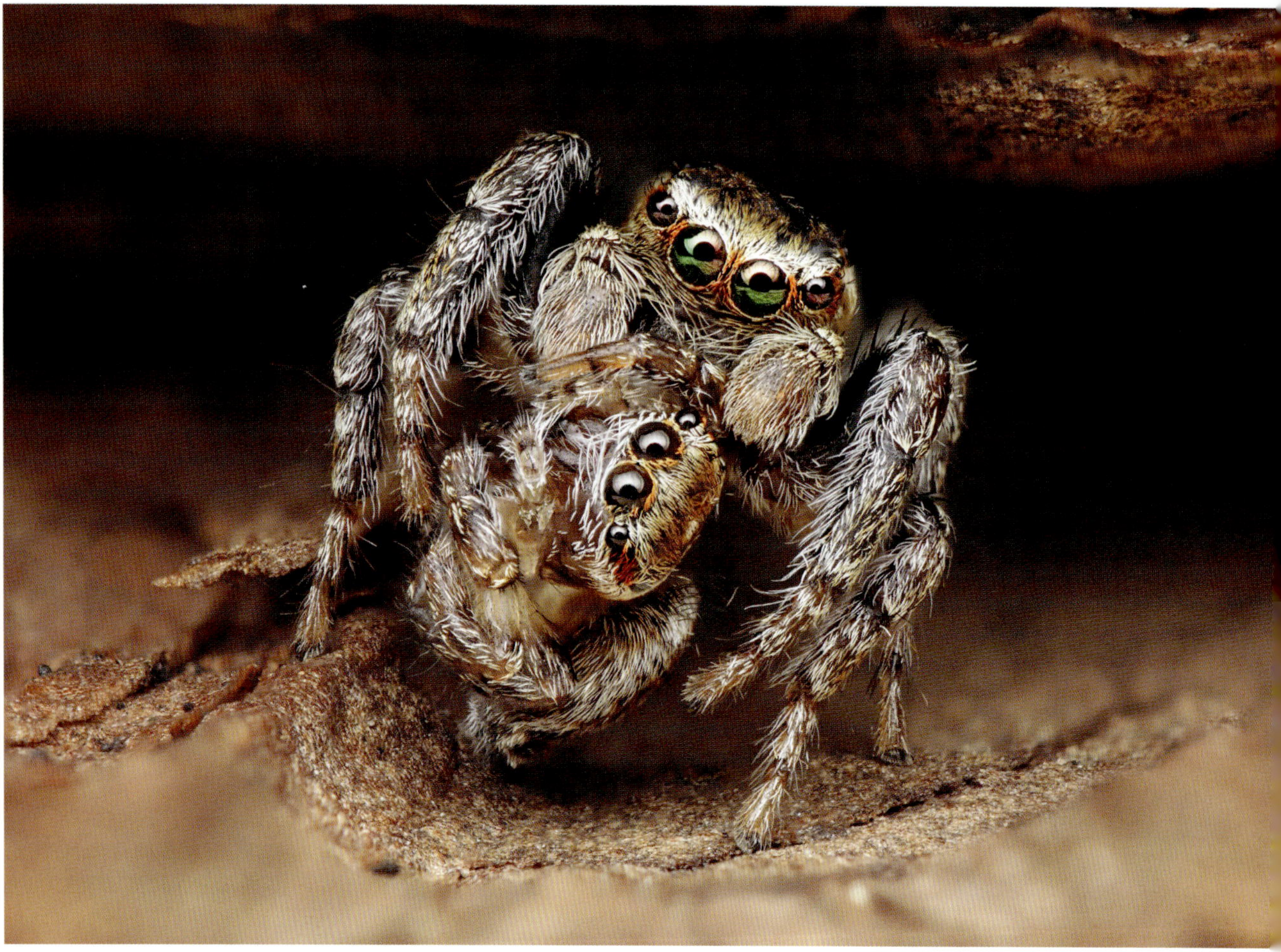

Ein Evarcha-falcata-Männchen mit einem erlegten Weibchen.

ich über das Bildergebnis sehr glücklich, da es eine besondere Situation zeigt – manueller Focus Stack, bestehend aus knapp 60 Einzelaufnahmen.

In den ganzen Jahren, in denen ich jetzt Springspinnen fotografiere, war das erst das dritte Mal, dass ich eine Springspinne gesehen habe, die eine andere erbeutet hatte.

Zebraspringspinnen

Zebraspringspinnen gehören zu den am häufigsten vorkommenden einheimischen Springspinnenarten. Man findet sie häufig an Hauswänden oder Brücken, generell leben sie vor allem im Siedlungsbereich. Die Männchen besitzen sehr große Cheliceren, die so nur noch einige Ameisenspringspinnenarten aufweisen.

Ein Zebraspringspinnen-Männchen mit seinen beeindruckenden Cheliceren (Bilder rechts).

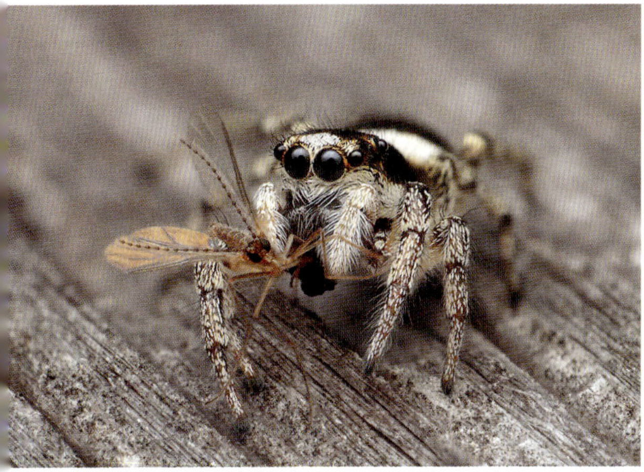

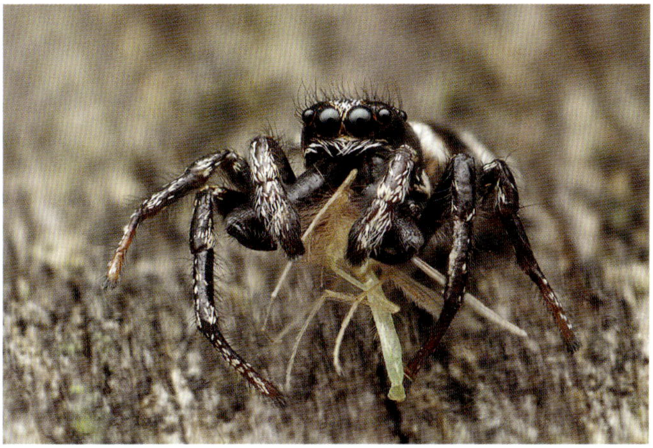

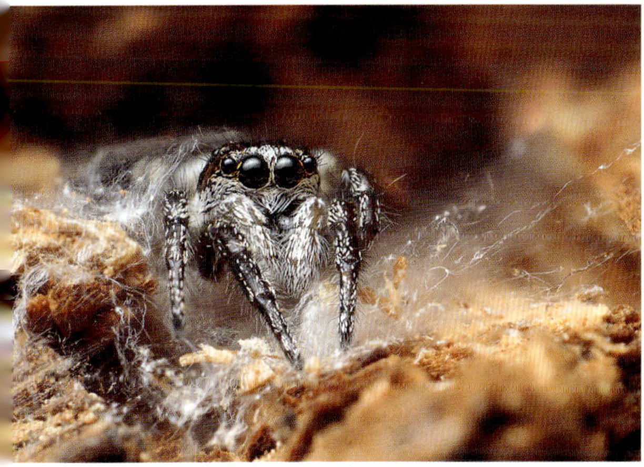

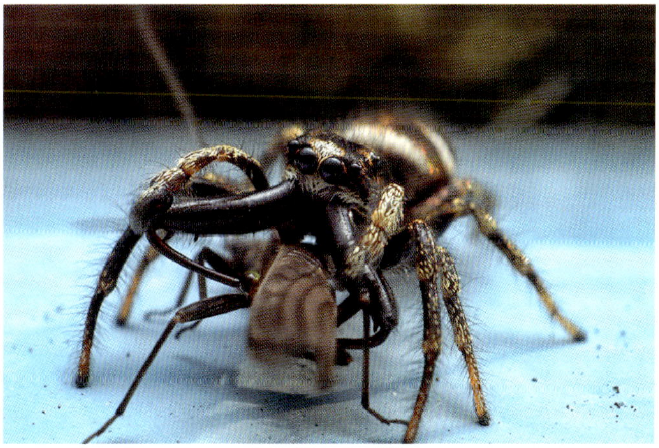

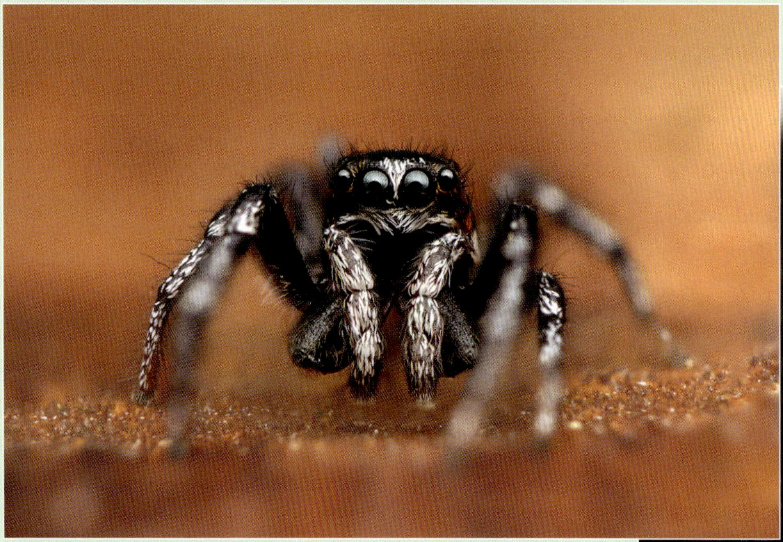

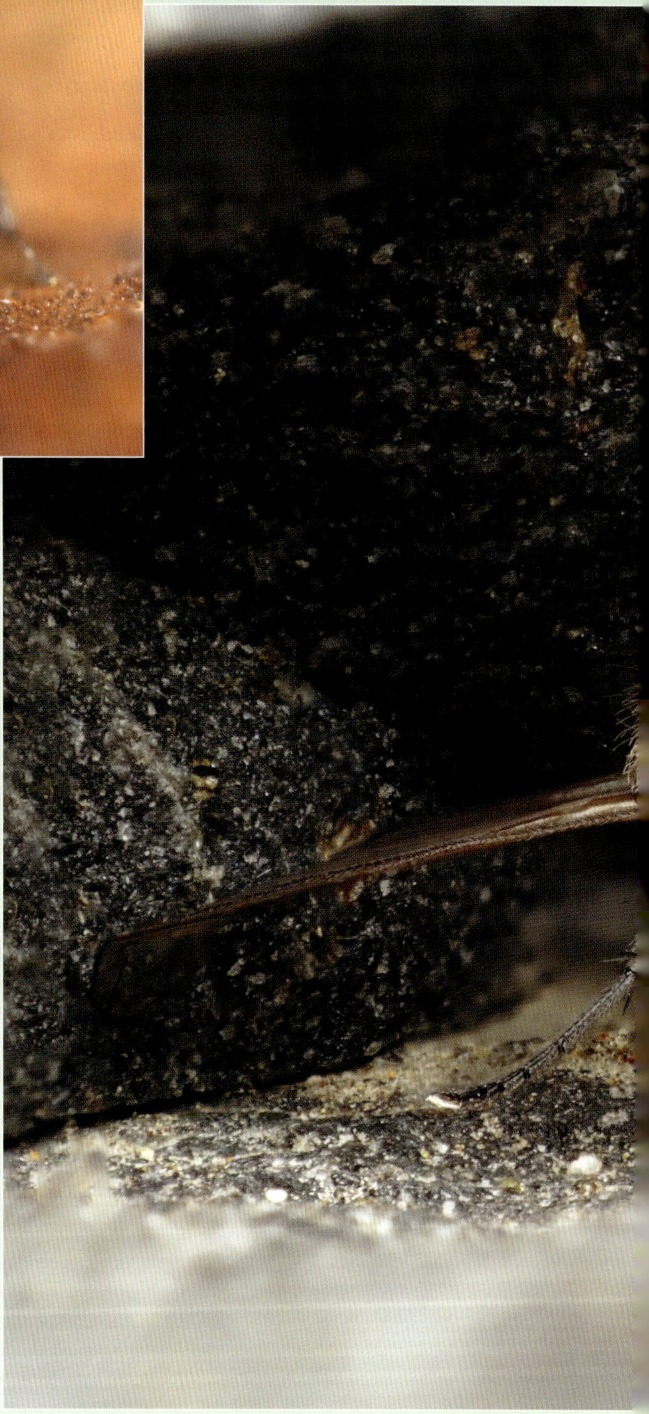

Oben: *Ein Zebraspringspinnen-Männchen*

Unten: *Ein Zebraspringspinnen-Weibchen (Salticus scenicus) mit ihrer Beute.*

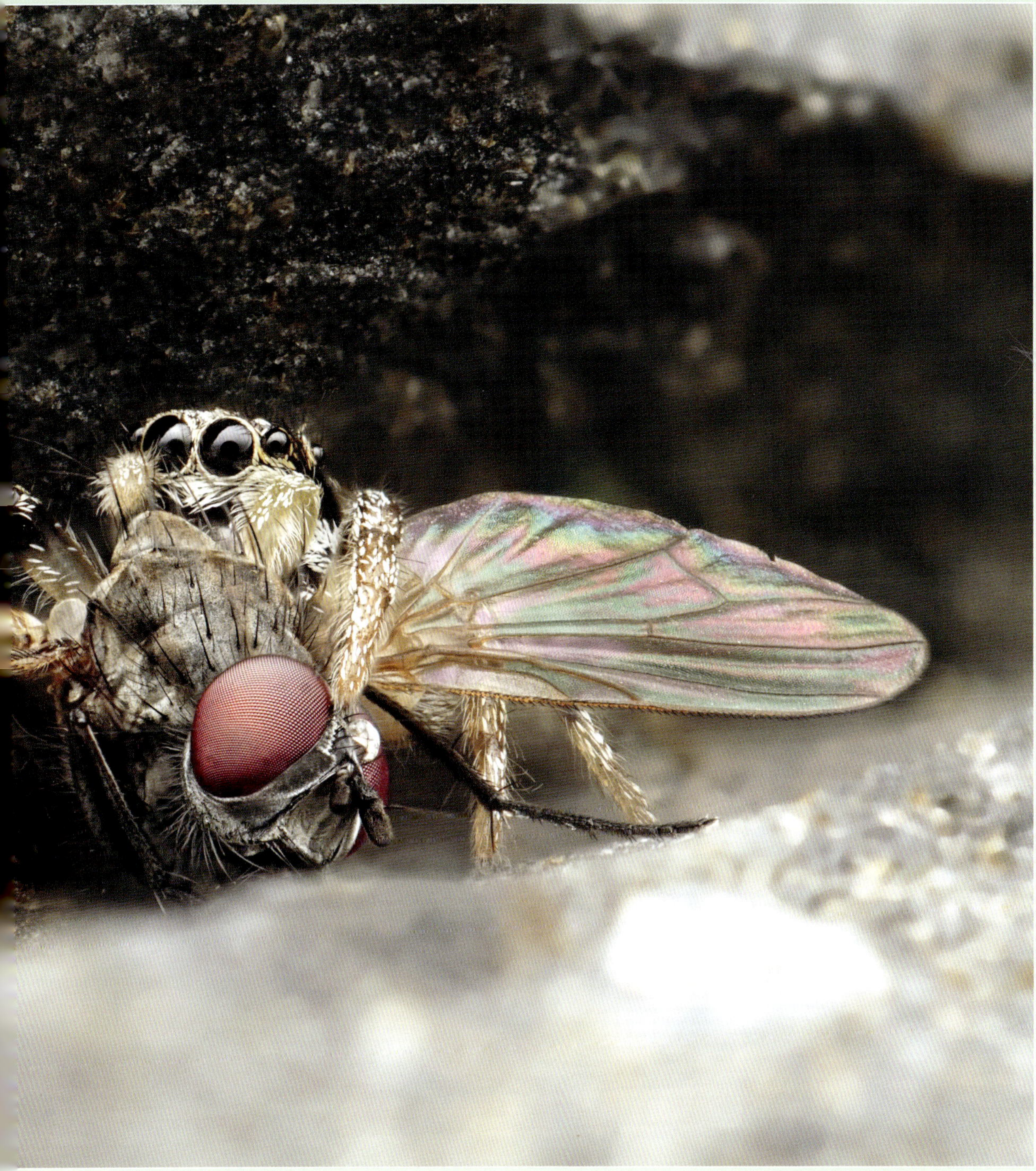

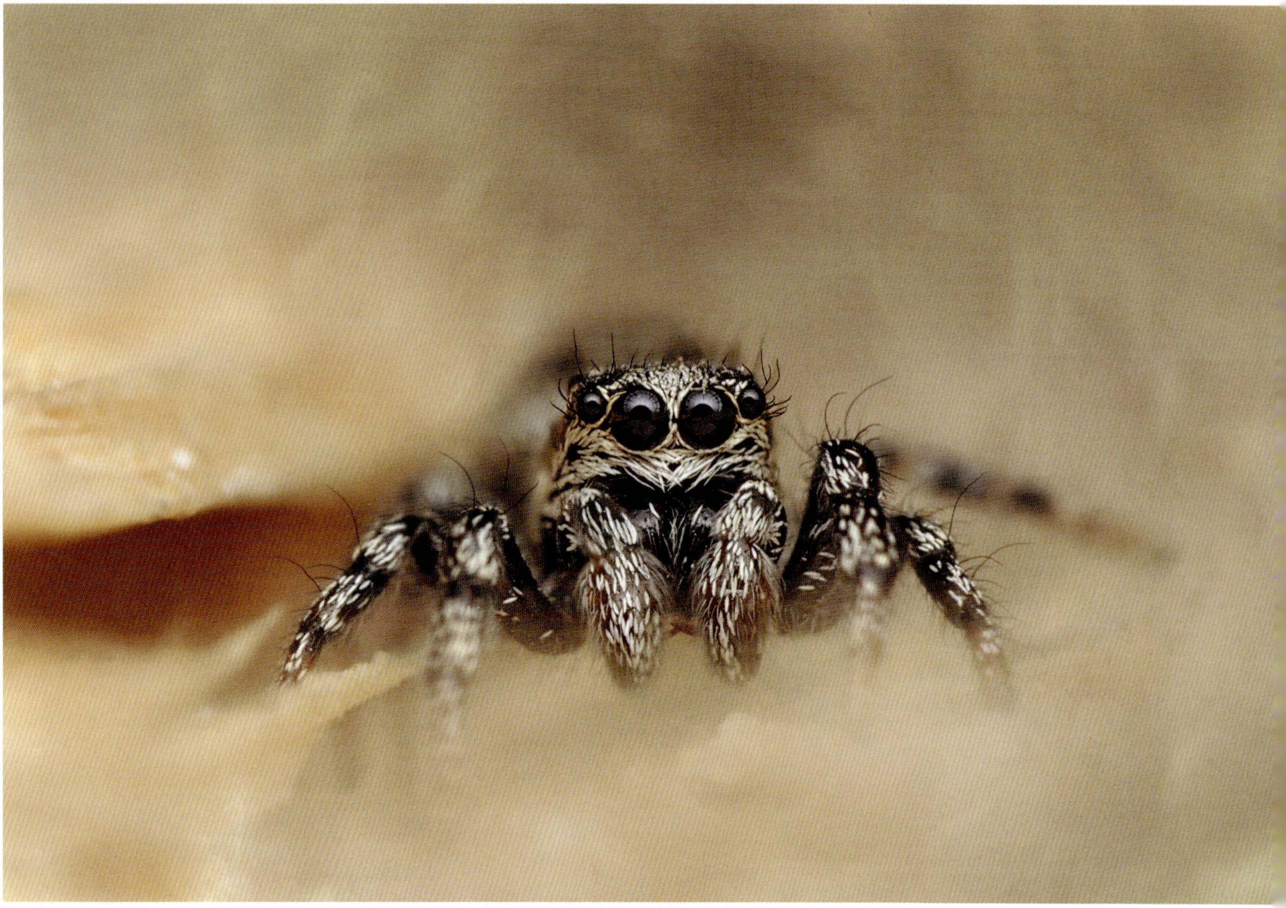

Ein Salticus-cingulatus-Weibchen.

Salticus cingulatus

Diese Springspinne sieht der Zebraspringspinne sehr ähnlich, sie lebt aber vor allem an Bäumen und Totholz und hat zudem eine andere Rückenzeichnung.

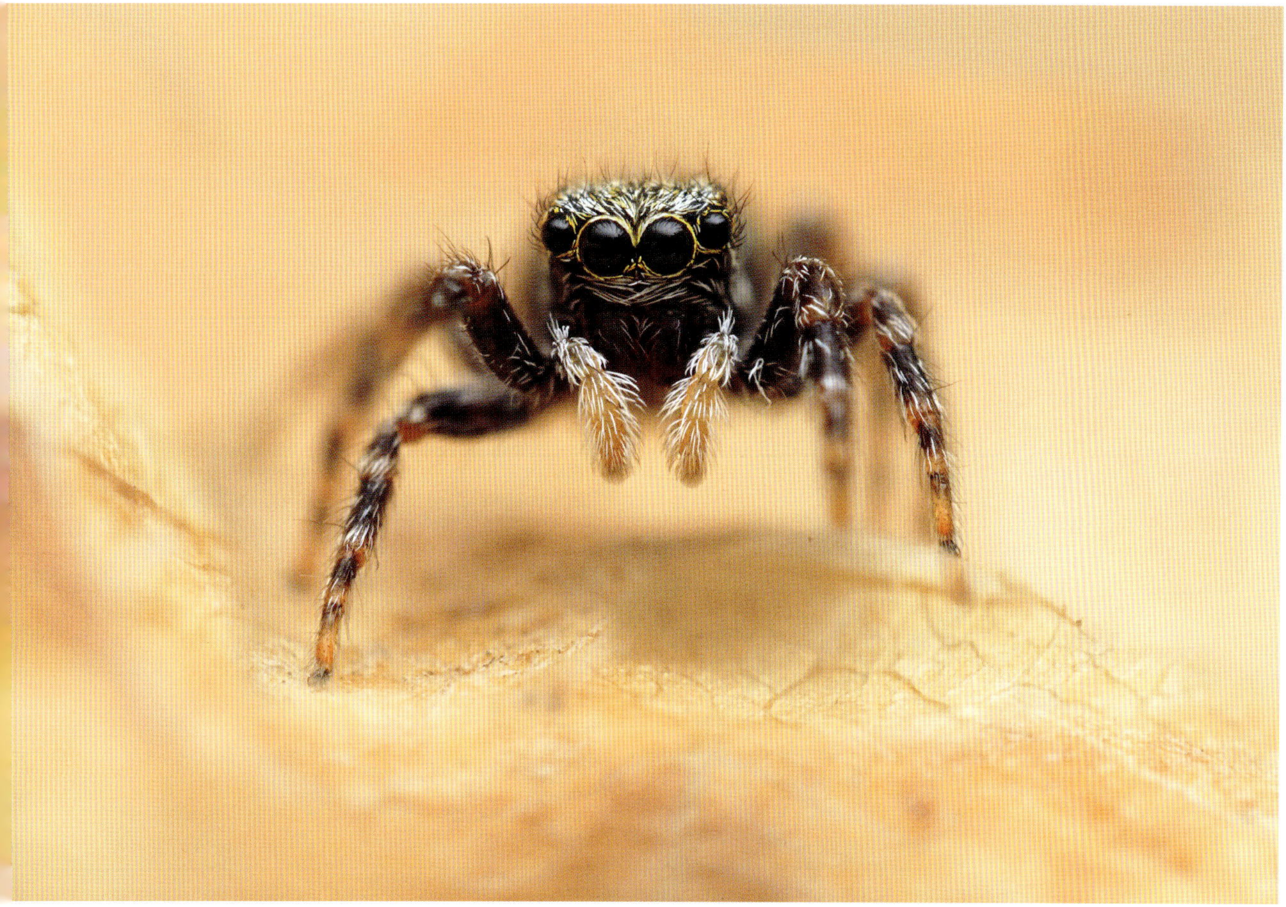

Ein Pseudeuophrys-lanigera-Weibchen.

Pseudeuophrys lanigera

Diese kleine Springspinne mit einer Körperlänge bis 5 mm wohnt in und um Gebäude. Dabei ist sie bei Sonnenschein oft an den Außenwänden von Häusern zu finden. Im Herbst sieht man sie aber auch im Inneren. Diese Springspinne teilt sich ihren Lebensraum mit der Zebraspringspinne, die ebenfalls im Siedlungsbereich lebt. Pseudeuophrys lanigera ist eine häufige Springspinnenart, die praktisch in ganz Deutschland vorkommt.

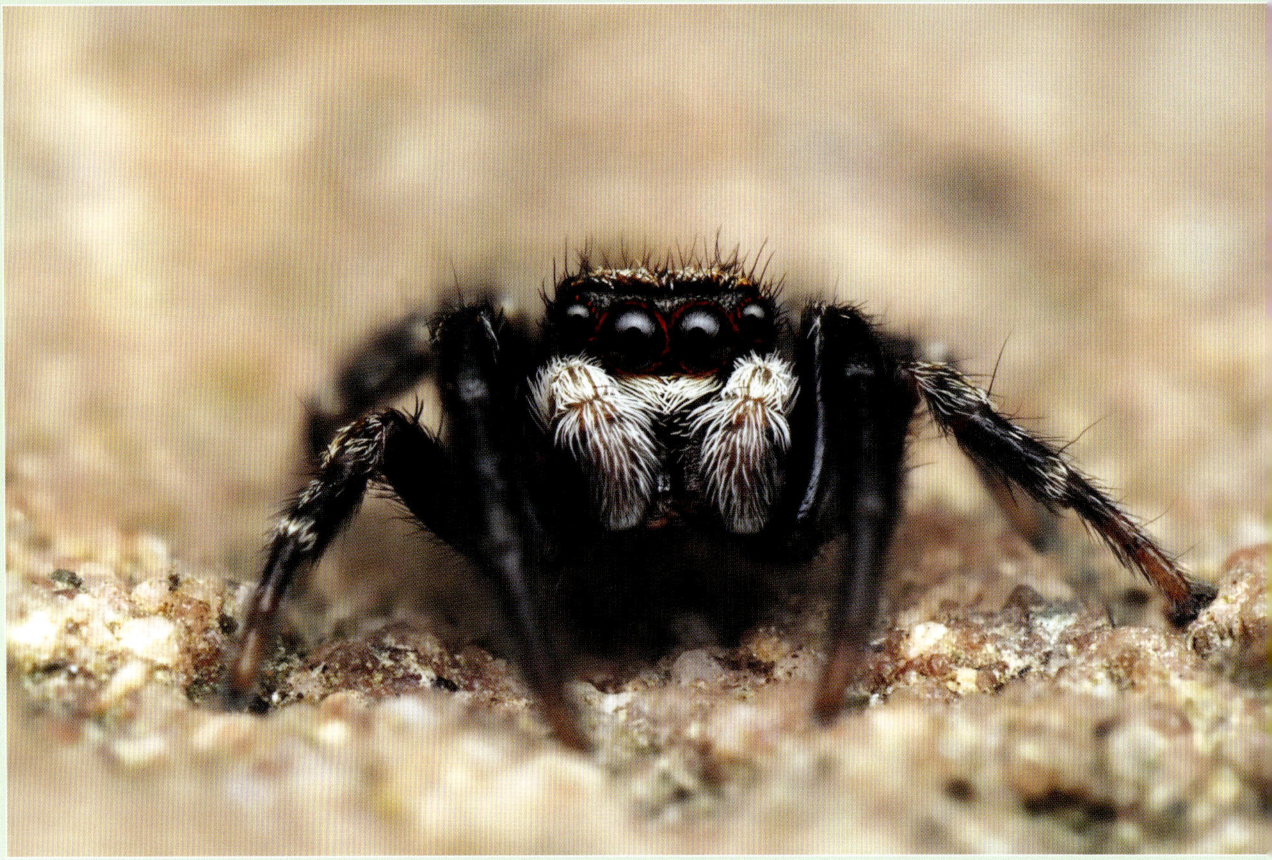

Ein Pseudeuophrys-lanigera-Männchen.

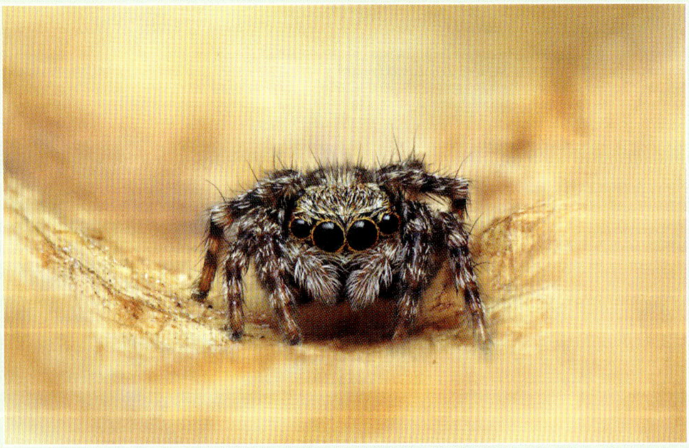

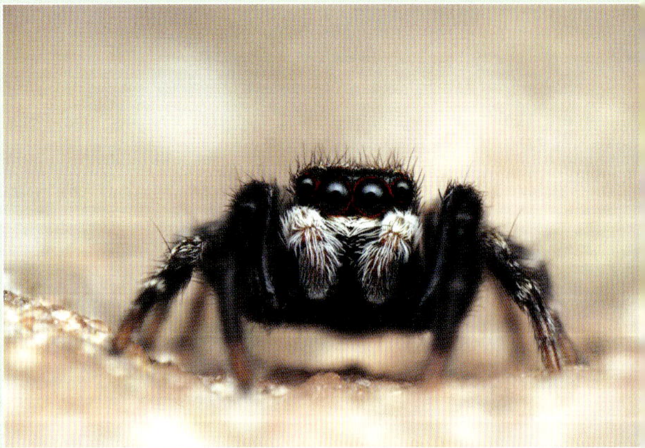

Das Weibchen (links) und Männchen (rechts) der Springspinnenart Pseudeuophrys lanigera.

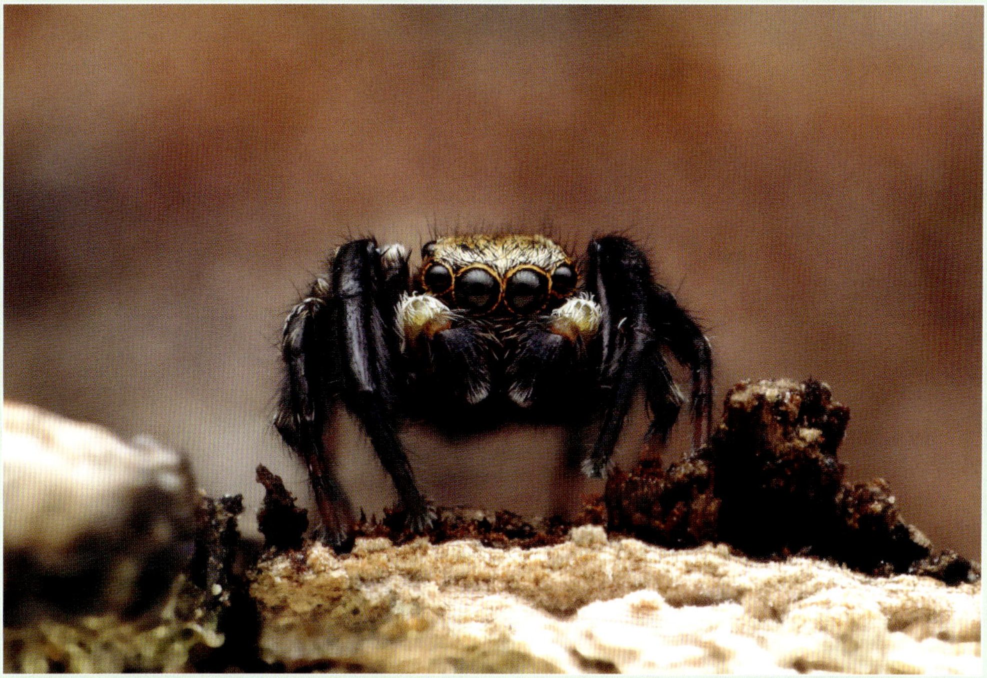

Ein Pseudeuophrys-erratica-Männchen.

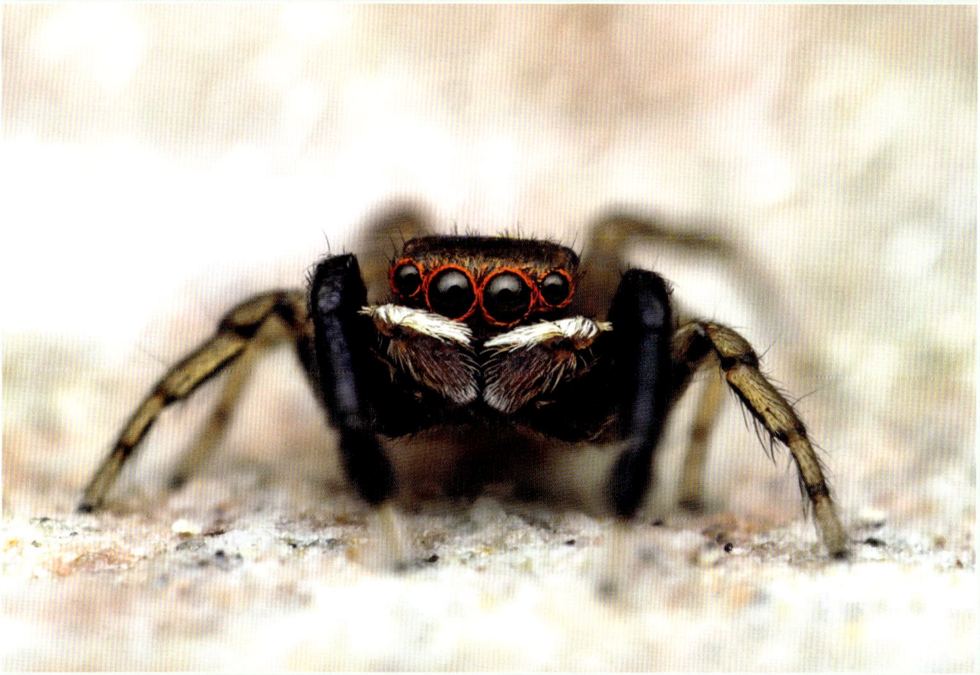

Ein Euophrys-frontalis-Männchen.

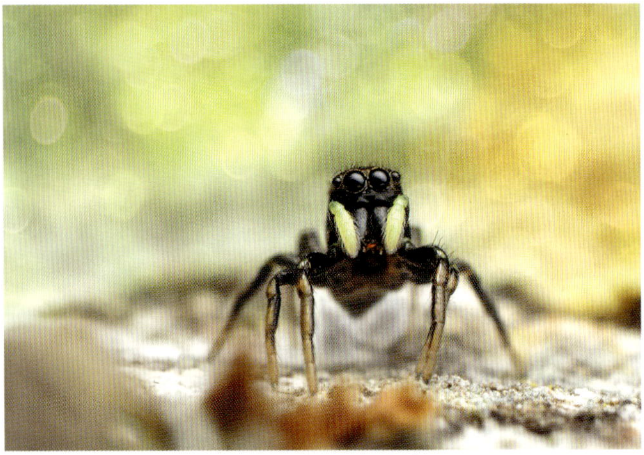
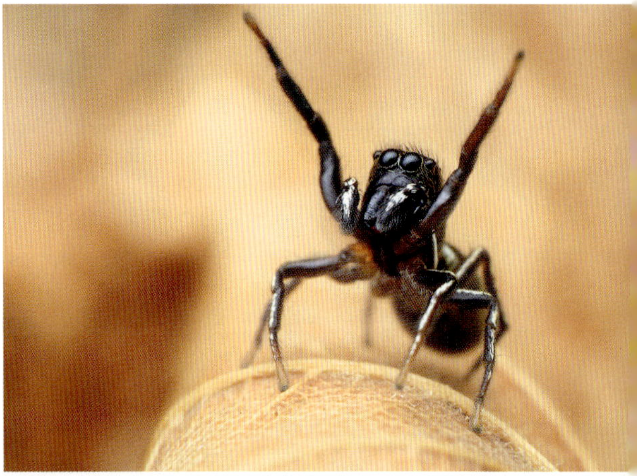
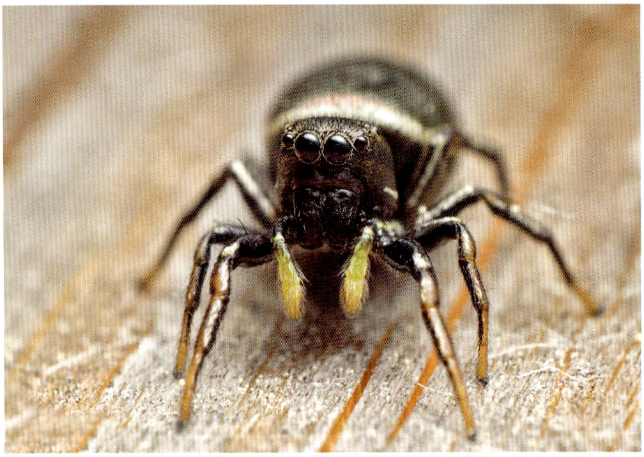
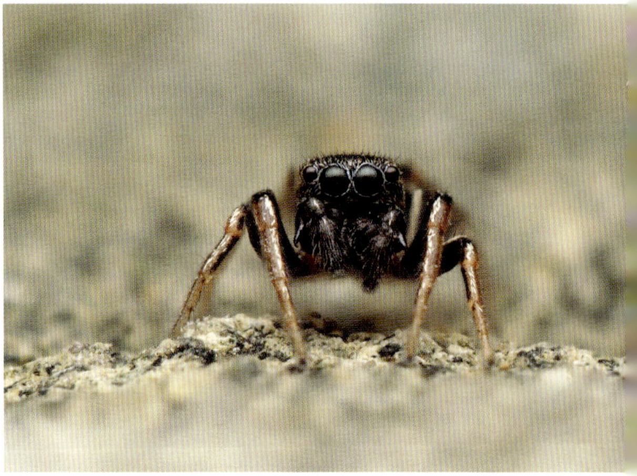

Weibchen (links) und Männchen (rechts) der Springspinnengattung Heliophanus.

Heliophanus aeneus

Heliophanus aeneus mag warme, trockene und steinige Lebensräume wie Steinbrüche und Geröllhänge. Sie sind dort bei gutem Wetter leicht auf Steinen zu finden. Manche Arten wie etwa Heliophanus cupreus und Heliophanus flavipes leben dagegen eher im Gebüsch und auf Trockenrasen. Besonders schön ist bei den Heliophanus-Springspinnen ihr bunt schimmernder Rücken, dessen Farbvarianz von Kupfer über Gold bis Grün reicht.

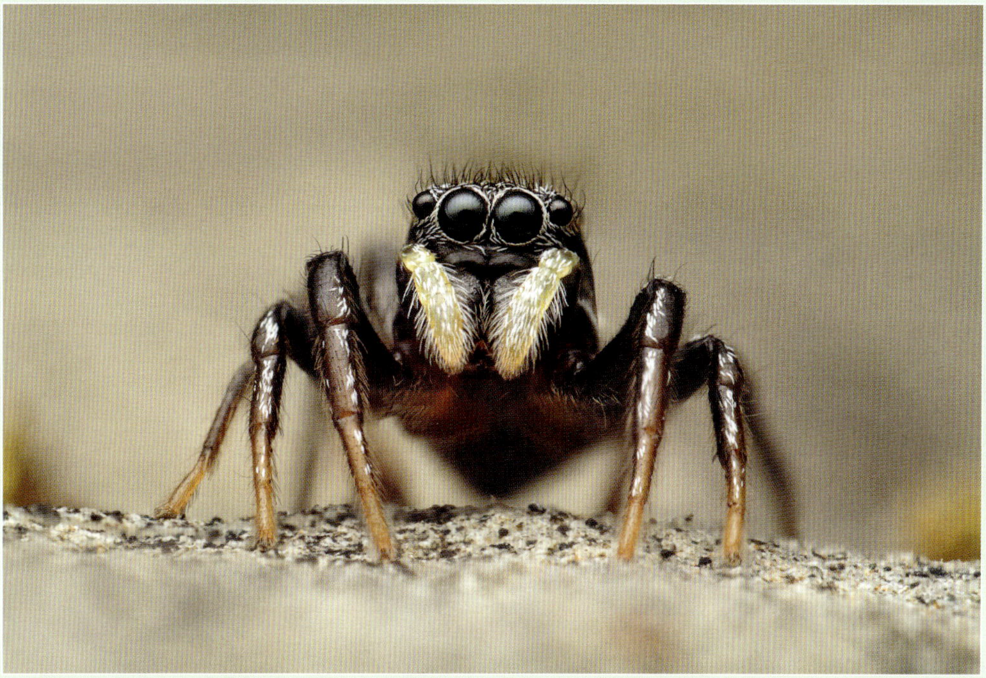

Ein Heliophanus-aeneus-Weibchen.

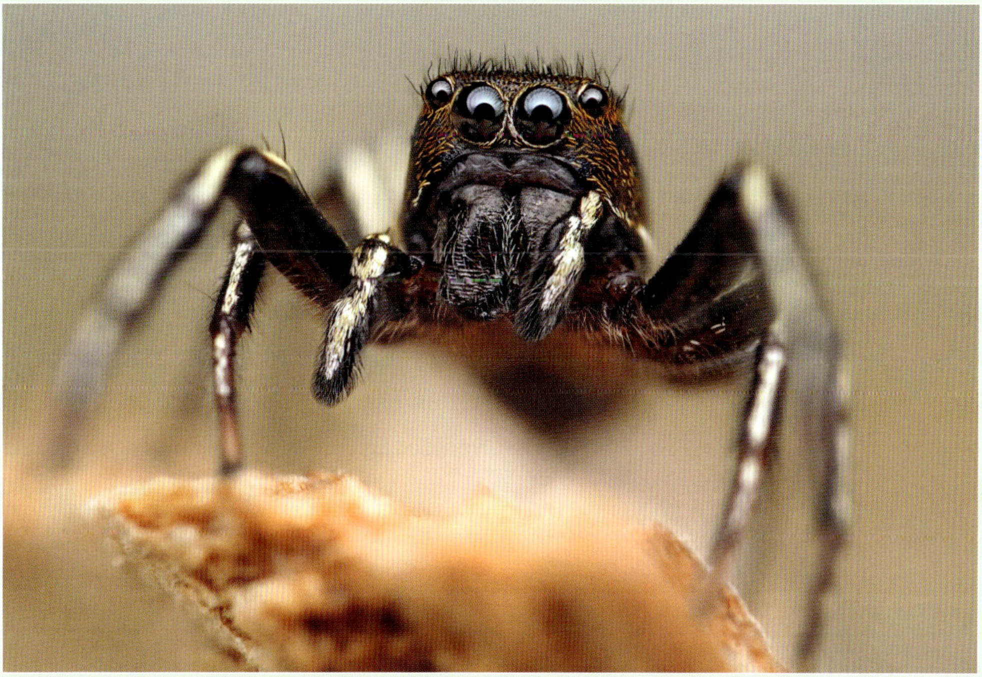

Ein Heliophanus-aeneus-Männchen.

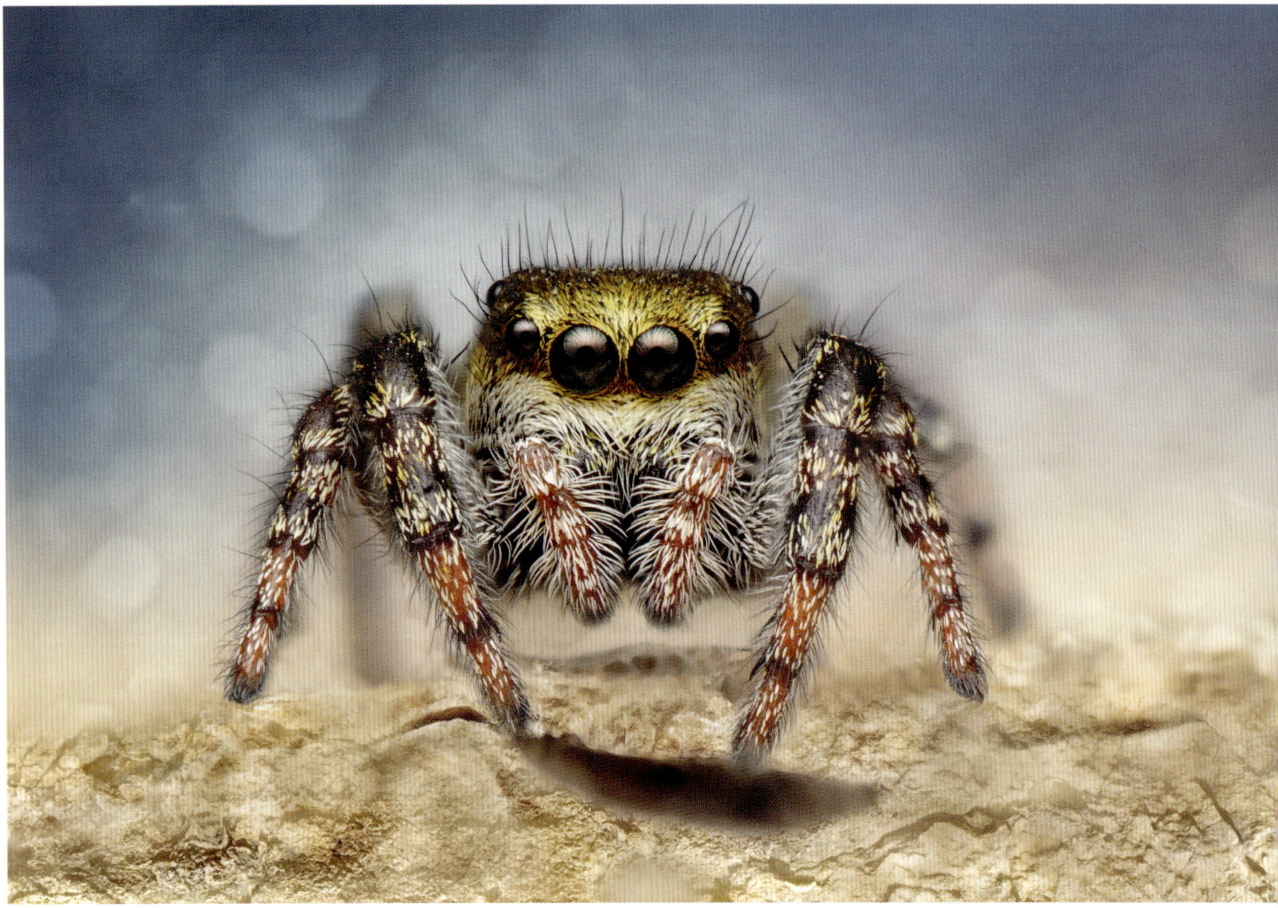

Ein Dendryphantus-rudis-Weibchen.

Dendryphantus rudis

Diese hübsche Springspinne wohnt auf Nadelbäumen und ist nicht besonders selten. Dieses Exemplar habe ich in einem Wald bei Bad Tölz gefunden.

Ballus chalybaeius

Die Springspinnen der Ballus-Gattung gehören zu den kleinsten Springspinnen und sind mit weniger als 5 mm Körperlänge echte Winzlinge. Sie sind außerdem meistens in Bewegung, daher sind sie sehr schwer zu fotografieren.

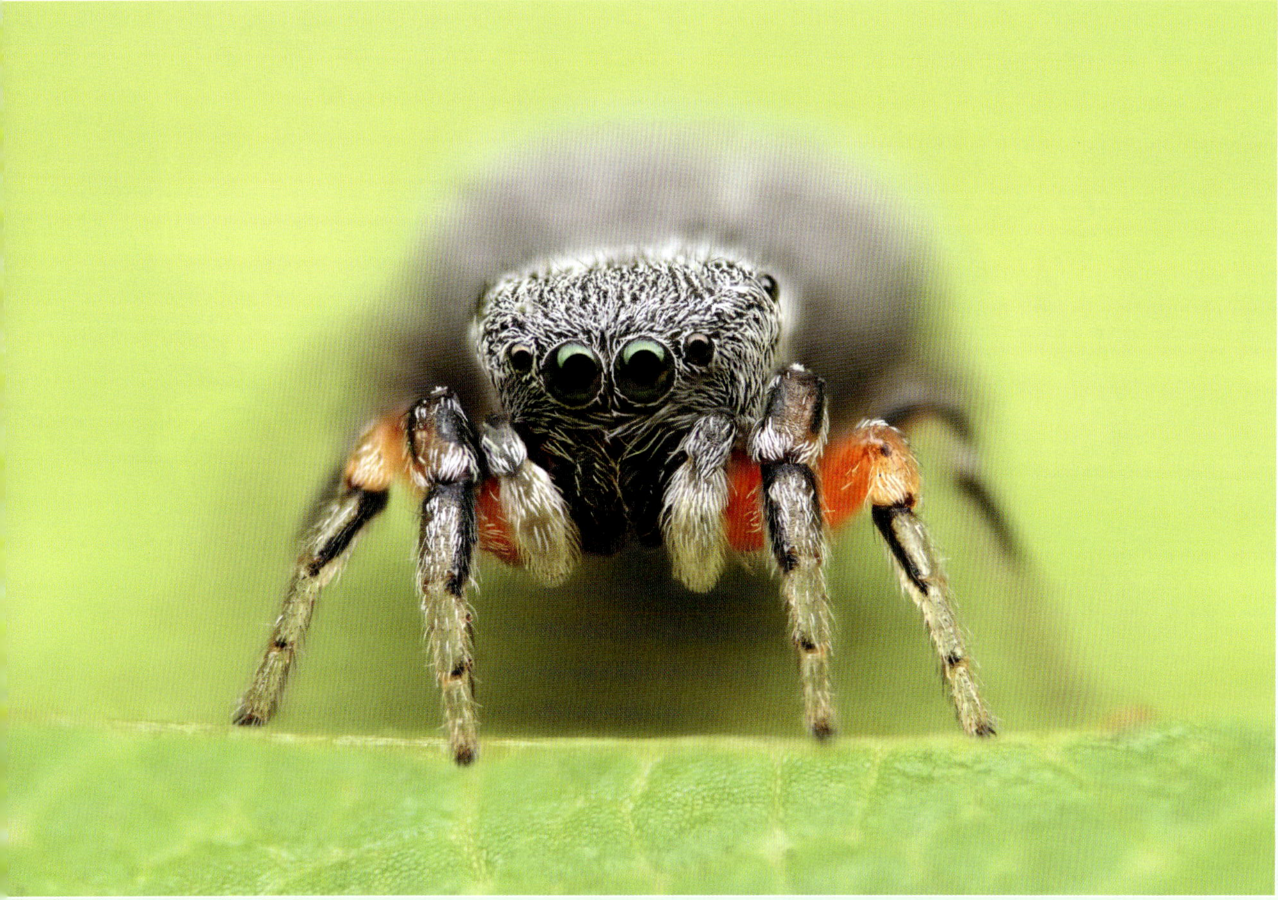

Ein Ballus-rufipes-Weibchen.

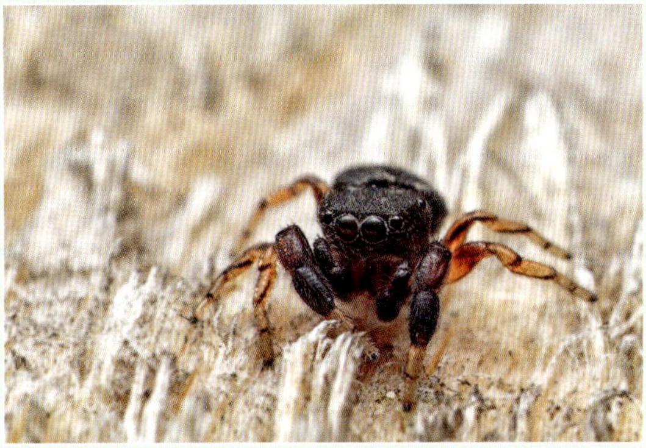

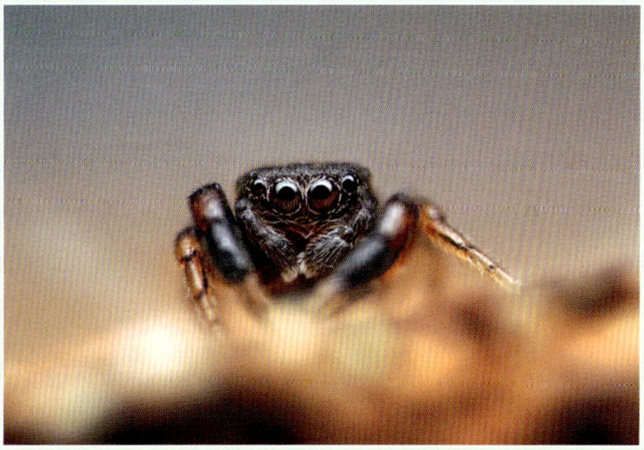

Ein Ballus-chalybaeius-Männchen.

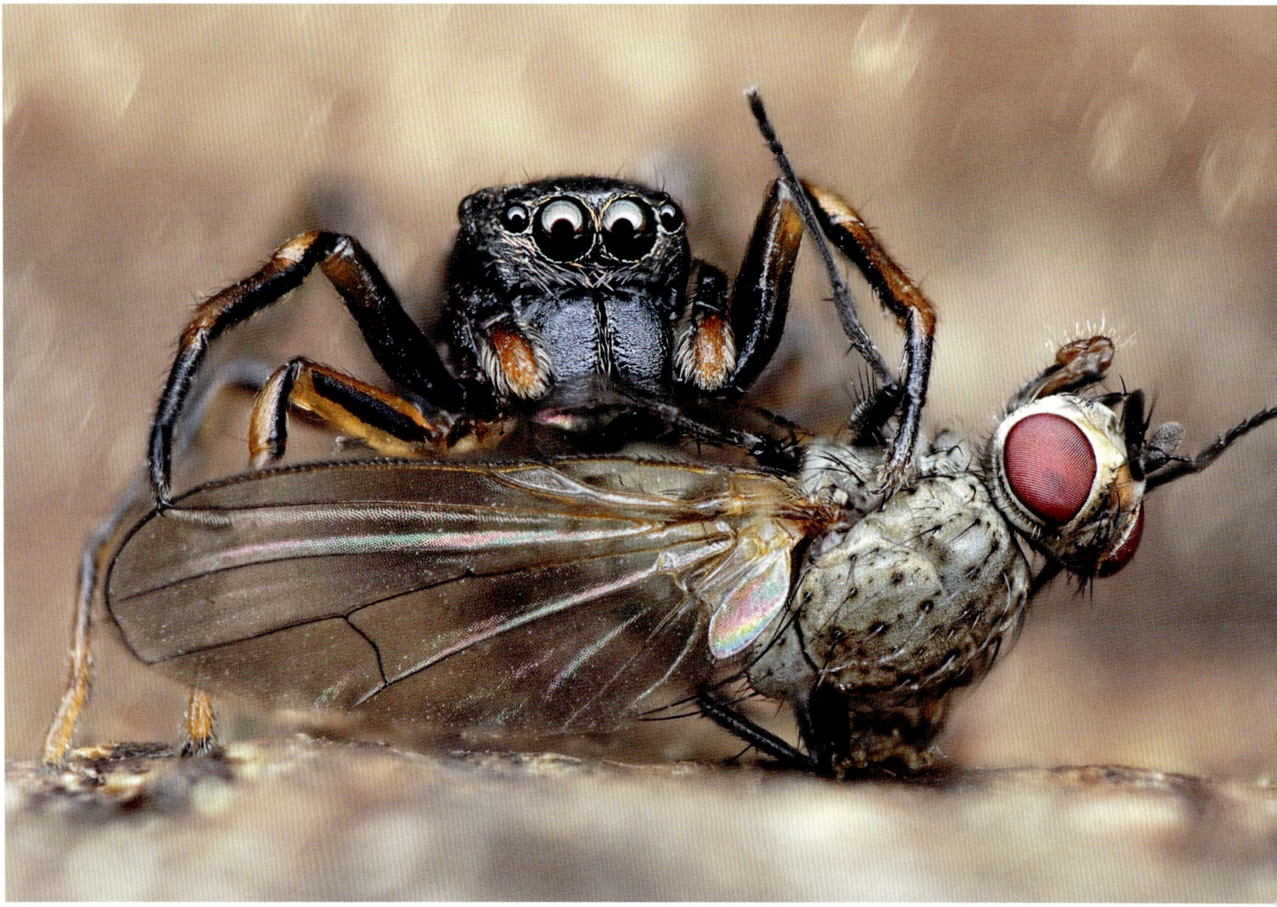

Eine Ameisenspringspinne (Leptorchestes berolinensis) mit Beute.

Ameisenspringspinne

Zwei Ameisenspringspinnen-Weibchen – oben ist ein Myrmarachne-formicaria-Weibchen und unten eines der Art Synageles venator zu sehen. Beide Ameisenspringspinnenarten leben gern an Gewässerufern und werden oft auch an gleichen Orten gefunden. Diese Springspinnen sehen Ameisen nicht nur zum Verwechseln ähnlich, sie verhalten sich auch so. Sie halten z. B. ihr erstes Beinpaar meistens in der Luft, damit es so aussieht wie die Fühler einer Ameise. Außerdem sind sie ständig in Bewegung, auch dieser starke Bewegungsdrang ahmt das Verhalten einer Ameise gut nach. Der Grund dafür ist wohl, dass Ameisen nicht viele Fressfeinde haben, da sie aufgrund ihrer Ameisensäure für die meisten Jäger ungenießbar sind.

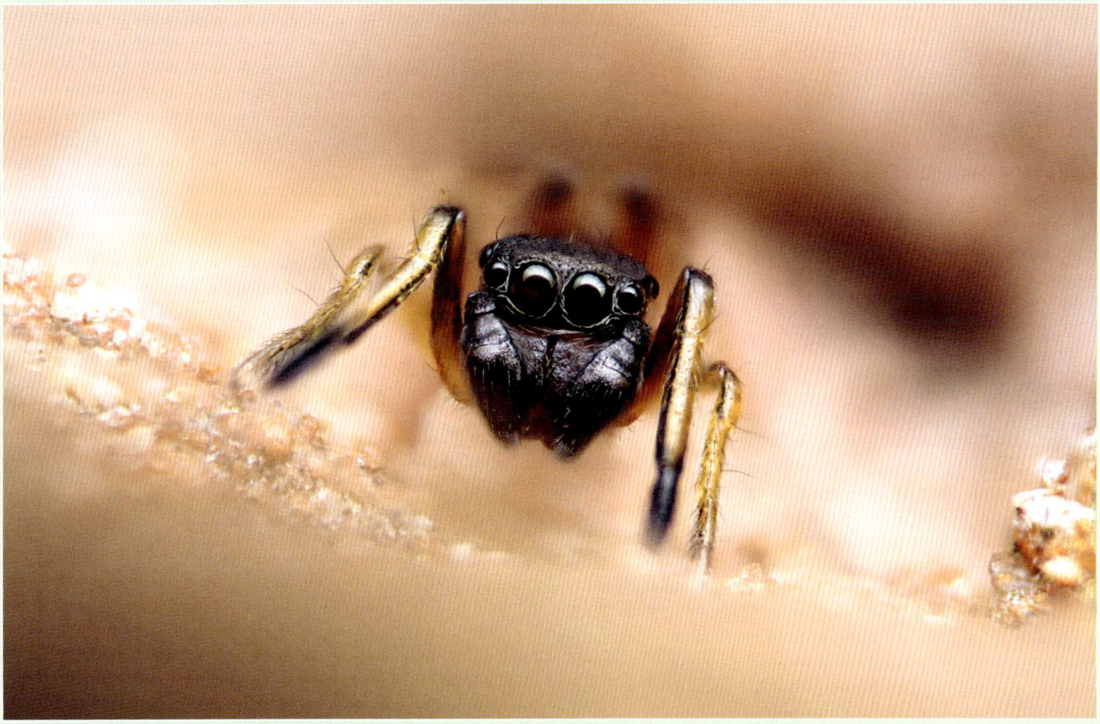

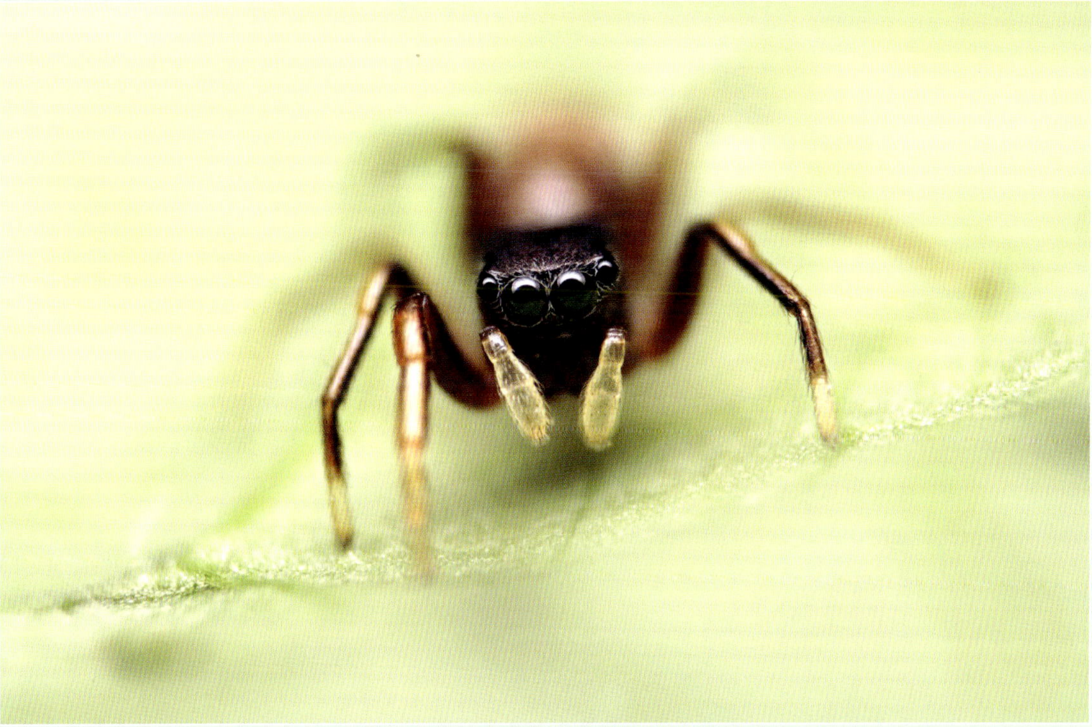

Zwei Ameisenspringspinnen-Weibchen.

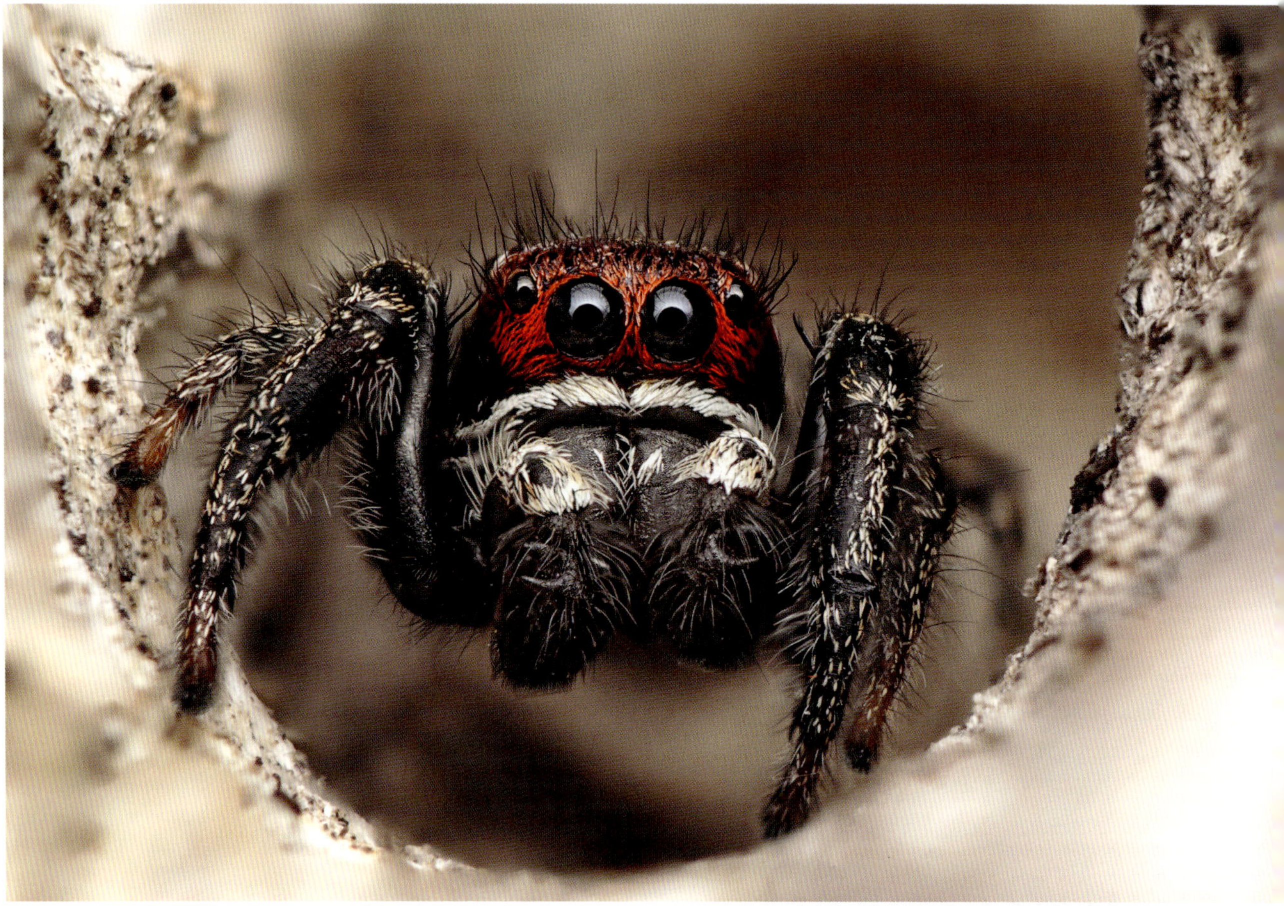

Ein Kreuzspringspinnen-Männchen.

Pellenes tripunctatus

Das Männchen der Kreuzspringspinne (Pellenes tripunctatus). Diese sehr schöne Springspinnenart ist relativ selten und bevorzugt warme und trockene Lebensräume. Kreuzspringspinnen überwintern gern in Schneckenhäusern. Ich habe sie auf einem Trockenrasen bei Würzburg gefunden.

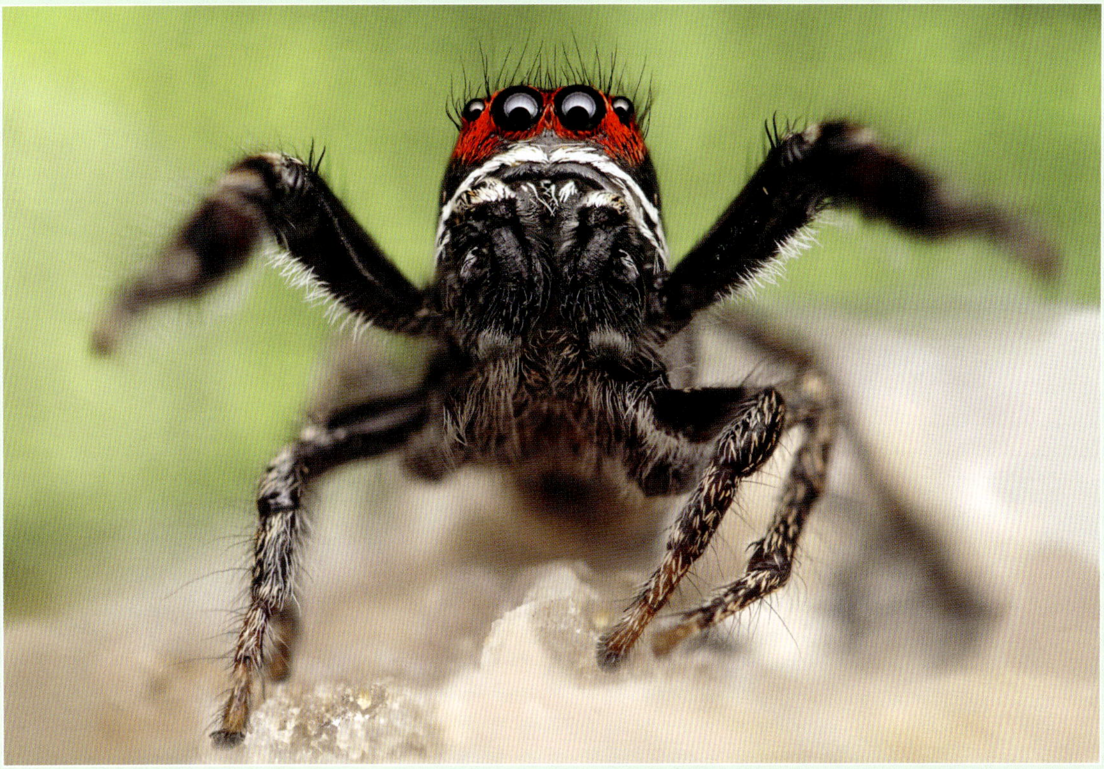

Dieses Kreuzspringspinnen-Männchen streckt die Vorderbeine in Richtung Objektiv aus. Wenn Springspinnen das machen, setzen sie danach meistens zum Sprung an. Ich hatte schon unzählige Male eine Springspinne auf dem Objektiv sitzen und habe sie dann immer vorsichtig zurück auf ihren Platz gebracht.

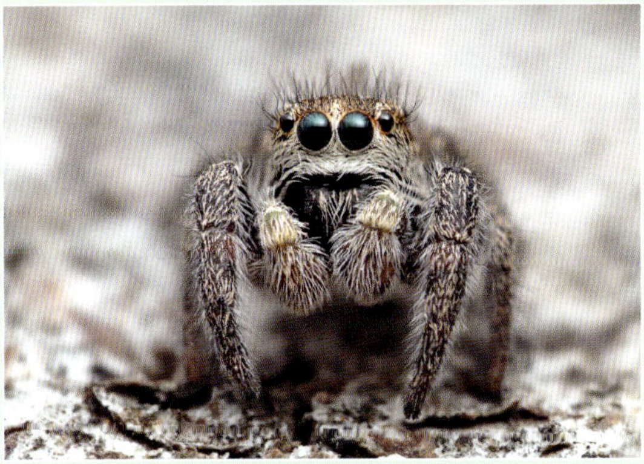

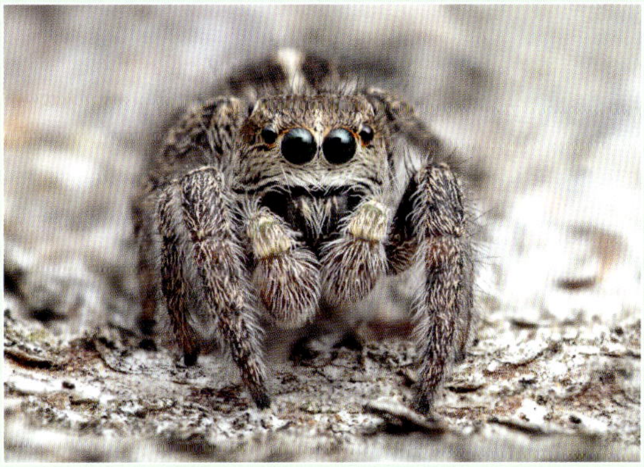

Ein noch sehr junges Kreuzspringspinnen-Männchen, das im Herbst fotografiert wurde. Erst nach der nächsten Häutung im kommenden Frühjahr wird es die kontrastreiche Rot-Schwarz-Weiß-Färbung erhalten.

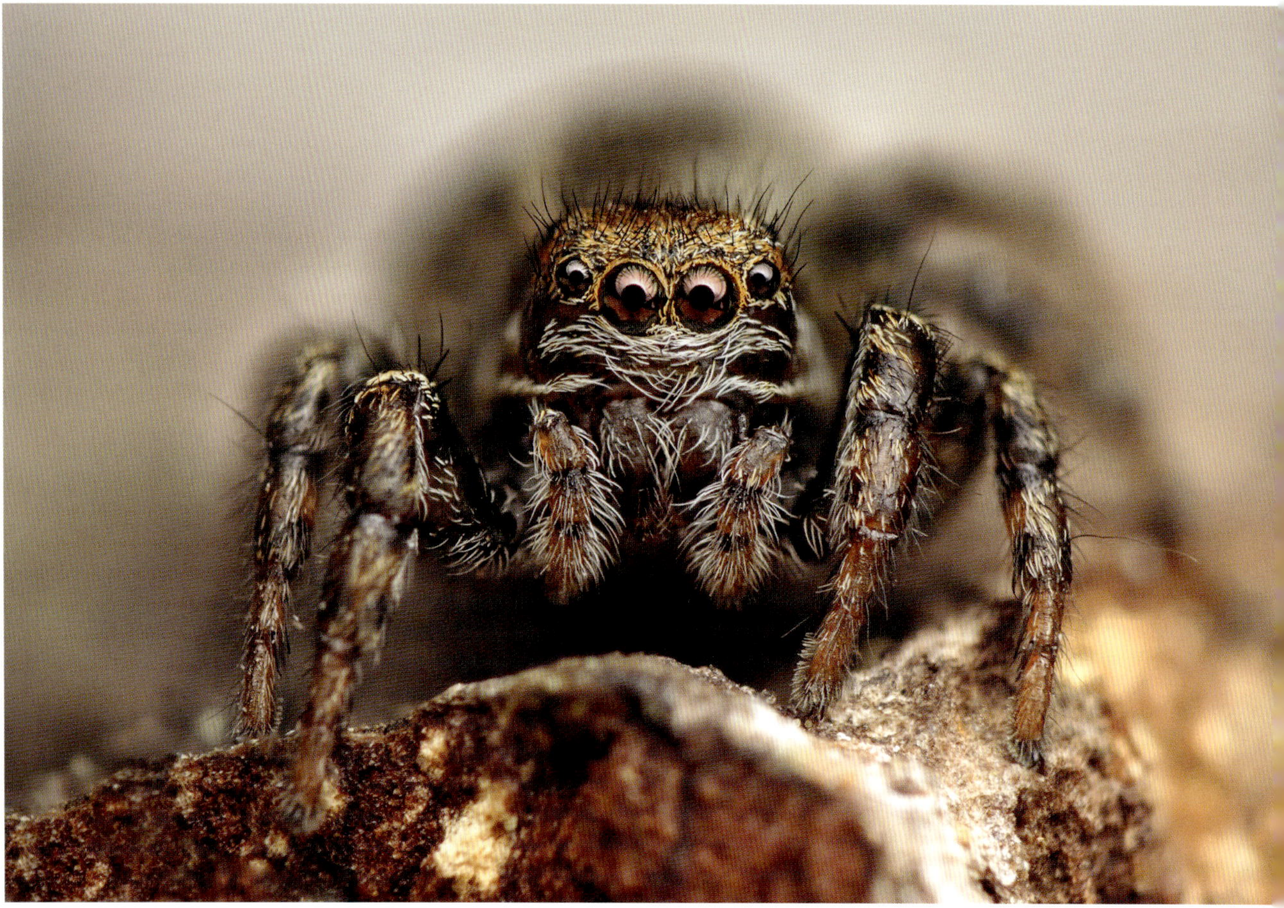

Ein Phlegra-fasciata-Weibchen.

Phlegra fasciata

Phlegra fasciata ist eine Springspinnenart, die sich besonders am Boden aufhält und daher nicht leicht zu finden ist. Sie lebt in trockenen und sandigen Gebieten. Ich habe sie nahe Jossa (im Spessart) in einem Garten und bei Darmstadt in einem sandigen Heidegebiet gefunden.

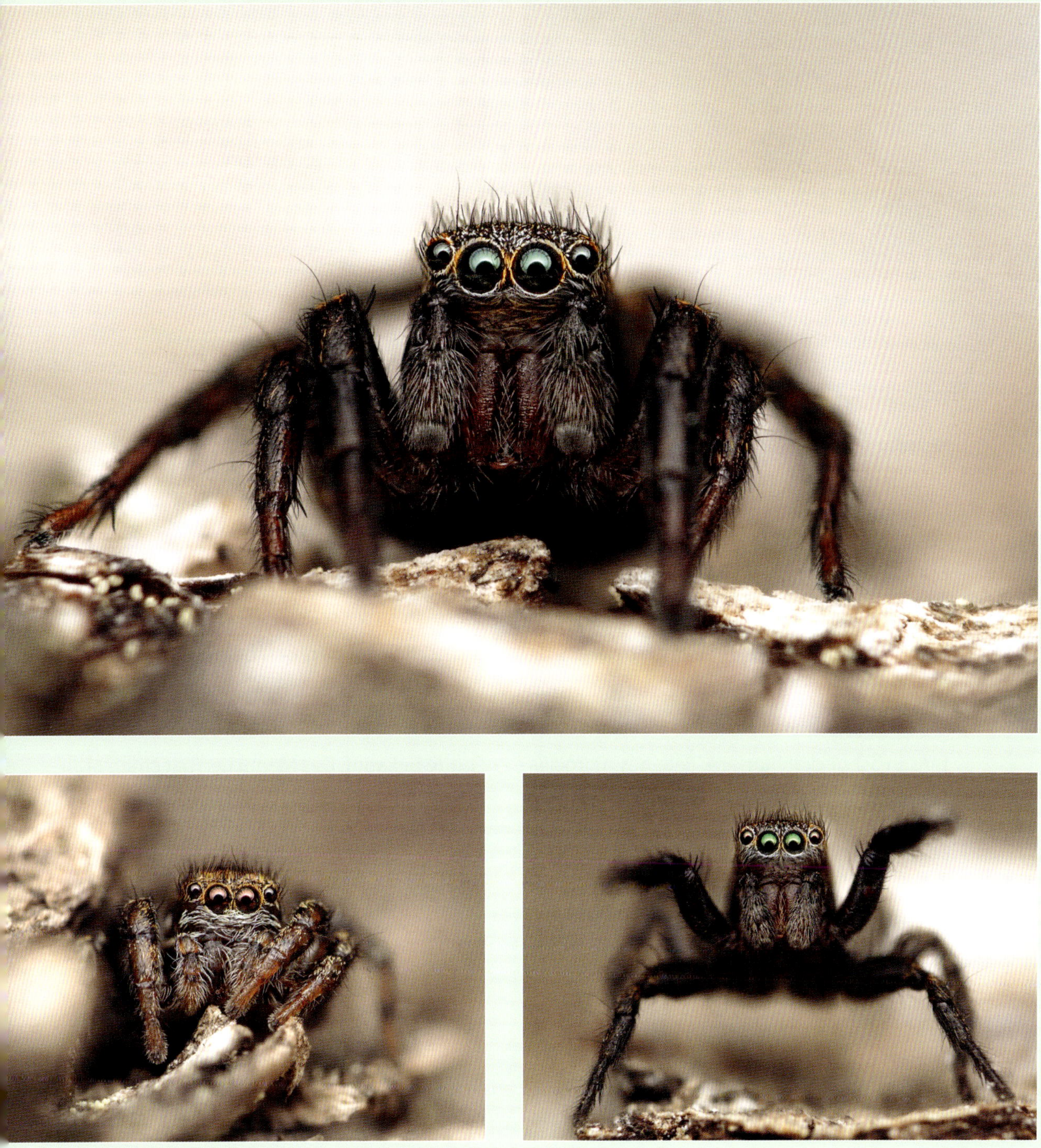

Ein Phlegra-fasciata-Männchen.

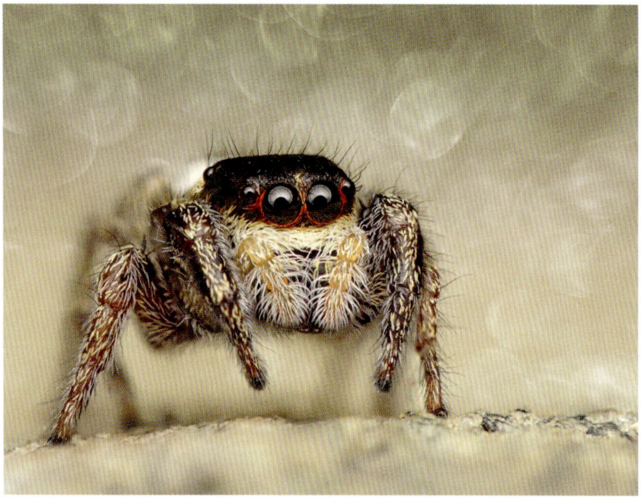

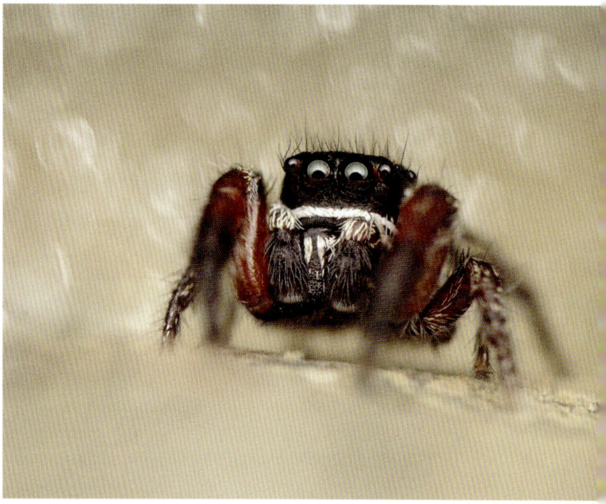

Ein Weibchen (links) und ein Männchen (rechts) der Springspinnenart Pellenes nigrociliatus.

Pellenes nigrociliatus

Diese kleine Springspinne wird bis zu 6 mm lang und wohnt und überwintert neben der Kreuzspringspinne sowie Ameisenspringspinne (Myrmarachne formicaria) ebenfalls meistens in Schneckenhäusern. Pellenes nigrociliatus hängt dabei das Schneckenhaus mit ihren Spinnfäden an eine Pflanze – wohl weil der Sandboden, auf dem sie bevorzugt lebt, sich bei warmem Wetter doch stark aufwärmen kann. Diese Springspinne ist bei uns sehr selten und gilt nach der Roten Liste in Deutschland als stark gefährdet.

Fundort: Ein sandiges Heidegebiet bei Darmstadt.

Carrhotus-xanthogramma

Diese relativ seltene Springspinne (Bilder rechts) lebt im Gebüsch besonders in warmen Gebieten wie etwa dem Rhein-Main-Gebiet. Im nördlichen Deutschland sind bisher keine Funde bekannt. Das Männchen hat einen orangefarbenen Hinterleib, das Weibchen ist generell recht hell gefärbt.

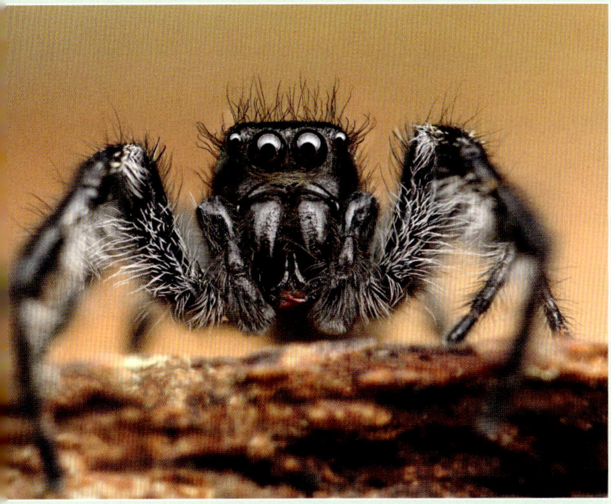

Ein Carrhotus-xanthogramma-Männchen.

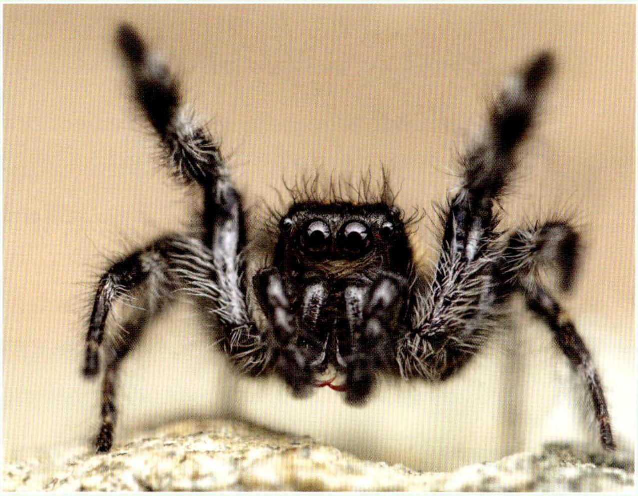

Ein Männchen kurz vorm Sprung.

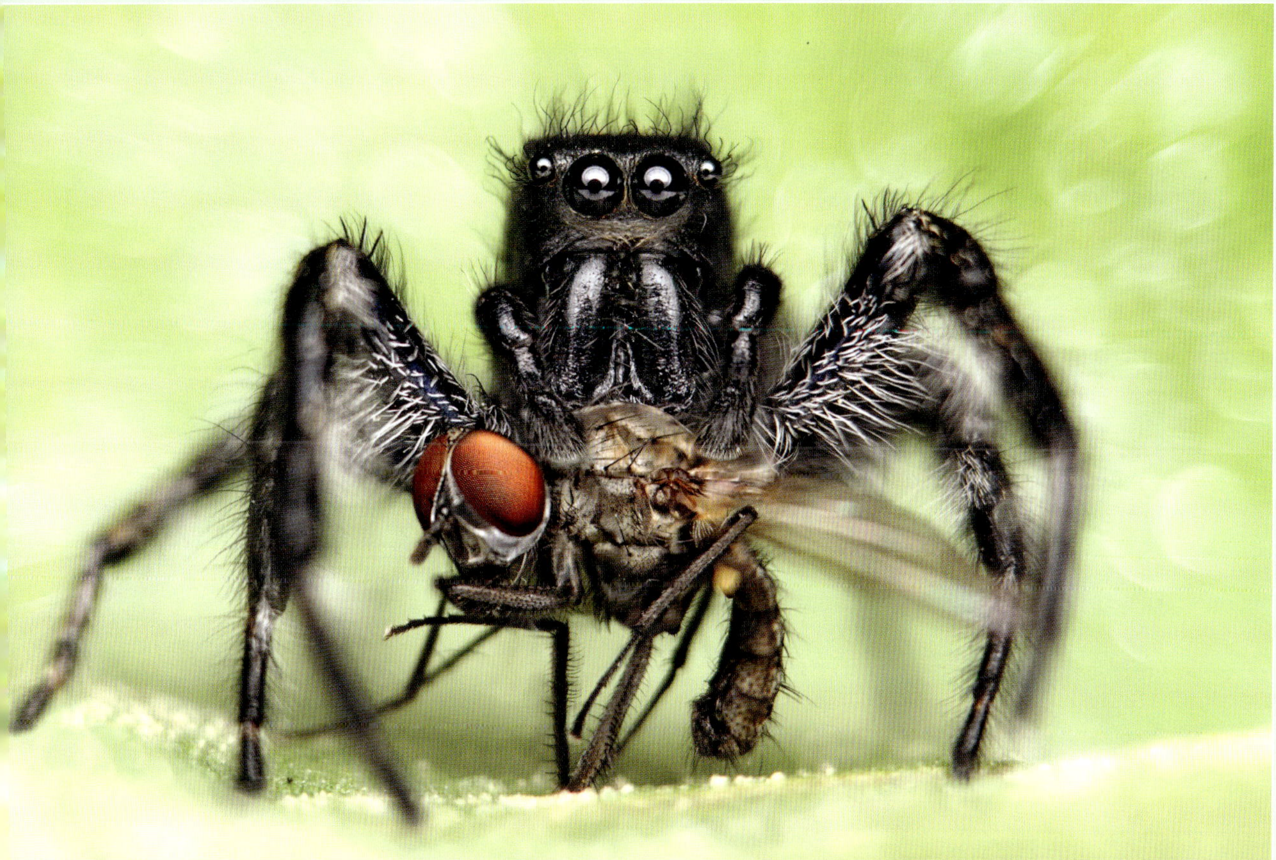

Ein Männchen mit seiner Beute.

Erfolgreiche Jäger und Netzbauer

Spinnen sind sehr nützliche Tiere, die dennoch bei vielen Menschen einen schlechten Ruf haben, und das völlig zu Unrecht. In Deutschland gibt es keine Spinnenart, die dem Menschen wirklich gefährlich werden kann. Die allermeisten einheimischen Arten können mit ihren Kieferklauen (Cheliceren) noch nicht einmal die menschliche Haut durchdringen, und auch die wenigen Arten, die es schaffen, wie z.B. der Ammen-Dornfinger (Cheiracanthium punctorium), beißen erst dann, wenn sie in Todesangst sind, weil sie sich bedroht fühlen oder in die Enge getrieben werden. Viele Menschen empfinden Spinnen dennoch als eklig und angsteinflößend. Wenn man sich jedoch die Mühe macht, sich näher für sie zu interessieren, stellt man schnell fest, welch faszinierende und bewundernswerte Lebewesen es sind.

Einheimische Webspinnen

Das Leben einer Spinne steckt voller unglaublicher Abenteuer und Begebenheiten. Ihr täglicher Kampf ums Überleben und die aufopferungsvolle Mutterliebe eines Weibchens für

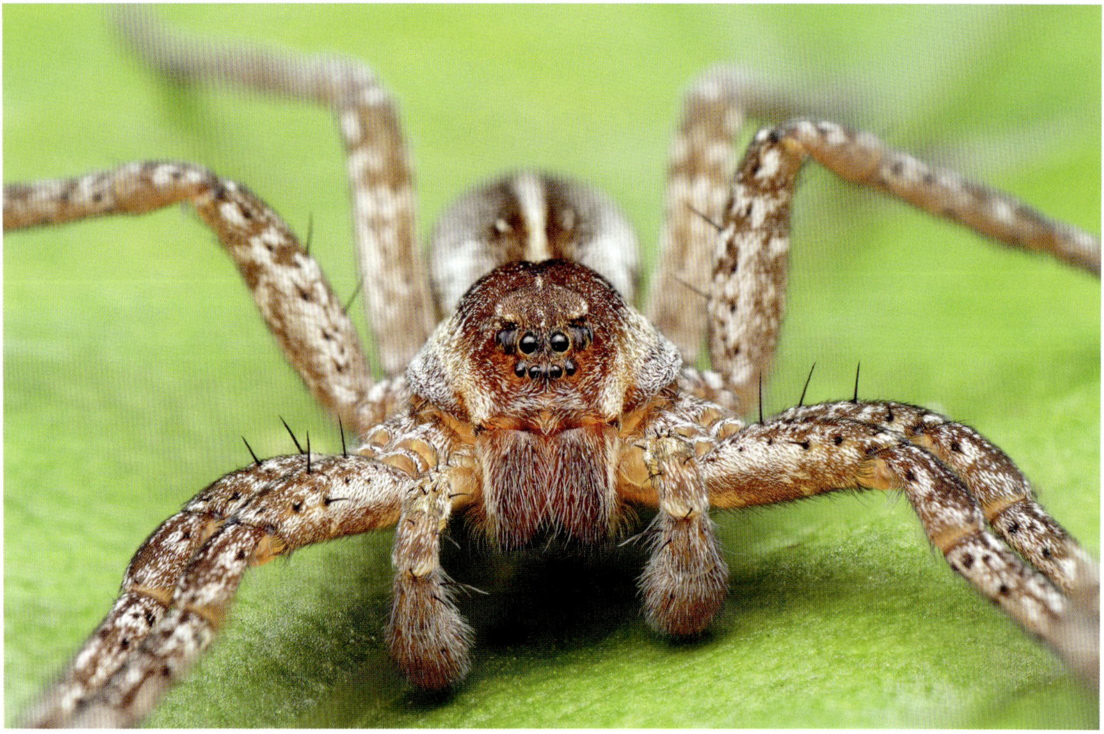

Dolomedes-fimbriatus-Männchen.

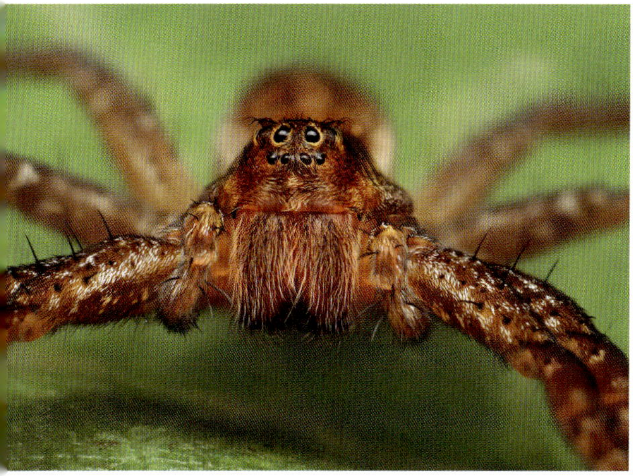 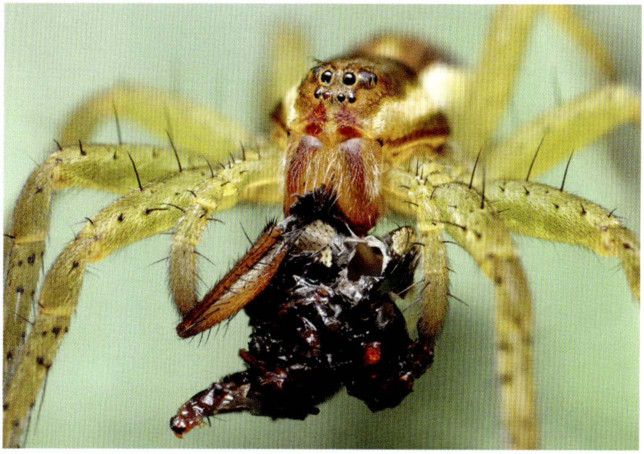

Links ein ausgewachsenes Weibchen, rechts ein junges Weibchen mit noch heller Färbung und mit einer durch die Verdauungssäfte der Spinne schon bis zur Unkenntlichkeit verschmolzenen Fliege.

seine Jungen sollten Grund genug sein, diese Tiere entsprechend zu respektieren.

Ein Männchen der Gerandeten Jagdspinne (Dolomedes fimbriatus, Bild Seite 144). Diese Spinnenart ist in Deutschland besonders geschützt, aber nicht sehr selten. Im Tölzer Land zählt sie zu den häufigeren Spinnenarten. Ich habe dort über die Jahre wahrscheinlich Hunderte Exemplare gefunden. Sie lebt in feuchten Gebieten wie Uferbereichen von Seen und Flüssen, aber auch am Rand von Feuchtwiesen.

Männchen und Weibchen sicher unterscheiden

Männliche Spinnen haben dickere Fühler (Pedipalpen), da sich darin die Geschlechtsorgane (bzw. der Bulbus) befinden. Bei Springspinnen ist der Unterschied zwischen Männchen und Weibchen dadurch oft sehr deutlich, da Springspinnen-Männchen wie z. B. das Mapissa-muscosa-Männchen schon sehr dicke Pedipalpen haben. Bei anderen Spinnenarten sind die Pedipalpen dagegen oft nicht so deutlich verdickt. Ein weiteres Erkennungsmerkmal ist bei vielen Spinnen der Größenunterschied zwischen den Geschlechtern. Weibchen sind bei vielen Spinnenarten deutlich größer als Männchen, bei Seidenspinnen ist dieser Geschlechtsdimorphismus wohl am stärksten ausgeprägt. Bei Springspinnen sind die Größenunterschiede nur sehr gering, dafür kann man Springspinnen, neben den dicken Pedipalpen beim Männchen, oft an ihren Zeichnungen und Färbungen unterscheiden.

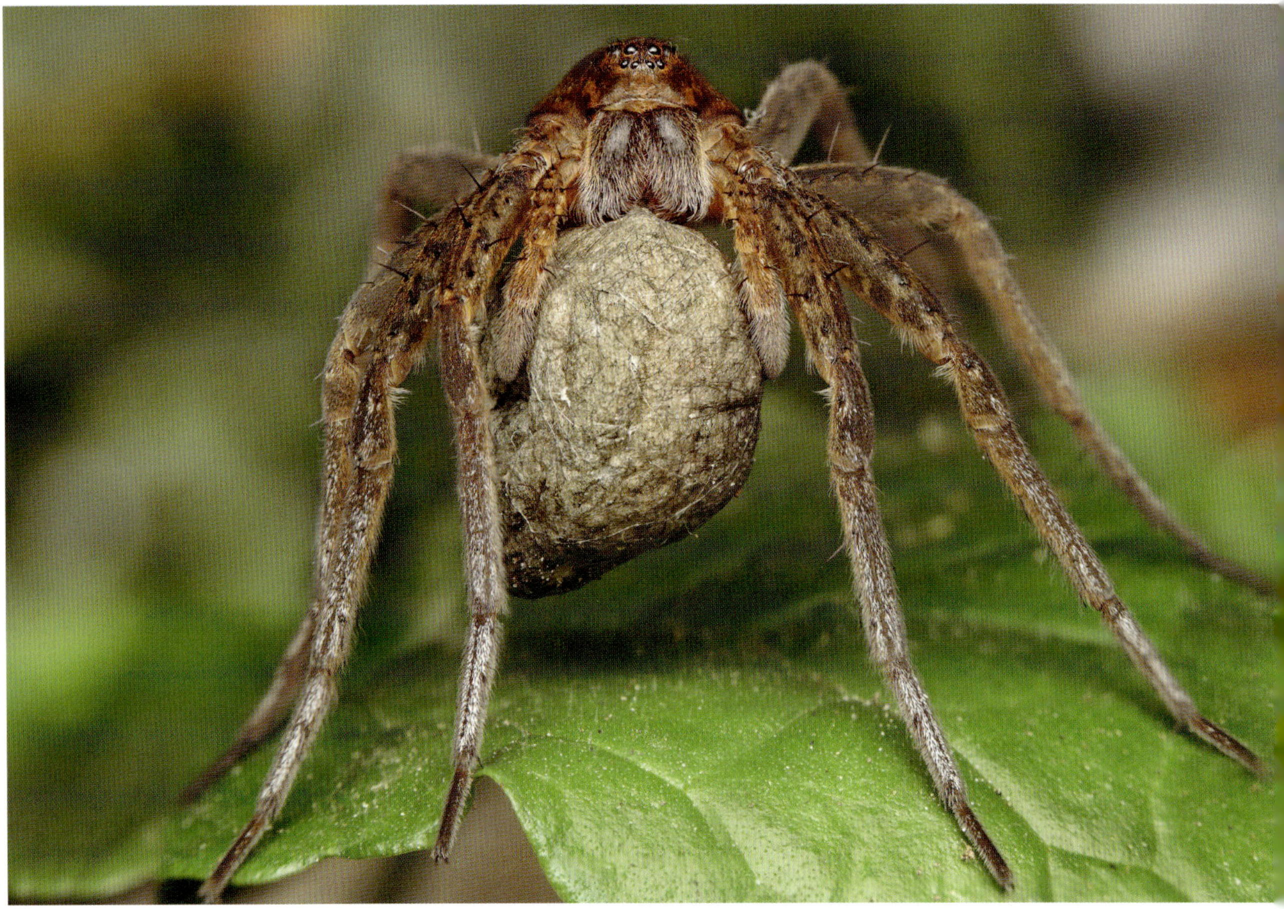

Ein Dolomedes-plantarius-Weibchen mit Kokon.

Dolomedes plantarius

Diese Jagdspinne ist der Gerandeten Jagdspinne zum Verwechseln ähnlich und lässt sich nur sicher durch die Geschlechtsmerkmale unterscheiden. Sie wird jedoch noch etwas größer – das Weibchen bis zu 25 mm Körperlänge – und besitzt meistens keine weißen Längsbänder am Körper. Sie ist die größte einheimische Spinne, zudem sehr selten – sie gilt nach der Roten Liste als vom Aussterben bedroht – und ist gesetzlich geschützt.

Fundort: Im Murnauer Moos (Oberbayern).

Pisaura mirabilis

Listspinnenmütter tragen ihre Nachkommen im Kokon einige Zeit umher und bauen dann ein Glockengewebe, in dem die Jungen schlüpfen. Aber auch dann werden die Jungspinnen noch von der Mutter bewacht, bis sie irgendwann das Gespinst verlassen. Gerade dieses Beschützerverhalten den Jungen gegenüber ist bei vielen Spinnen besonders stark ausgeprägt und wird zur Not bis in den eigenen Tod hinein fortgesetzt.

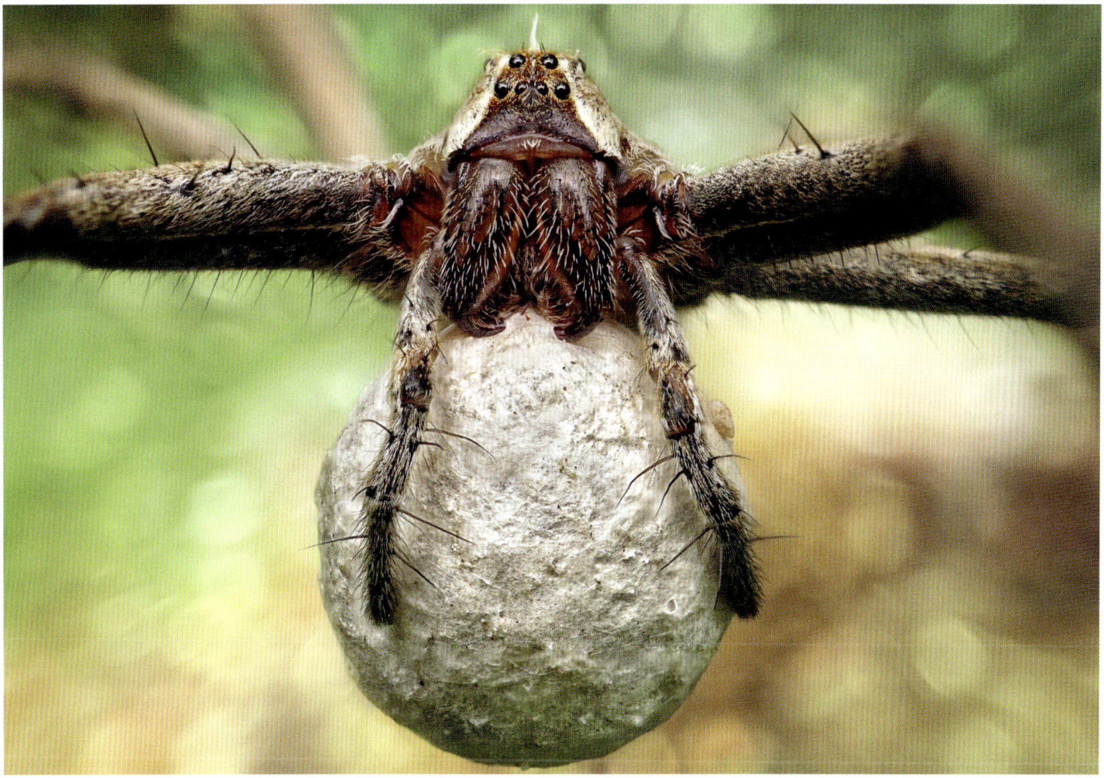

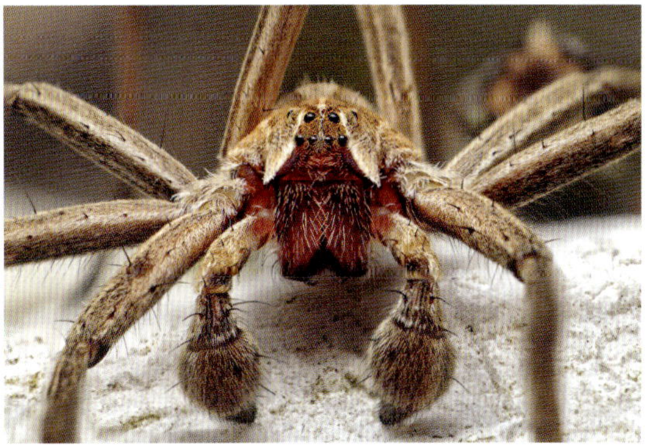

***Oben:** Ein Listspinne (Pisaura mirabilis) mit Eikokon.*

***Unten:** Ein Listspinnen-Männchen, gut zu erkennen an den dicken Pedipalpen.*

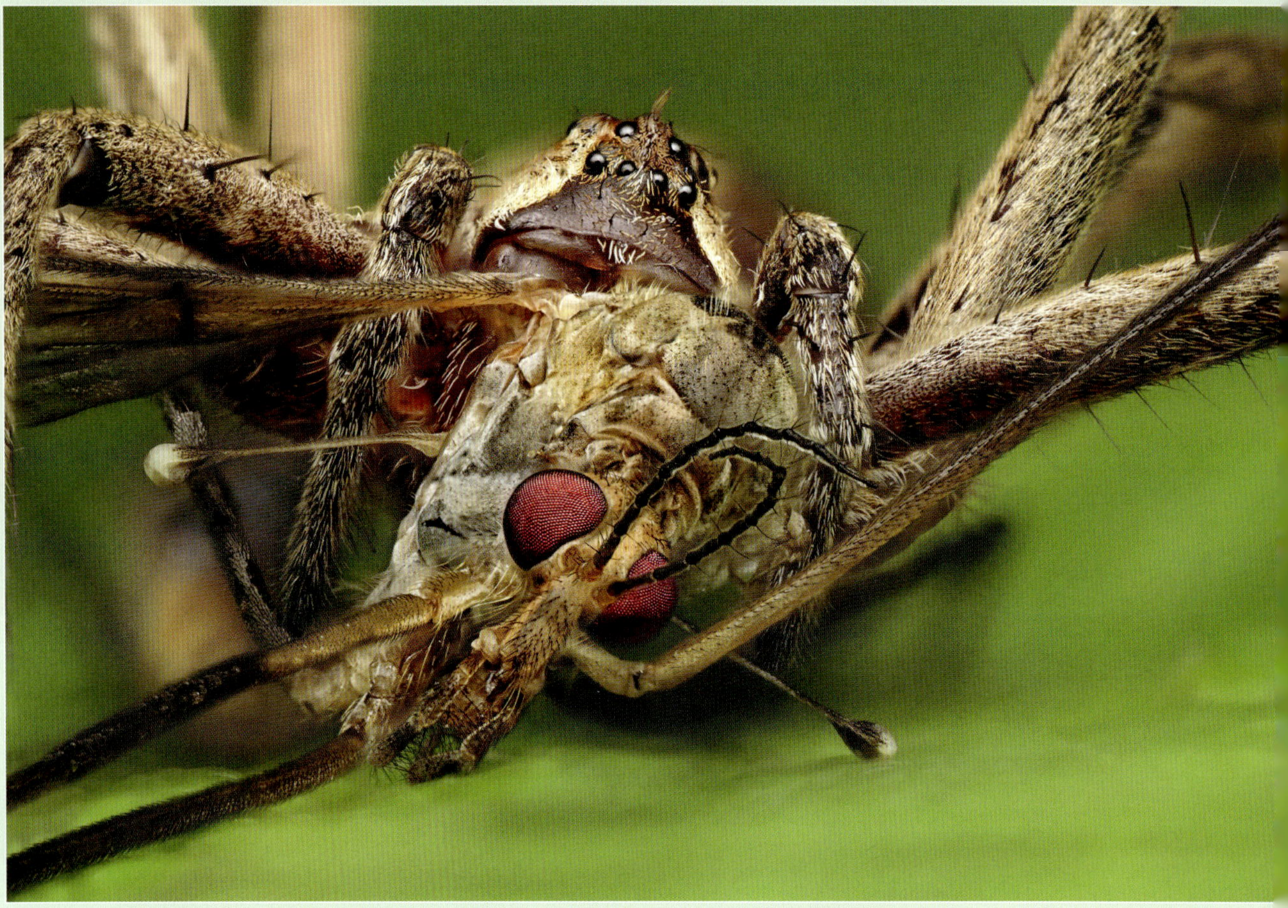

***Oben:** Ein Listspinnen-Weibchen mit einer erbeuteten Schnake.*

***Unten:** Eine Listspinnenmutter mit ihren Nachkommen im Kokon.*

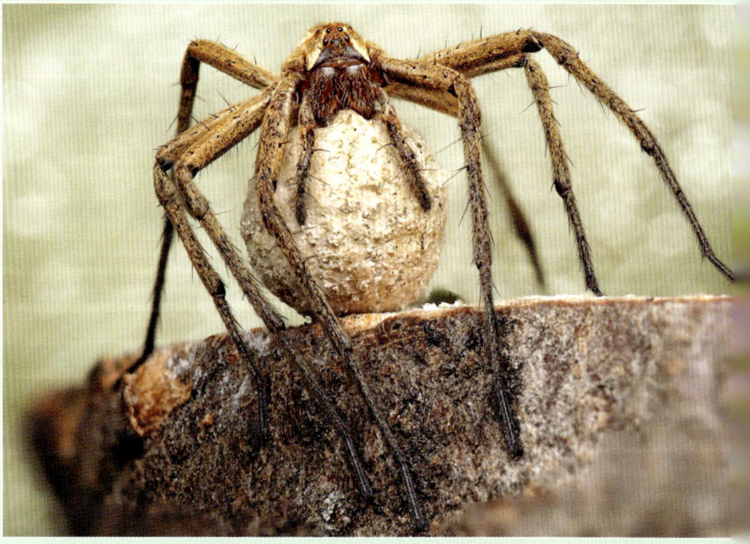

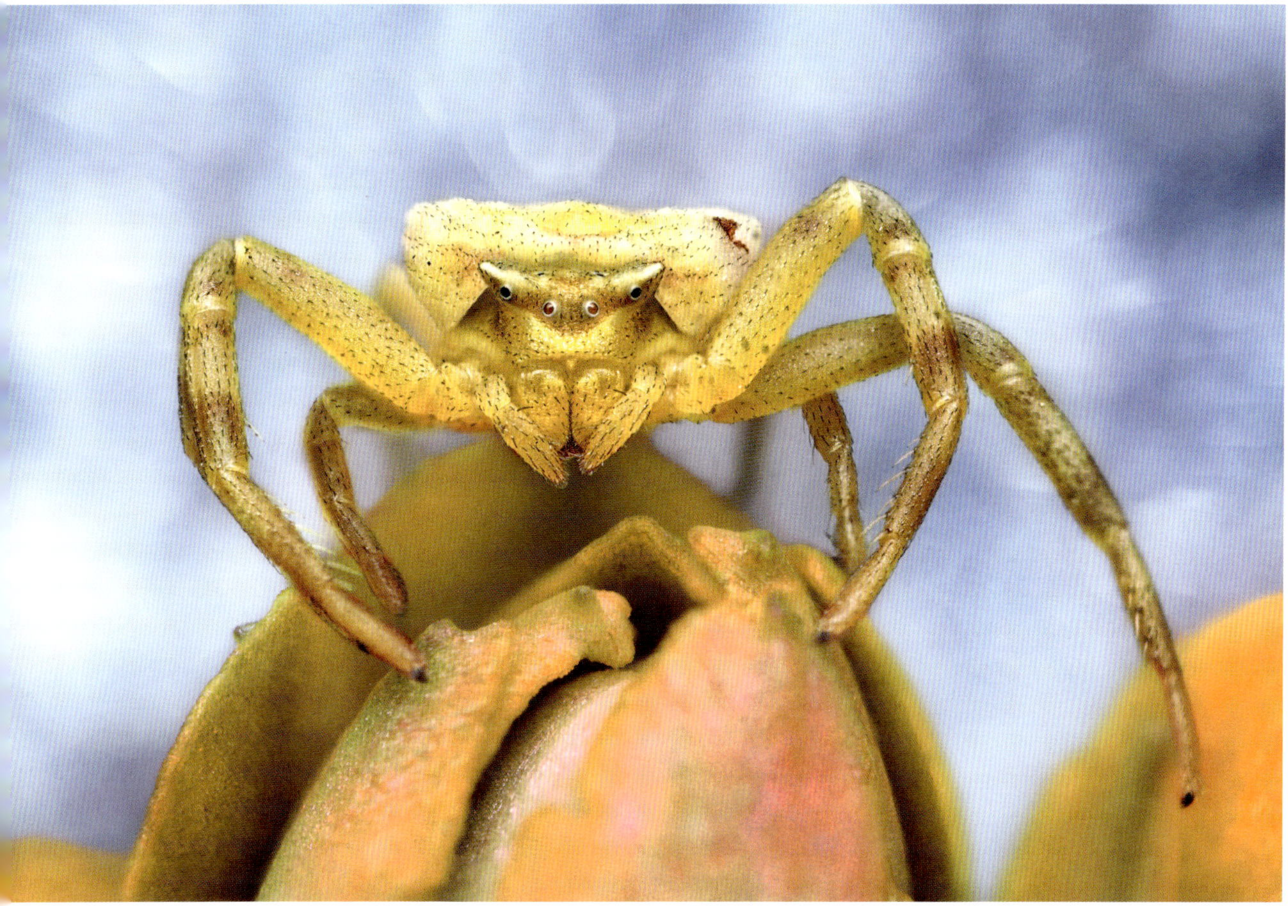

Eine Gehöckerte Krabbenspinne (Thomisus onustus).

Thomisus onustus

Die Gehöckerte Krabbenspinne kann ihre Farbe der jeweiligen Blüte anpassen. Auch die Veränderliche Krabbenspinne kann ihre Farbe wechseln. Zum Farbwechsel sind aber jeweils nur ausgewachsene Weibchen fähig. Die Gehöckerte Krabbenspinne ist ziemlich selten und gilt in Deutschland als gefährdet.

Fundort: Griesheimer Düne bei Darmstadt.

Misumena vatia

Zwei Weibchen der Veränderlichen Krabbenspinne (Misumena vatia), jeweils in typischer Drohhaltung. Diese Krabbenspinnenart ist nicht besonders selten, jedoch aufgrund ihrer guten Tarnung nicht leicht zu finden. Sie sitzt bei gutem Wetter meistens auf den Blüten von z.B. Löwenzahn und lauert dort auf Beute. Im Tölzer Land war sie recht häufig, aber auch im Spessart habe ich sie mehrmals gefunden.

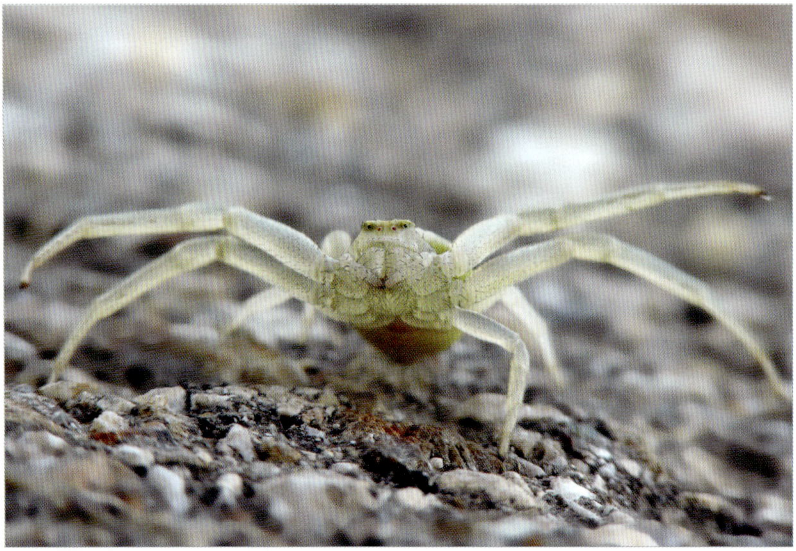

Krabbenspinne (Misumena vatia) in Abwehrhaltung.

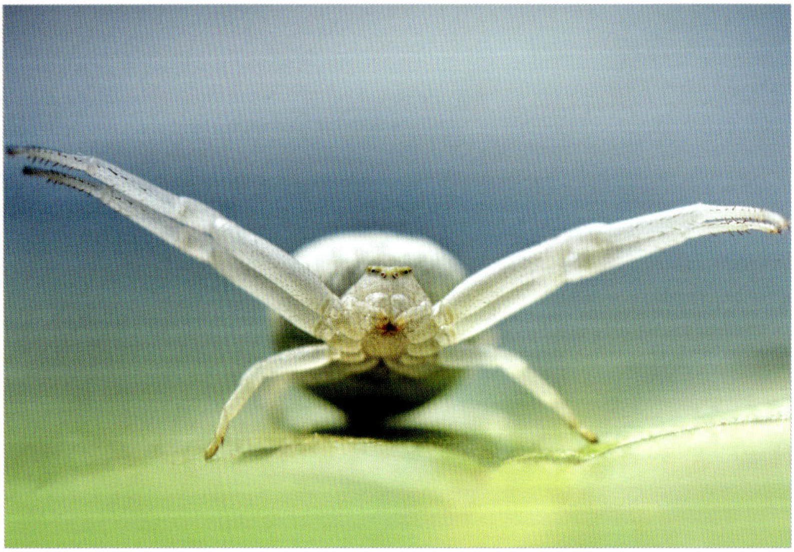

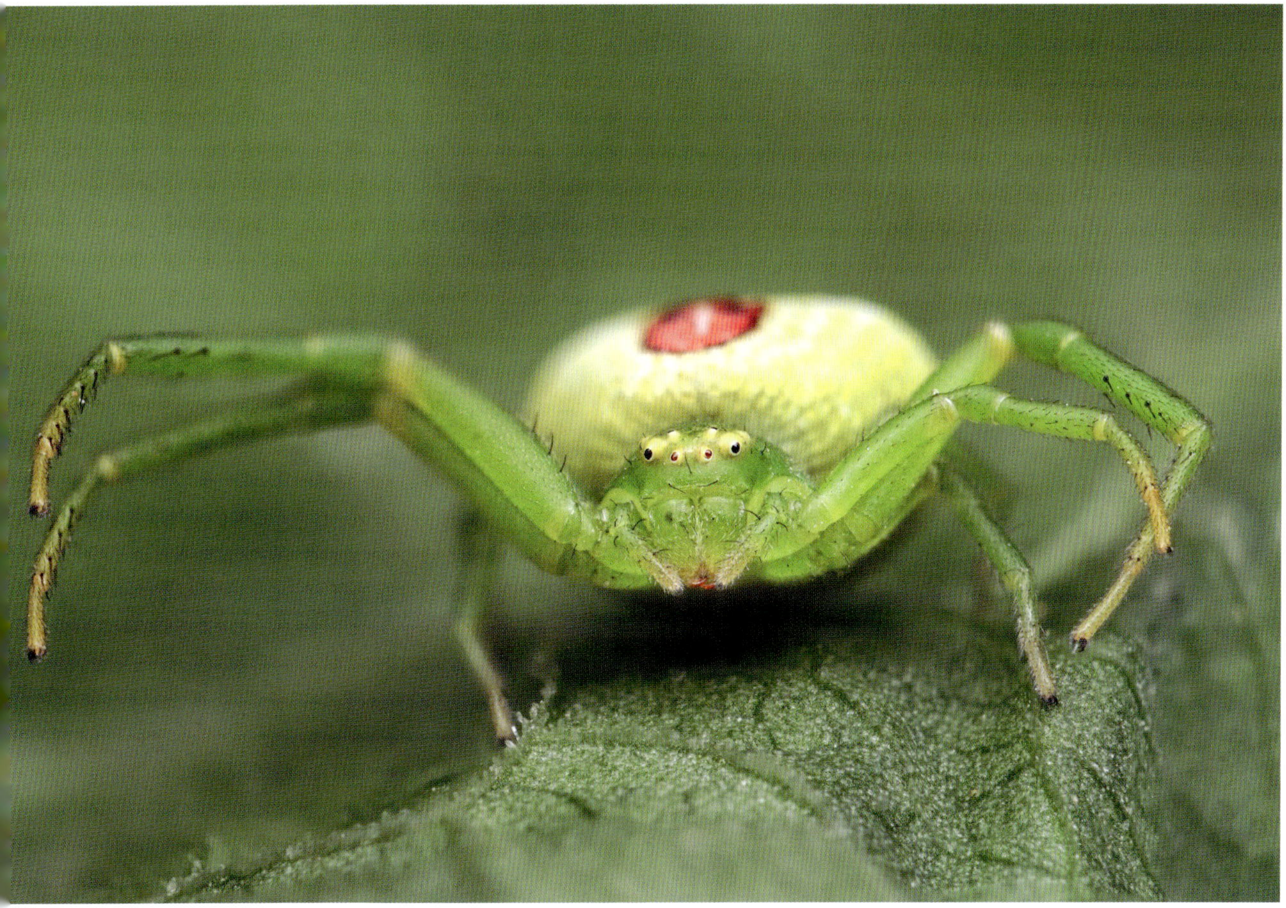

Ein Krabbenspinnen-Weibchen (Ebrechtella tricuspidata).

Ebrechtella tricuspidata

Diese Krabbenspinne kann man auf den ersten Blick leicht mit der Grünen Krabbenspinne verwechseln. Wie auch diese hat Ebrechtella tricuspidata einen grünen Vorderkörper und grüne Beine. Der Hinterleib ist aber deutlich dicker und hat eine dreieckige Form. Außerdem ist die Zeichnung bei ihr anders bzw. mehrteilig, die Grüne Krabbenspinne besitzt nur eine einteilige Zeichnung auf dem Hinterleib in Form eines braunen Blatts.

Fundort: Mainufer bei Würzburg

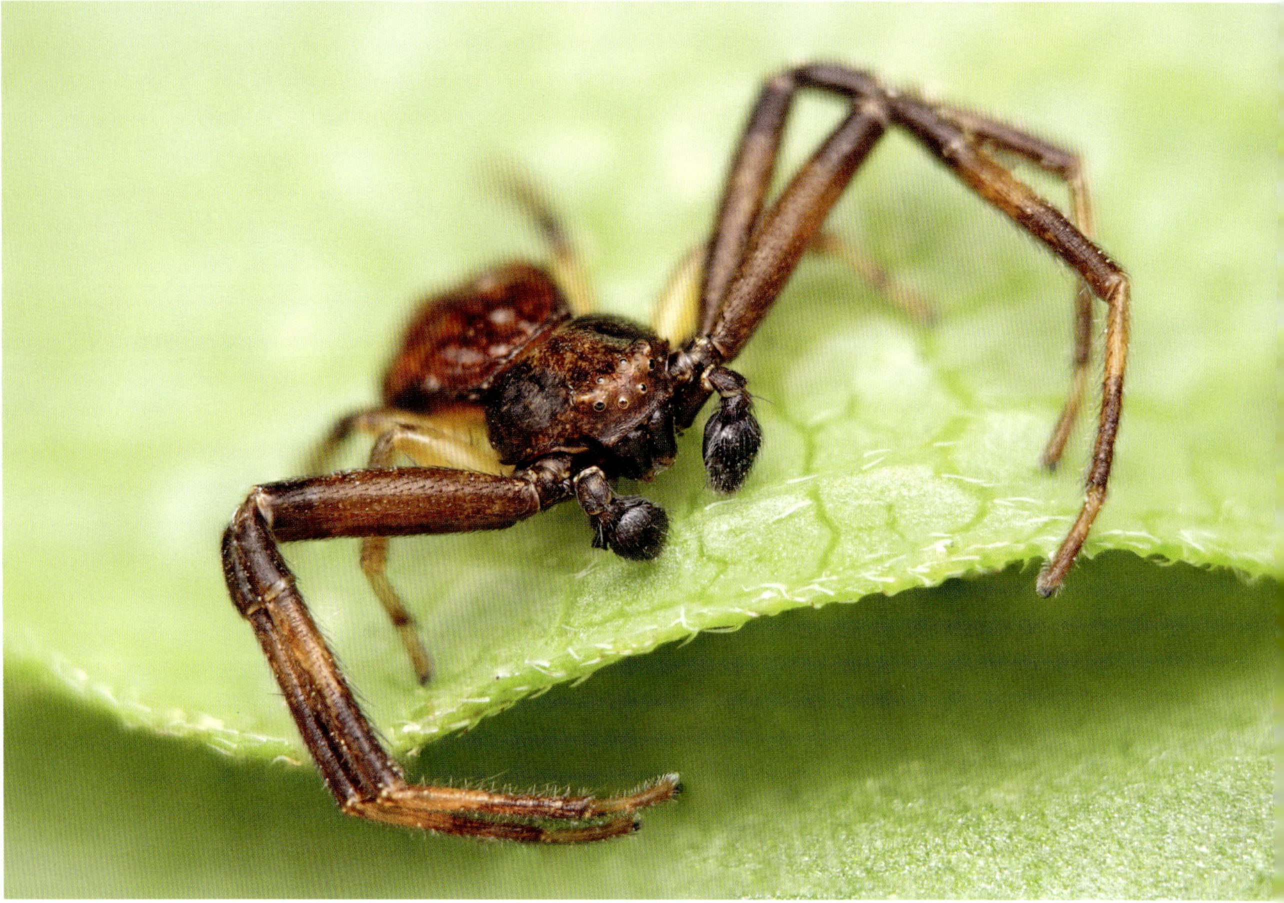

Ein Pistius truncatus Männchen in typischer Lauerposition.

Pistius truncatus

Diese Wärme liebende Krabbenspinne (auf dem Bild ein Männchen) ist recht selten und nicht leicht zu finden. Sie lauert auf Blättern von Laubbäumen und im Gebüsch auf Beute. Sie gilt nach der Roten Liste in Deutschland als gefährdet.

Fundort: Griesheimer Düne.

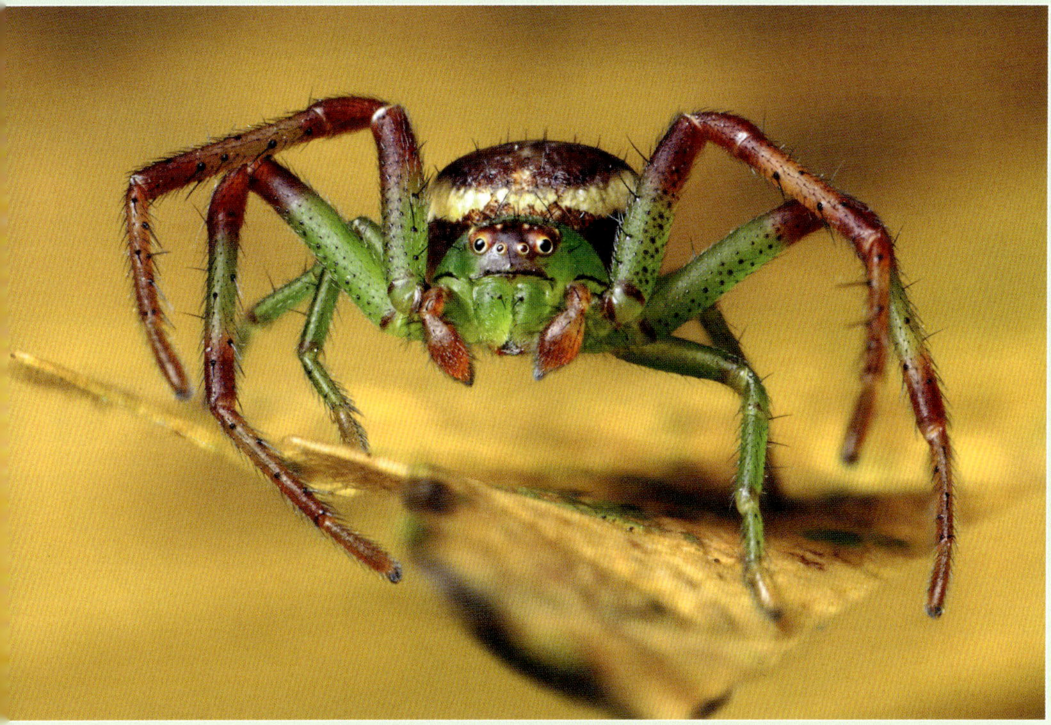

Ein Grüne Krabbenspinne (Diaea dorsata), auf einem gelben Herbstblatt fotografiert.

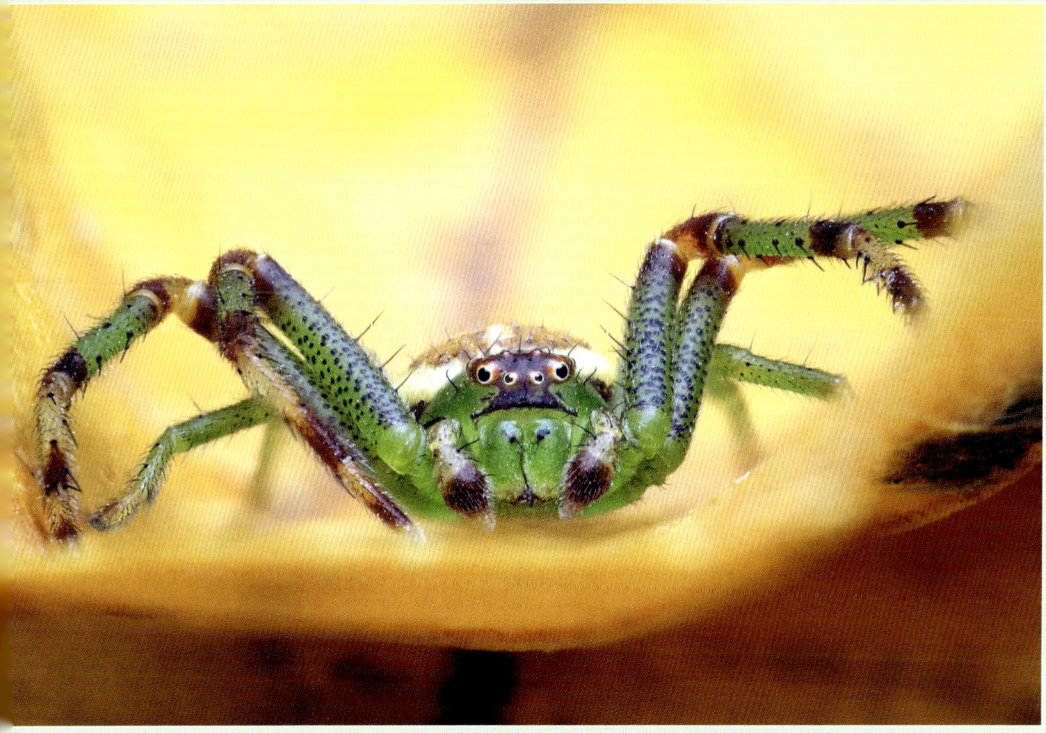

Die Grüne Krabbenspinne wird bis zu 6 mm lang und lässt sich z. B. im Herbst leicht an eingeschweißten Heuballen an Wiesenrändern finden.

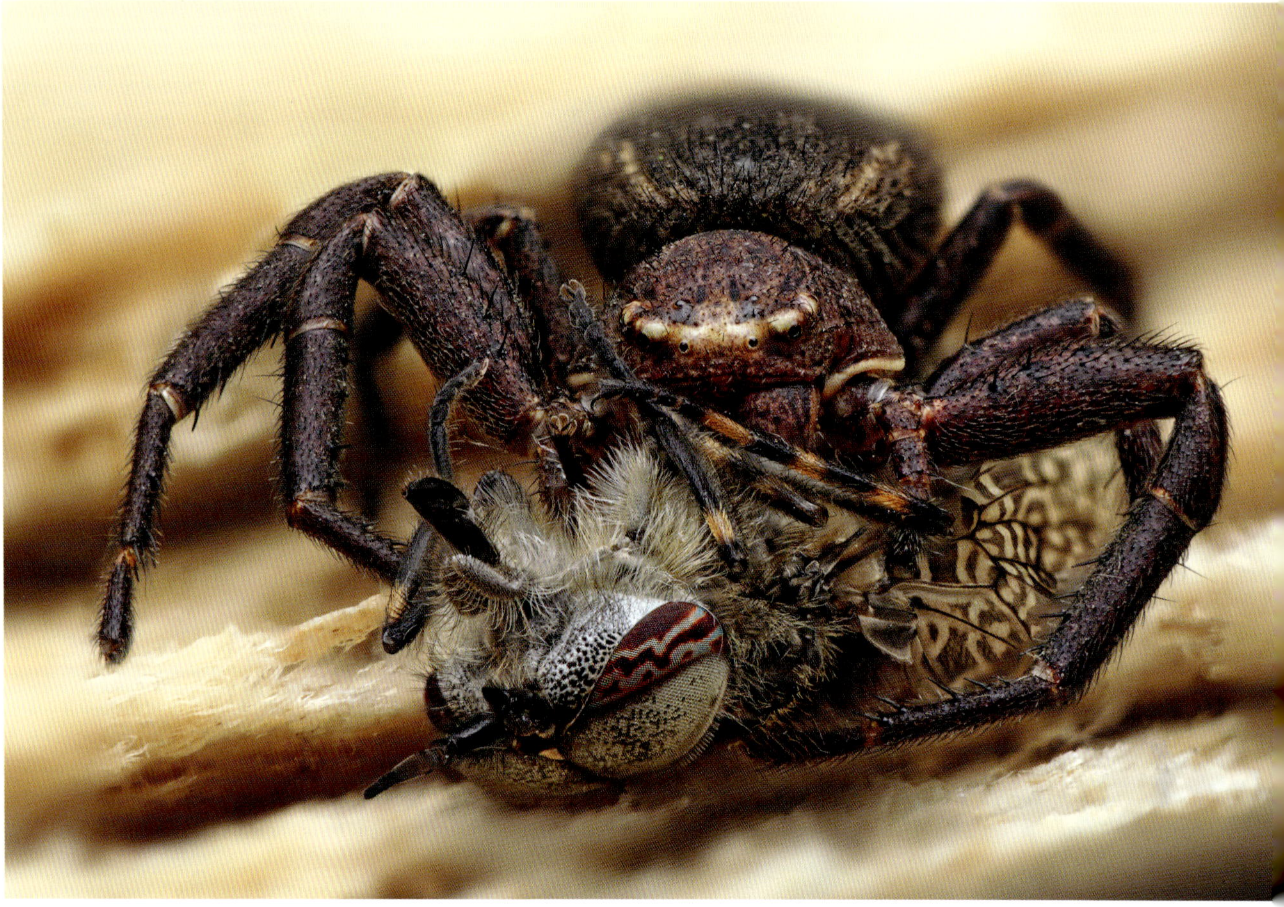

Eine Krabbenspinne (Xysticus sp.) mit erbeutetem Regenbremsen-Männchen. Das Bildergebnis ist ein Focus Stack aus 51 Aufnahmen.

Xysticus sp.

Die Krabbenspinne (Seite 155 oben) war so mutig und hat eine große Waldameise erbeutet. So wehrhafte Beute greifen die meisten Spinnen normalerweise eher selten an. Krabbenspinnen scheinen ein relativ starkes Gift zu besitzen, denn auch andere Krabbenspinnenarten wie z. B. die Veränderliche Krabbenspinne suchen sich häufig große Insekten wie etwa Honigbienen als Beute aus.

Fundort: Ein Holzstoß nahe Jossa im Spessart.

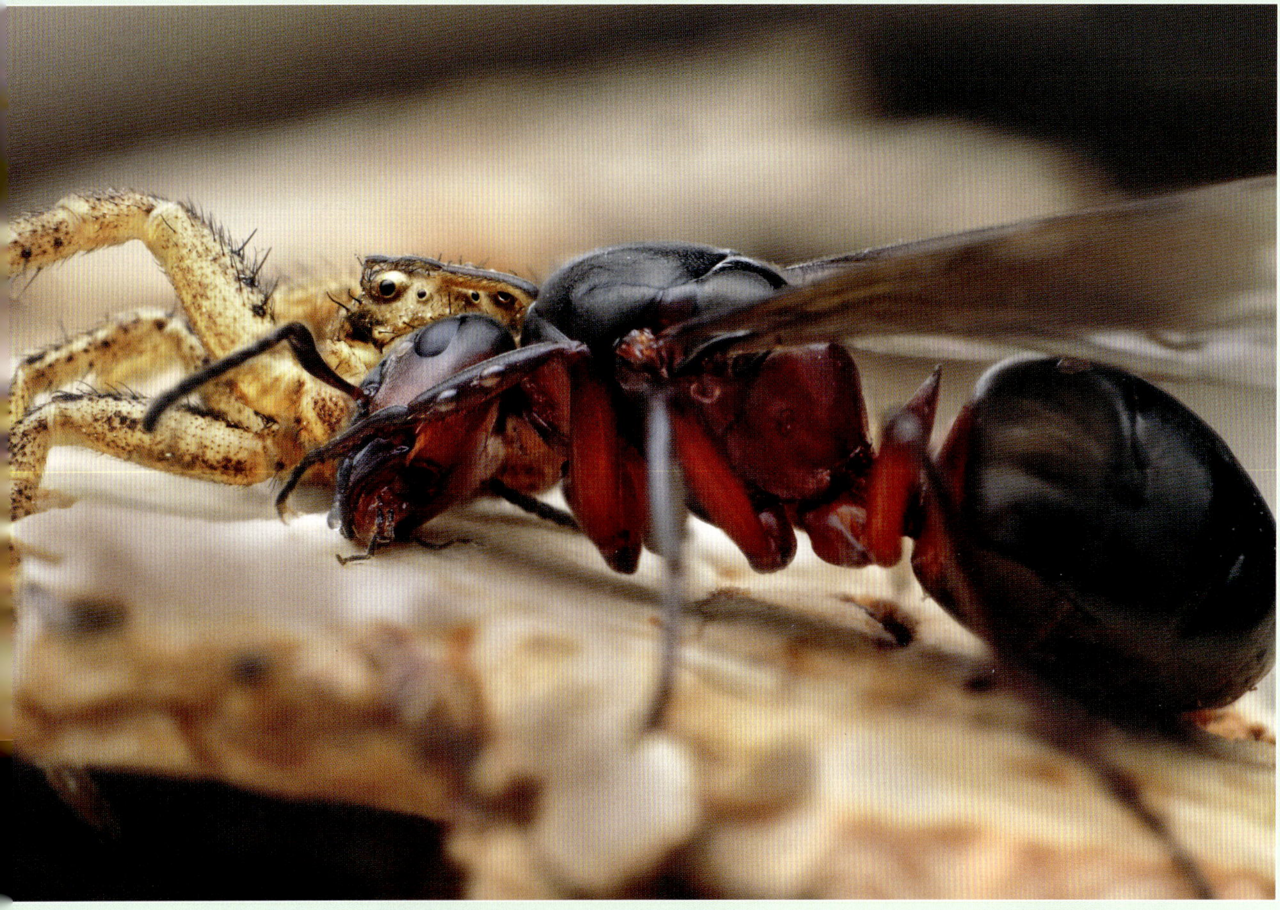

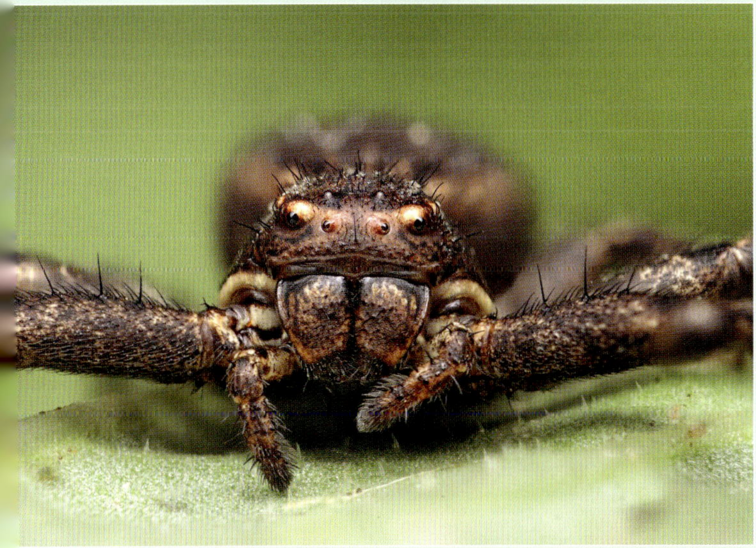

Krabbenspinne (Xysticus sp.). Focus Stack aus 35 Aufnahmen.

Eine Krabbenspinne (vmtl. Xysticus audax).

Rostrote Winkelspinne

Diese tolle Situation konnte ich bei einer meiner Touren in der Nähe des Kochelsees aufnehmen. Die Winkelspinne hatte ihr Netz in einer Ecke außen an einer Holzhütte (Seite 158). Es war ziemlich schwer, ihr mit der Ausrüstung so nahe zu kommen, dass ich sie fotografieren konnte, schließlich habe ich einen großen, runden Diffusor und eine Distanz von ca. 5 cm vom Objektivende zum Motiv, die ich einhalten musste. Ich habe es gerade so geschafft, nahe

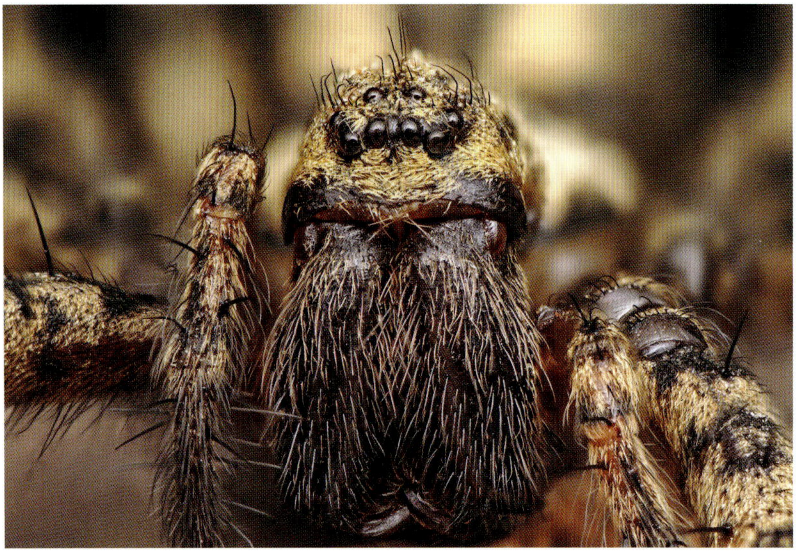

Das Weibchen der Rostroten Winkelspinne (Tegenaria ferruginea).

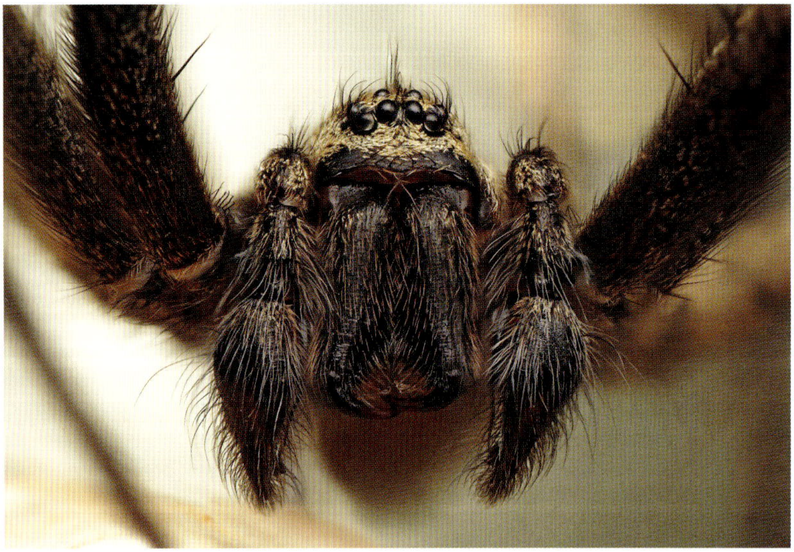

Das Männchen der Rostroten Winkelspinne.

genug heranzukommen, ein weiteres Problem bestand aber darin, dass ich fast zu nah war und während der gesamten Stacking-Serie die Gefahr bestand, das Netz zu berühren. Das ist dann auch irgendwann passiert, woraufhin die Spinne wieder schnell im Versteck verschwunden war. Die Bilder haben gerade so ausgereicht, um auf ein zufriedenstellendes Ergebnis zu kommen.

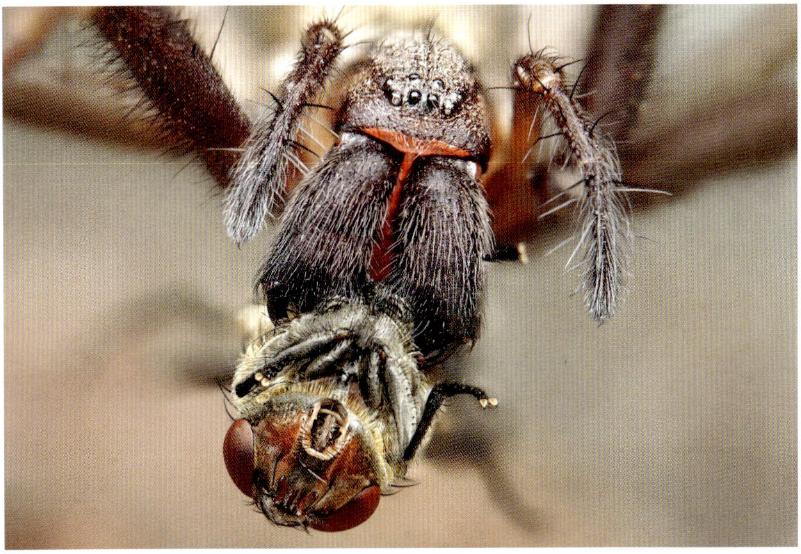

Hauswinkelspinne (Weibchen) mit Beute.

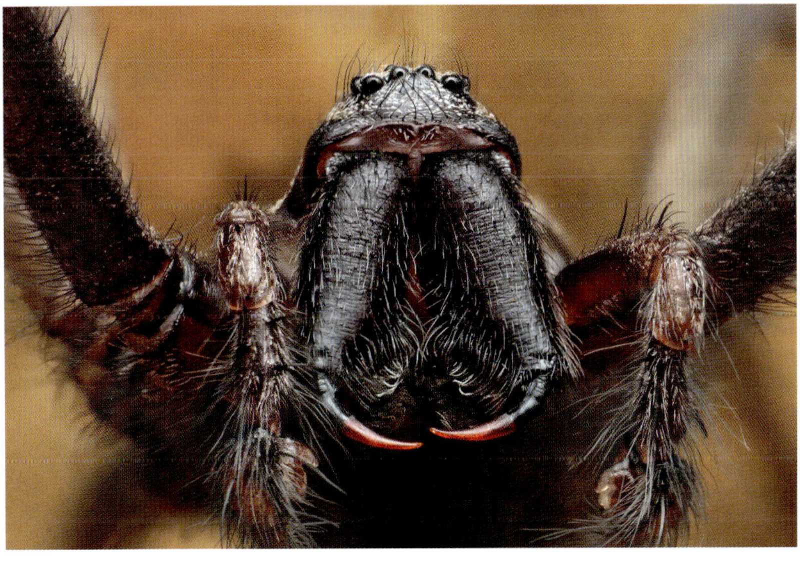

Das Männchen der Hauswinkelspinne (Tegenaria atrica).

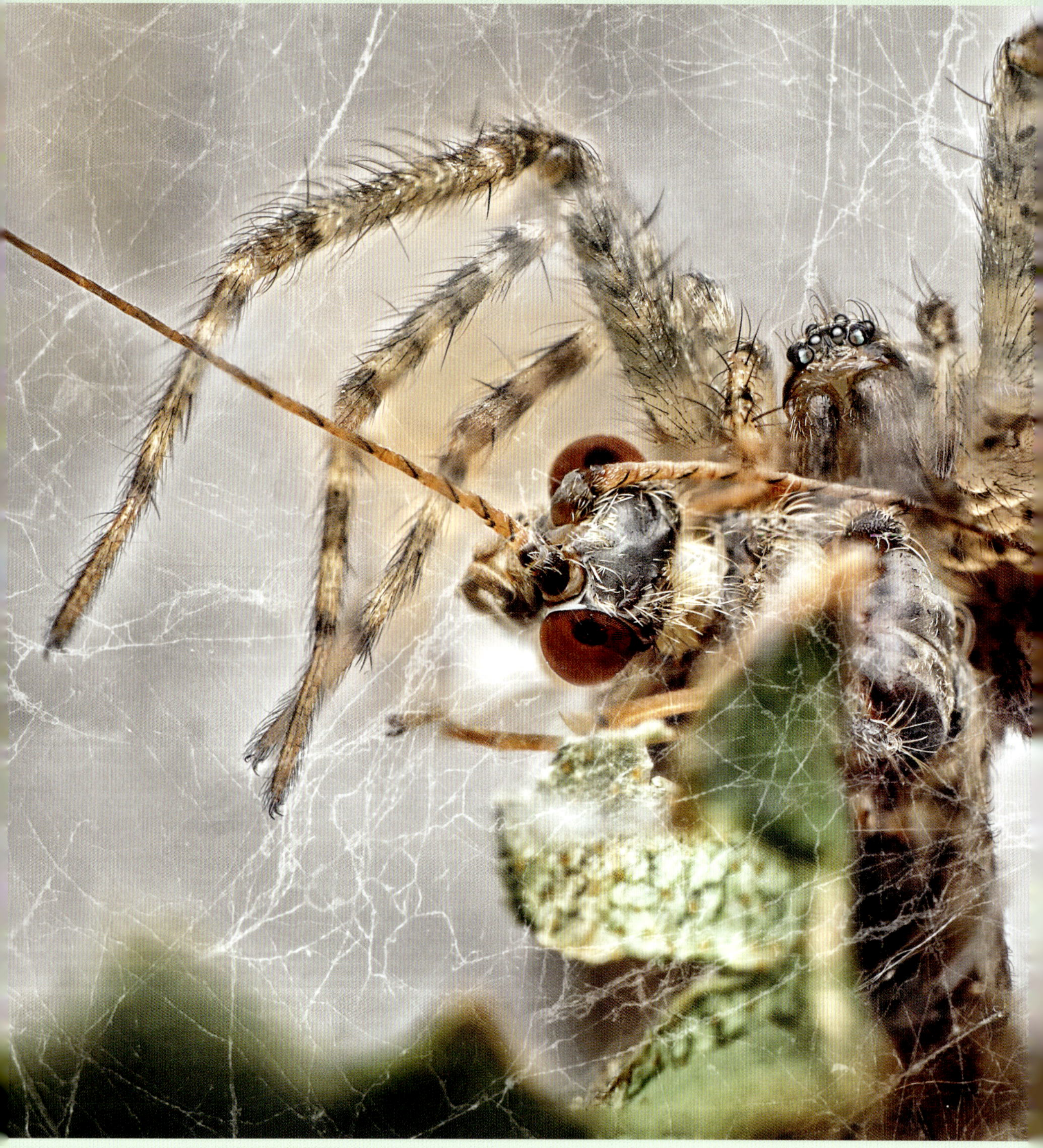

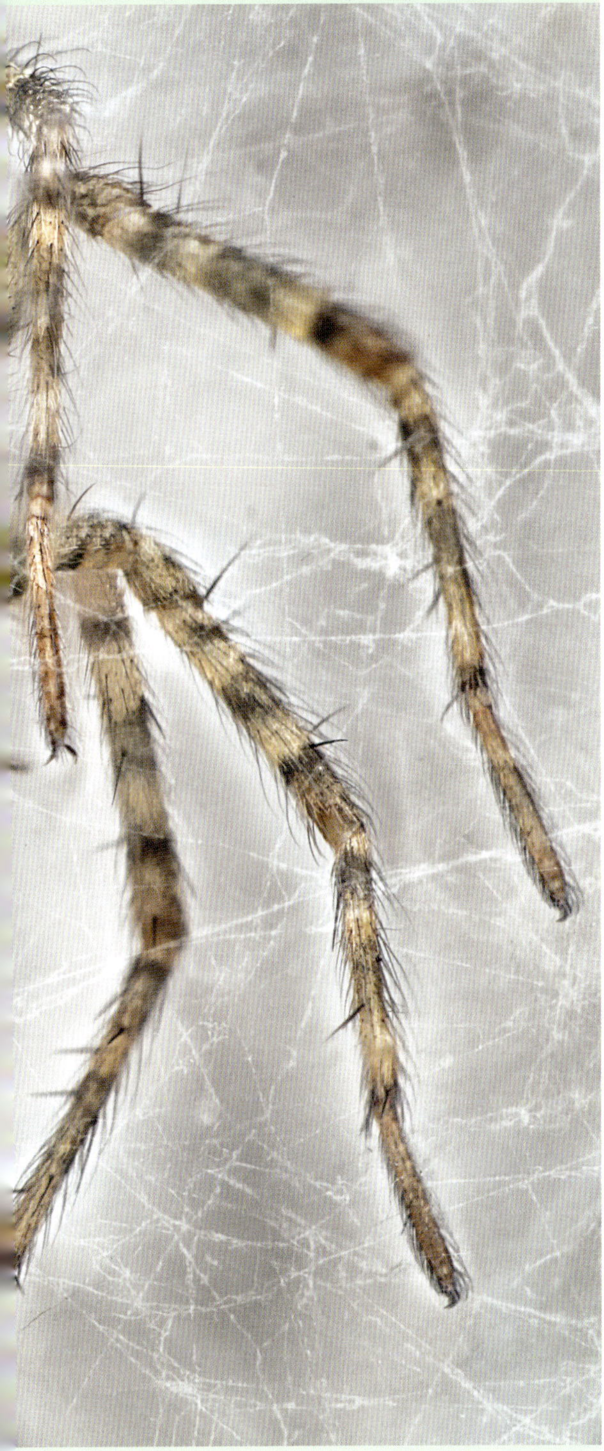

Durch die tiefe Perspektive wirkt die Spinne richtig bedrohlich und furchteinflößend, dabei hat es sich hier noch nicht mal um ein besonders großes Exemplar der Rostroten Winkelspinne gehandelt.

Ein Focus Stack, bestehend aus 25 Aufnahmen, SONY A77 II, SIGMA MAKRO 105mm F2,8 EX DG OS HSM plus Siocore-Achromat (10 Dioptrien), Blende f/10, 1/160 Sekunde, ISO 400, Blitzleistung 1/32.

Eine Rostrote Winkelspinne mit Beute.

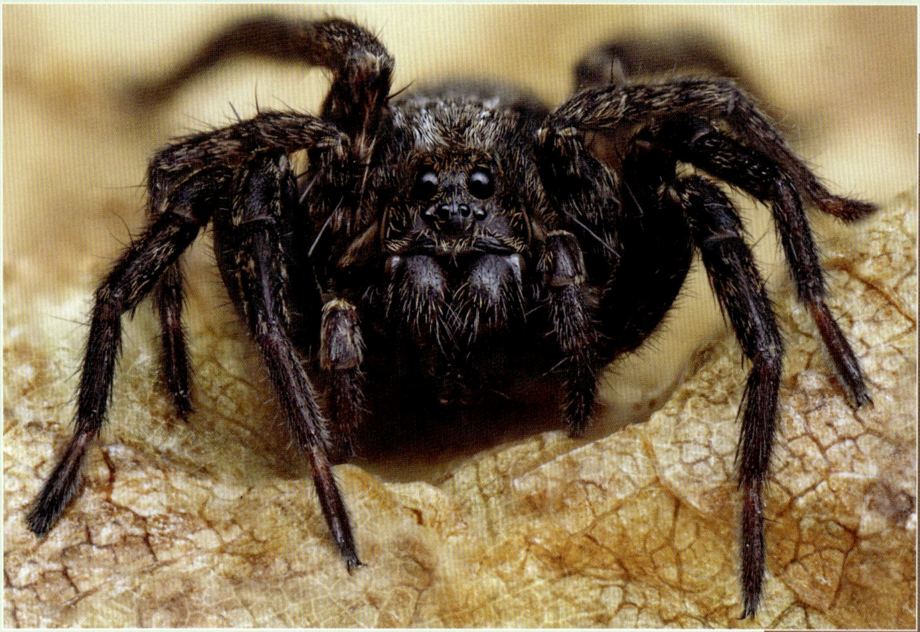

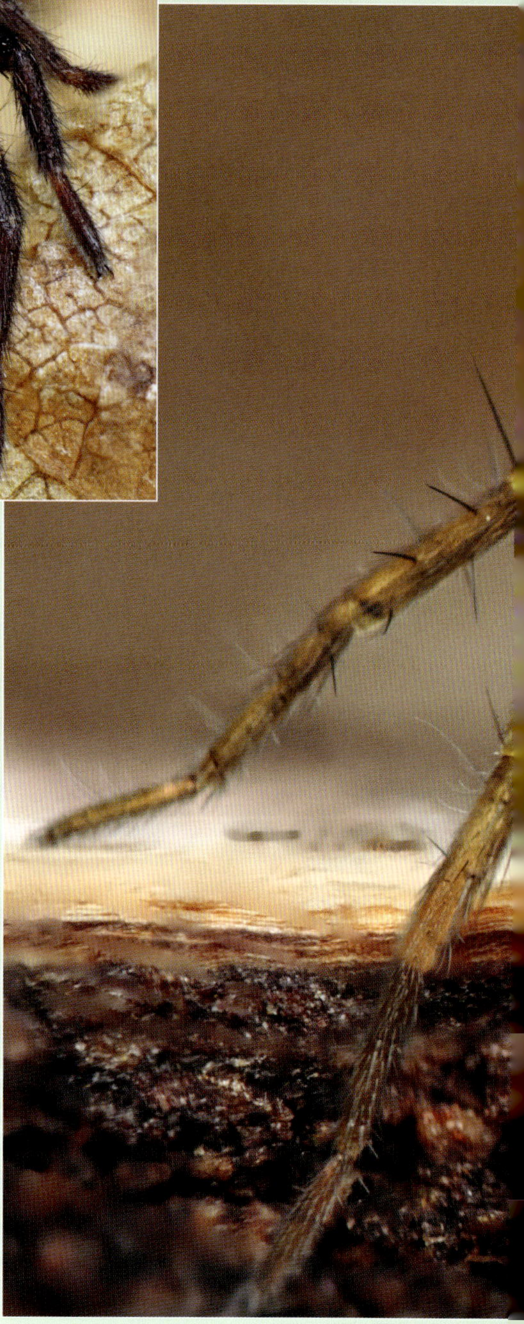

Oben: *Ein Wolfspinnen-Weibchen. Das Bild ist ein Focus Stack aus 43 Einzelbildern im ABM von 3,2:1.*

Rechts: *Ein Pardosa bifasciata-Weibchen.*

Wolfspinnen

Diese kleine Wolfspinne (Pardosa bifasciata) erreicht nur eine Körperlänge von ca. 6 mm und ist damit nicht leicht zu finden. Sie lebt in warmen Gegenden und bewohnt dort Trockenrasen. Sie gilt nach der Roten Liste als gefährdet.

Fundort: Trockenhänge bei Würzburg.

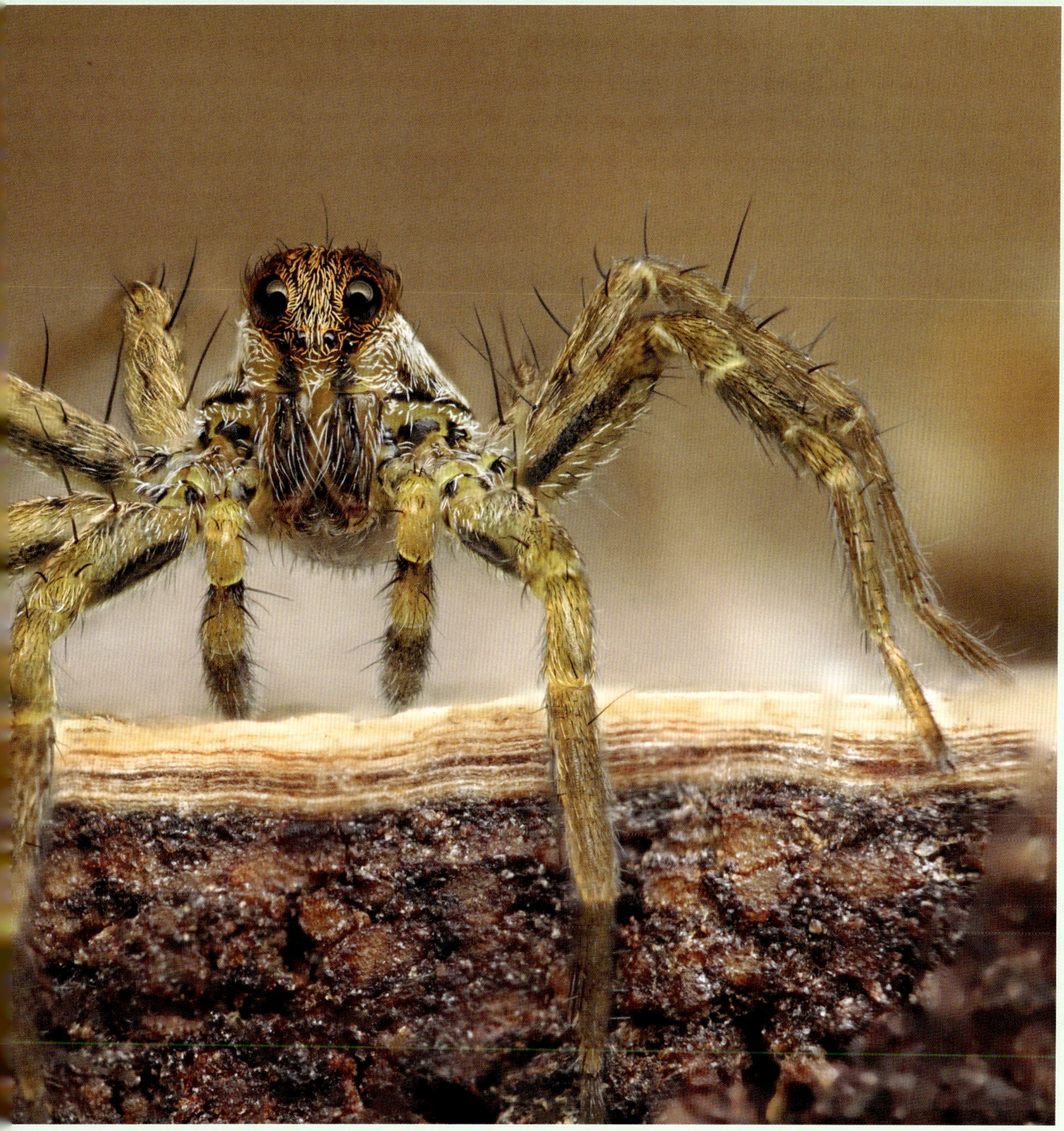

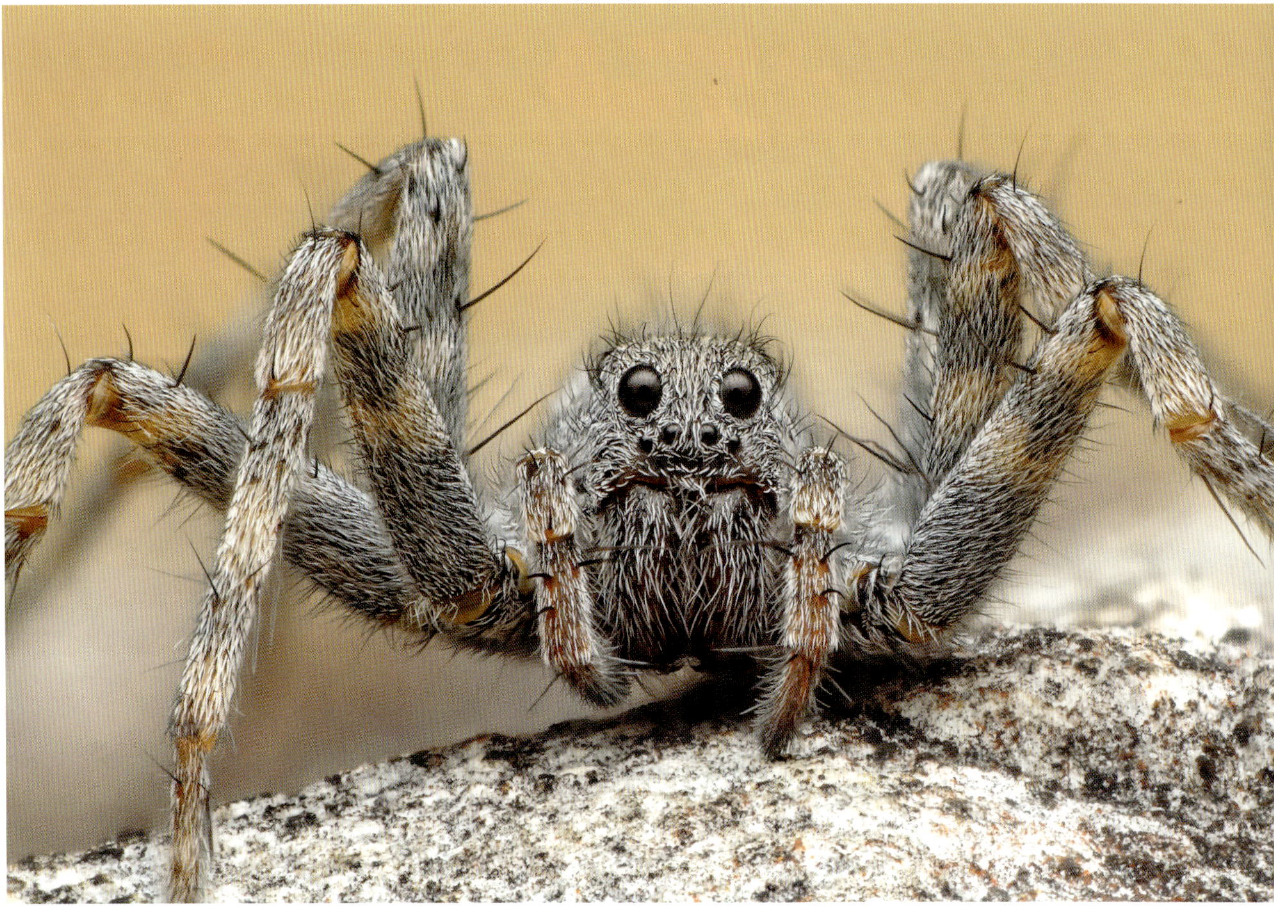

Ein Pardosa-wagleri-Weibchen.

Pardosa wagleri

Diese schöne Wolfspinne gilt nach der Roten Liste in Deutschland als gefährdet. Ich habe dieses Exemplar am Ufer der Isar bei Lenggries gefunden.

Trochosa terricola

Rechts oben: *Ein Trochosa-terricola-Männchen.*

Rechts unten: *Zwei Trochosa-terricola-Weibchen (rechts mit Beute). Diese Wolfspinne zählt zu den häufigsten Arten und ist z. B. an Waldrändern zu finden.*

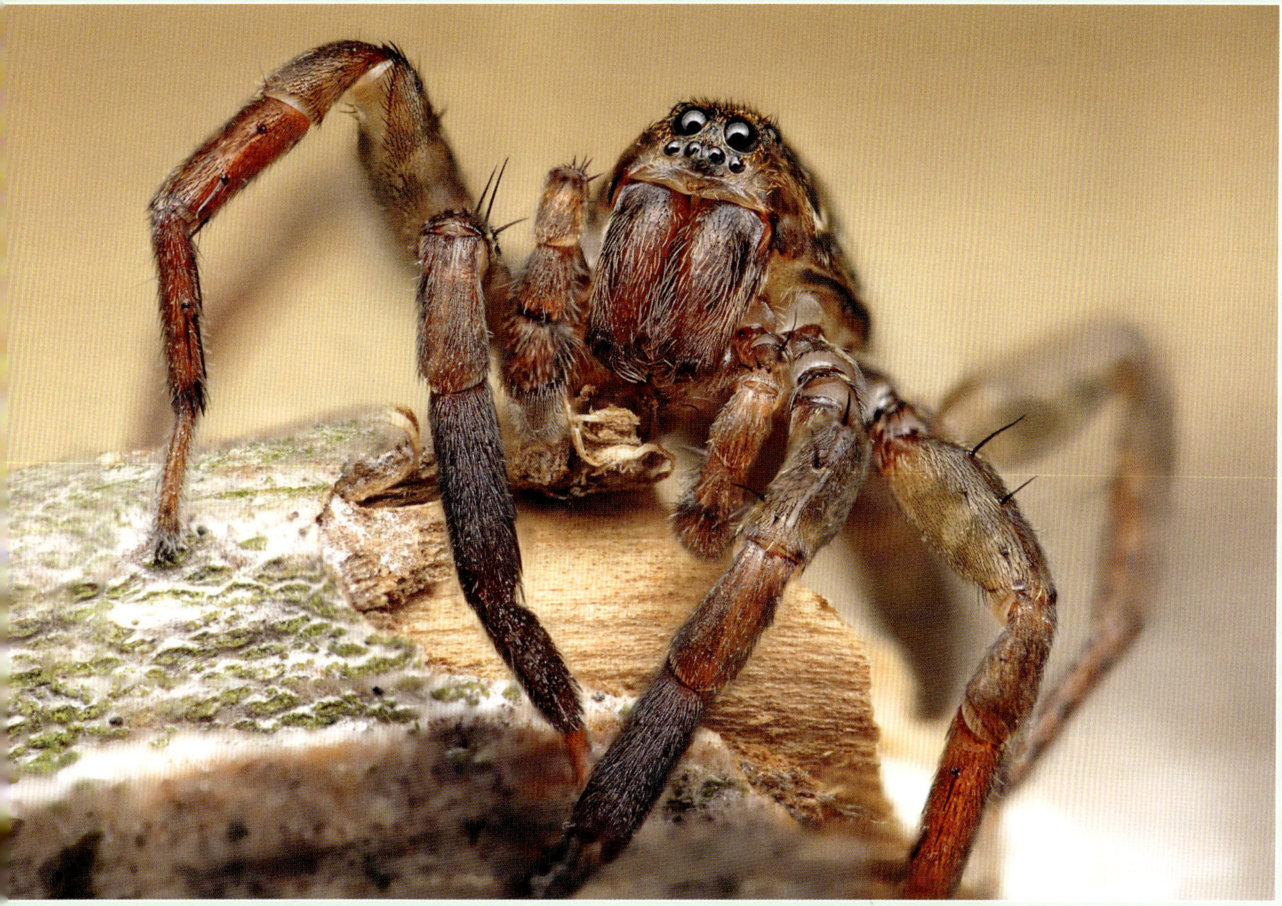

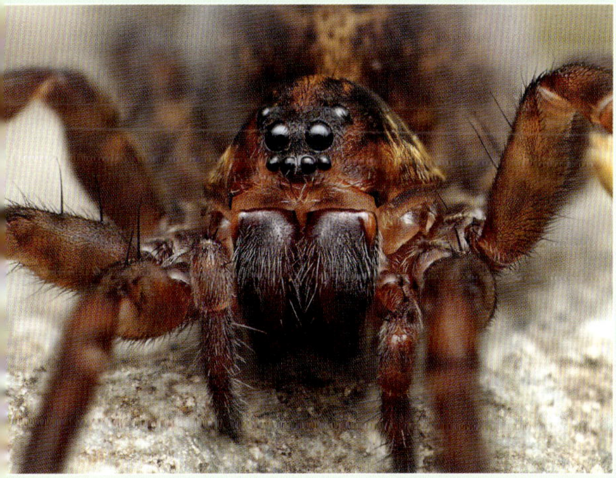

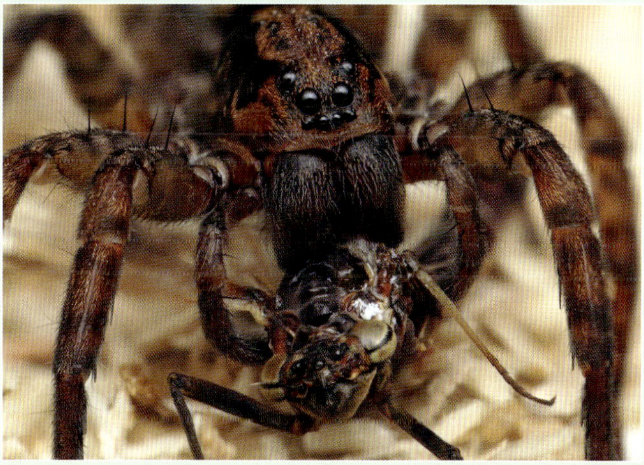

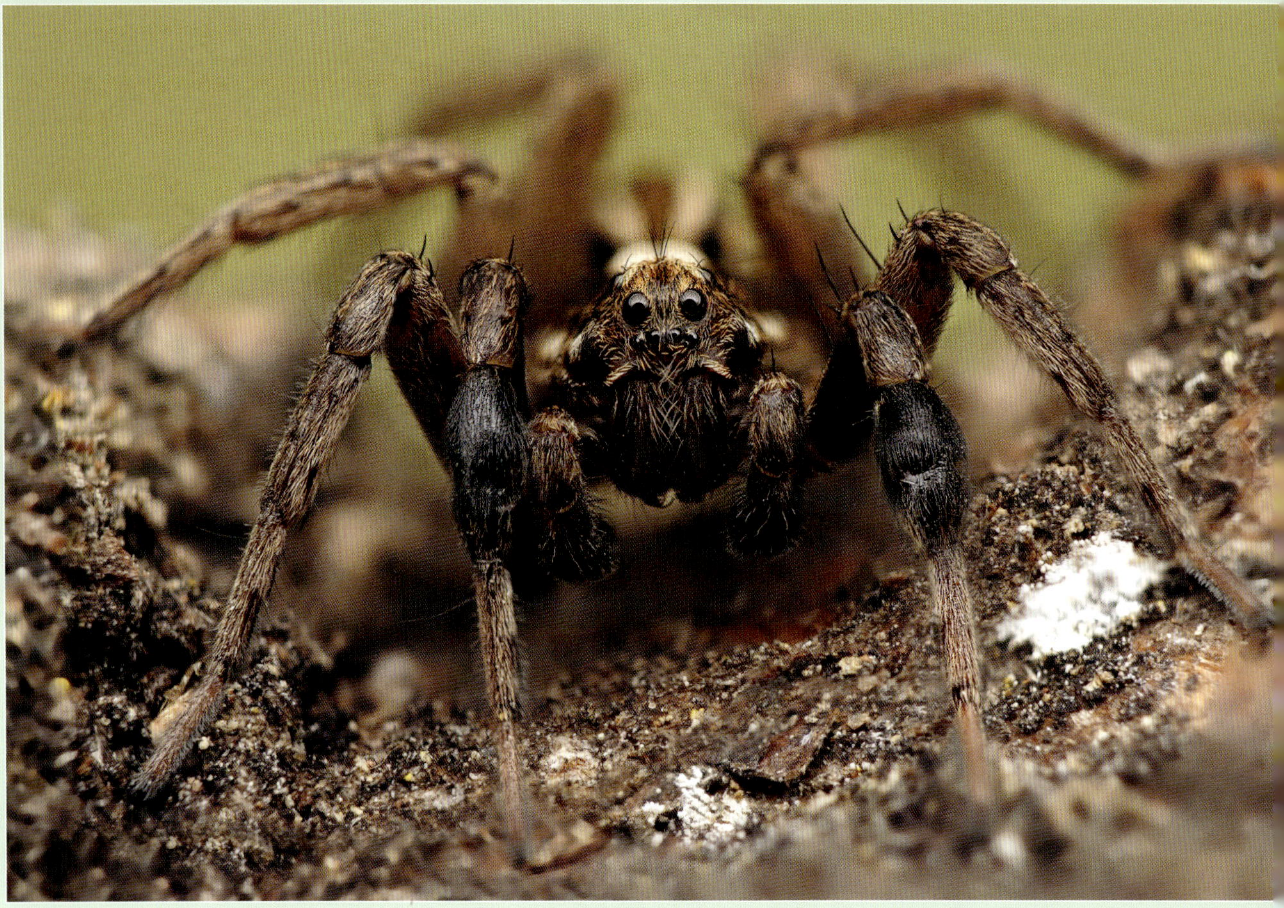

Alopecosa cuneata

Oben: *Ein Alopecosa-cuneata-Männchen.*

Unten: *Ein Alopecosa-farinosa-Weibchen.*

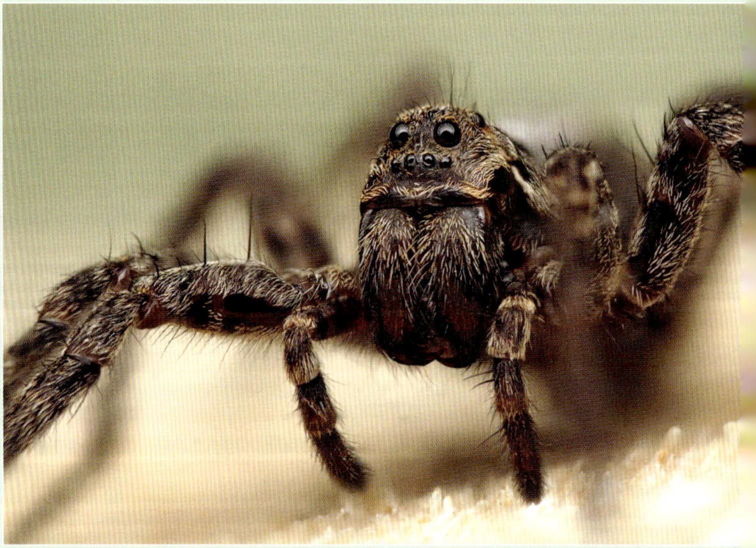

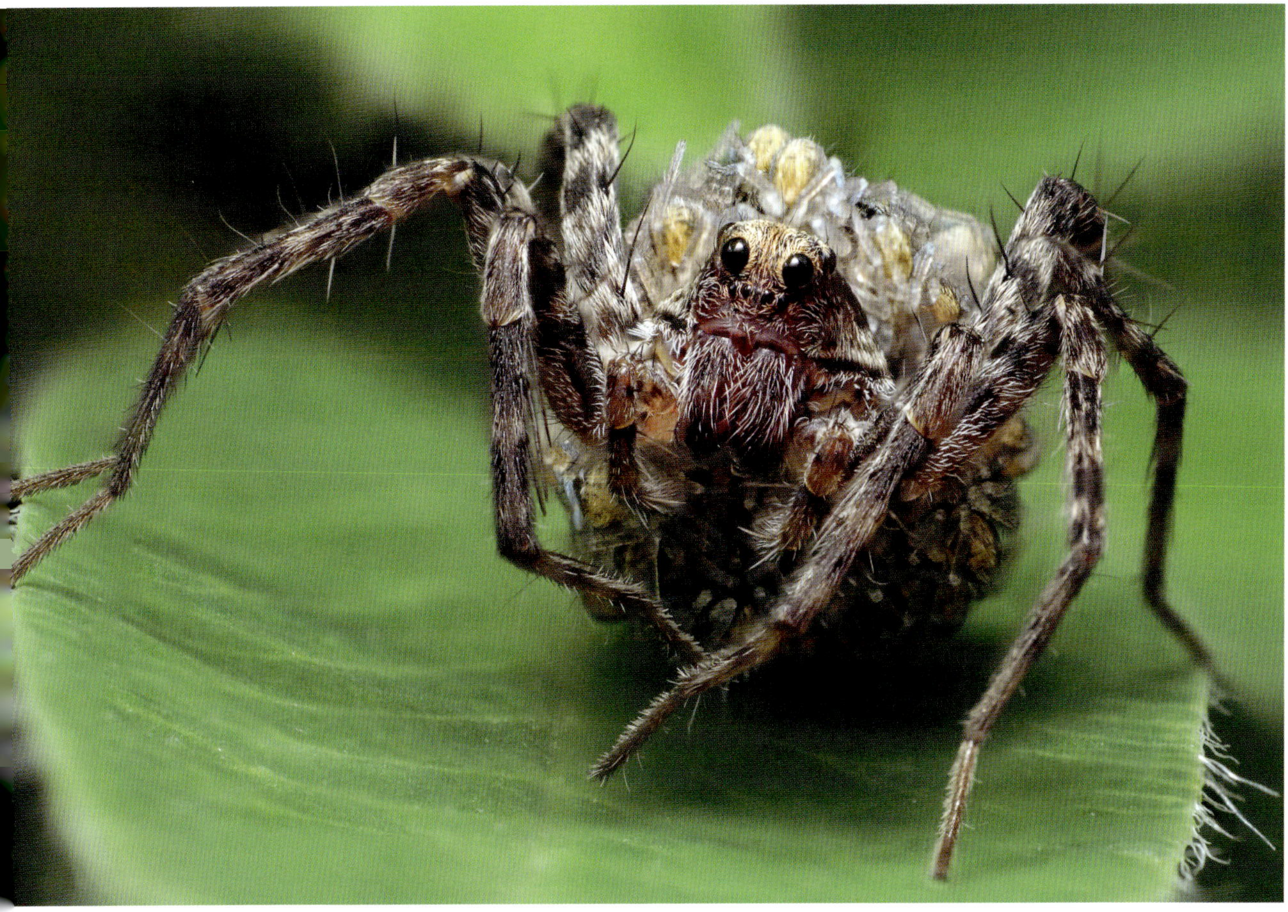

Eine Wolfspinnenmutter mit Eikokon.

Wolfspinnenmütter

Wolfspinnenmütter sind fürsorgliche Tiere und tragen zuerst den Eikokon unter dem Hinterleib (Opisthosoma) mit sich. Er wird dabei an den Spinnwarzen befestigt, manche Wolfspinnenarten tragen den Kokon aber auch auf dem Hinterleib. Wenn die Jungtiere geschlüpft sind, werden sie von der Mutter noch einige Zeit auf dem Opisthosoma mitgenommen und beschützt.

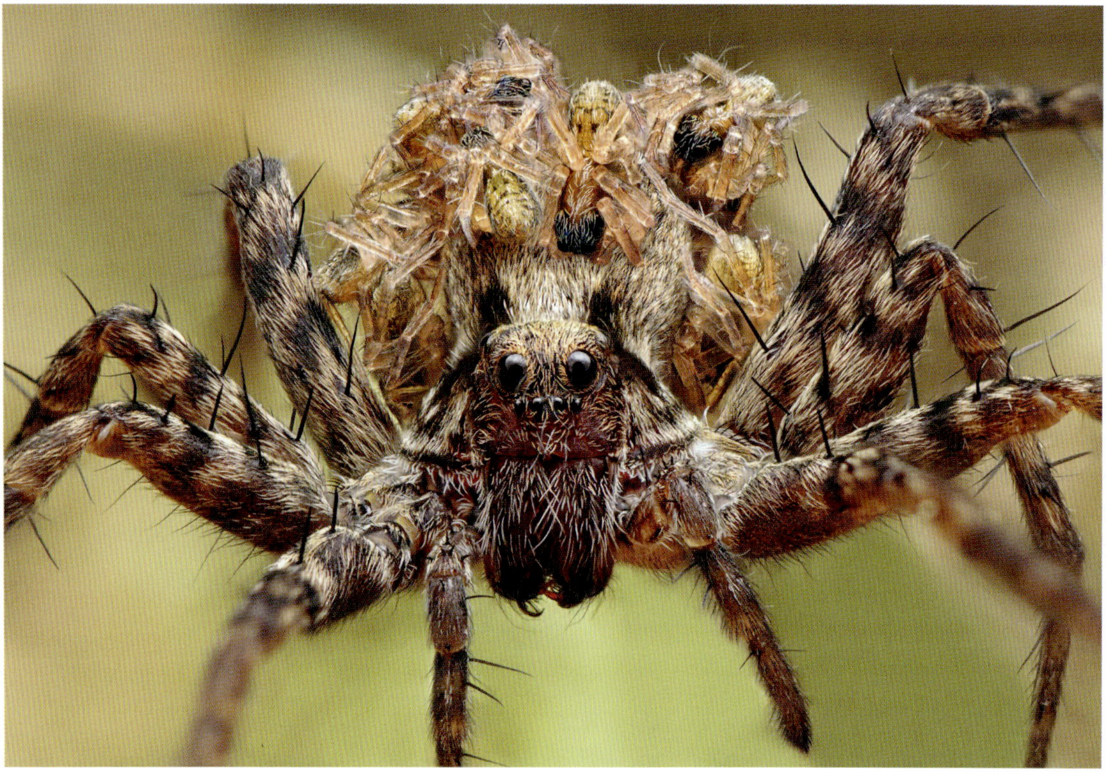

Ein Wolfspinnen-Weibchen mit seinen Jungspinnen auf dem Hinterleib.

Ein Acantholycosa-lignaria-Weibchen mit Kokon unter dem Hinterleib. Diese sehr schöne Wolfspinnenart gilt nach der Roten Liste in Deutschland als stark gefährdet (Bestandssituation: extrem selten).

Fundort: Eine alte Holzhütte im Tölzer Land.

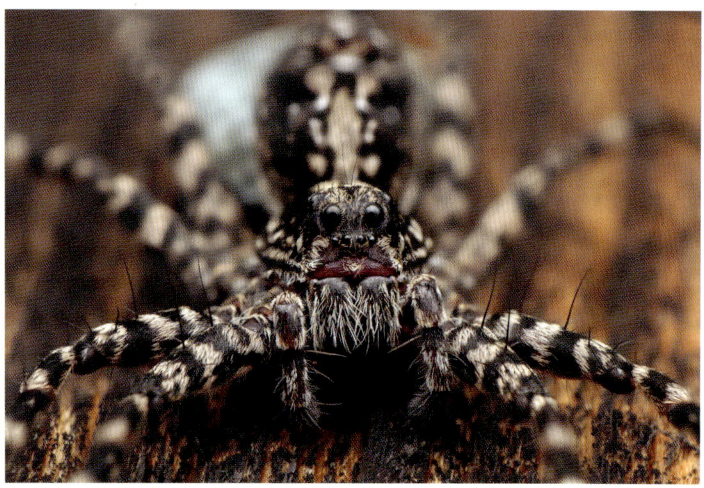

Ein Acantholycosa-lignaria-Weibchen.

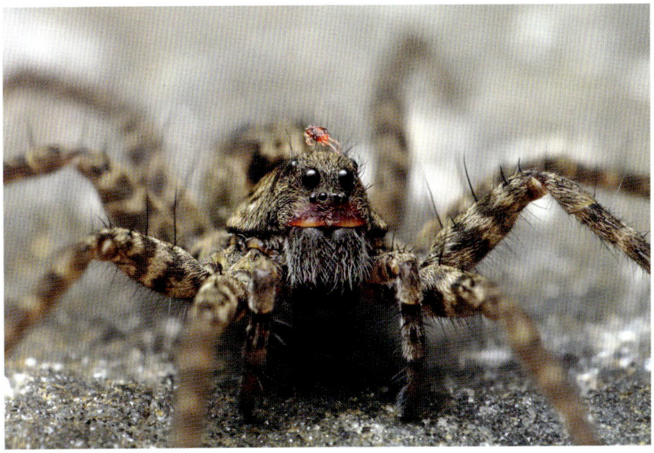

Eine Wolfspinne mit Milbe.

Auch Spinnen haben ihre Probleme mit Parasiten. Durch das Kopfhaar dieses Wolfspinnen-Weibchens krabbelt eine Milbe. Milben verwenden Spinnen und Insekten gern als Transportmittel, ernähren sich aber auch von deren Körpersäften bzw. deren Blut. Milben gehören auch zu den Spinnentieren und sind mit allein in Deutschland ca. 3.000 Arten extrem artenreich. Besonders häufig lassen sich Milben an Schnaken beobachten.

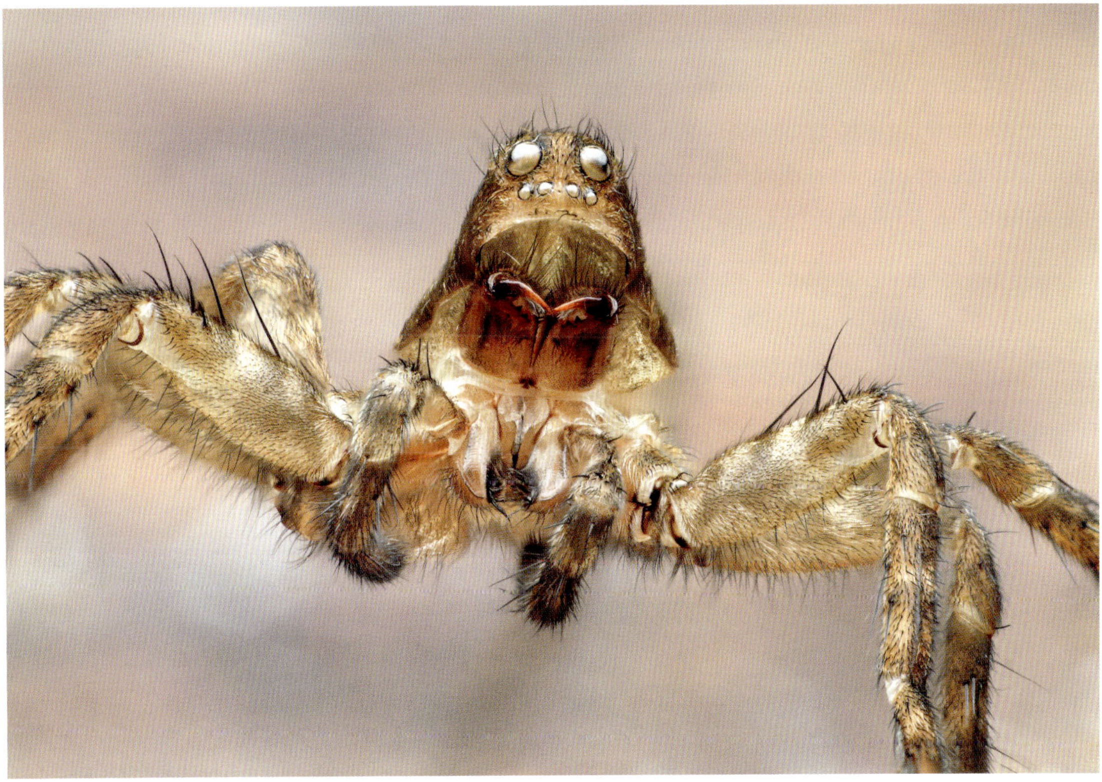

Die alte Haut (Exuvie) einer Wolfspinne.

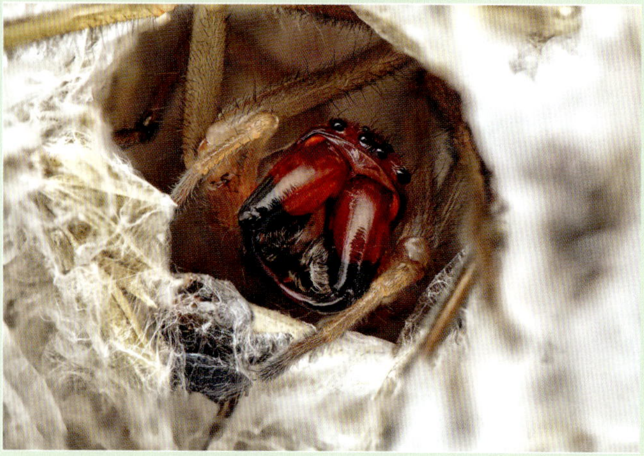
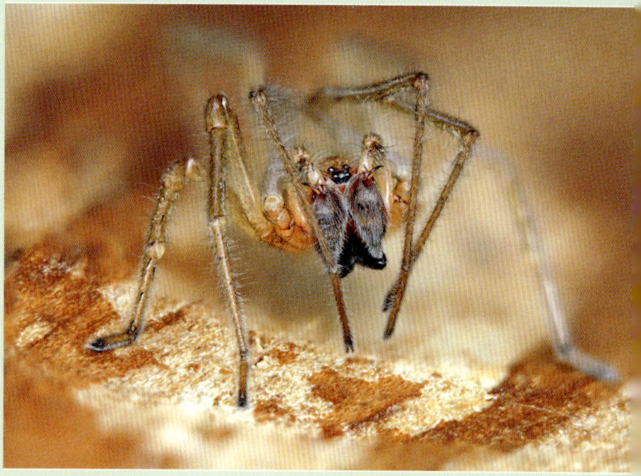

Dornfingerspinnen-Männchen (Cheiracanthium punctorium).

Ammen-Dornfingerspinne

In Deutschland gibt es nur zwei Spinnenarten, deren Gift so stark ist, dass ein Biss für den Menschen spürbare Nebenwirkungen haben kann und die gleichzeitig durch die Haut beißen können. Neben der Wasserspinne ist es der Ammen-Dornfinger. Die Spinne kann mit ihren großen Cheliceren leicht die menschliche Haut durchdringen. Wirklich gefährlich ist aber auch das Gift dieser Spinne nicht, meistens bleibt es bei einer Rötung der Bissstelle und einem

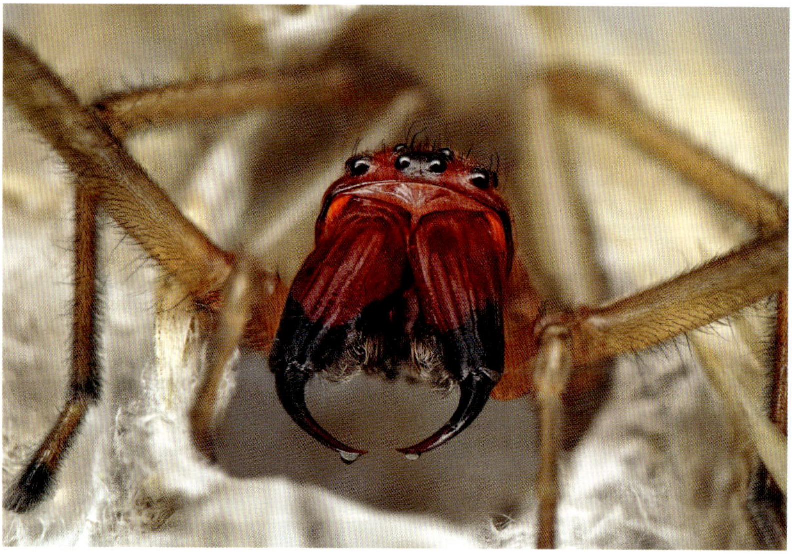

Ein wütendes Ammen-Dornfinger-Weibchen.

leicht brennenden Gefühl in diesem Areal, das aber schon ein paar Tage anhalten kann.

Normalerweise begegnet man einer Dornfingerspinne eher selten. Sie sind nachtaktiv und halten sich tagsüber in ihren Gespinsten auf. Diese kann man in geeigneten Gebieten auch relativ leicht entdecken, sie befinden sich etwa in Kniehöhe an Gräsern und haben ungefähr die Größe eines Tennisballs. Die Ammen-Dornfingerspinne gilt nach der Roten Liste als gefährdet.

Fundort: Griesheimer Düne (bei Darmstadt).

Amaurobius ferox

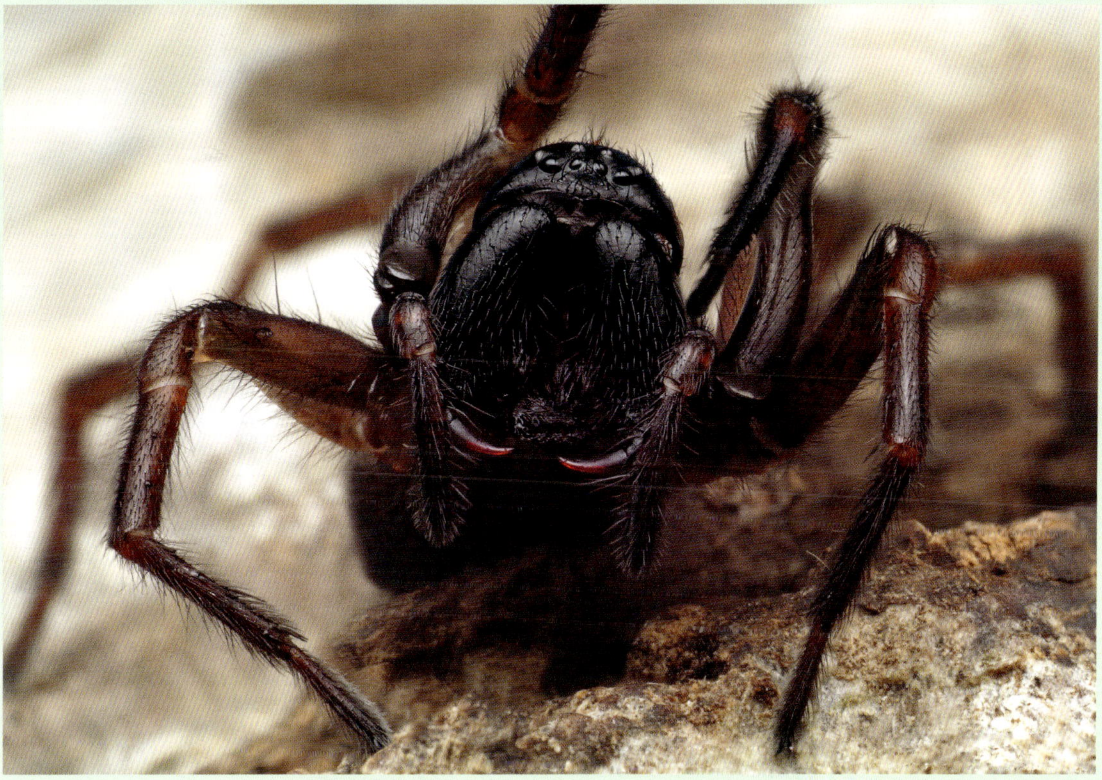

Eine Finsterspinne (Amaurobius ferox) in Drohhaltung.

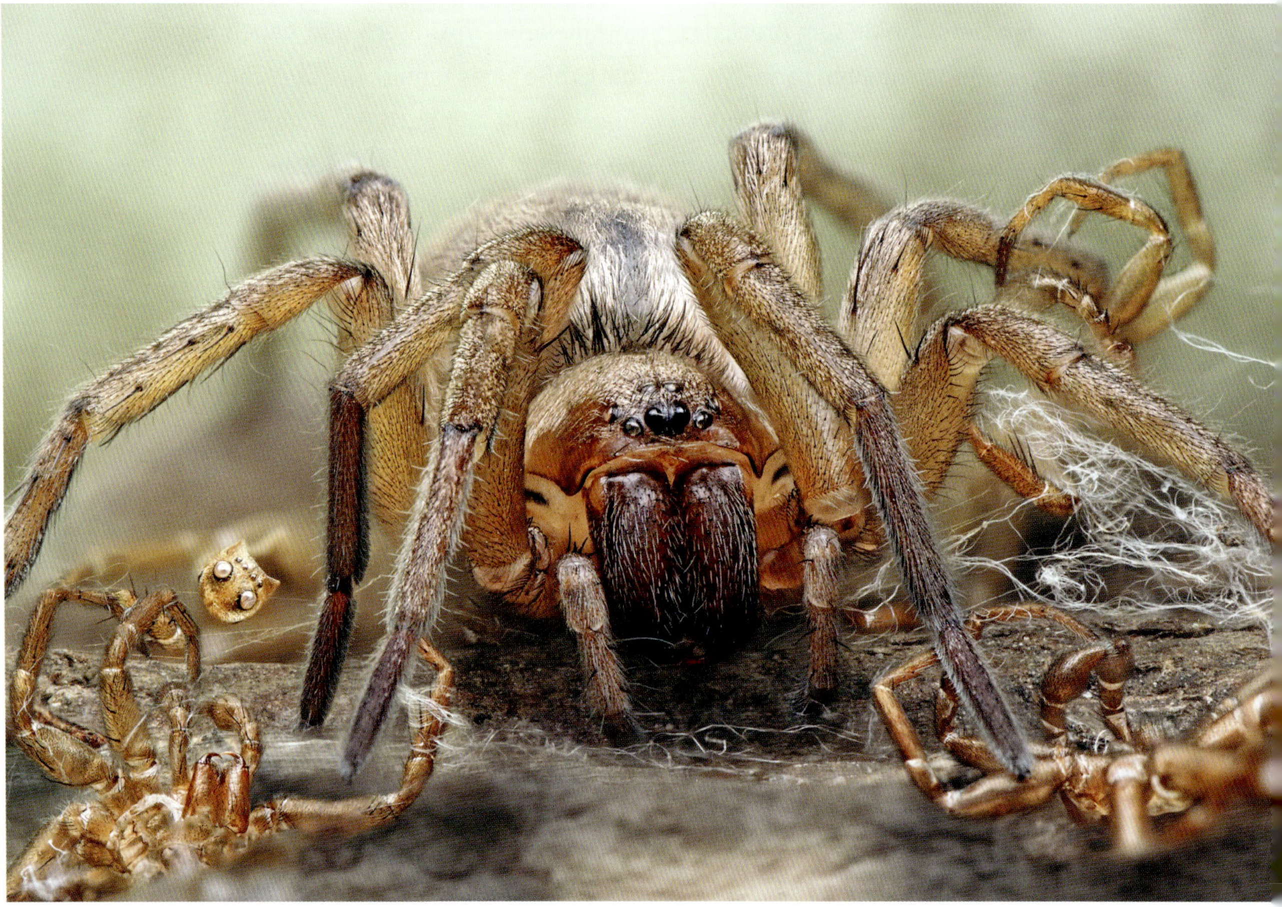

Eine Sackspinne mit Wolfspinnenhäuten.

Sackspinne

Ich schaue auf meinen Touren auch immer wieder gern unter Totholz nach, besonders wenn sonst nichts zu finden ist. Unter Totholz findet man eigentlich immer ein paar Makromotive. Angefangen bei Hundertfüßern über Asseln bis hin zu einigen Spinnenarten reicht die Artenvielfalt, auf die man dort treffen kann.

Unter einem Holzstück war neben einigen abgelegten Wolfspinnenhäuten auch eine wirklich große Sackspinne, deren Gespinstsack beim Umdrehen des Holzstücks aufgerissen wurde. Teile des Gespinsts, in dem sie sich aufgehalten hatte, sind rechts im Bild gut zu erkennen. Der Hauptteil des Gespinsts liegt aber außerhalb des Bilds. Die Spinne blieb zum Glück lange Zeit sehr ruhig, und so konnte ich genügend Aufnahmen für einen Focus Stack machen.

Häutung einer Sackspinne

Auf dem linken Bild stecken die Beine der Spinne noch tief in der alten Haut. Rechts im Bild ist zu sehen, dass die Beine schon deutlich weiter herausgezogen sind. Ich habe die Aufnahmen während eines Workshops im Spessart gemacht. Ich fand die Sackspinne unter einer Rinde. Sie saß zunächst sehr ruhig da, nach einem Moment hat sie sich sehr merkwürdig bewegt, und ich dachte zunächst, dass mit ihr etwas nicht stimmen kann.

Dann fing sie aber mit der Häutung an. Ein tolles Erlebnis, so etwas von Anfang an bei einer Spinne in freier Natur beobachten zu können. Nach den Aufnahmen habe ich die Spinne mitsamt dem Stück Rinde an einen sicheren Ort gelegt, denn sie musste sich nach der Häutung ausruhen und das Exoskelett aushärten lassen. Ansonsten wäre wie schutzlos potenziellen Fressfeinden wie z.B. Ameisen ausgesetzt gewesen.

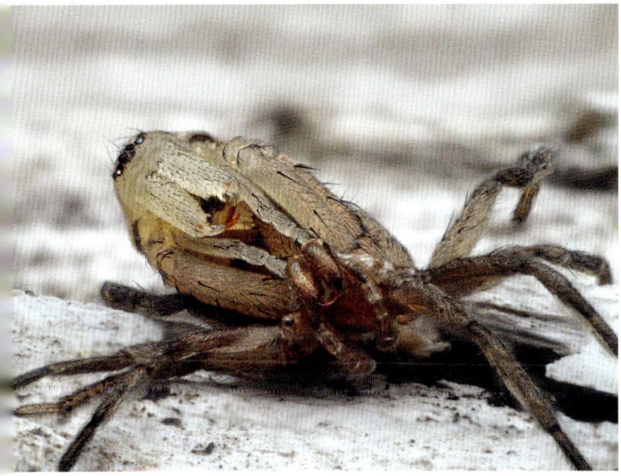

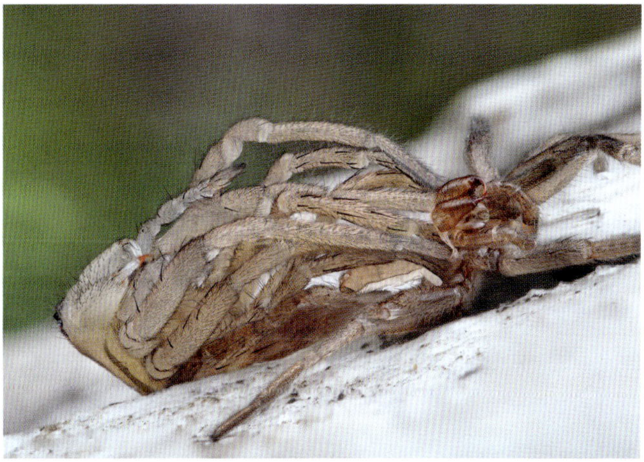

Eine Sackspinne während der Häutung.

Streckerspinne

Eine Streckerspinne (Tetragnatha extensa) mit ihren mehr als beeindruckenden Cheliceren.

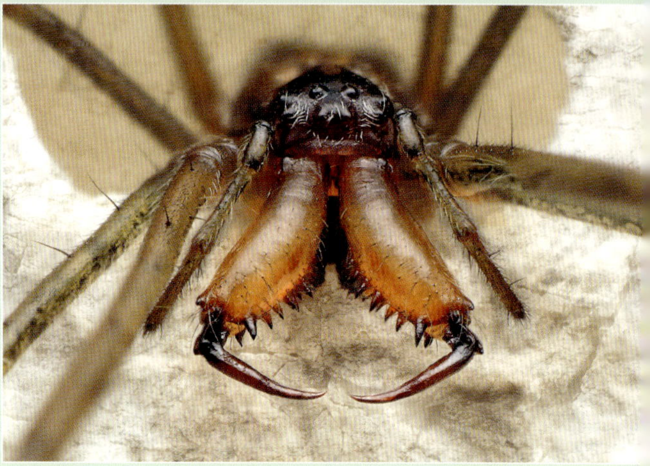

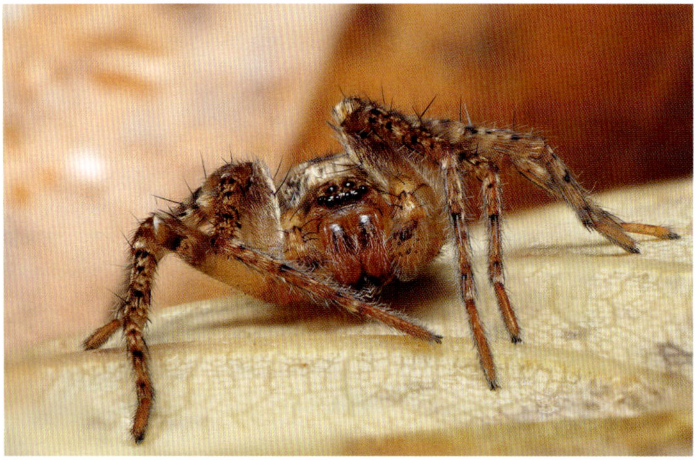

Zartspinne

Zur Familie der Zartspinnen gehören weltweit etwa 550 Arten. Bei uns gibt es aber nur zwei Arten. Die hier gezeigten zwei Exemplare sind Vierfleck-Zartspinnen (Anyphaena accentuata). Diese Spinnenart lebt in ganz Deutschland und wird im Winter auch immer wieder in Wohnungen gefunden.

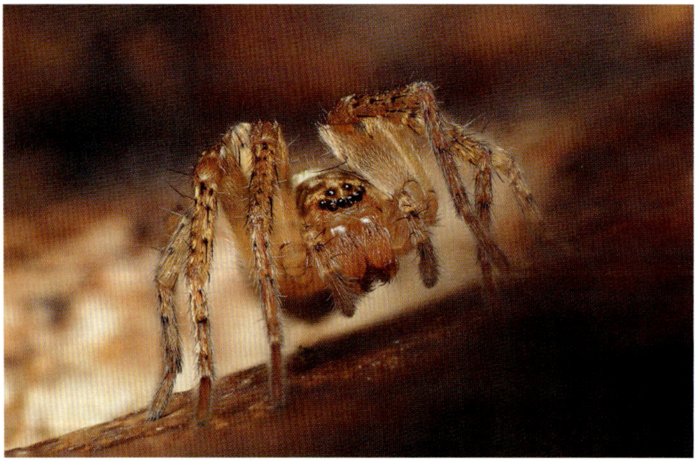

Vierfleck-Zartspinnen (Anyphaena accentuata)

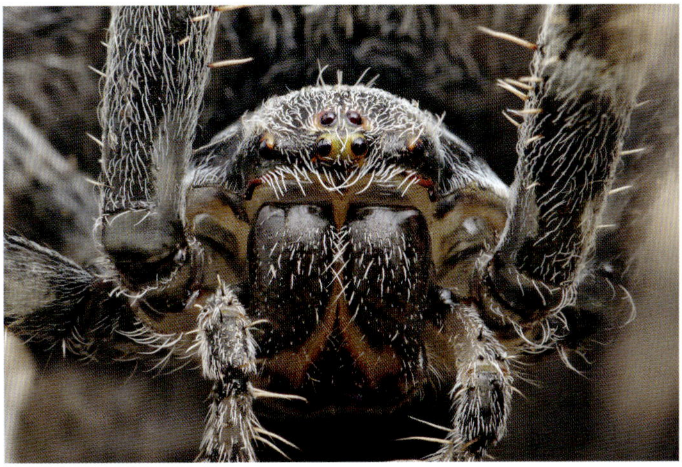

Die Farben bei Gartenkreuzspinnen reichen von Gelb über Rot bis hin zu tiefdunklem Grau.

Eine Gartenkreuzspinnen-Weibchen (Araneus diadematus).

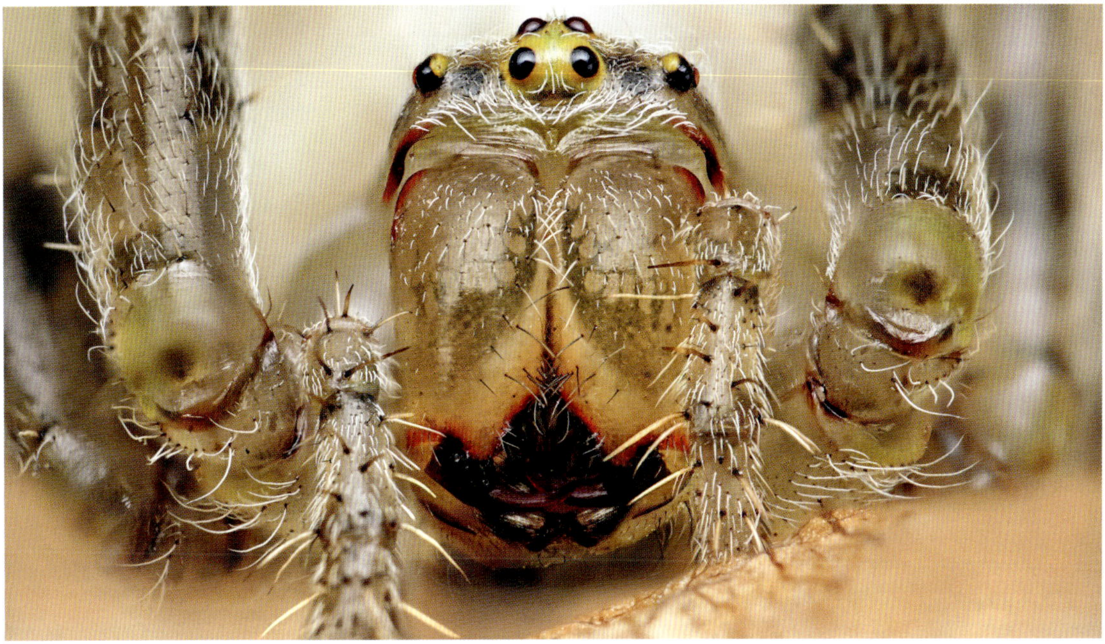

Gartenkreuzspinne

Die Farbvarianz bei Gartenkreuzspinnen reicht von Gelb über Rot bis hin zu einem sehr dunklen Grau, je nachdem, in welchem Lebensraum sie zu finden sind. Die gelbe Gartenkreuzspinne habe ich auf einer Wiese bei Bad Orb gefunden, das dunkelgraue Exemplar in Herbstein an einer Hauswand. Gartenkreuzspinnen sind mit einer Körperlänge von bis zu 17 mm imposante Erscheinungen. Ihre nahe Verwandte, die noch etwas größere Vierfleck-Kreuzspinne, hat eine ähnliche Farbvarianz und ist etwas seltener. In bestimmten Gegenden wie dem Tölzer Land ist die Vierfleck-Kreuzspinne aber sehr häufig zu finden.

Wespenspinne

Ein Wespenspinnen-Weibchen (Argiope bruennichi).

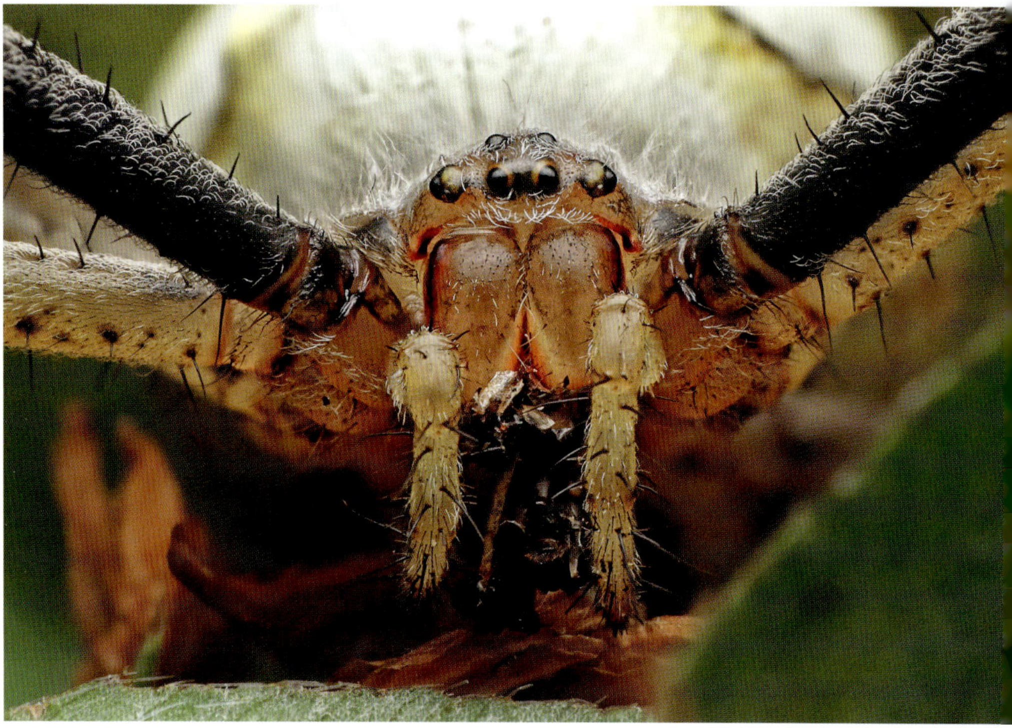

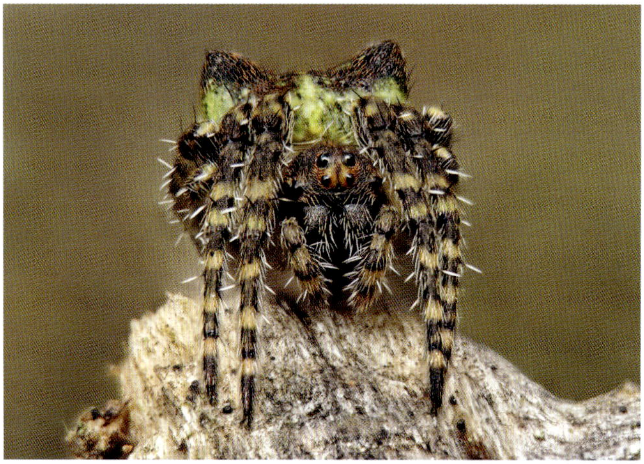

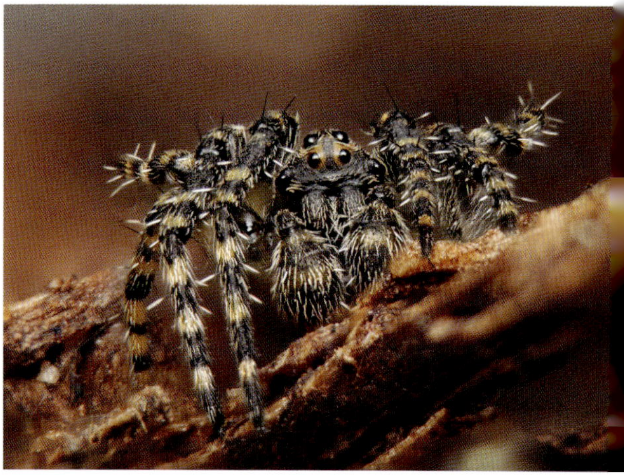

Buckel-Kreuzspinne

Ein Weibchen (links) und ein Männchen (rechts) der Buckel-Kreuzspinne (Gibbaranea gibbosa). Diese Art ist relativ selten und schwer zu finden. Sie lebt vor allem auf Bäumen. Ich habe die beiden Exemplare an einem Waldrand im Spessart gefunden.

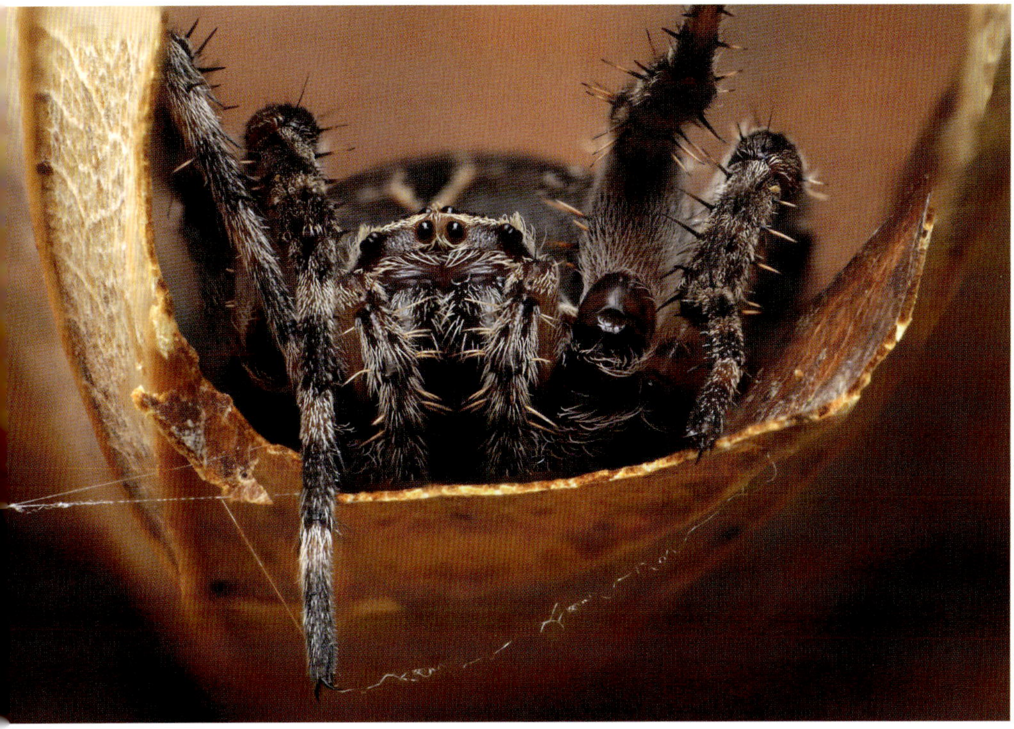

Brücken-kreuzspinne

Ein Weibchen der Brückenkreuzspinne (Larinioides sclopetarius).

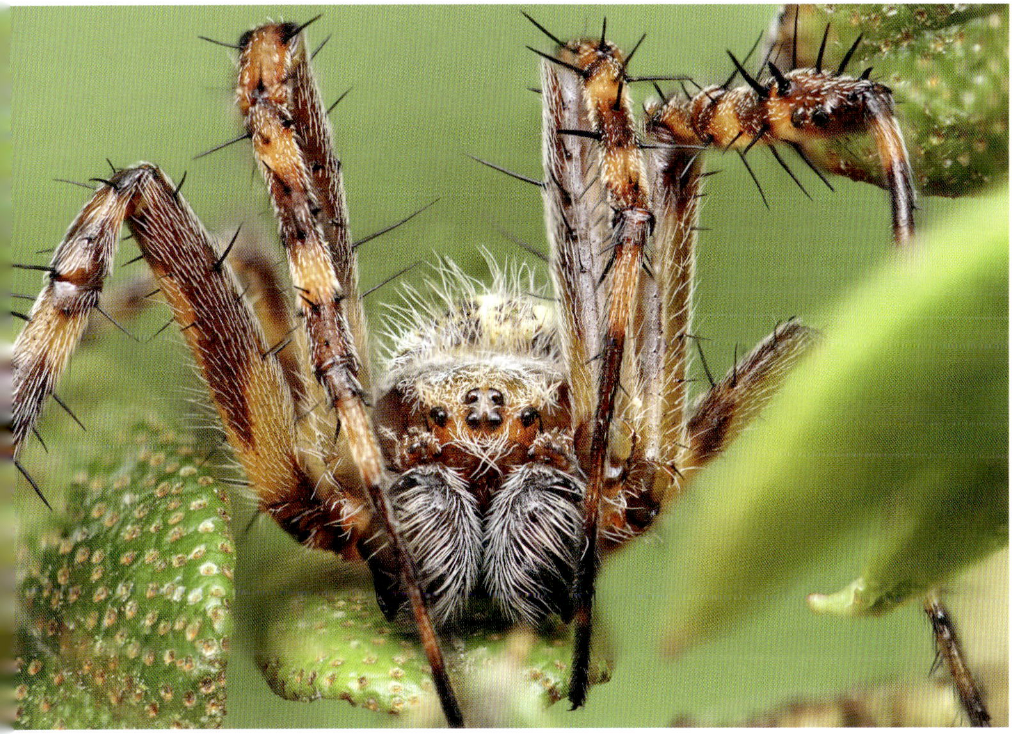

Eichblatt-Radspinne

Ein Eichblatt-Radspinnen-Männchen (Aculepeira ceropegia).

Große Zitterspinne

Die Zitterspinne (oben ein Weibchen und unten das Männchen) ist wohl die am häufigsten anzutreffende Spinne in unseren Häusern und Wohnungen. Sie ist praktisch in jedem Raum zu finden, vermehrt aber in Kellerräumen, wo sie es schön dunkel und ruhig hat. Sie hat zwar nur einen relativ kleinen Körper von bis zu 10 mm, dafür sind die Beine umso länger. Auf dem Speiseplan dieser Spinne stehen neben allen möglichen Insekten wie Mücken und Fliegen auch große Hauswinkelspinnen, die bei einer Begegnung mit einer Zitterspinne meistens den Kürzeren ziehen.

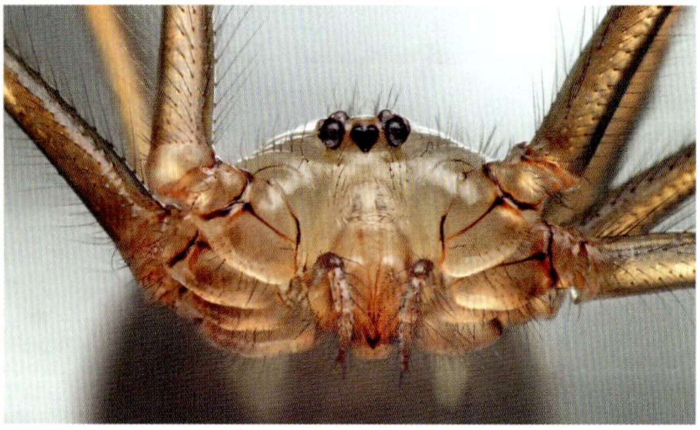

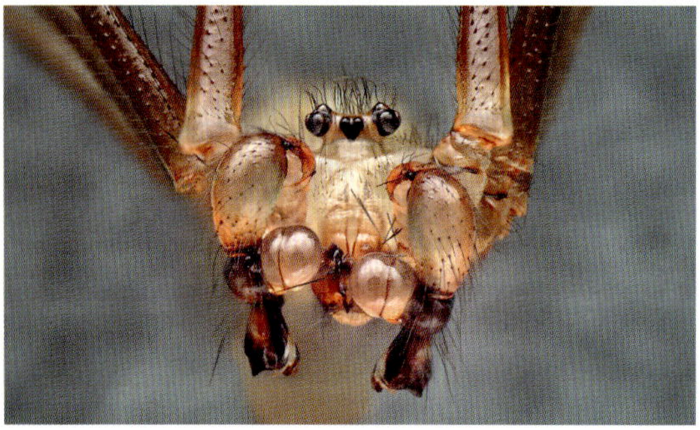

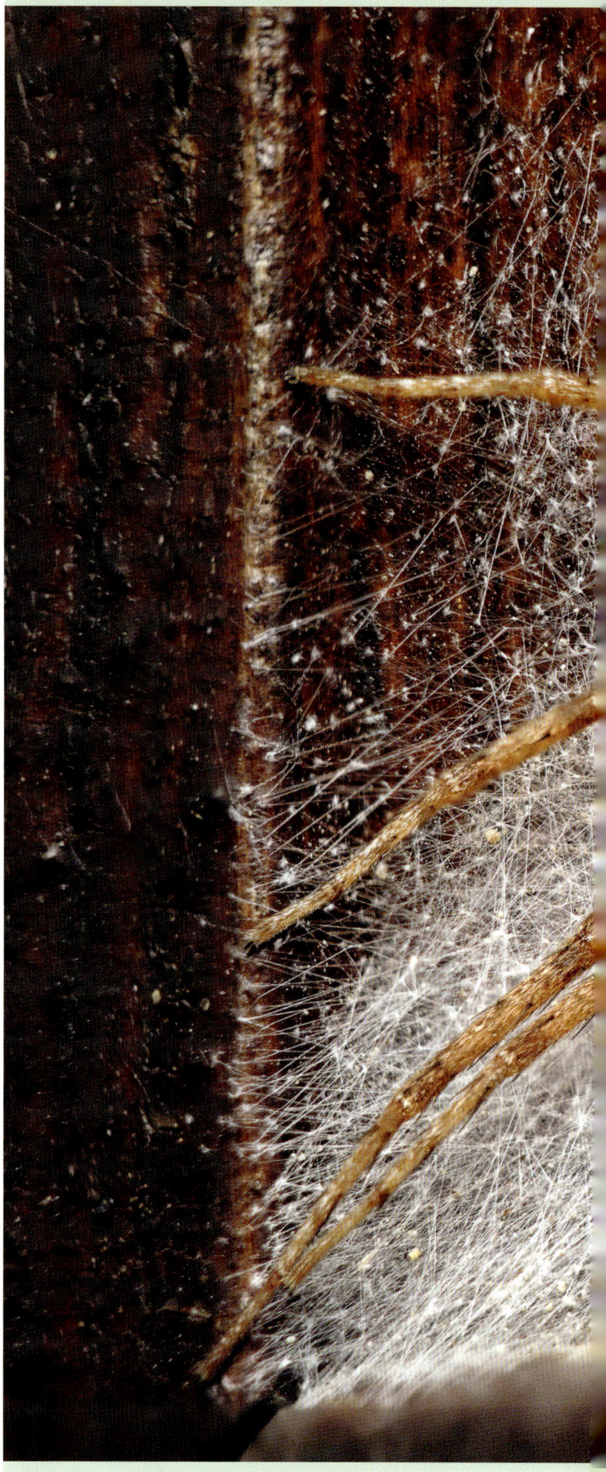

Weibchen (links) und Männchen (rechts) der Großen Zitterspinne (Pholcus phalangioides).

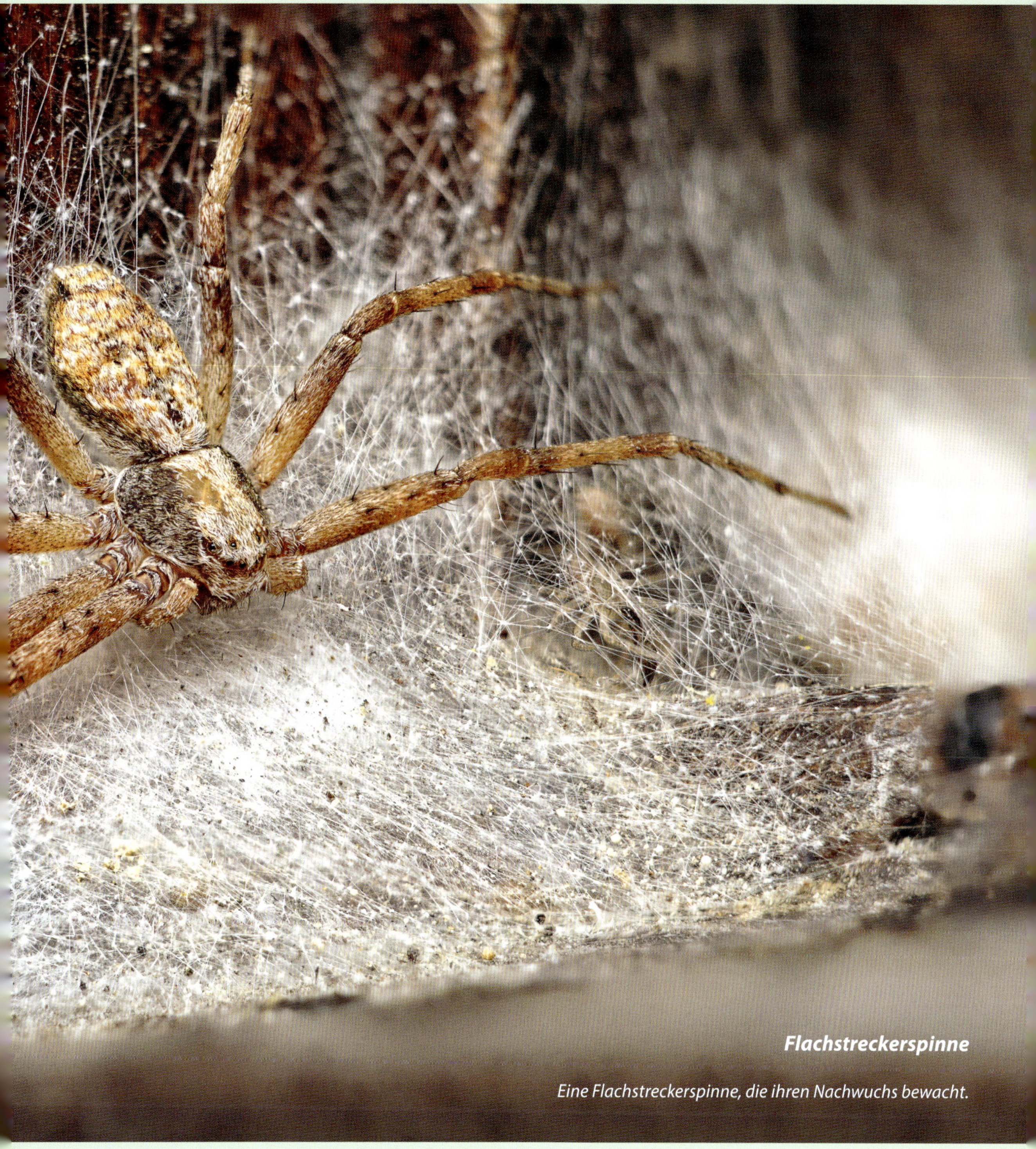

Flachstreckerspinne

Eine Flachstreckerspinne, die ihren Nachwuchs bewacht.

Federfußspinne

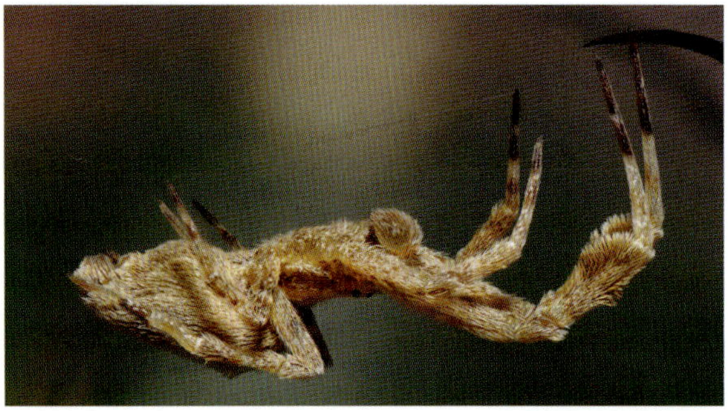

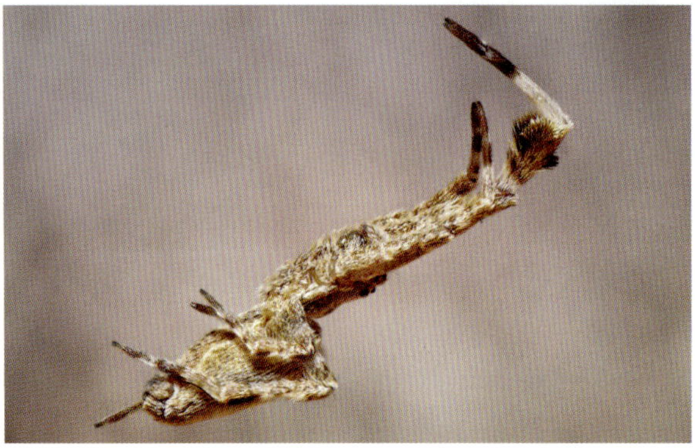

Diese interessante Spinne ist eigentlich im Mittelmeergebiet und noch südlicher beheimatet. Die Spinnenart kann man aber auch immer wieder in Baummärkten finden, genauer gesagt in der Gartenabteilung bei den Kakteen, da sie mit diesen Pflanzen zu uns eingeschleppt wird. Sie ist dort aber nicht leicht zu finden, da sie recht klein ist und in ungewohnter Körperhaltung im Netz hängt. Diese Spinne hat nicht nur einen sehr niedlichen Namen, sie besitzt sogar nicht mal Giftdrüsen – wie übrigens alle Kräuselradnetzspinnen, zu deren Familie diese kleine putzige Spinne gehört.

Fundort: Baumarkt in Schlüchtern.

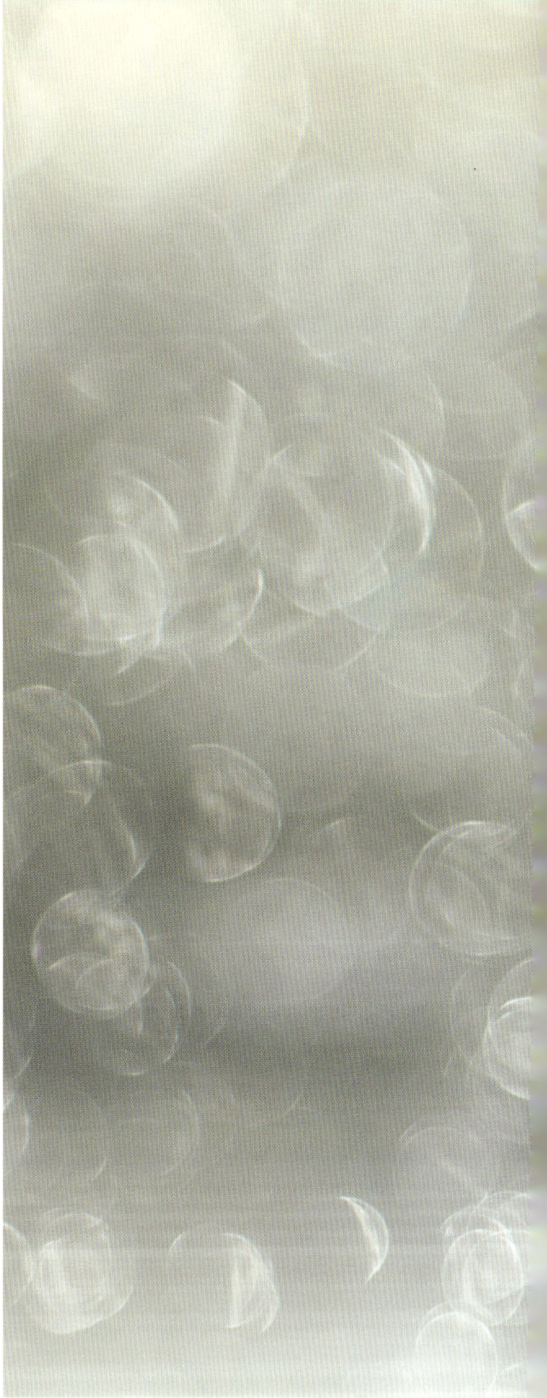

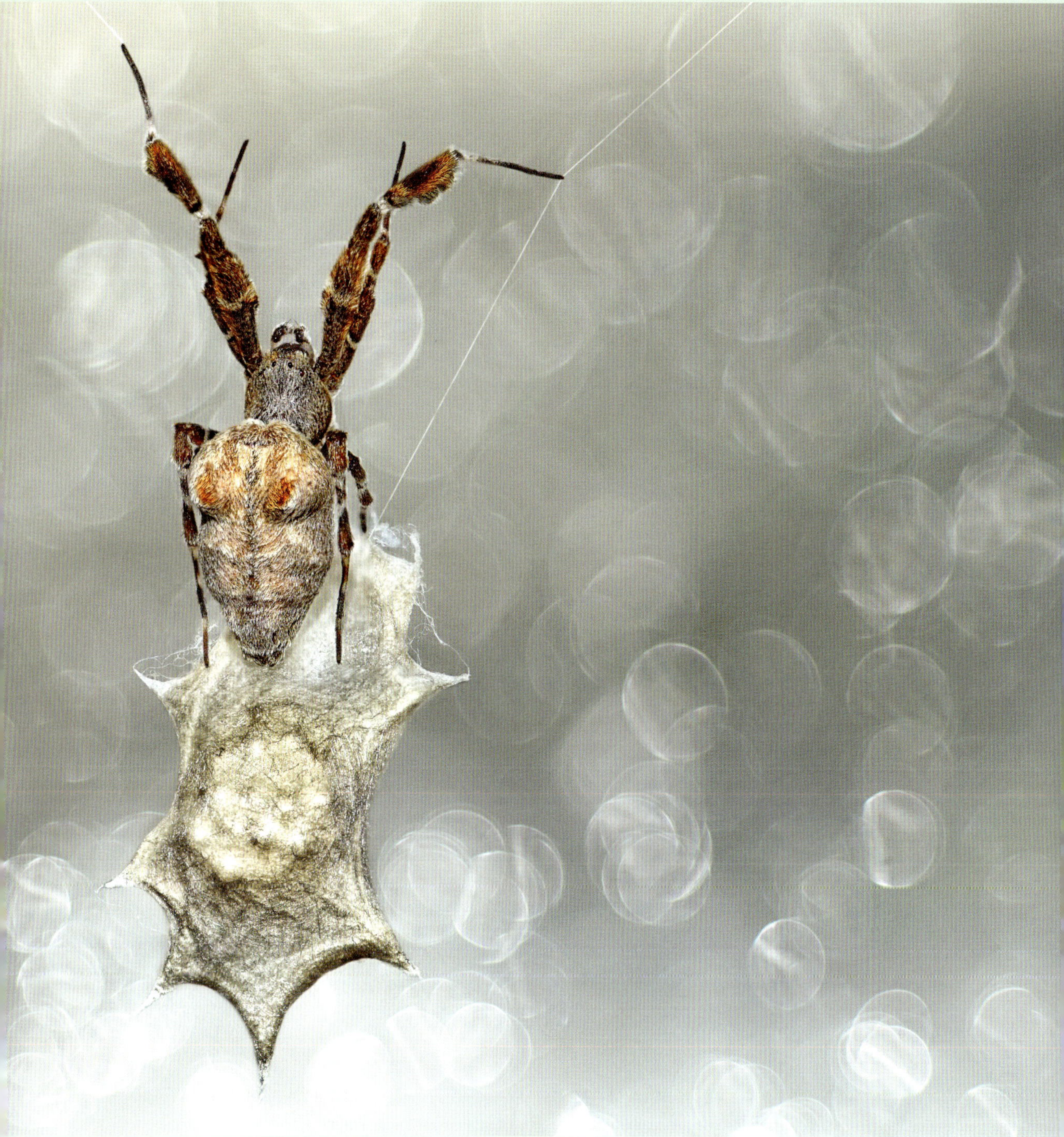

Ein Federfußspinnen-Weibchen (Uloborus plumpipes) mit ihrem wunderschön geformten Kokon.

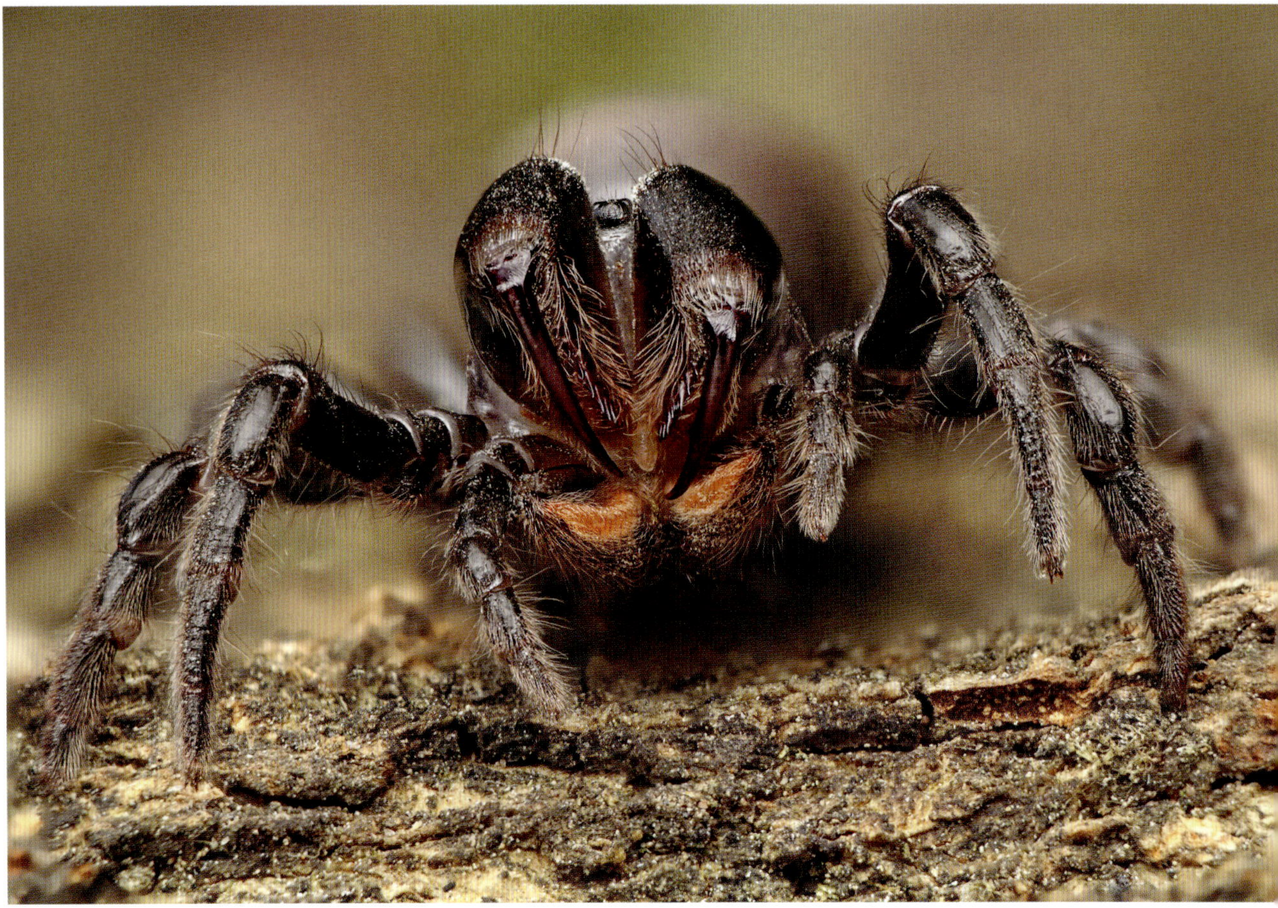

Ein ausgewachsenes Weibchen der Tapezierspinne (Atypus affinis).

Tapezierspinne

Tapezierspinnen sind die einzigen Vogelspinnenartigen Spinnen in Mitteleuropa. Neben der Art Atypus affinis kommen bei uns noch zwei weitere Tapezierspinnenarten vor, ungefähr genauso häufig ist die Art Atypus piceus in Deutschland. Tapezierspinnen gehören aber insgesamt nicht zu den häufigen Spinnen. Atypus affinis gilt nach der Roten Liste bei uns als gefährdet.

Es sind wirklich sehr beeindruckende Spinnen mit einem massiven Körper von bis zu 15 mm Körperlänge, aber nur relativ kurzen Beinen, wodurch sie sehr kompakt und gedrungen wirken. Die Weibchen der Tapezierspinne werden bis zu acht Jahre alt und verbringen die meiste Zeit ihres Lebens unter der Erde in einer Wohnröhre.

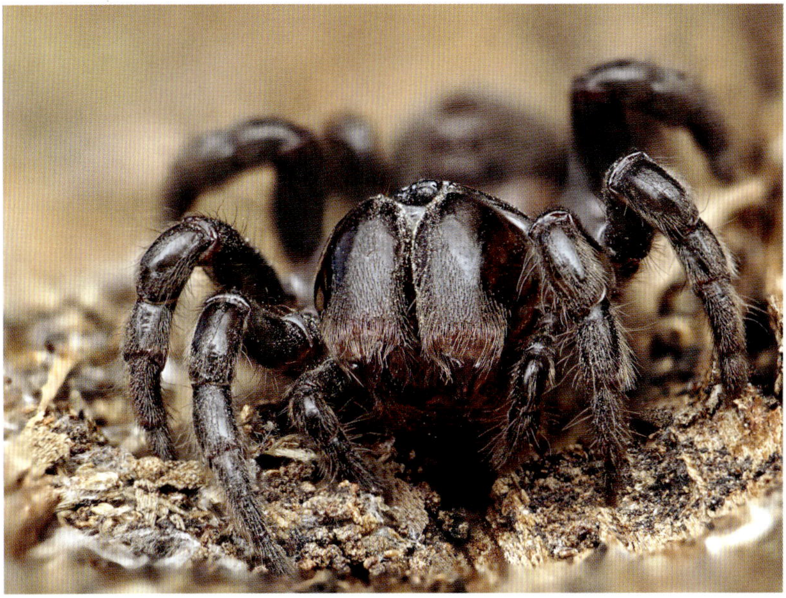

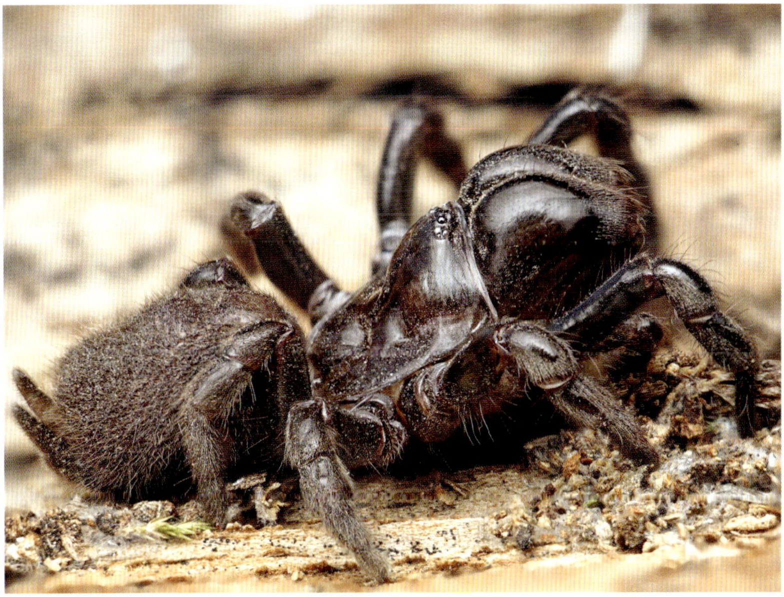

Tapezierspinnen gibt es schon seit etwa 150 Millionen Jahren. Ihr plumpes Aussehen wirkt auch regelrecht urzeitlich, hat sich aber für diese Spinnenart offensichtlich bestens bewährt.

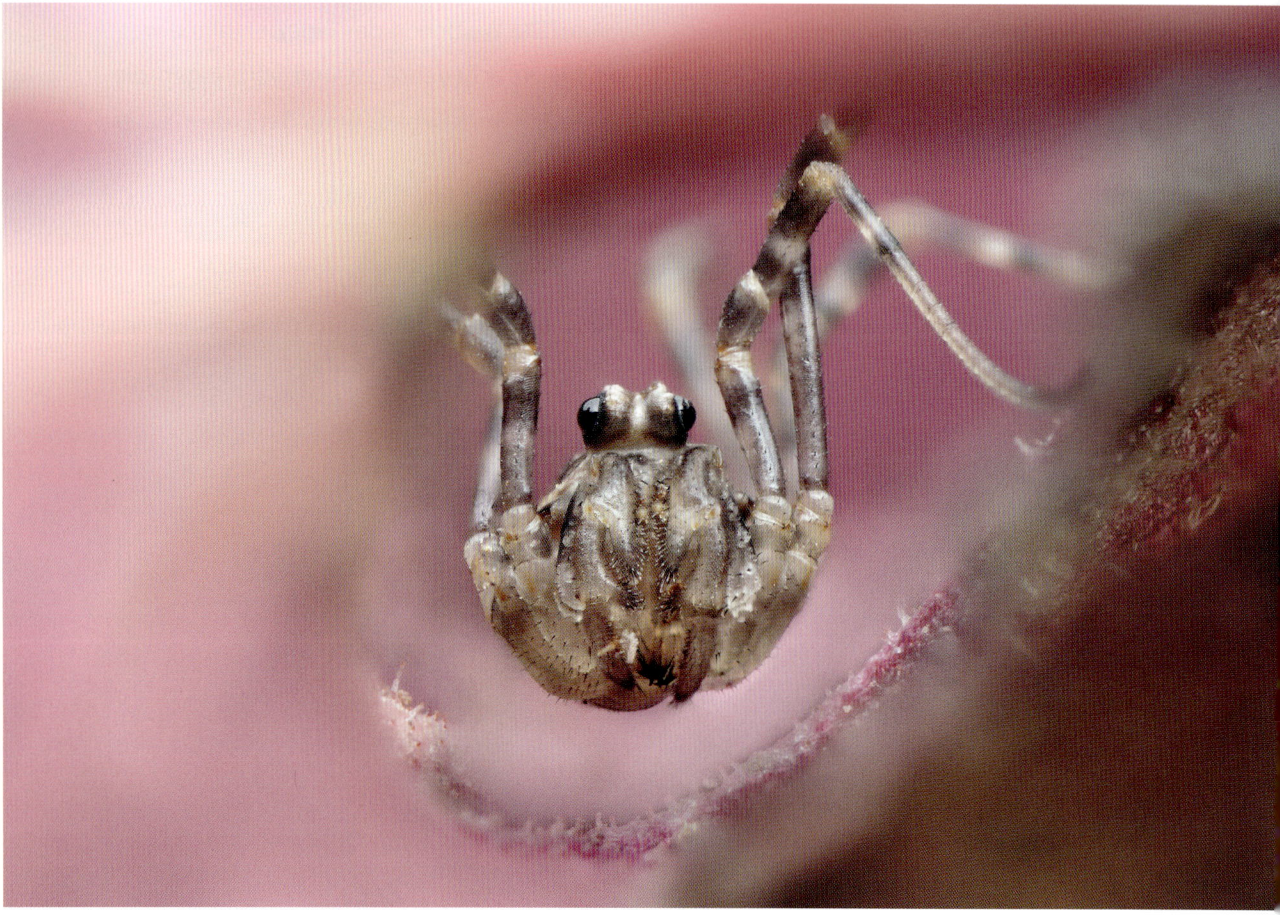

Dieser Weberknecht trägt den schönen Name Schwarzauge (Rilaena triangularis).

Weberknecht

Weberknechte gehören auch zu den Spinnentieren, haben aber im Gegensatz zu den Webspinnen keine Giftdrüsen oder Spinndrüsen. Außerdem ist Vorderkörper (Prosoma) und Hinterleib (Opisthosoma) praktisch zu einem Teil verwachsen. Bei Webspinnen besteht zwischen Prosoma und Hinterleib dagegen nur eine schmale Verbindung. Weberknechte ernähren sich von kleinen Gliederfüßern und toten Insekten, manche Arten wie etwa der Schneckenkanker, der sich von Schnecken ernährt, jagen aber auch etwas größere Beute. Manche Arten überwintern in sehr großen Gruppen, die teilweise aus mehreren Tausend Exemplaren bestehen kann.

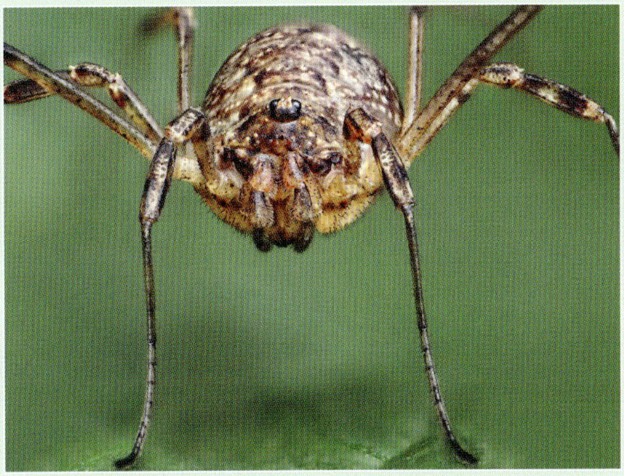 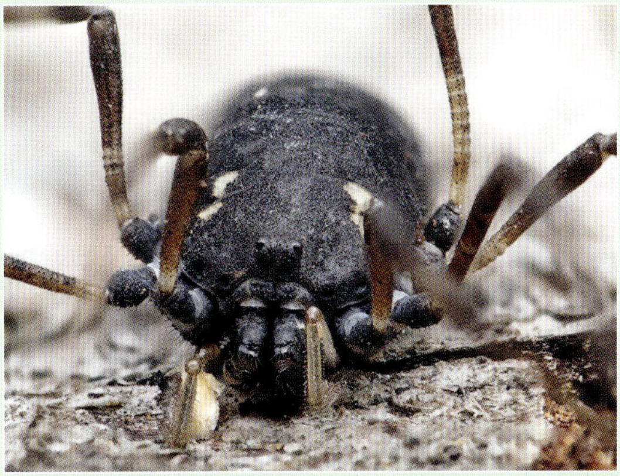

Weberknechte haben von Art zu Art unterschiedliche Zeichnungen. Die meisten Weberknechte haben lange Beine und einen im Verhältnis dazu sehr kleinen Körper.

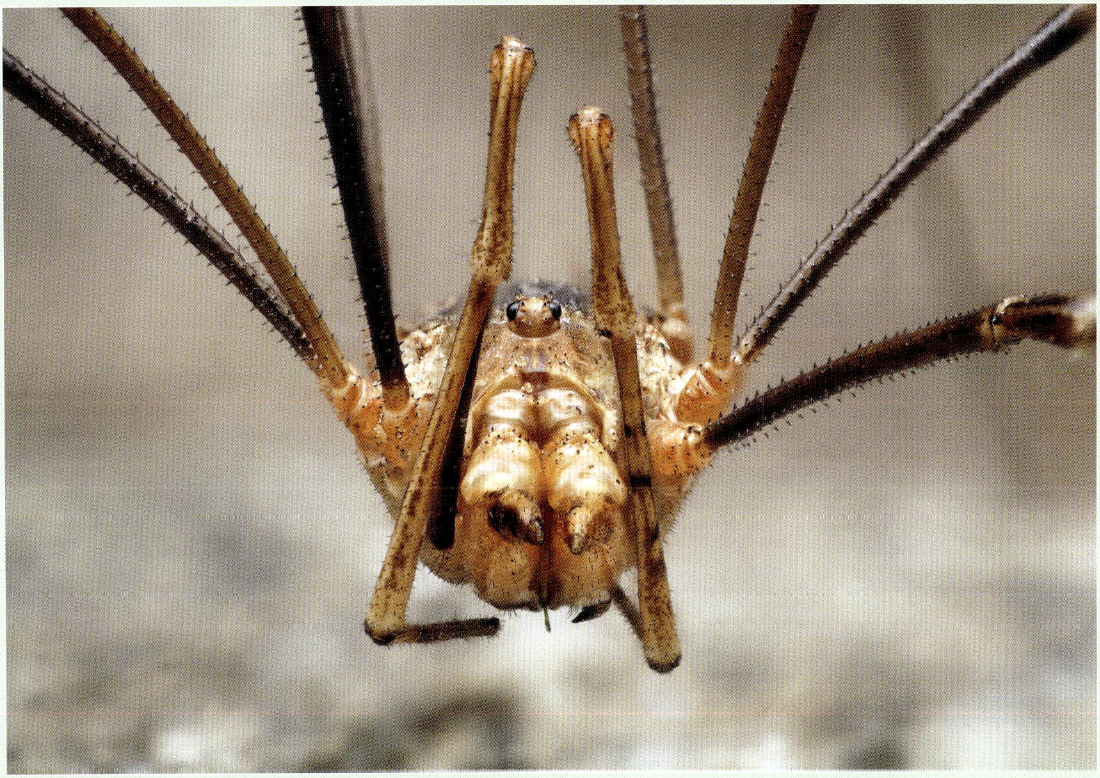

Ein Weberknecht-Männchen (Phalangium opilio).

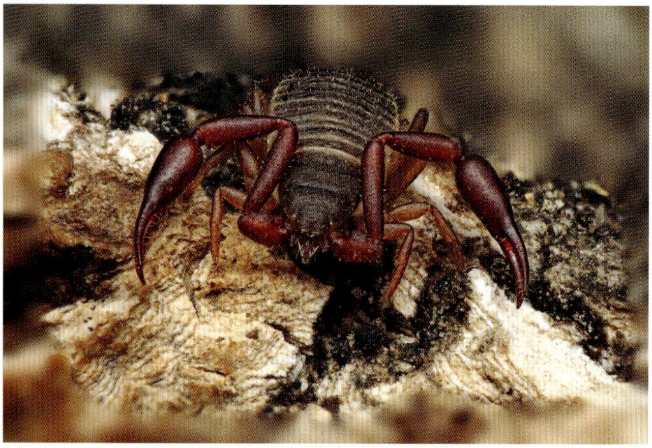
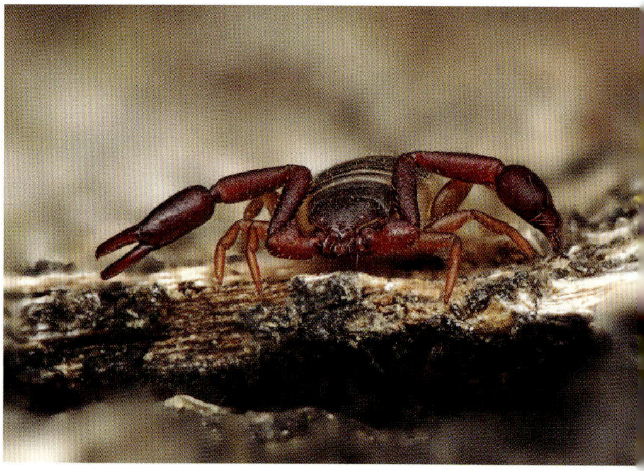
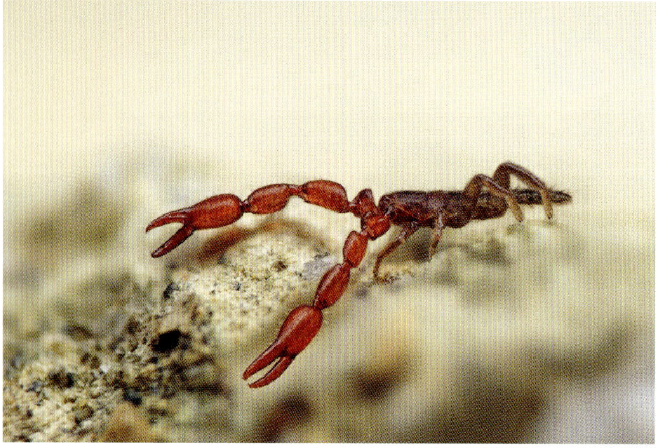
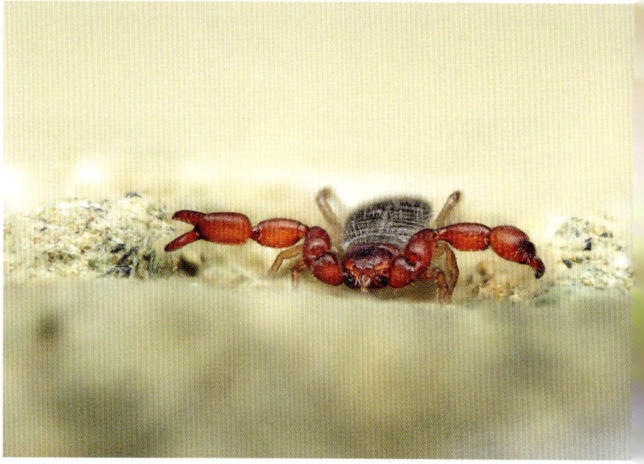

Pseudoskorpione, überwiegend in der Abwehrposition. In diese begeben sie sich, sobald man sich ihnen nähert. Meistens laufen sie aber nach einem kurzen Moment wieder davon.

Pseudoskorpione

Pseudoskorpione sind sehr kleine Lebewesen, die zur Ordnung der Spinnentiere gehören. Sie werden nur wenige Millimeter lang und sehen auf den ersten Blick aus wie echte Skorpione. Im Gegensatz dazu besitzen sie aber keinen Giftstachel. Sie ernähren sich von winzigen Insekten wie Springschwänzen. Diese überwältigen sie mit ihren Scheren, in denen auch Giftdrüsen sitzen. Man findet Pseudoskorpione oft unter Totholz oder unter Moos. Der bekannte Bücherskorpion (Chelifer cancroides) wird auch häufig in alten Büchern gefunden. Ich habe ein Exemplar unter einer Baumrinde und ein anderes unter einem Moosstück gefunden. Beide Funde waren aber reiner Zufall, da ich dort jeweils nach einem anderen Motiv gesucht hatte.

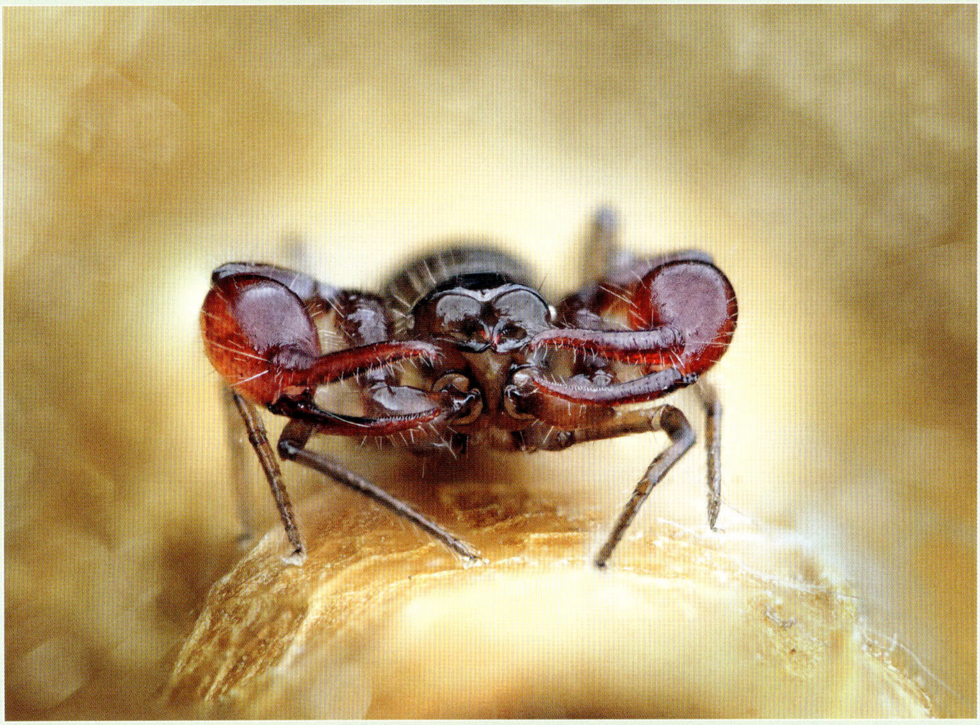

Ein Pseudoskorpion (Moosskorpion).

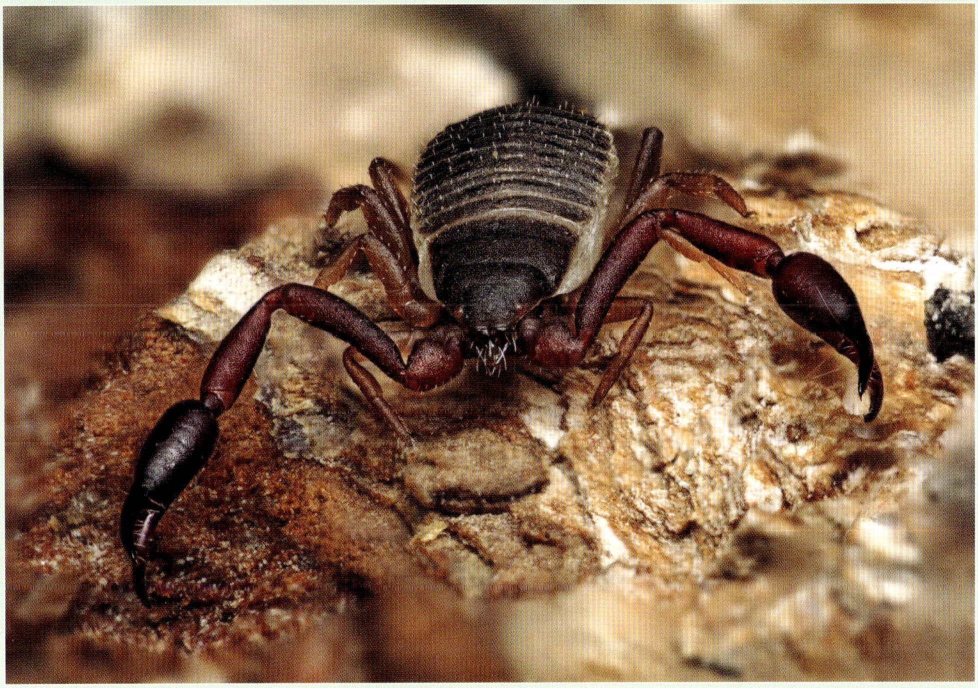

Pseudoskorpion (vermutlich Dactylochelifer latreillei).

Berüchtigte Predatoren

Raubfliegen (Asilidae) sind eine Insektenfamilie innerhalb der Fliegen, die weltweit über 7.000 Arten umfasst. Wie bei den Springspinnen kommen auch bei den Raubfliegen in Deutschland etwa 80 Arten vor.

Raubfliegen

Raubfliegen sind erfolgreiche Jäger mit sehr guten Augen und ernähren sich von allem, was sie mit ihren kräftigen Beinen und dem furchteinflößenden Stechrüssel überwältigen können. Dabei schrecken sie auch nicht vor so wehrhaften Insekten wie Wespen oder Libellen zurück, die selbst berüchtigte Predatoren sind.

Diese tolle Beuteszene der Gelben Mordfliege (Laphria flava) habe ich auf einer Waldlichtung im Spessart aufgenommen. Da ich einen zu großen Abbildungsmaßstab mit der Retro-

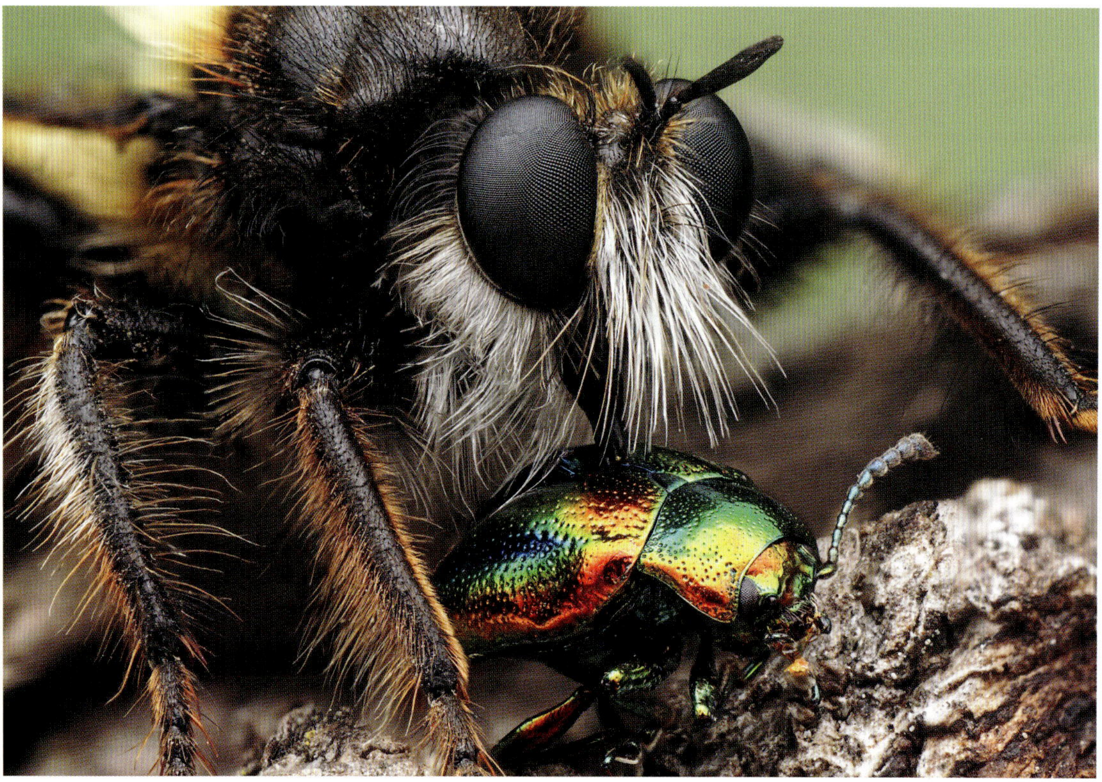

Gelbe Mordfliege (Männchen) mit erbeutetem Prachtkäfer.

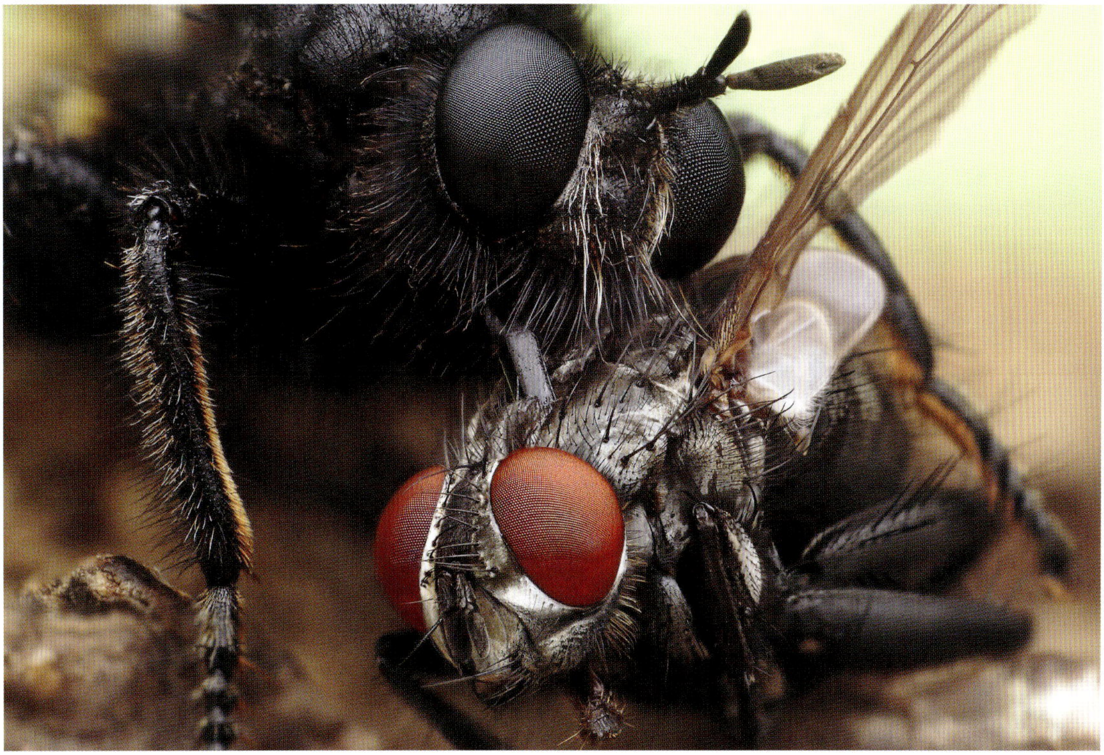

Dieses Weibchen der Gelben Mordfliege hat eine Fliege gefangen und saugt sie nun mit ihrem furchteinflößenden Stechrüssel aus.

objektiv-Zwischenring-Kombi erhalten habe, die ich in dem Moment zur Verfügung hatte, musste ich bei dem Bild nicht nur die Tiefe stacken, sondern auch nach links und rechts. Das Bild wurde dadurch von einer originalen Breite von 6.000 Pixeln auf 8.000 Pixel „aufgebohrt". Auch in der Höhe ist es entsprechend größer geworden, um das originale Breite-x-Höhe-Verhältnis beizubehalten.

Die Mordfliege war zum Glück ziemlich ruhig. Leider hat sich aber der Käfer relativ stark bewegt. Dadurch hat sich am Computer eine Bearbeitungszeit von knapp fünf Stunden ergeben.

Eine Kleine Mordfliege (Choerades femorata) in der Totalen.

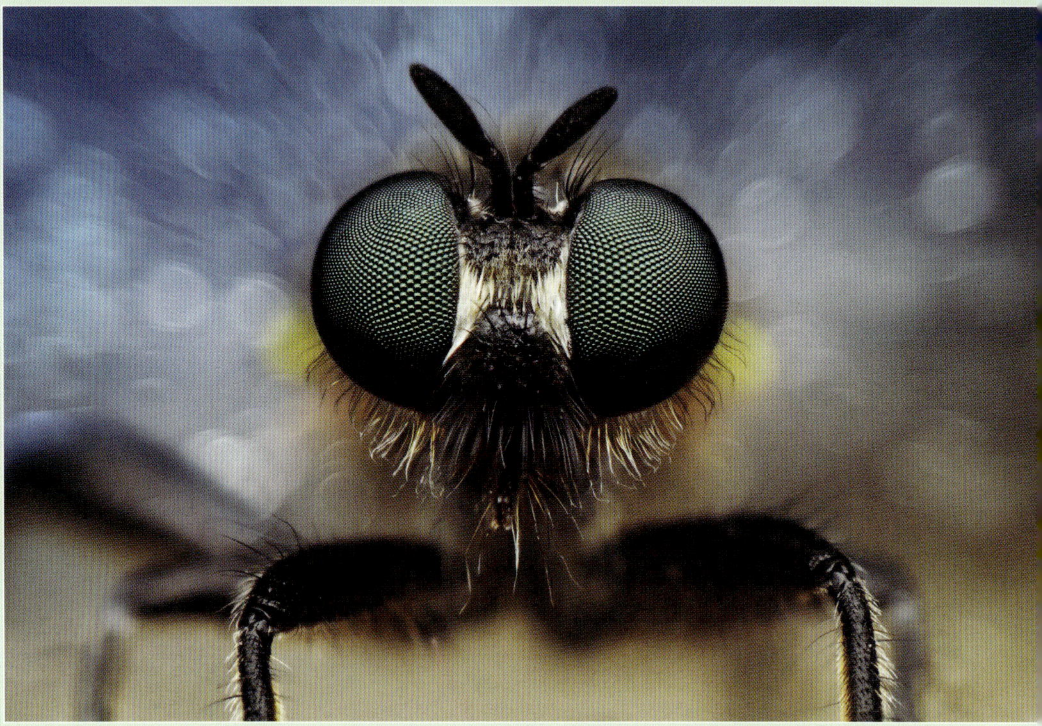

Eine Kleine Mordfliege mit erbeuteter Regenbremse (Weibchen).

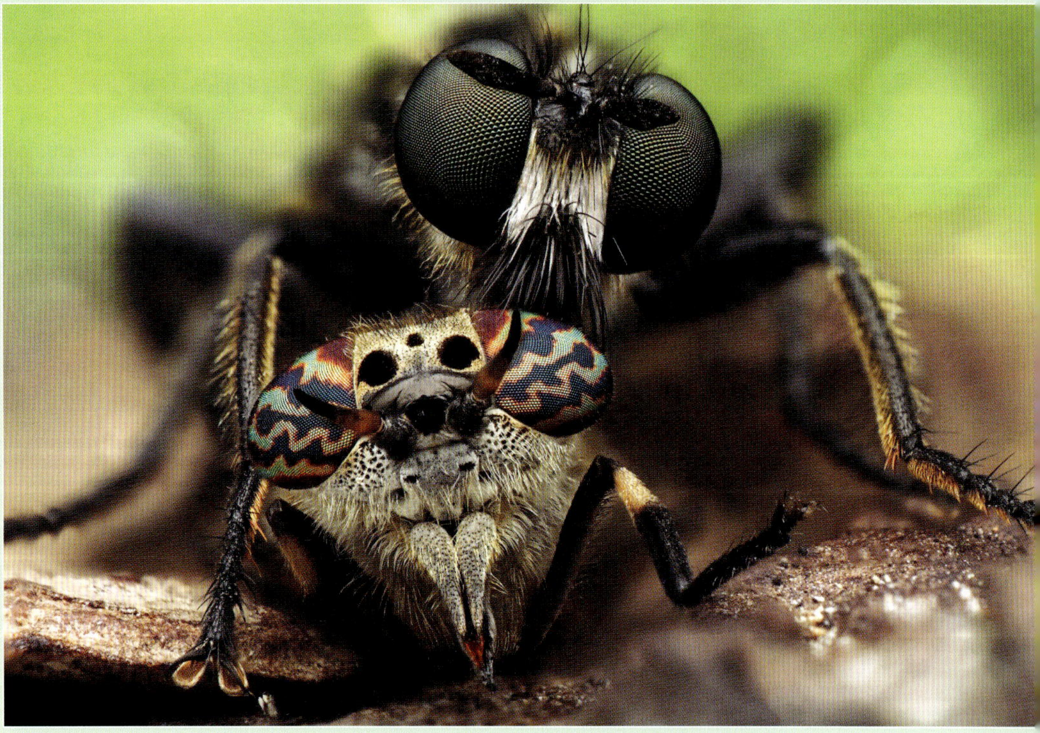

Raubfliegen bei der Paarung

Paarungen gehören neben Beuteszenen zu den interessantesten Makromotiven. Solche Szenen sind aber nicht wirklich schwieriger zu fotografieren als einzelne Motive, was den Fluchtreflex angeht. Ich habe sogar die Erfahrung gemacht, dass sich besonders Raubfliegen einfacher fotografieren lassen, wenn sie gerade mit Essen oder der Paarung beschäftigt sind. Dennoch kommt es auch immer wieder vor, dass sie sich gestört fühlen und wegfliegen.

Gerade wenn man vielleicht erst mit der Bilderserie beginnen will oder mittendrin steckt, ist das natürlich besonders ärgerlich. Es gibt aber einen Tipp, mit dem ich auch in solchen Situationen noch fast immer alle Bilder in den Kasten bekomme, die ich brauche. Ich schaue in dem Moment genau dort hin, wohin das Pärchen hinfliegt, und versuche es dann eben noch einmal, denn meist fliegen sie nur ein paar Meter weiter bis zu einem anderen Ast oder Grashalm.

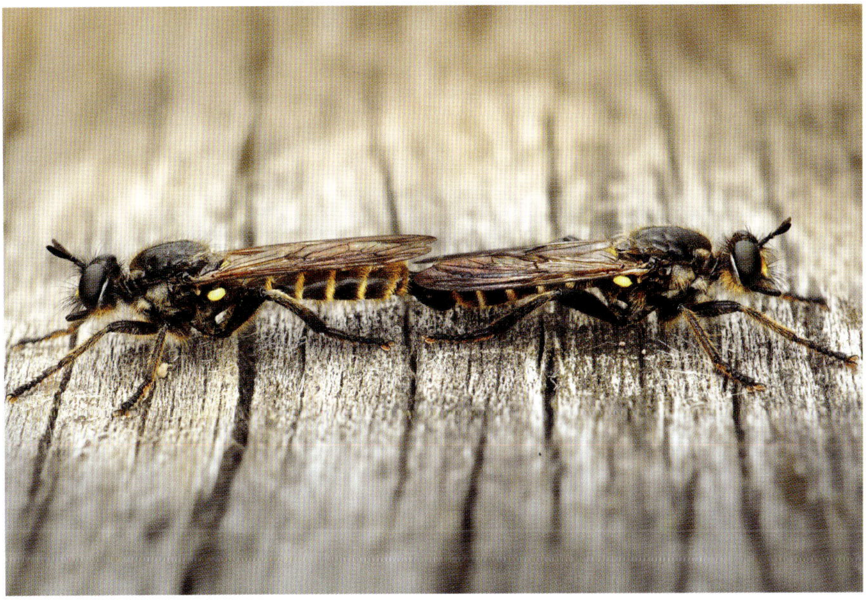

Paarung der Gemeinen Mordfliege (Choerades marginata).

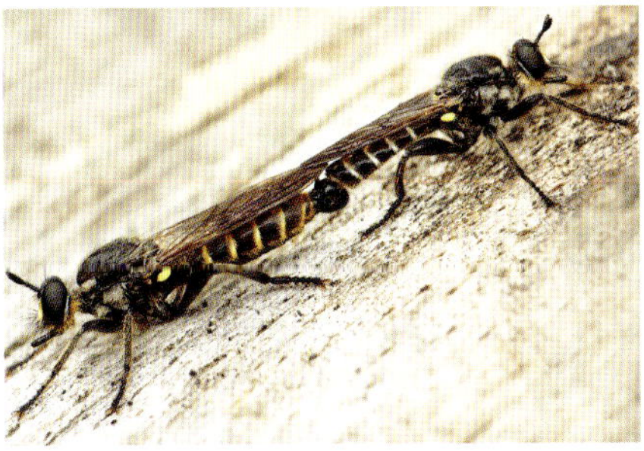

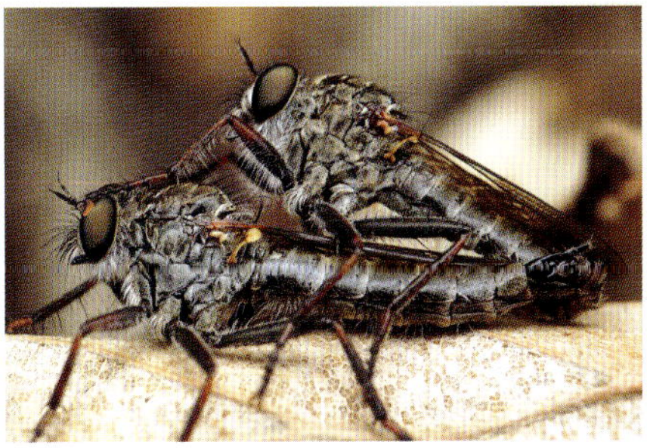

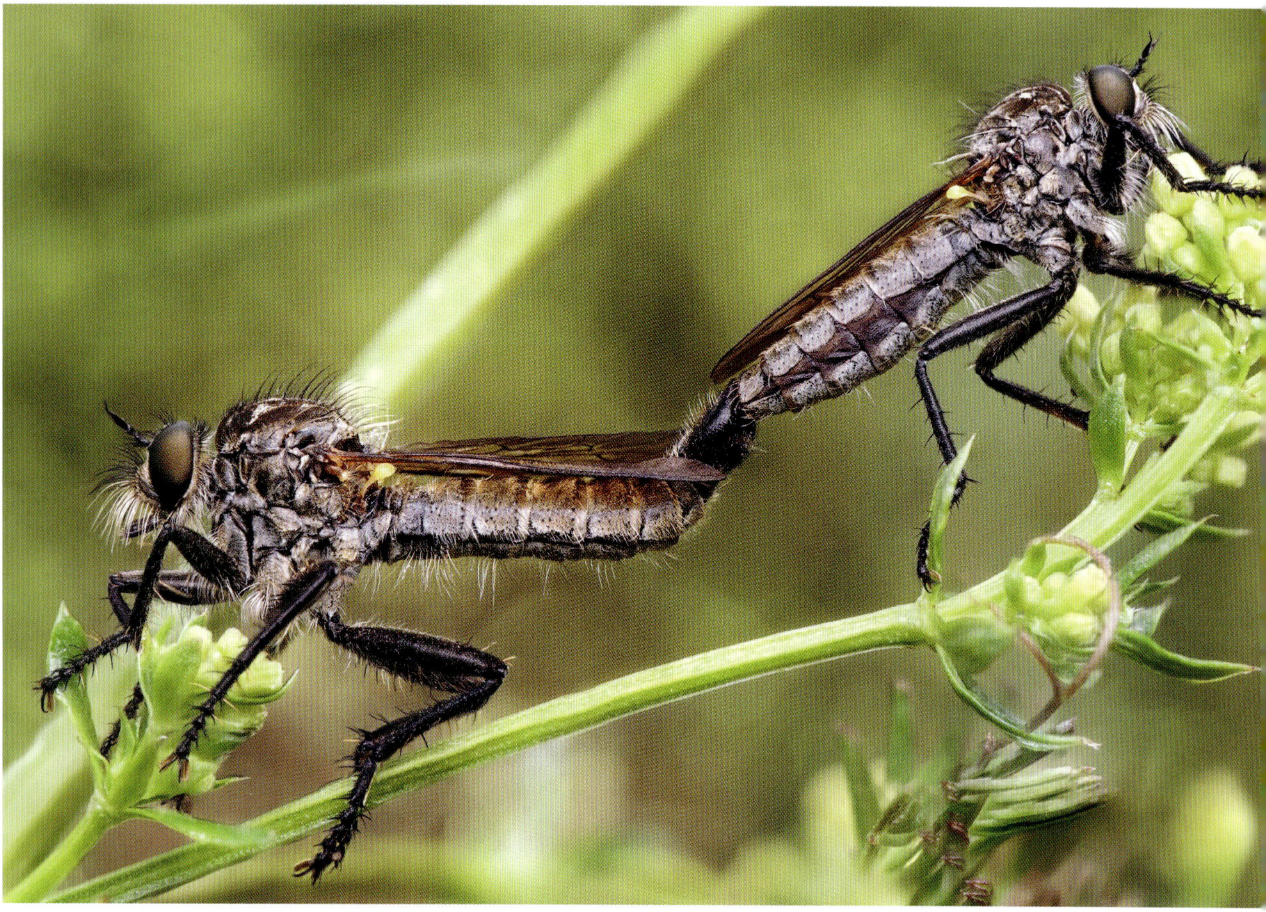

Paarung der Barbarossa-Fliege (Eutolmus rufibarbis). Das Bild ist ein Focus Stack aus 26 Aufnahmen.

Zwei Raubfliegen im Duell

Raubfliegen ernähren sich von allem, was sie überwältigen können, das kann sogar auch mal eine Wespe sein oder wie in diesem Fall (Seite 191 oben) eine andere Raubfliege. Fransen-Mordfliegen (Choerades fimbriata) sind relativ seltene Raubfliegen, die man an Waldrändern und Lichtungen mit viel Totholz finden kann.

Fundort: Mernes im Naturpark Spessart.

Wo findet man Raubfliegen?

Am leichtesten sind Raubfliegen wie z. B. die Fransen-Mordfliege an Holzstapeln zu finden, die sich häufig am Waldrand befinden. Sie lauern dort auf vorbeifliegende Beuteinsekten wie Schwebfliegen oder andere Fliegenarten. Generell kann man Raubfliegen aber fast überall finden, gerade Waldlichtungen mit einem hohen Tothol anteil und Heidegebiete sind ideale Lebensräume einig Raubfliegenarten.

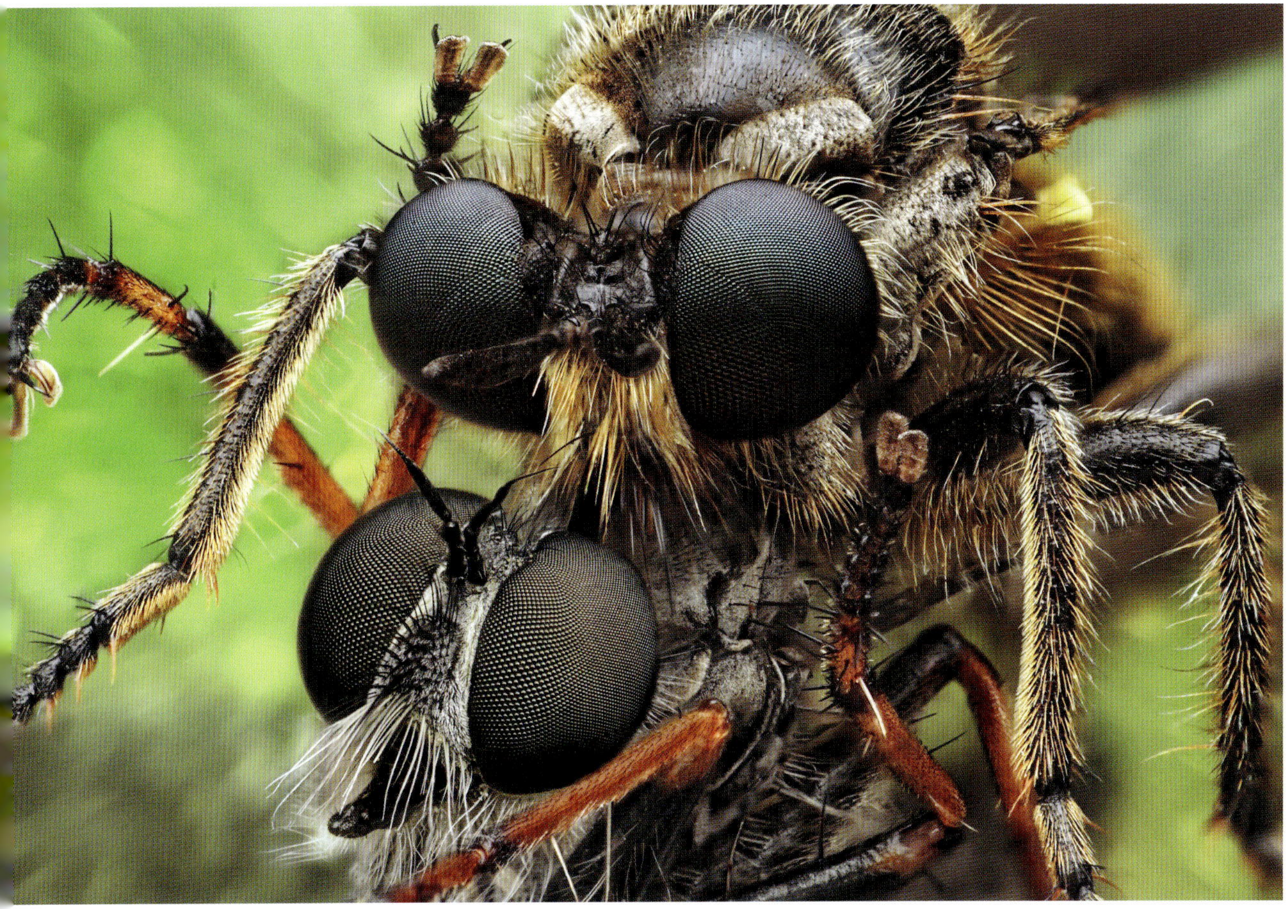

Eine Fransen-Mordfliege (Choerades fimbriata) mit Beute.

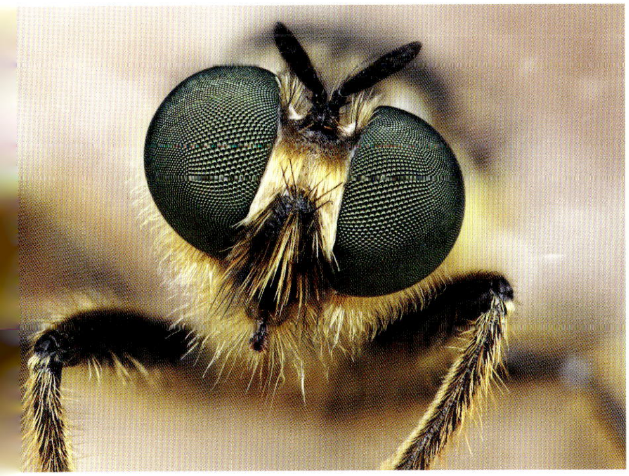

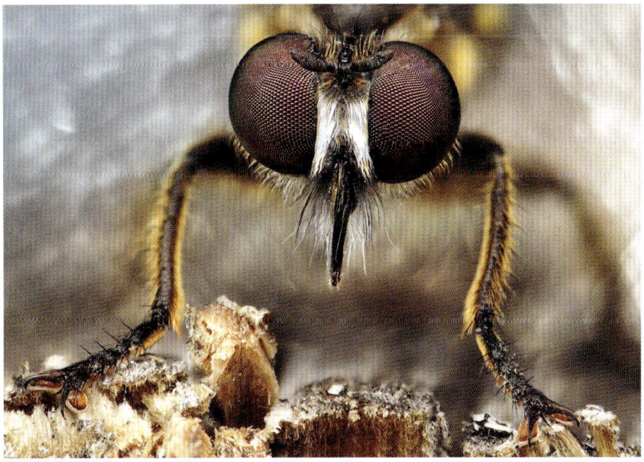

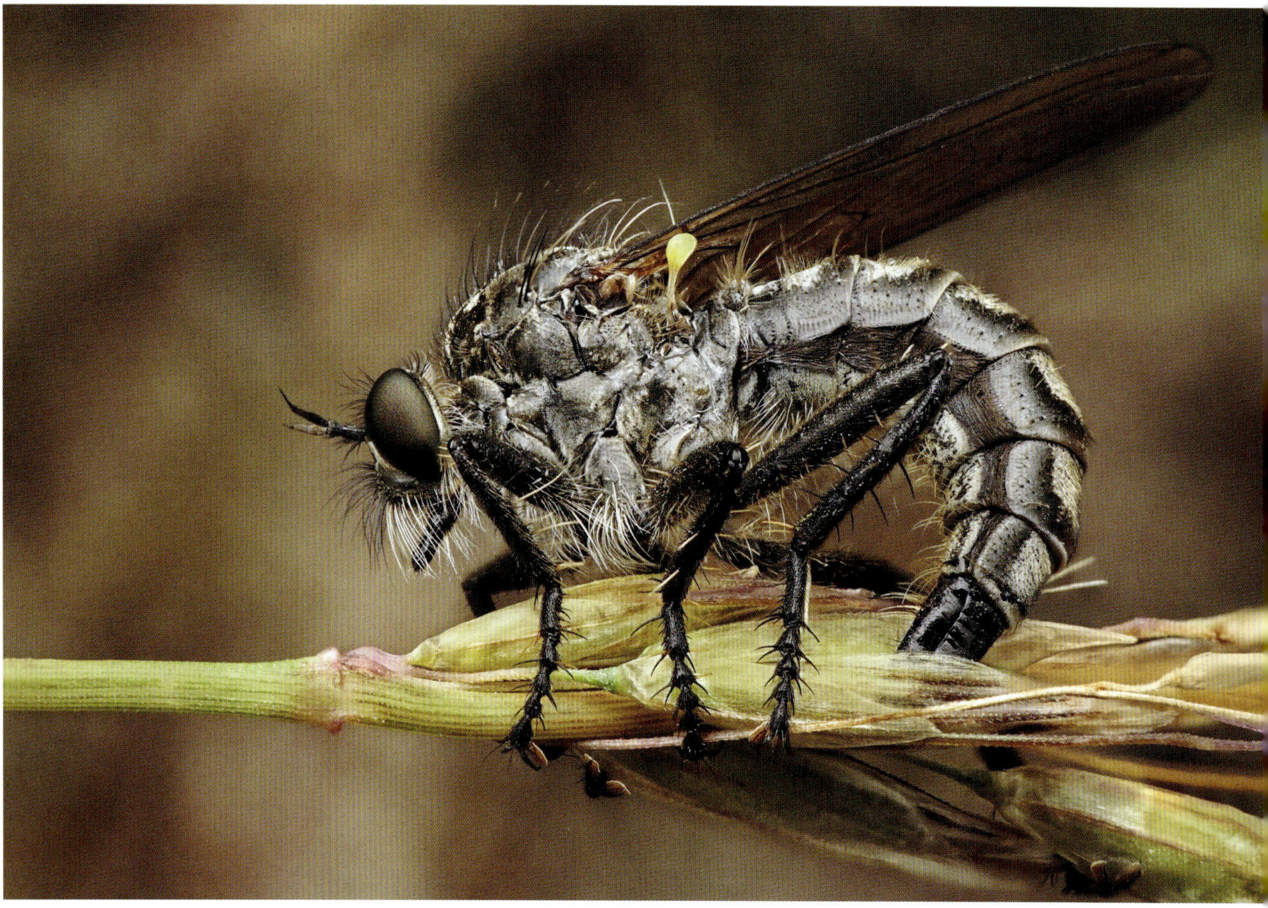

Ein Raubfliegen-Weibchen (vermutlich Eutolmus rufibarbis) bei der Eiablage.

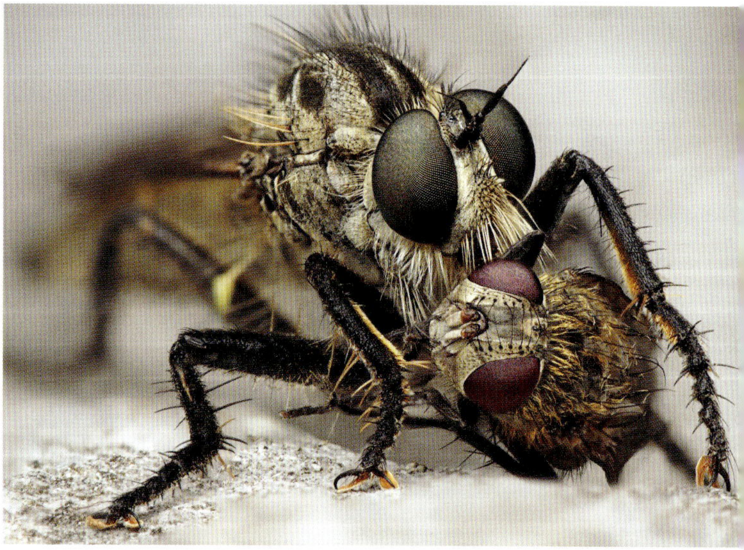

Eine Raubfliege mit Beute.

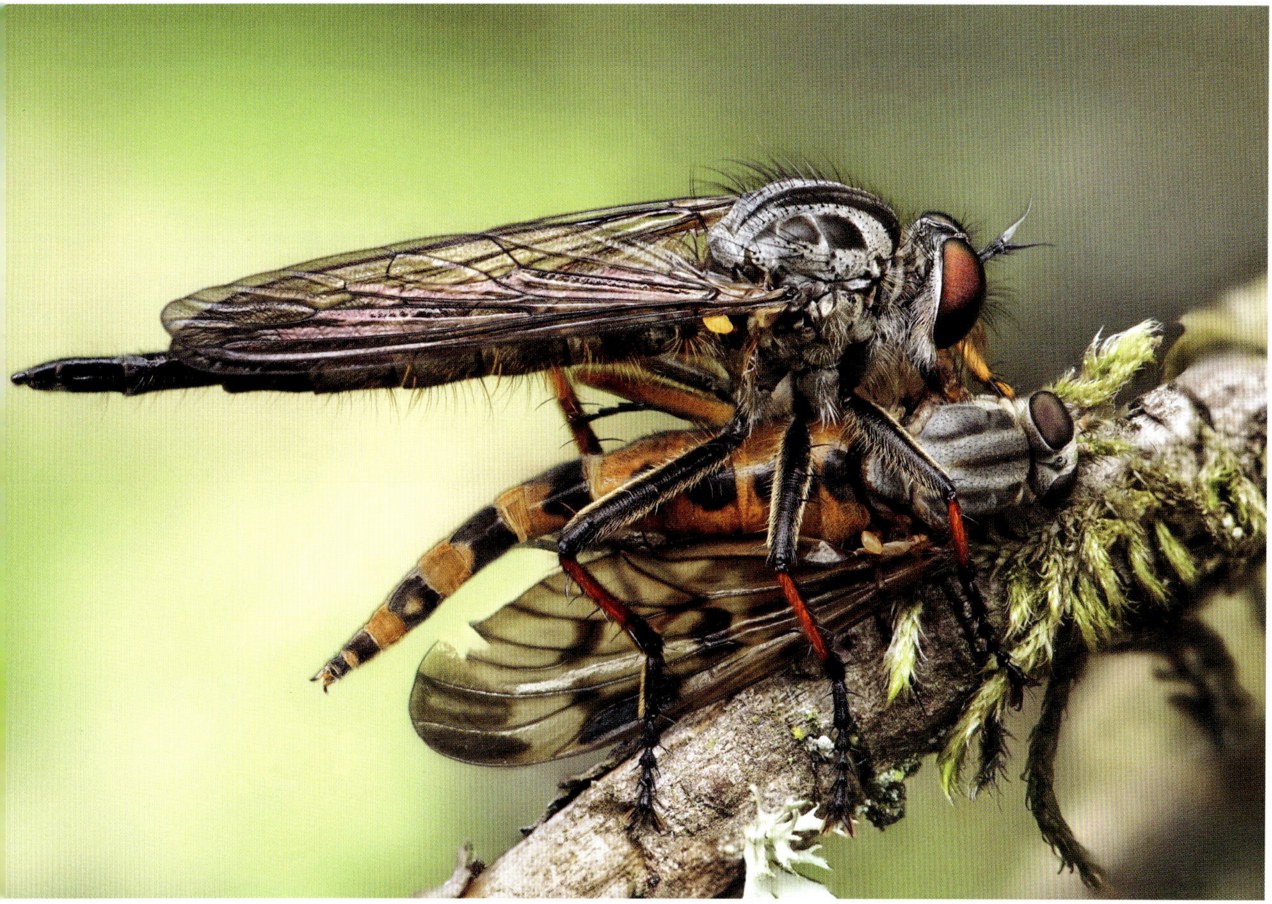

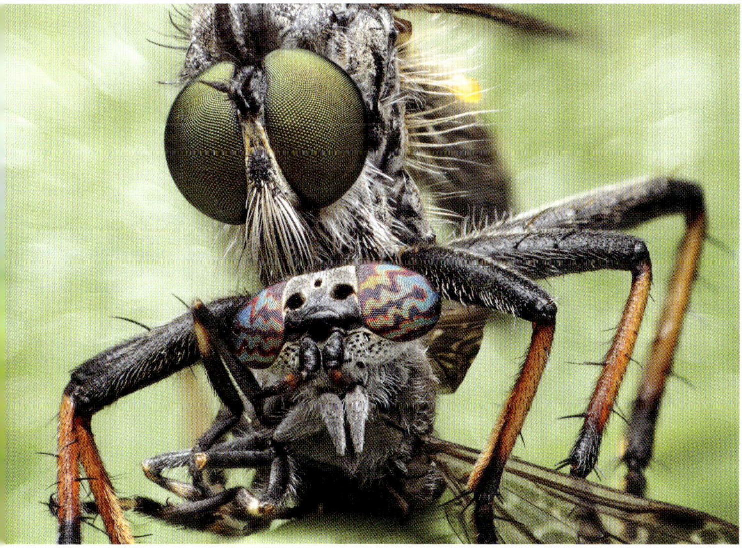

Ein Gemeiner Strauchdieb (Neoitamus cyanurus) mit erbeuteter Schnepfenfliege (Rhagio scolopaceus).

Diese Beuteszene, bei der eine Raubfliege eine Regenbremse erlegt hat, habe ich im Murnauer Moos fotografieren können.

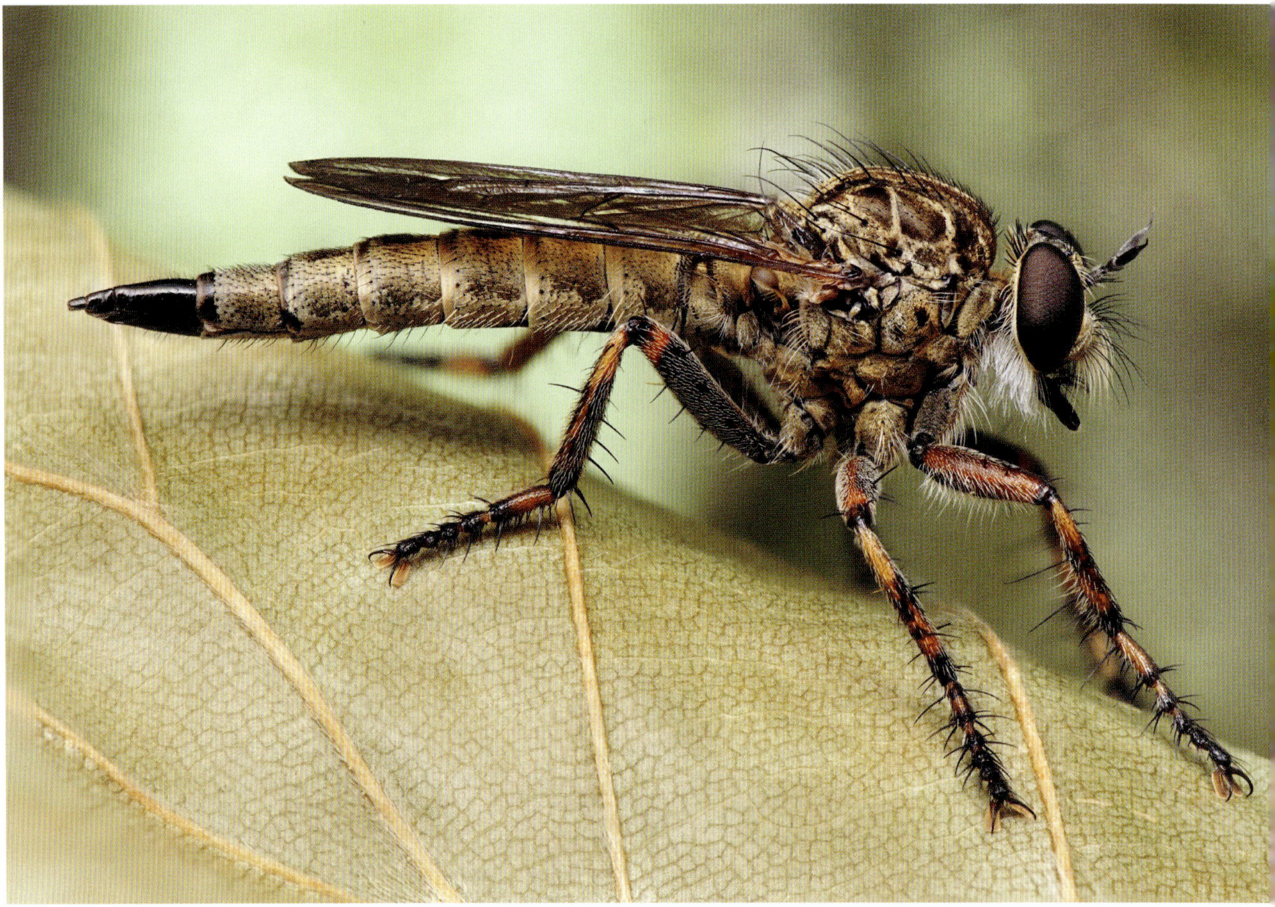

Ein Weibchen der Burschen-Raubfliege (Tolmerus cingulatus).

Porträt einer Raubfliege.

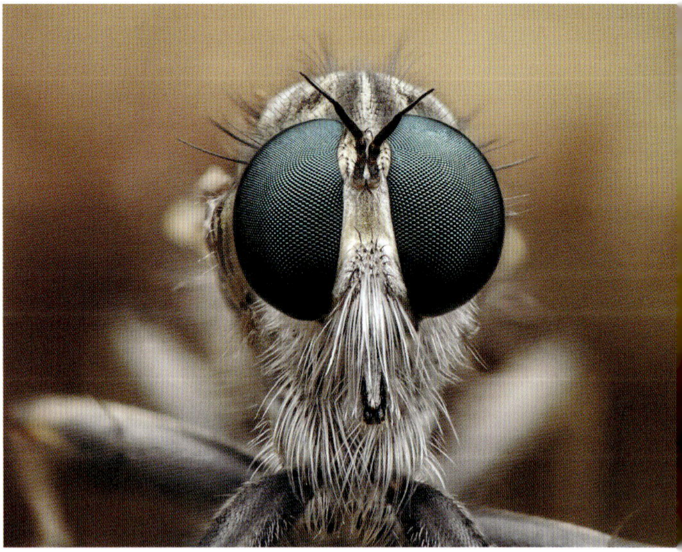

Für dieses Bildergebnis sind 43 Einzelaufnahmen zu einem Focus Stack verbunden worden. Die hübsche Raubfliege habe ich an einem Waldrand bei Mernes im Spessart gefunden.

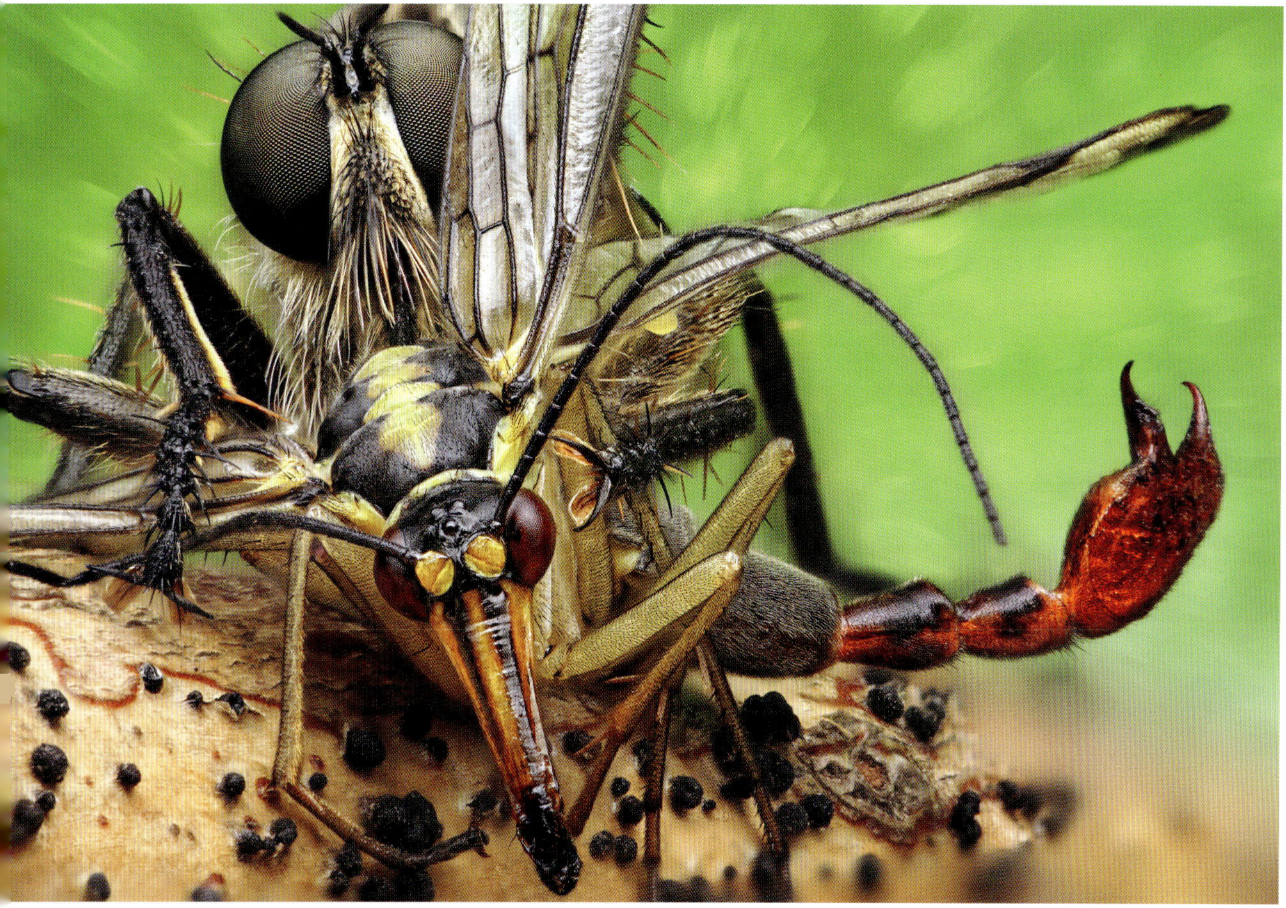

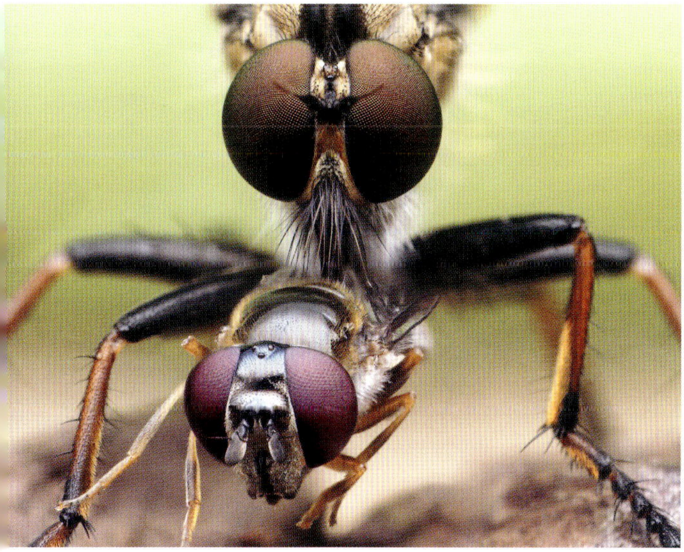

Diese Raubfliege hat eine männliche Skorpionsfliege erlegt.

Eine Schwebfliege wurde hier zur Beute einer Raubfliege. Das Bild ist ein Focus Stack aus 12 Aufnahmen.

Diese spektakuläre Beuteszene (Bild oben) konnte ich bei Jossa im Spessart fotografieren. Für dieses Bildergebnis wurden ca. 60 Einzelaufnahmen gestackt. Dank sehr schneller Serienbildgeschwindigkeit der Kamera hat der ganze Aufnahmevorgang aber nur etwa eine Minute gedauert.

Gemeine Schlankfliege

Schlankfliegen gehören zu den Raubfliegen und bilden eine Unterart, von der in Deutschland nur vier Arten vorkommen. Man findet sie auf Wiesen und im Gebüsch. Ich habe im Tölzer Land keine einzige Schlankfliege entdecken können. Im Spessart habe ich einige Exemplare gefunden und auch diese tolle Paarungsszene fotografiert.

Fundort: Mernes im Naturpark Spessart.

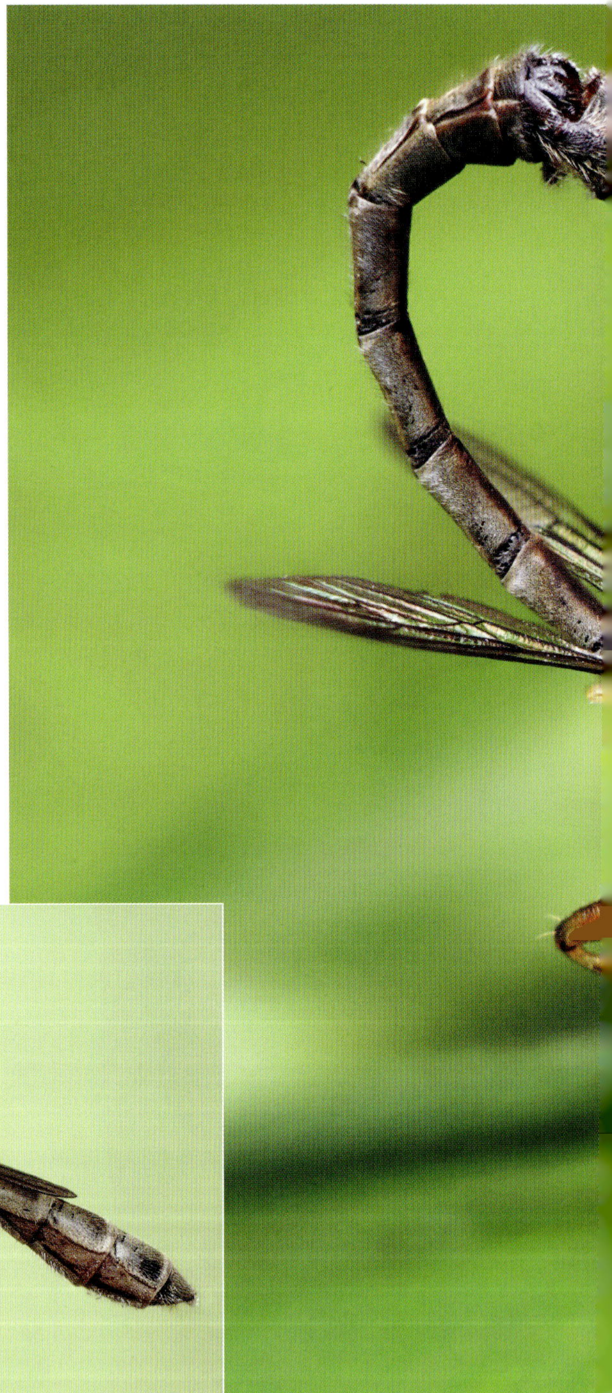

Die Gemeine Schlankfliege (Leptogaster cylindrica).

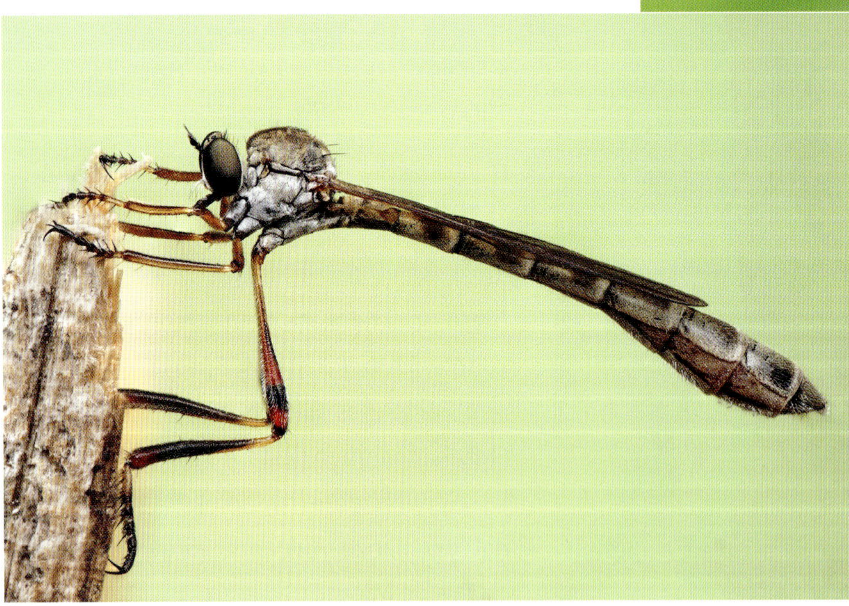

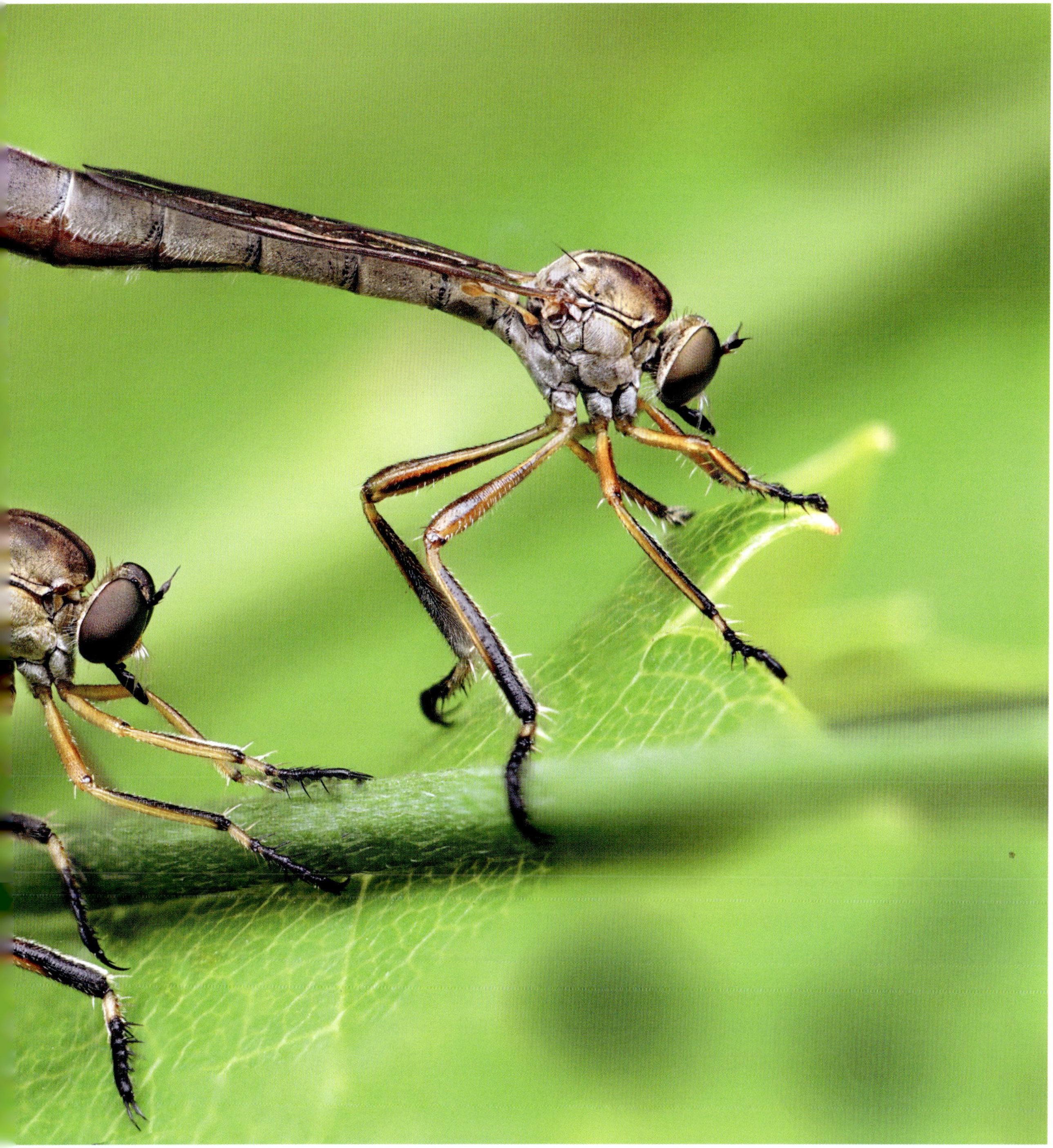

Paarung der Schlankfliege.

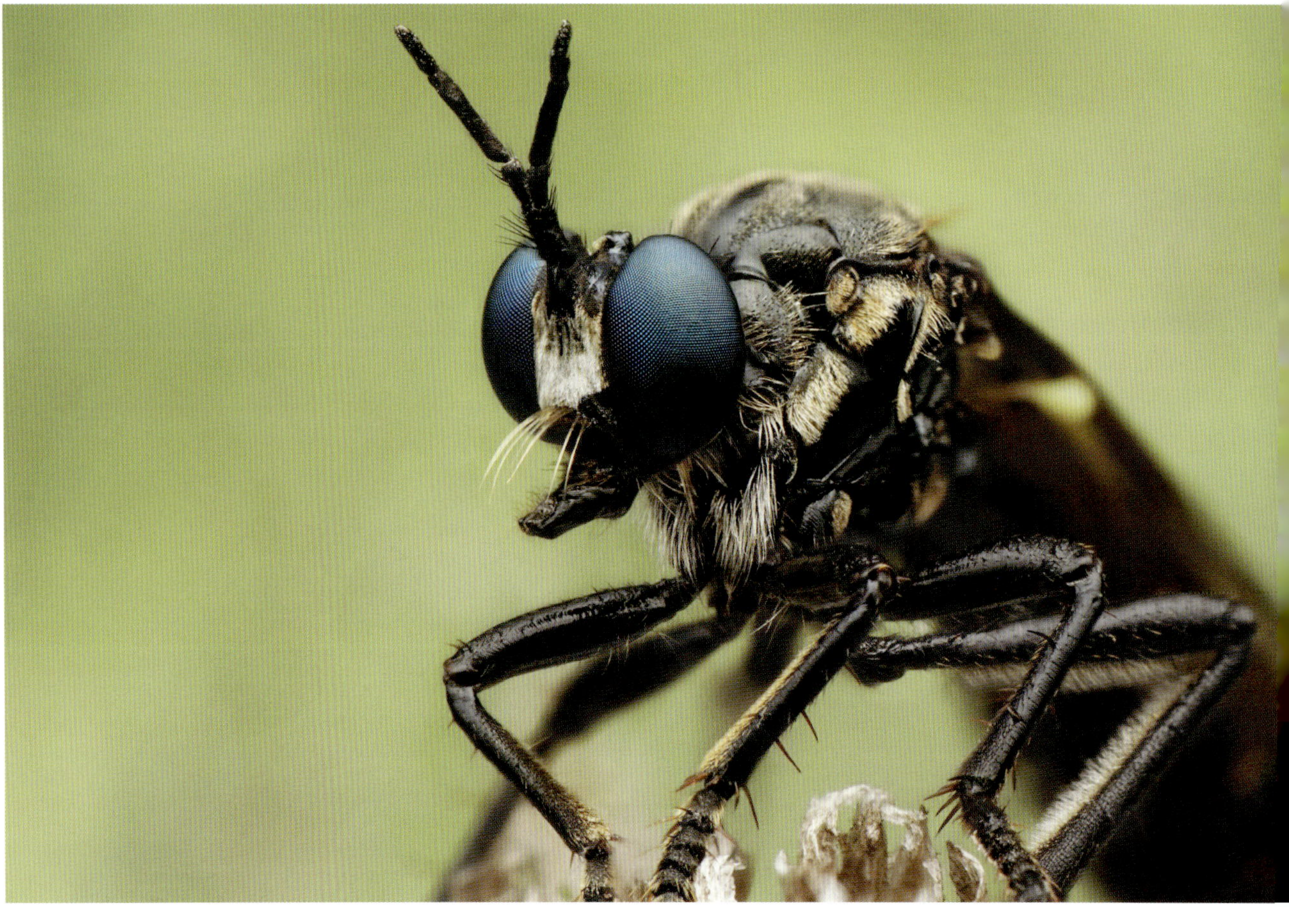

Schwarze Habichtsfliege (Dioctria atricapilla).

Habichtsfliege auf der Lauer

Die Habichtsfliegen gehören ebenfalls zu den Raubfliegen und haben einen ähnlich schlanken Körper wie die Schlankfliegen. Die Große Habichtsfliege (Dioctria oelandica) erreicht eine Körperlänge von bis zu 20 mm und ist damit die wohl größte einheimische Habichtsfliegenart. Habichtsfliegen sind an Waldrändern mit angrenzenden Wiesen zu finden. Im Spessart habe ich ein Gebiet entdeckt, in dem ich fünf Habichtsfliegenarten entdeckt habe. Es ist eine große Wiesenfläche umgeben von Wald.

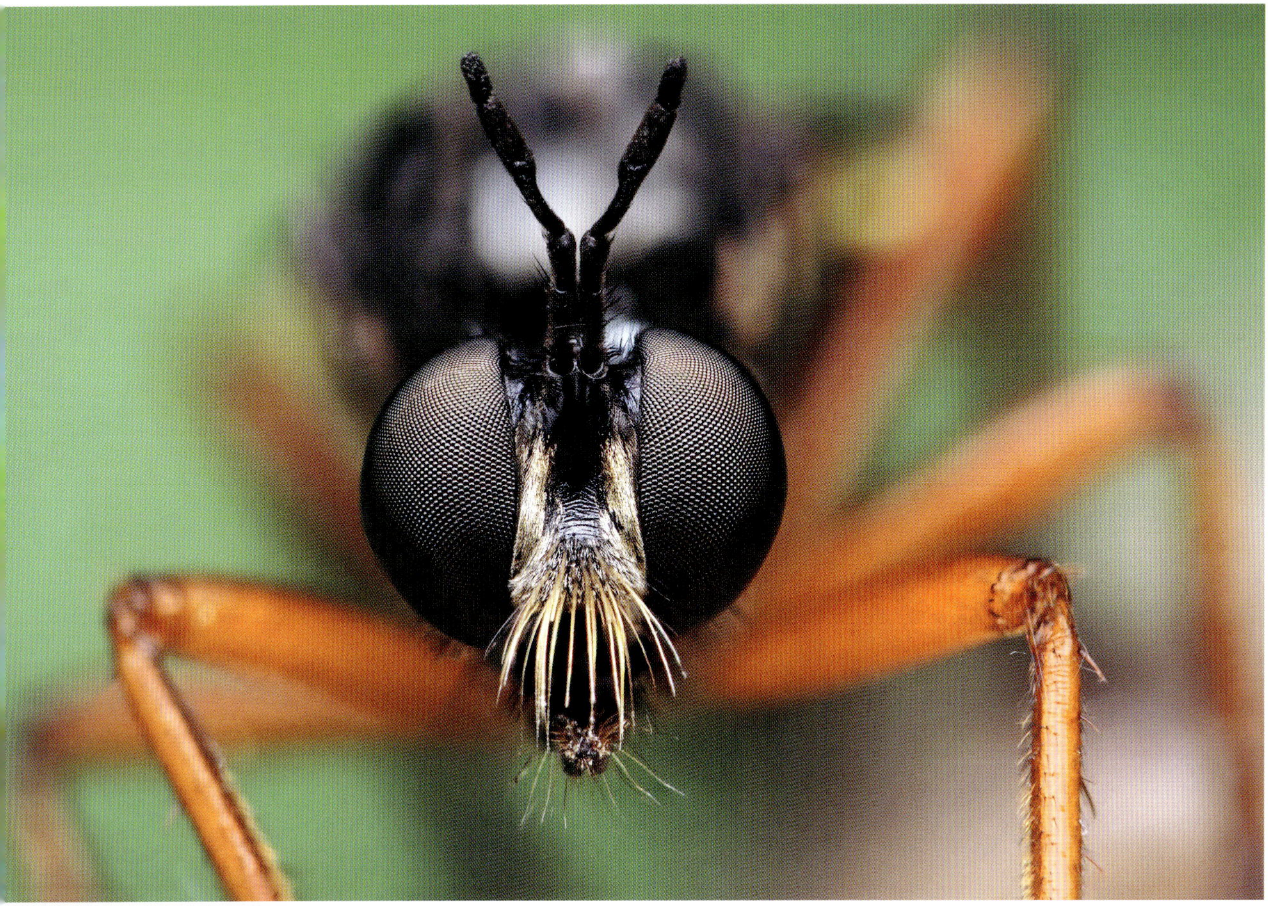

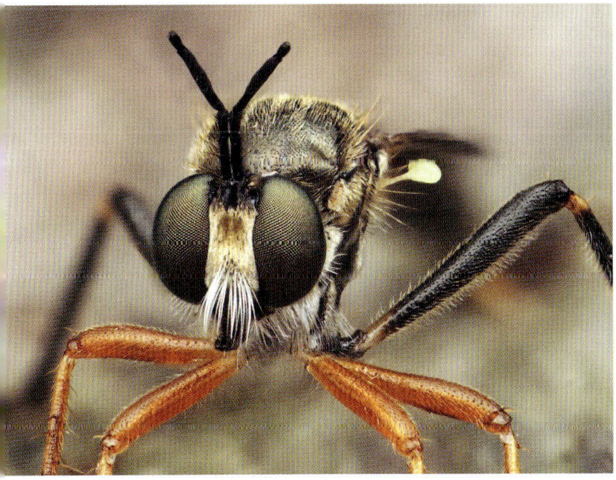

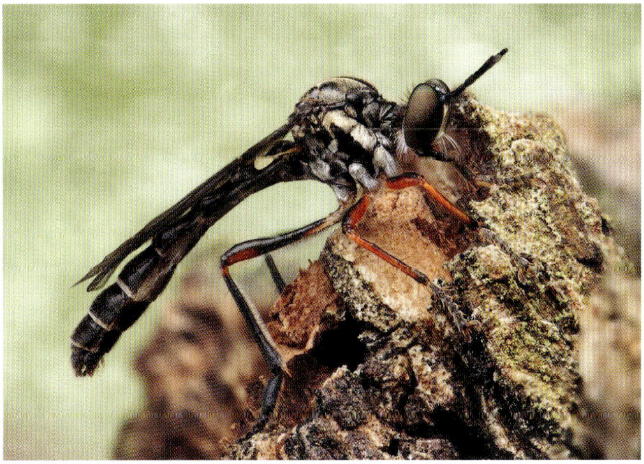

Große Habichtsfliege (Dioctria oelandica, oben) und Gemeine Habichtsfliege (Dioctria hyalipennis, unten).

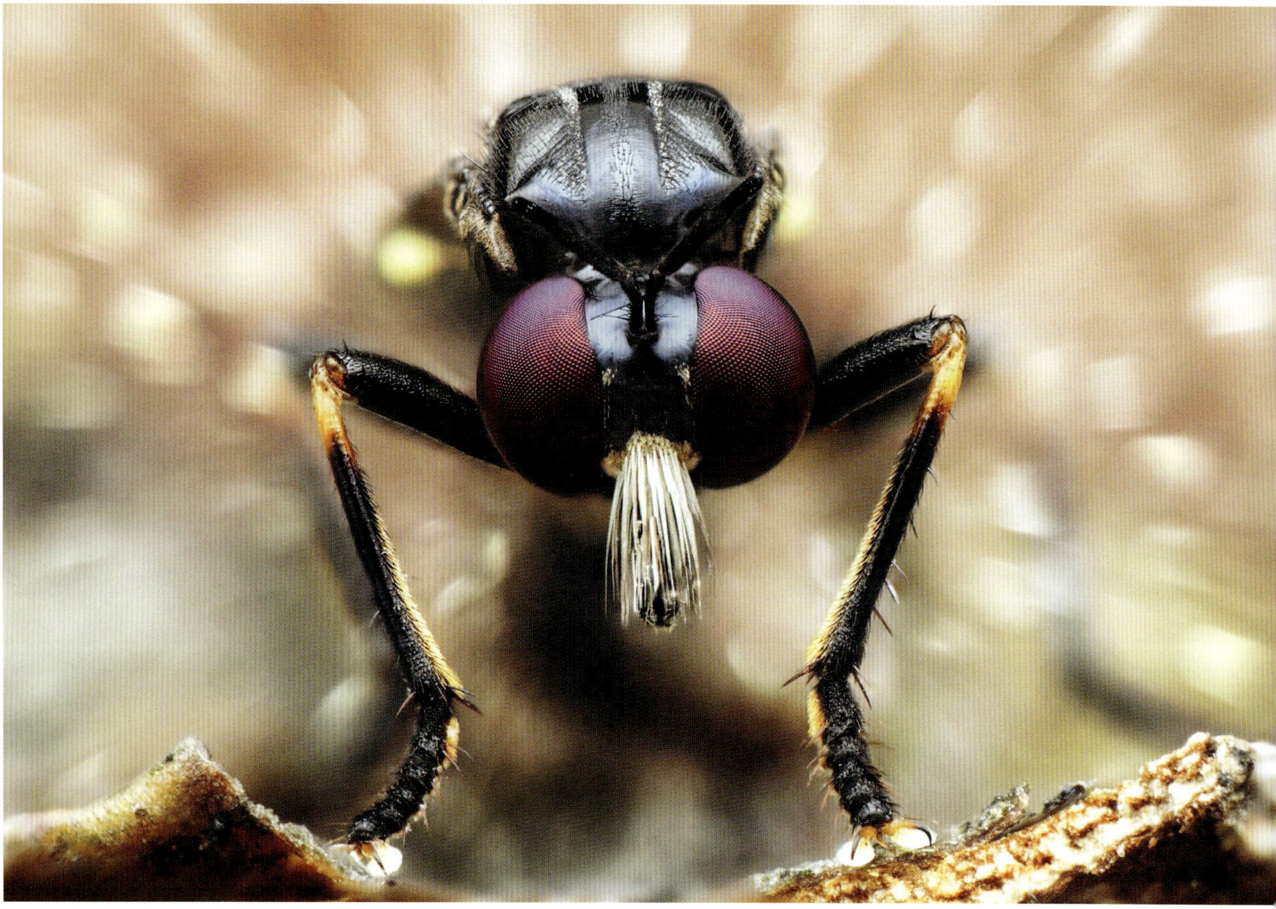

Die Beulen-Habichtsfliege (Dioctria cothumata).

Beulen-Habichtsfliege

Diese Raubfliege wird bis zu 15 mm groß und ist im Vergleich zu den meisten anderen Habichtsfliegen deutlich seltener zu finden. Dieses Exemplar war mein bisher erstes. Gefunden habe ich die schöne Habichtsfliege auf einem Holzstück am Waldrand im Spessart.

Fundort: Jossa im Spessart.

Kleine Wolfsfliege mit Beute

Diese unverwechselbare Raubfliege gehört zu den echten Raritäten im Insektenreich. In Deutschland gilt ihr Bestand als stark gefährdet. Die Kleine Wolfsfliege wird bis zu 24 mm lang und hat eine auffällige gelb-schwarze Färbung. Sie streckt im Flug die Vorderbeine meistens nach vorne aus, wodurch sie noch länger erscheint. Dieses Verhalten zeigt sie auch oft in Ruhehaltung oder beim Aussaugen von Beute. Warum sie das macht, ist mir nicht bekannt.

Fundort: Jossa im Spessart

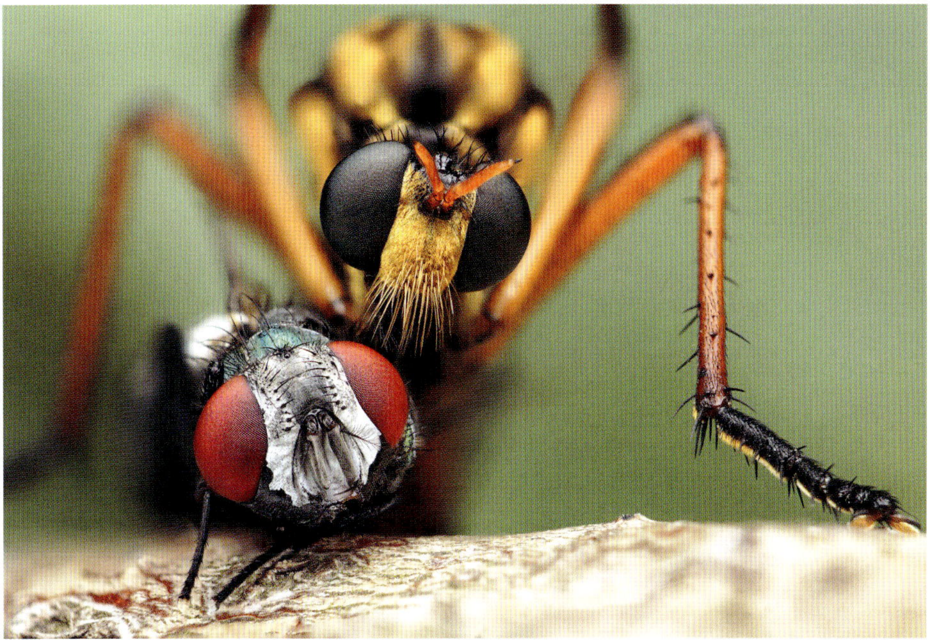

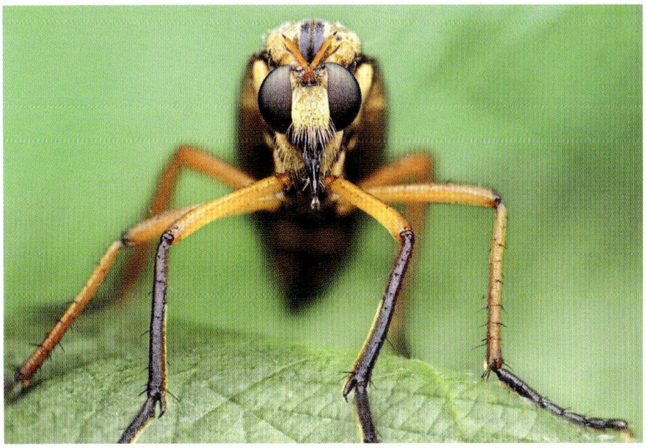

Kleine Wolfsfliege (Molobratia teutonus) mit Beute.

Kleine Wolfsfliege (Molobratia teutonus).

Meisterhafte Tropfenmakros

Es gibt in der extremen Wildlife-Makrofotografie kaum schönere Motive als Facettenaugen von Insekten, auf denen sich dicke Tautropfen befinden. Das Insekt an sich wäre ja schon ein tolles Motiv, aber durch die Tautropfen wird es zu einem absoluten Hingucker.

Wie aus einer anderen Welt

Das Bild einer Raubfliege mit Tautropfen ist ein Focus Stack aus 64 Aufnahmen im sehr extremen Abbildungsmaßstab von 4,3:1. Die Schärfentiefe pro Einzelaufnahme beträgt bei dieser enormen Vergrößerung nur etwa 0,11 mm. Der Abbildungsmaßstab wurde durch einen Retroadapter, ein 24-mm-Objektiv und zwei Zwischenringe erreicht.

Eine Raubfliege mit Tautropfen.

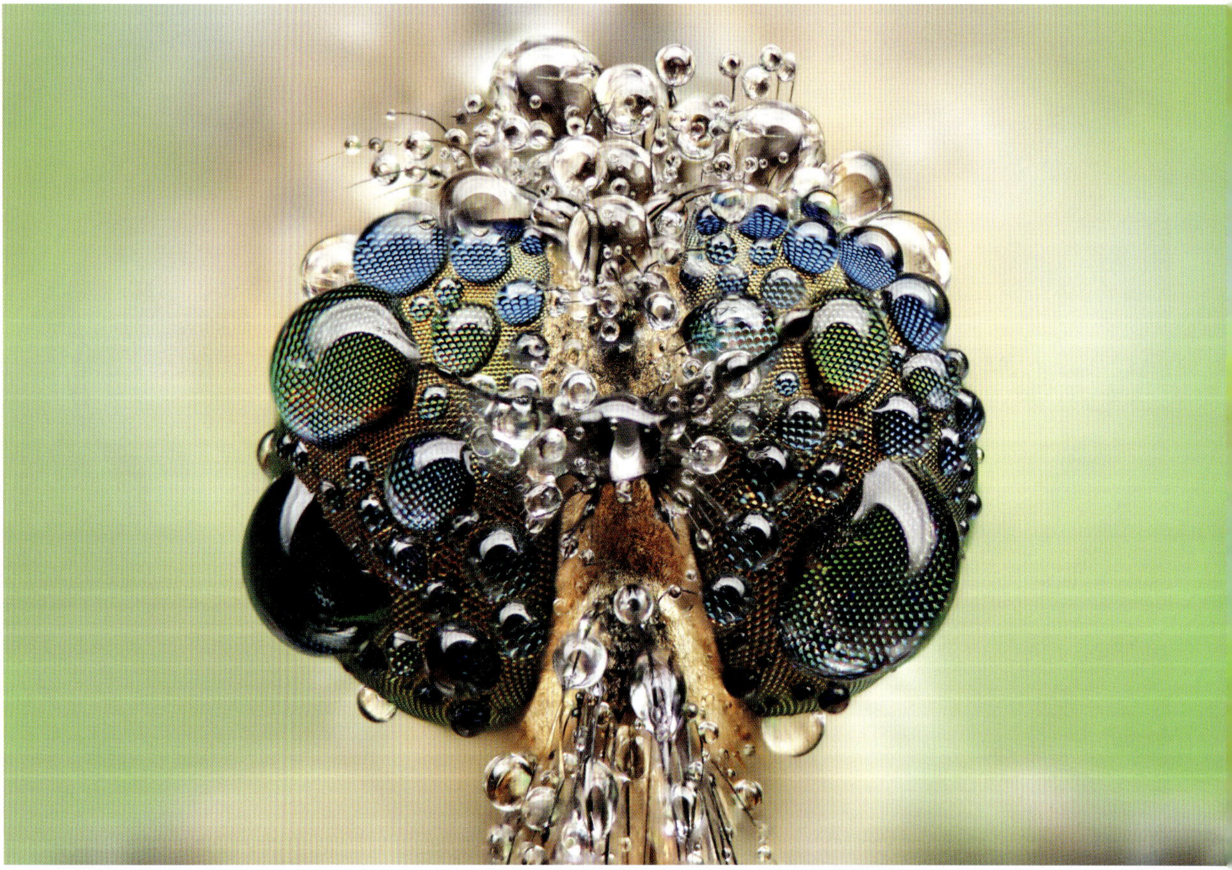

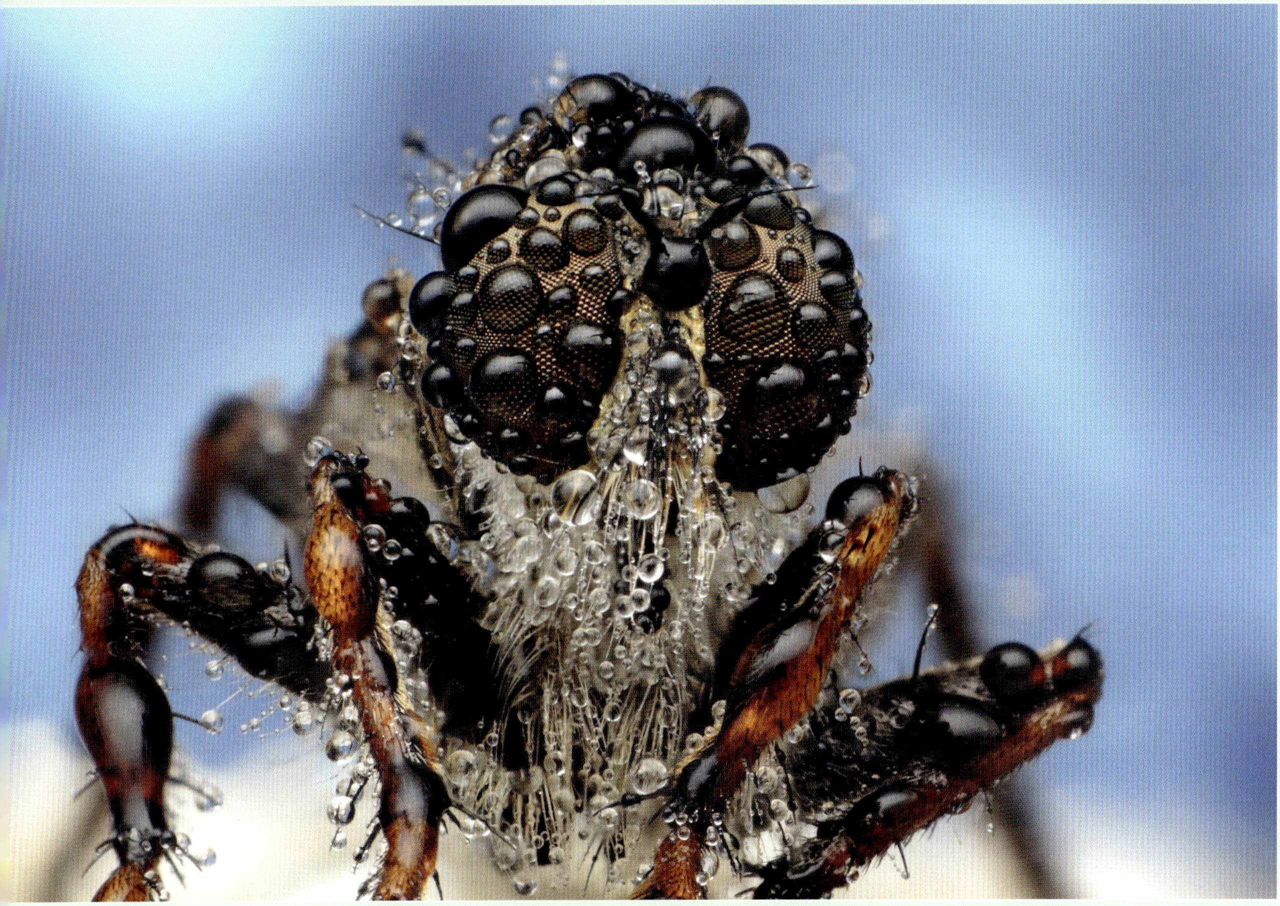

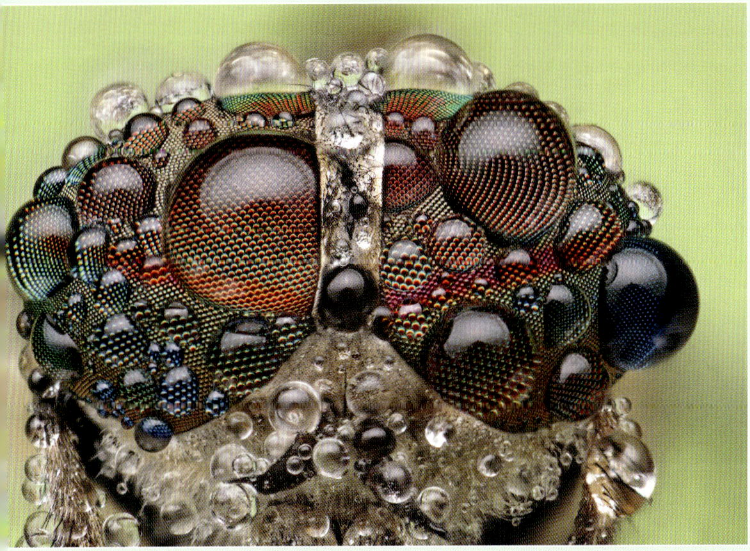

Ebenfalls eine Raubfliege mit Tautropfen, jedoch in einem deutlich kleineren Abbildungsmaßstab fotografiert.

Ein Rinderbremsen-Weibchen (Tabanus bovinus) mit Tautropfen. Das Bild ist ein Focus Stack im Abbildungsmaßstab von ca. 3,7:1 und besteht aus knapp 70 Einzelaufnahmen. Gefunden habe ich die Bremse früh morgens im Ellbacher Moorgebiet (bei Bad Tölz).

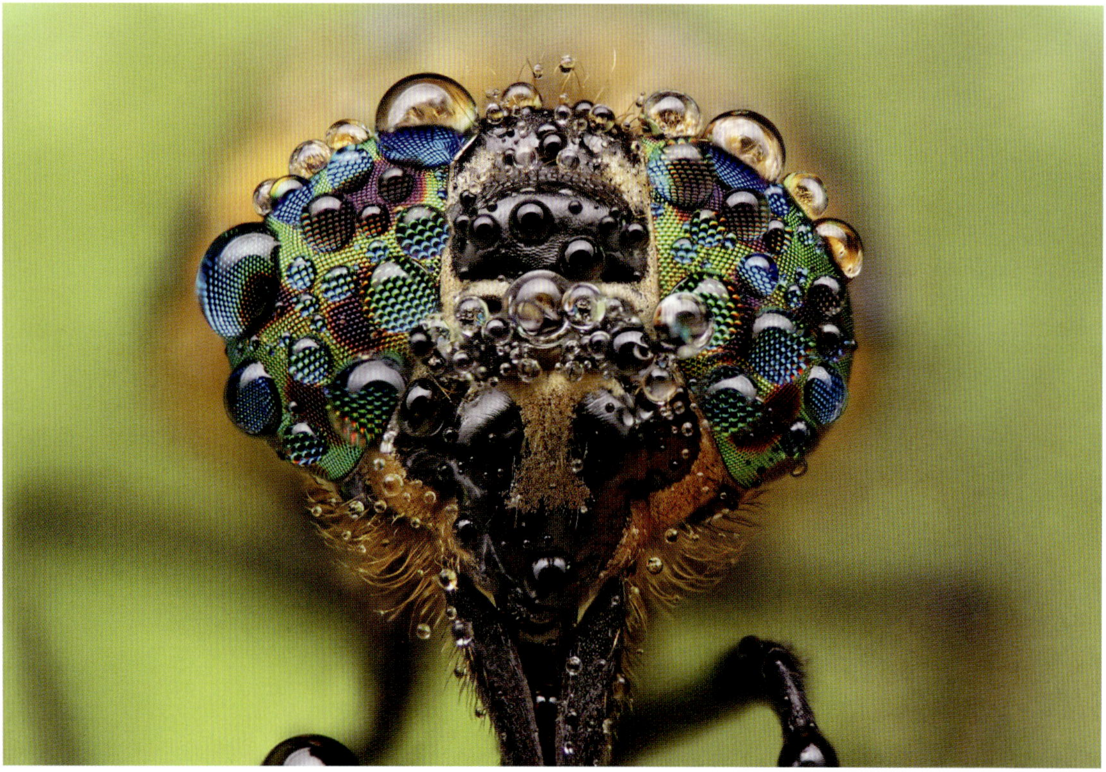

Eine wunderschöne Goldaugenbremse (Chrysops relictus) mit Tautropfen. Fotografiert wurde der Focus Stack aus etwa 65 Aufnahmen Mitte Juni auf einer Feuchtwiese bei Jossa im Spessart.

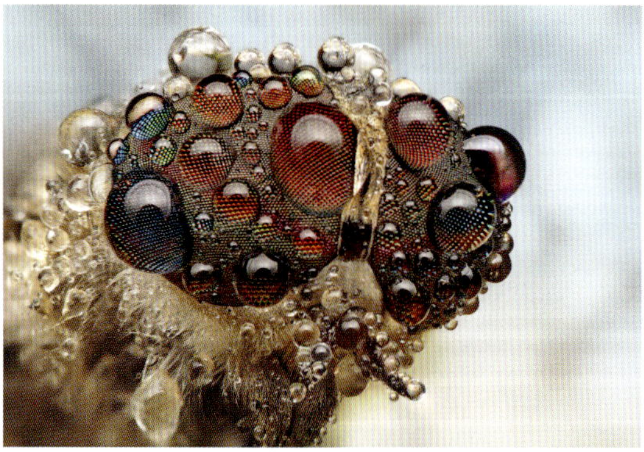

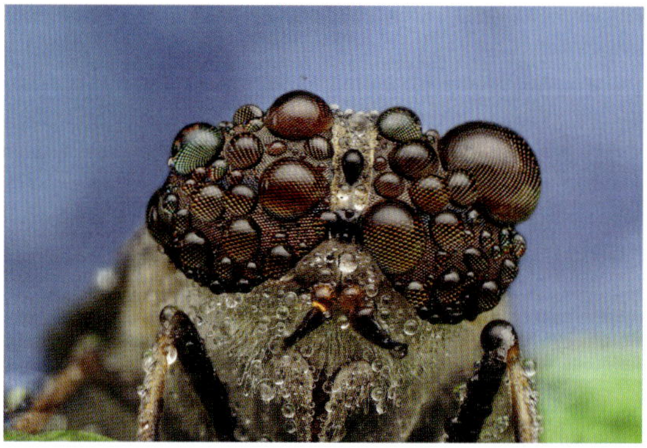

Zwei Bremsenweibchen mit Tautropfen.

Neben Libellen haben die verschiedenen Bremsenarten wie z. B. Haematopota pluvialis (Regenbremse) oder Chrysops relictus (Goldaugenbremse) meiner Meinung nach die schönsten Facettenaugen unter allen Insekten. Die Weibchen kann man von den Männchen an den Augen unterscheiden. Bei Männchen sind die großen Facettenaugen ganz nah zusammen, Weibchen haben eine schmale Stirn dazwischen. Außerdem besitzen die Männchen keinen Stechrüssel, da sie sich nur von Blütennektar ernähren. Die Weibchen benötigen Blut für die Produktion der Nachkommen, das sie von Pferden oder Rindern absaugen. Aber auch der Mensch wird gern für die Blutmahlzeit gestochen.

Alle Bremsenmakros mit Tautropfen habe ich feuchten Gebieten (Moor, Feuchtwiese) zu früher Tageszeit aufgenommen, die meisten davon im Ellbacher Moorgebiet (bei Bad Tölz).

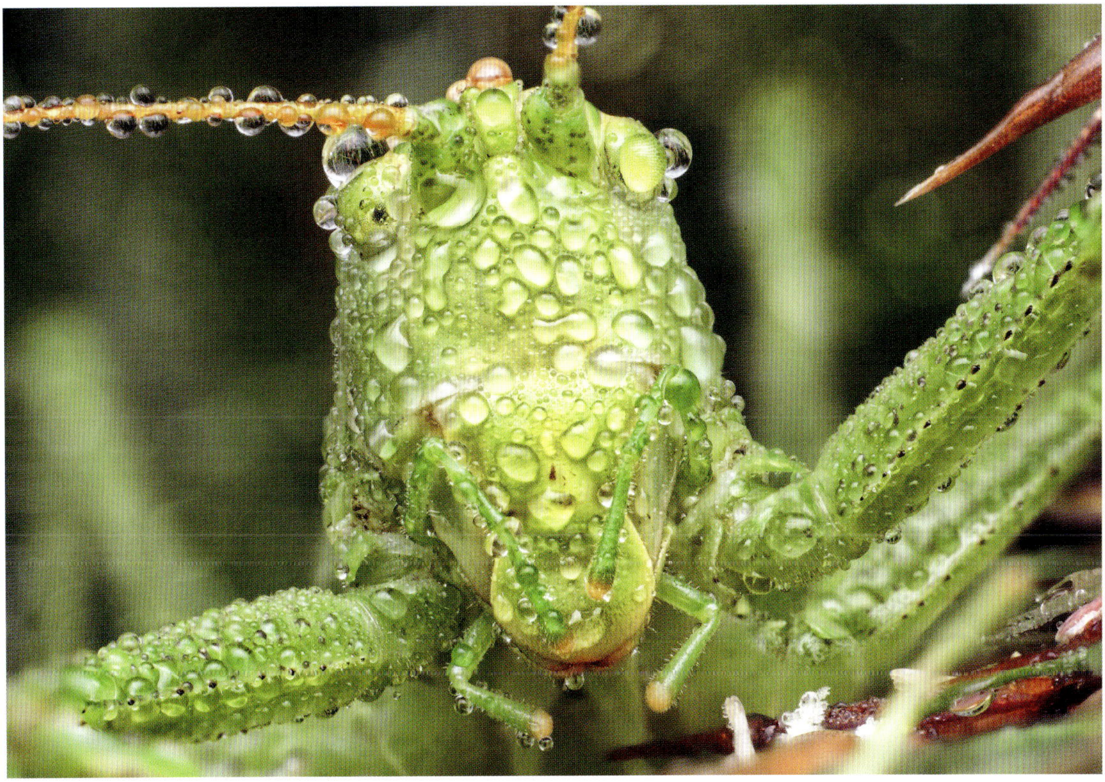

Ein Grashüpfer mit Tautropfen.

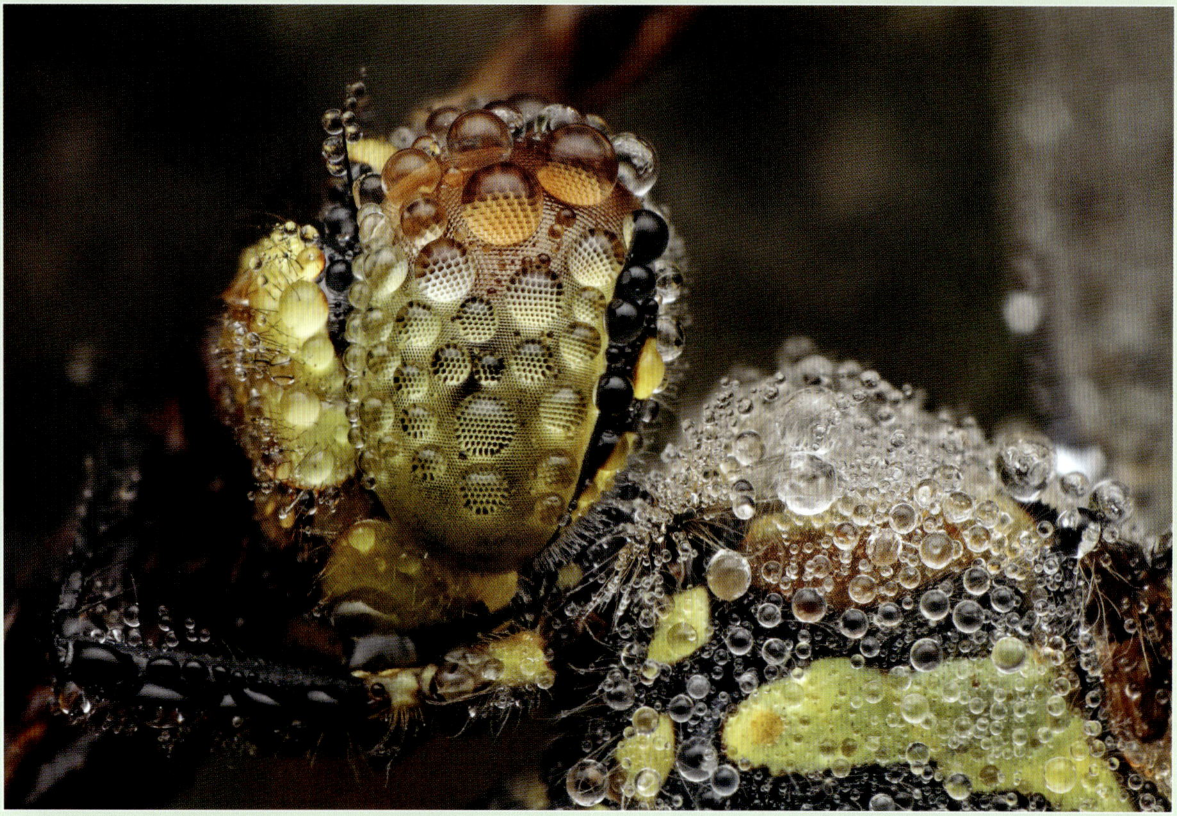

Eine Libelle mit Tautropfen.

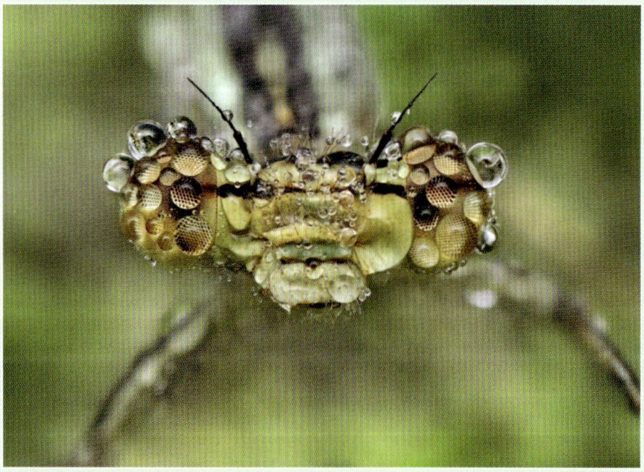

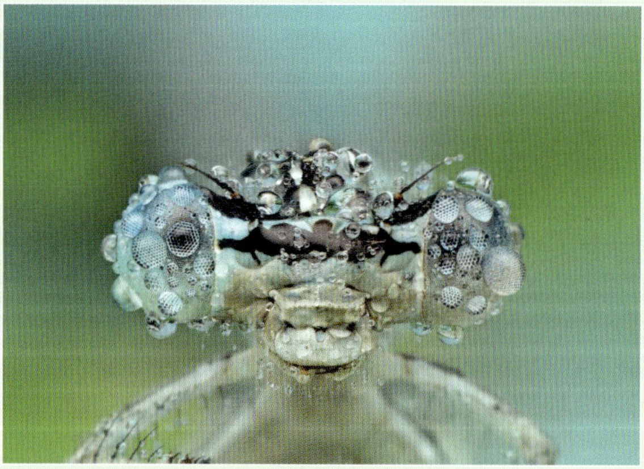

Zwei Kleinlibellen.

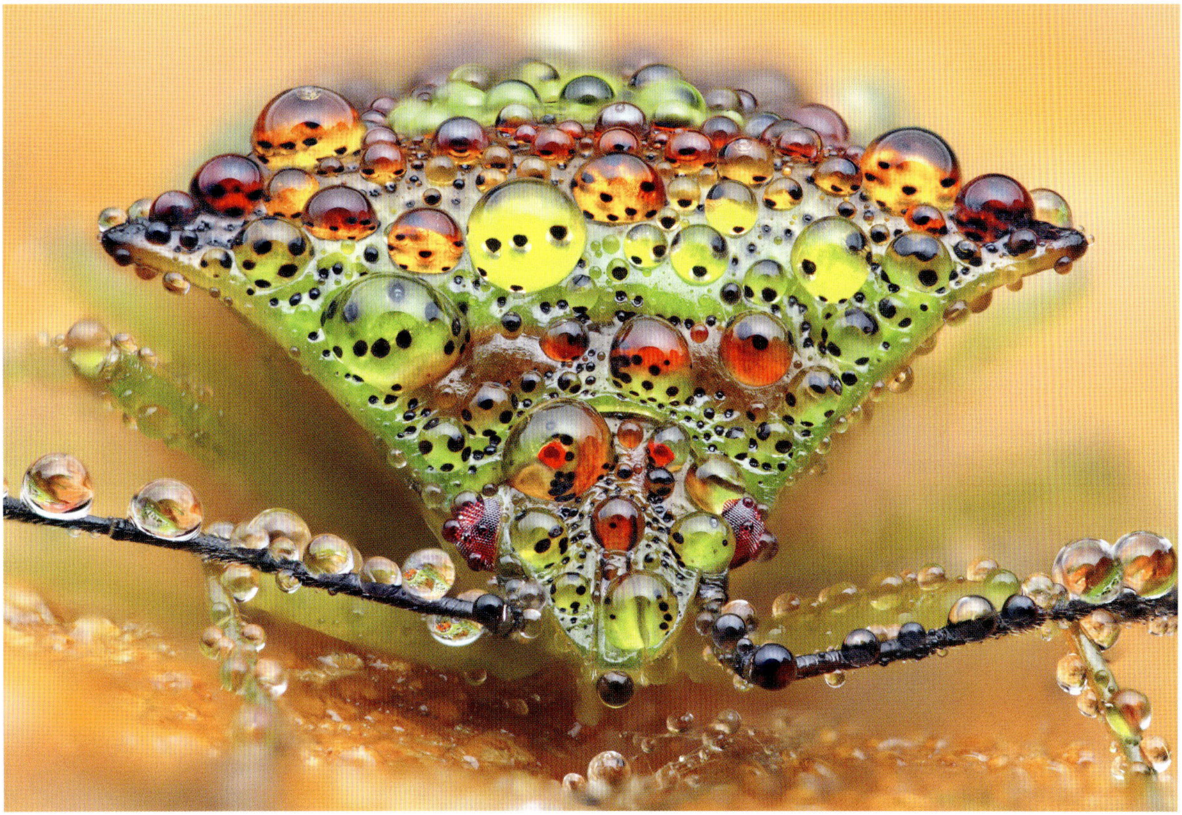

Eine Baumwanze (Pentatomidae) mit Tautropfen.

Wer morgens auf der Suche nach Großlibellen mit Tautropfen ist, sollte sich nicht unmittelbar an einem Gewässer umschauen. Große Libellen übernachten z. B. auf Bäumen und höher gelegenen Gräsern etwas weiter vom Wasser entfernt. Libellen lieben im Allgemeinen die Sonnenwärme und halten sich auch zum Tagesende noch gern dort auf, wo die Sonne am längsten scheint.

An diesen Stellen, an denen es am Vortag noch am längsten sonnig war, sollte man am nächsten Morgen an Büschen, Bäumen und Sträuchern ab Bauchnabelhöhe schauen. Kleinlibellen lassen sich dagegen gerade an den bewachsenen Rändern von Teichen und anderen Gewässern und der näheren Umgebung im Gebüsch oder einer Wiese gut finden, und dann auch schon in einer Höhe ab etwa 30 cm.

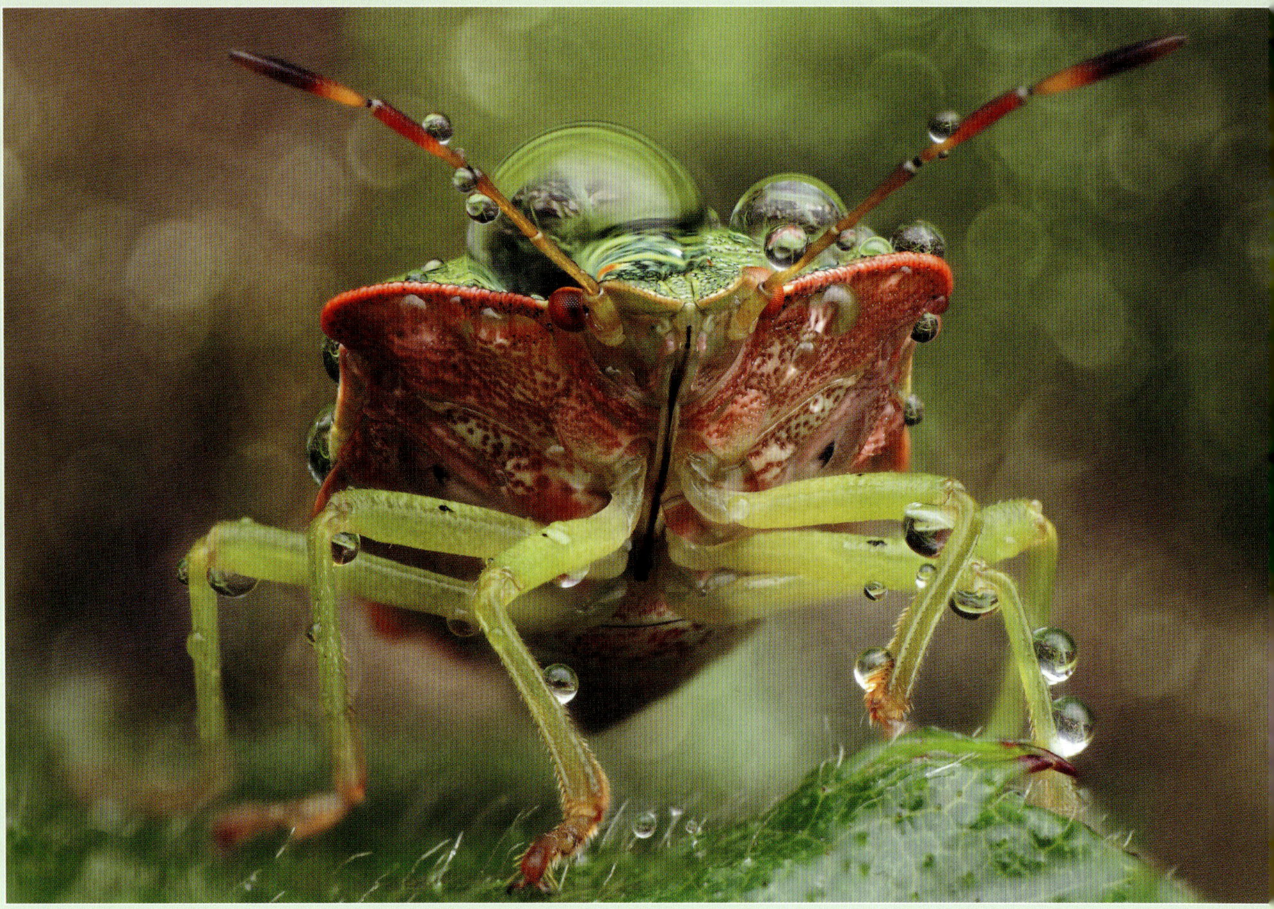

Einer Wanze nach einem Regenschauer.

Insekten mit Tropfen fotografieren

Wer nicht gern früh morgens auf eine Fototour geht, aber dennoch Insekten mit Tropfen fotografieren möchte, sollte es nach einem Regenschauer an einem kühlen Tag versuchen. Das Bild einer Wanze mit dicken Tropfen habe ich nach so einem Regenschauer gegen Mittag aufgenommen. Da durch einen Regenschauer auch die Temperatur etwas zurückgeht, sind die Insekten etwas langsamer in ihren Bewegungen als sonst und lassen sich dann oft gut fotografieren.

Fleißige Bestäuber

Sie sind die fleißigen Bestäuber im Insektenreich und daher auch für uns Menschen extrem wichtig. In Europa gibt es etwa 700 Bienenarten und weltweit ca. 20.000. Die meisten Bienen sind Solitärbienen und Kuckucksbienen und leben allein. Nur wenige Bienenarten wie etwa die Honigbiene (Apis) leben in großen Staaten mit einer Königin und Arbeiterinnen.

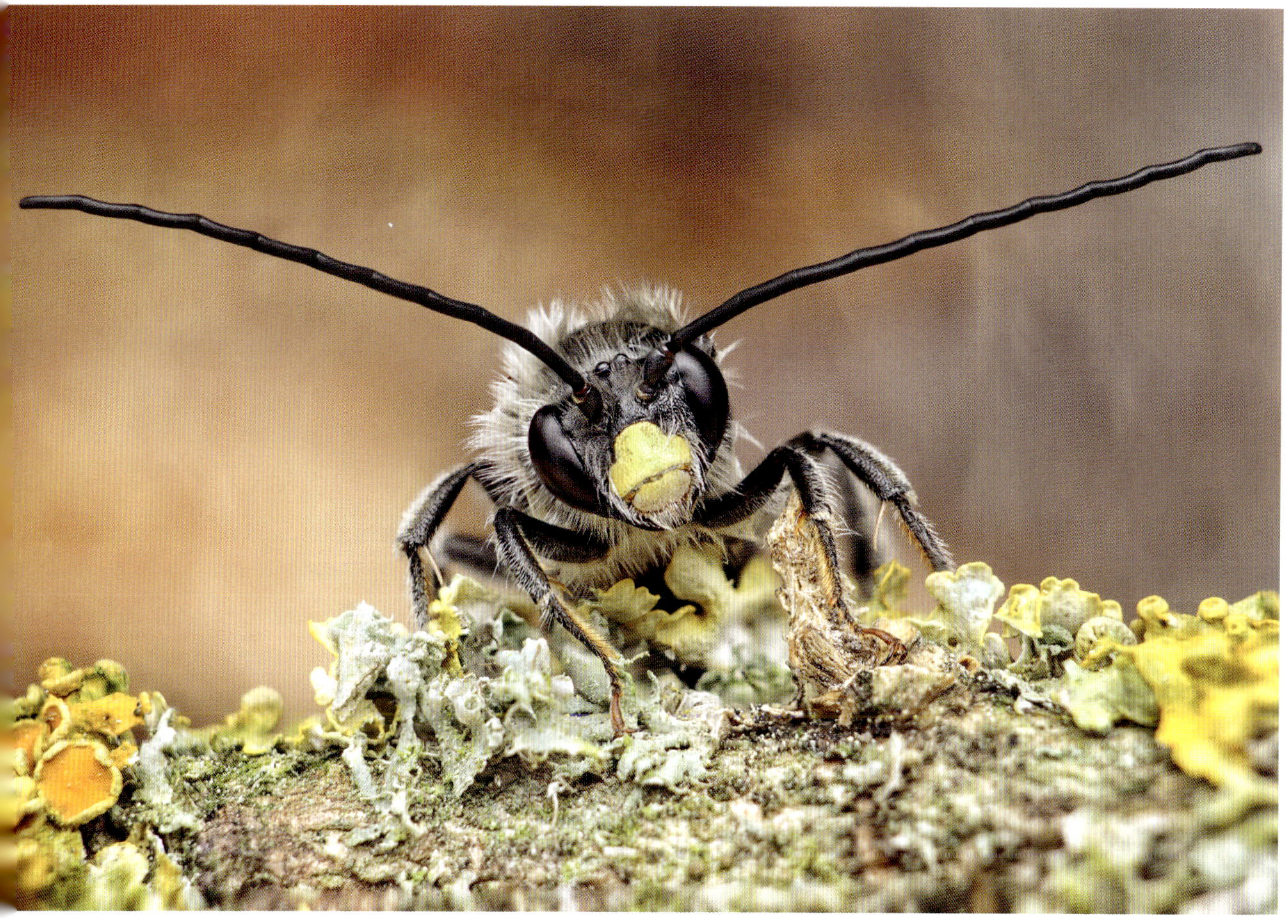

Eine männliche Langhornbiene (Eucera longicornis). Die Männchen der Langhornbienen haben extrem lange Fühler, die oft länger sind als der Körper. Aufgenommen im Spessart.

Einheimische Wildbienen

In Deutschland gibt es etwa 500 Wildbienenarten, von denen die meisten Nester bauen. Es gibt aber auch viele Wildbienen, z. B. Kegelbienen und Wespenbienen, die ihre Eier in die Nester anderer Bienenarten legen, sie werden daher auch Kuckucks-Wildbienen genannt. Finden kann man einige Wildbienenarten z. B. an sandigen Böschungen, andere Arten bewohnen lehmhaltige Steilhänge.

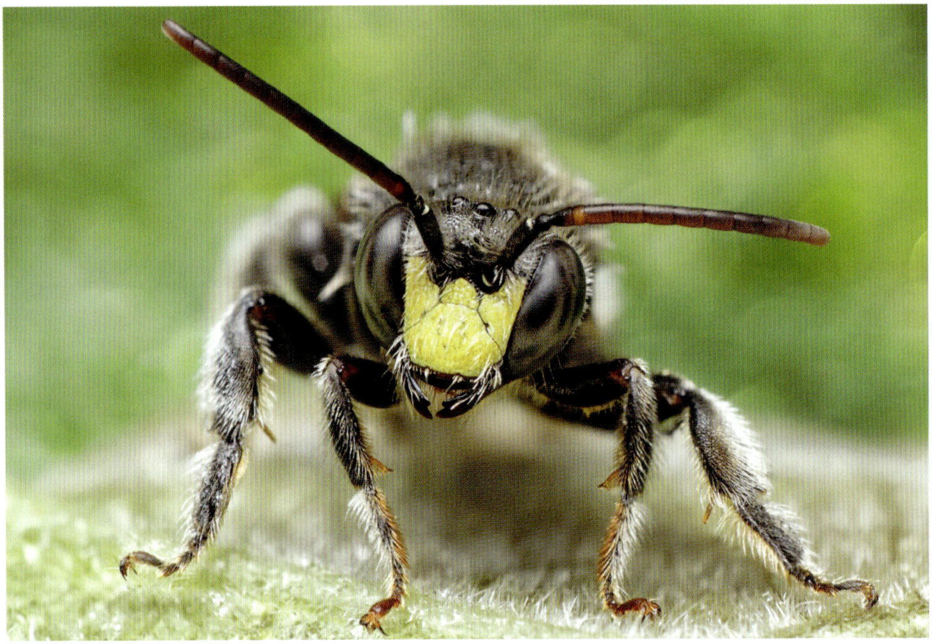

Eine Maskenbiene (Hylaeus), aufgenommen in Oberbayern am Kochelsee.

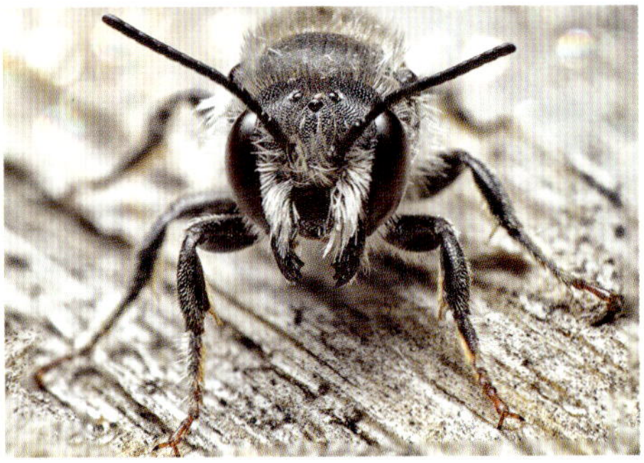

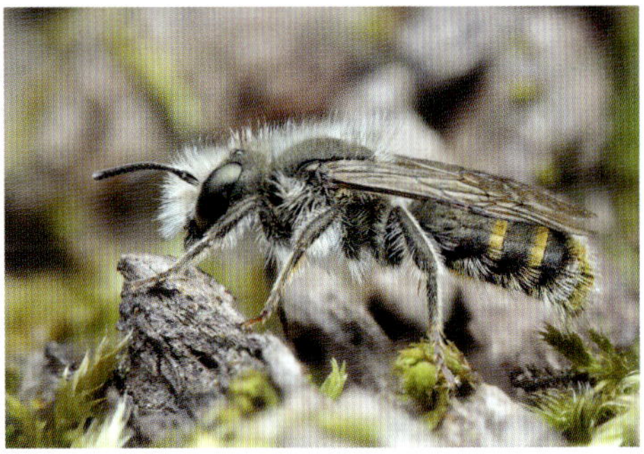

Zwei Sandbienen aus unterschiedlichem Blickwinkel betrachtet.

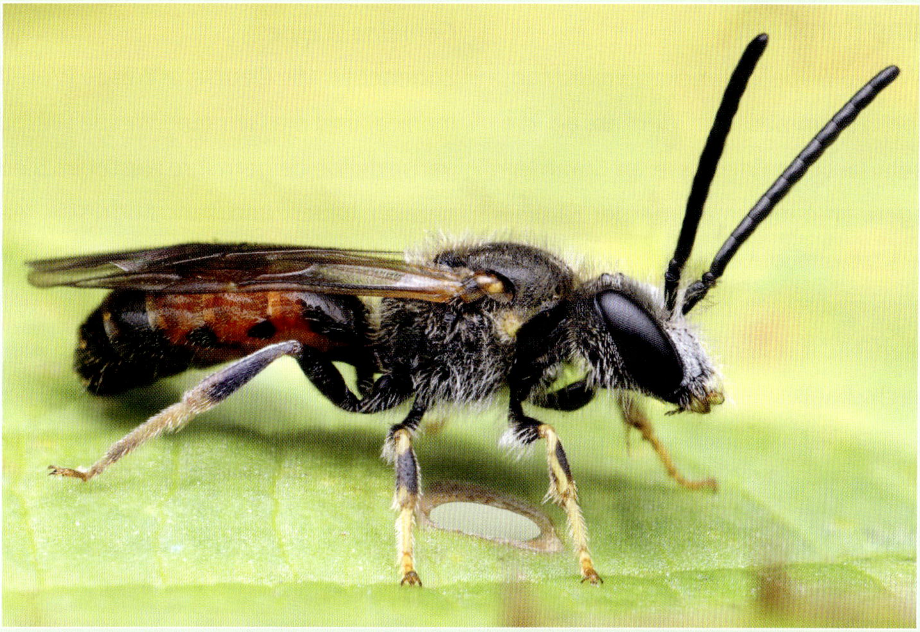

Das Männchen einer Gemeinen Furchenbiene (Lasioglossum calceatum).

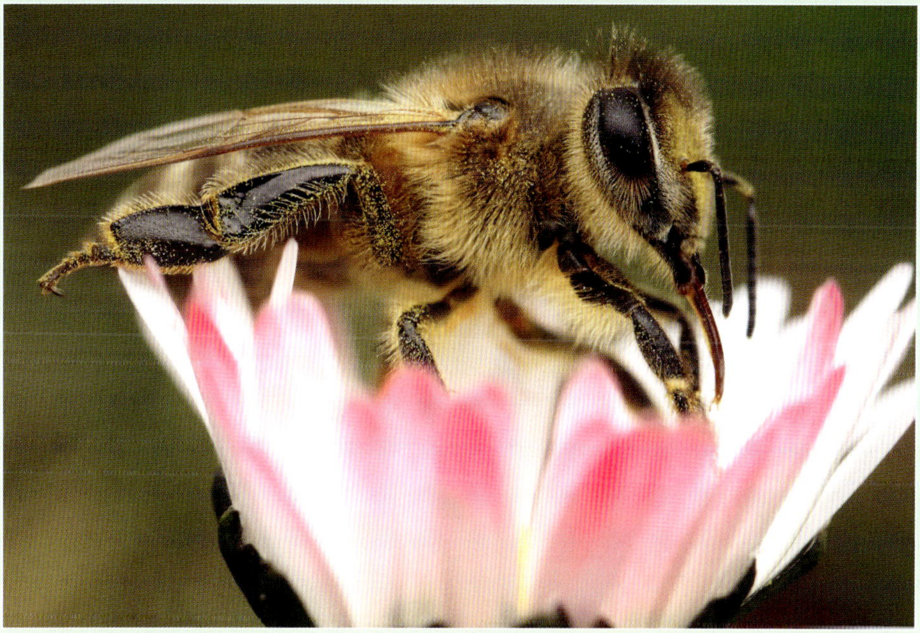

Eine Westliche Honigbiene (Apis mellifera) beim Aufsaugen von Blütennektar.

Wespen und Hornissen

Bei dem Wort „Wespe" schrecken viele Menschen sofort zusammen und denken an die zum Teil sehr lästigen Erlebnisse an Sommernachmittagen, an denen man mit der Familie im Garten sitzt und die Wespen auch etwas vom reichlich gedeckten Kuchenbuffet abhaben möchten. Nicht selten kommt es dabei zu Stichen durch die Wespen, die umso aggressiver werden, je mehr man nach ihnen schlägt.

Gemeine Wespe

Zugegeben, die Deutsche Wespe (Vespula germanica) und die Gemeine Wespe (Vespula vulgaris), die beide gern ihre Nester im Siedlungsbereich bauen und sehr aggressiv reagieren können, wenn sie sich bedroht fühlen, können schon die eine oder andere unschöne Begegnung mit sich bringen, aber auch sie haben einen wichtigen Platz in unserem Ökosystem und sind daneben tolle Makromotive.

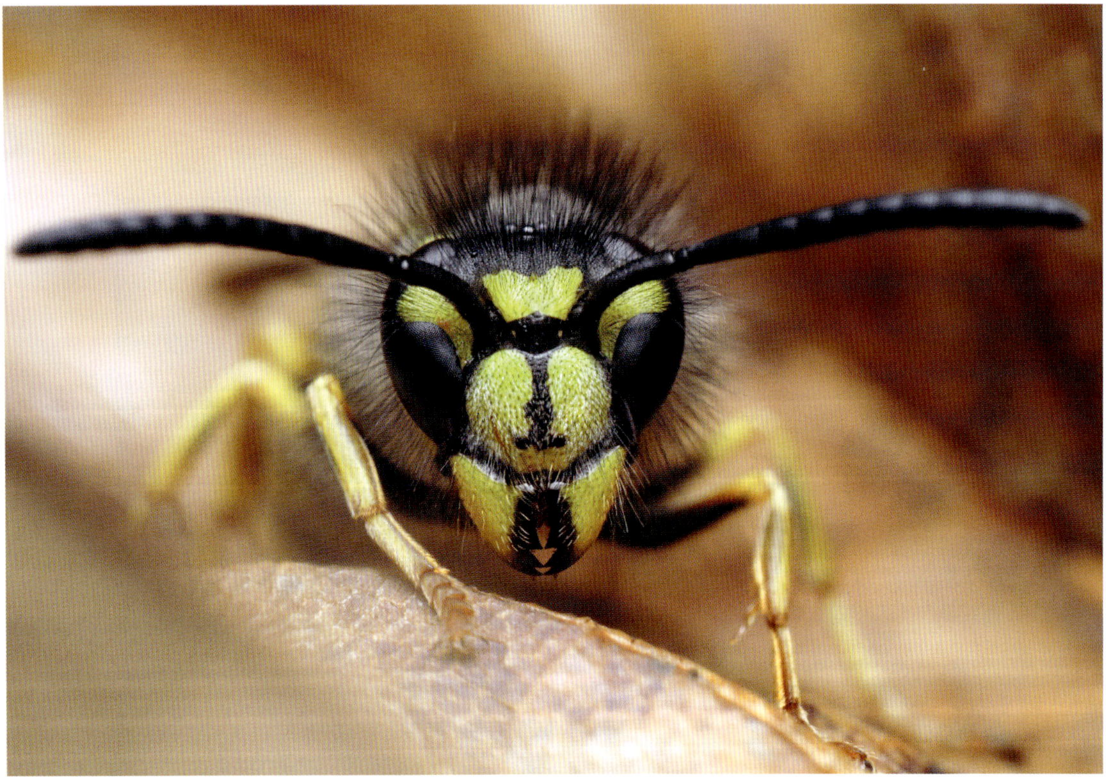

Eine Gemeine Wespe (Vespula vulgaris), die an einem kühlen Herbsttag vor dem starken Wind in einem braunen Blatt Schutz gesucht hat. Das Bild ist eine Einzelaufnahme im Abbildungsmaßstab von 2:1.

Das heißt aber nicht, dass man sich nur wegen ein paar Fotos einem Wespennest nähern sollte, denn das kann wirklich gefährlich werden. Man kann diese beiden Arten immer wieder mal z.B. im Garten einzeln antreffen, etwa wenn sie an einer Wasserstelle trinken. Neben den häufig anzutreffenden Wespenarten wie der Gemeinen Wespe und der Gallischen Feldwespe (Polistes dominula) gibt es aber noch viele weitere Wespenarten, die zum Teil wunderschön gefärbt sind, wie praktisch alle Goldwespenarten (Chrysididae), die zudem auch kein aggressives Verhalten an den Tag legen.

Stattliche Hornisse

Die Hornisse (Vespa crabro) gehört wie die Gemeine Wespe und Deutsche Wespe zur Unterfamilie der Echten Wespen. Auch sie baut gern ihre großen Nester an und in Gebäuden, die Hornisse steht außerdem in Deutschland unter besonderem Schutz aufgrund ihrer wichtigen Rolle im Ökosystem.

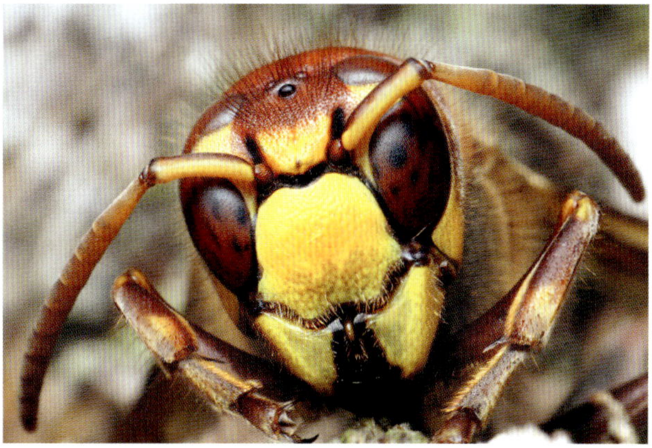

Eine Hornisse (Vespa crabro), ebenfalls im Abbildungsmaßstab von 2:1 fotografiert. Die Hornisse hat während der Aufnahmen gerade an einem Holzstück geknabbert, um Material für den Nestbau zu erhalten.

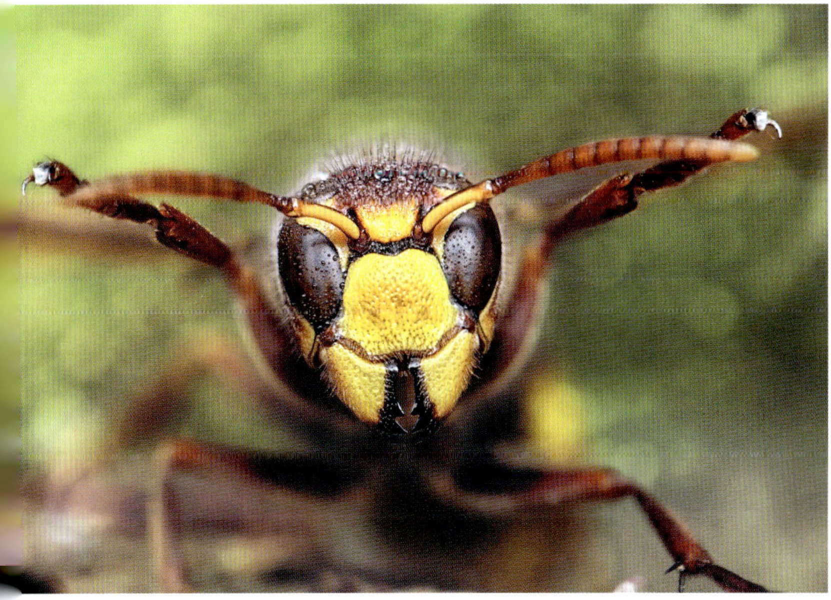

Eine offensichtlich wütende Hornisse. Ich habe sie früh morgens an einem Augusttag im Spessart gefunden. Die Hornisse saß zunächst ruhig und mit Tautropfen bedeckt an einer Holzbrücke, wurde aber während der Aufnahmen schnell munter und hat sich in diese Abwehrposition begeben.

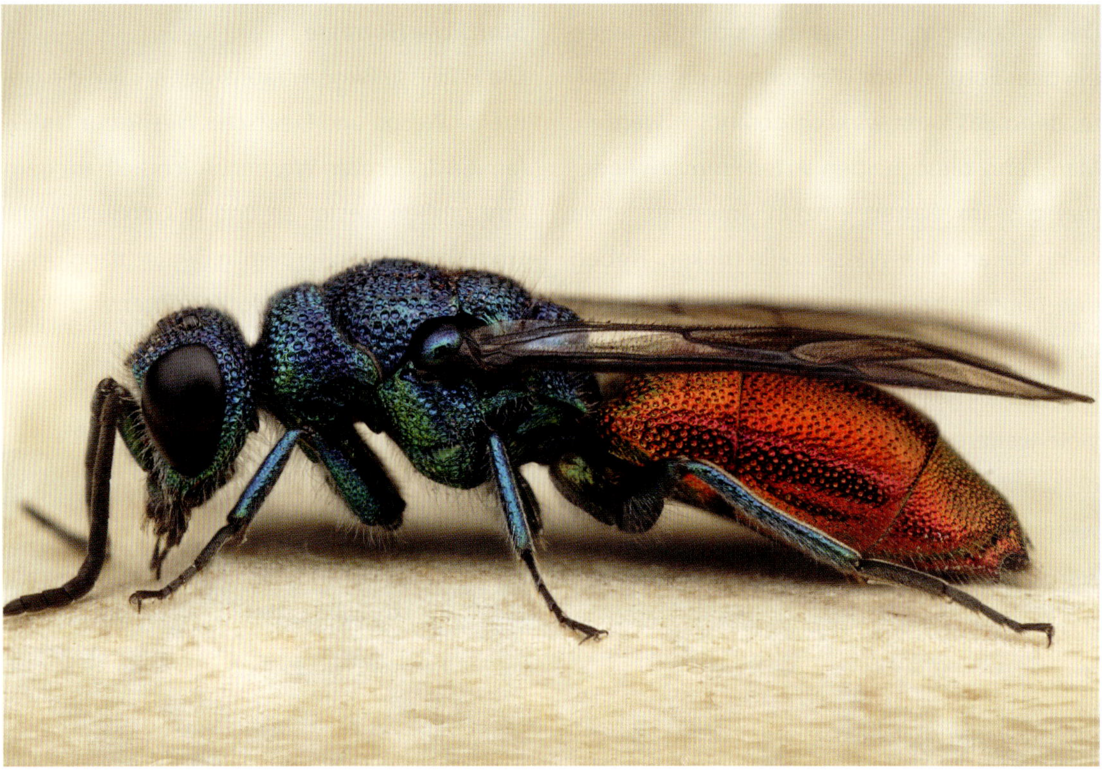

Eine wunderschöne Goldwespe (Chrysis ignita). Das Bild ist ein Focus Stack aus 22 Aufnahmen im Abbildungsmaßstab von 2:1.

Wunderschöne Goldwespen

Die Wespen der Goldwespenfamilie gehören sicher zu den schönsten Insekten. Sie haben sehr bunt glänzende Körper, die als Makromotiv praktisch jeden begeistern können. Goldwespen sind aber nicht leicht zu fotografieren und zudem sehr klein. Die meisten einheimischen Goldwespenarten erreichen maximal eine Körperlänge von nur einem Zentimeter und sind tagsüber ständig in Bewegung.

Die hier gezeigten Goldwespen habe ich alle früh morgens oder aber bei kühlem Wetter fotografiert, wo sie noch ziemlich träge waren. Man kann sich aber auch dann nicht viel Zeit nehmen, denn alle fingen nach ein paar Aufnahmen an, mit den Flügeln zu vibrieren, um die Muskeln aufzuwärmen. Dann geht es auch sehr schnell, und die Gelegenheit ist vorbei, weil sie schließlich wegfliegen.

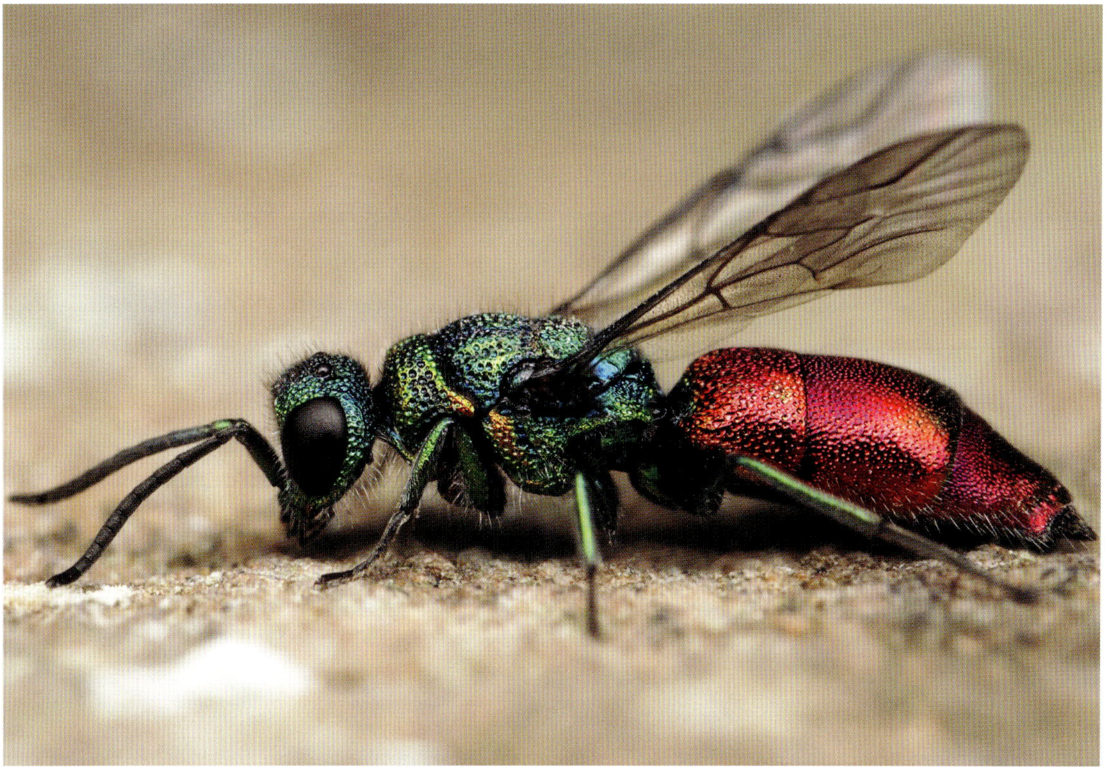

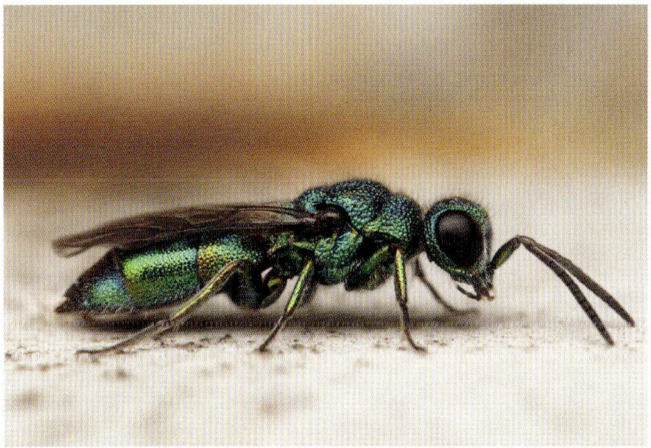

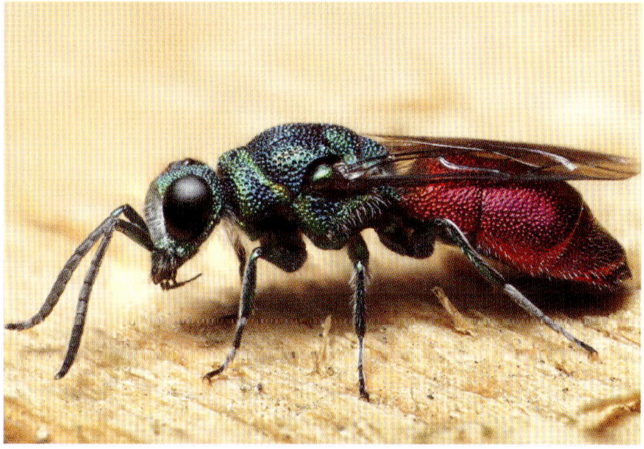

Wo findet man Goldwespen?

Die meisten Goldwespenarten mögen es warm und trocken, sie leben z. B. auf Trockenrasen oder an sonnigen, wenig bewachsenen Berghängen in wärmebegünstigten Gebieten. Die meisten der hier gezeigten Goldwespen habe ich im Spessart gefunden, genauer gesagt im Umfeld von Jossa und Mernes.

Eine Goldwespe (Chrysididae) hat sogar so früh mit dem „Aufwärmen" angefangen, dass ich diese Bewegung mit ins Bild nehmen musste, um genug Bilder für den Focus Stack zu erhalten.

Schildbeinige Silbermundwespe

Diese Schildbeinige Silbermundwespe (Crabro cribrarius), die sich gerade die Fühler während der Aufnahmeserie putzte, zählt zu meinen schwierigsten Focus Stacks. Es ist ein Männchen dieser Wespenart, die zu den echten Grabwespen gehört. Man kann es gut an den schaufelartigen Verbreiterungen an den vorderen Beinen erkennen, dass es sich um ein Männchen handelt. Die Verbreiterung braucht es, um dem Weibchen damit während der Paarung die Augen zuzuhalten. Das Männchen schüttet dabei Pheromone aus, die das Weibchen ruhigstellen. Die Pheromone werden aus den schaufelartigen Verbreiterungen abgesondert.

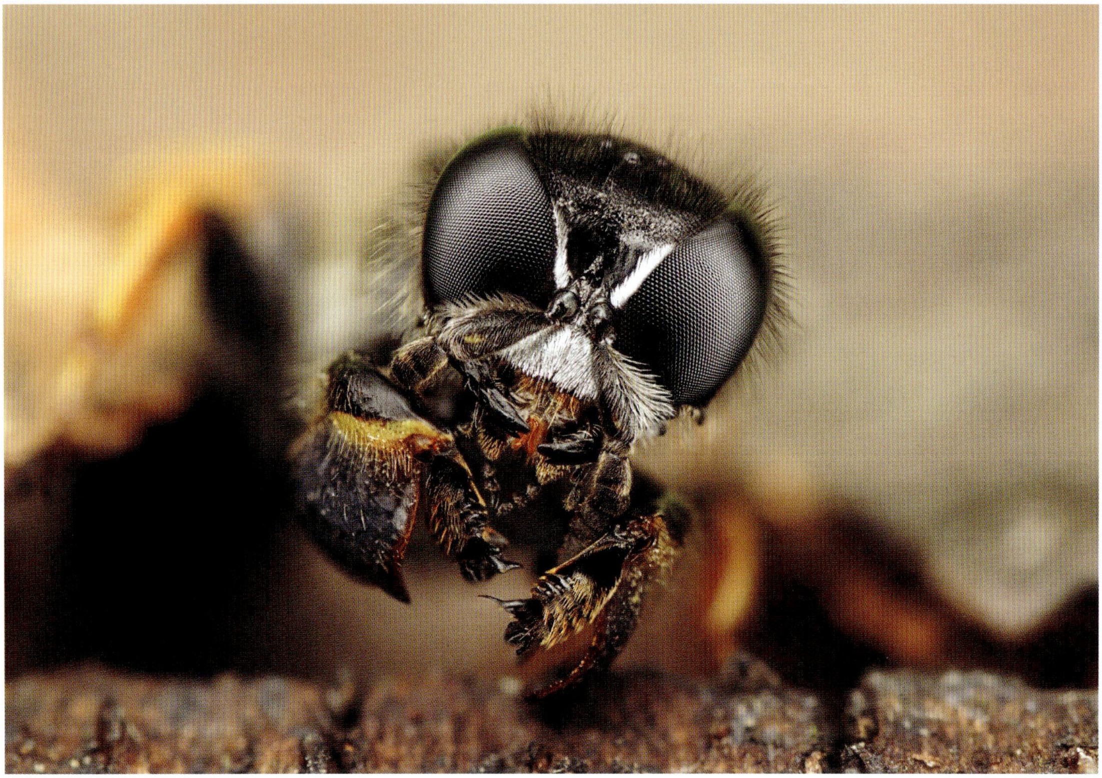

Eine Schildbeinige Silbermundwespe (Crabro cribrarius) bei der Körperpflege.

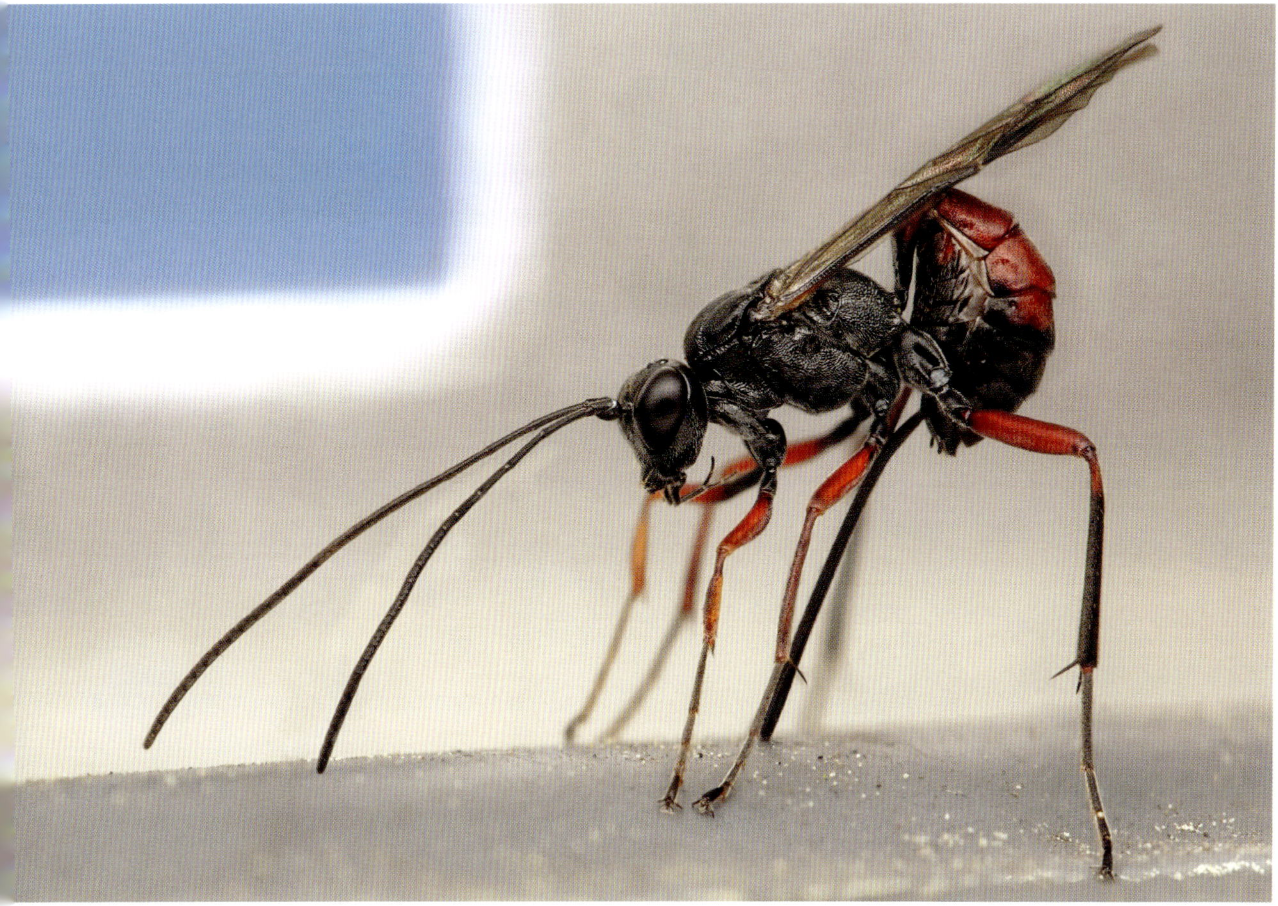

Eine Schlupfwespe, die am Gartentor Schutz vor dem starken Wind gesucht hat.

Grazile Schlupfwespe

Betreiben Sie das Focus Stacking manuell, gibt es eigentlich fast keine „unstackbaren" Bilderserien mehr. Es ist dann nur noch eine Frage der Zeit, wie gut man das Postprocessing beherrscht und wie viel Zeit man investieren möchte. Nach stundenlanger Bildbearbeitung kam bei 19 Einzelaufnahmen dieses Bildergebnis raus.

Raubritterartige Wegwespe

Diese wirklich spannende Beutesituation habe ich rein zufällig bei der Gartenarbeit entdeckt. Natürlich hatte ich in dem Moment keine Kameraausrüstung bei mir, diese Szene musste ich aber unbedingt fotografieren. Also rannte ich ins Haus und holte meine Kamera. Zum Glück war die Wespe mit der Krabbenspinne noch am gleichen Ort. Im Laufe der Aufnahmen hat die Wespe die Krabbenspinne immer weiter über Terrasse geschleppt und ist dann letztendlich an einer für mich unerreichbaren Stelle beim Gartenhaus verschwunden. Bis dahin konnte ich aber gleich drei unterschiedliche Focus-Stacking-Serien aufnehmen. Zwischendurch wurden noch die Batterien vom Blitz leer, weshalb ich noch mal ins Haus stürmen musste, um neue zu holen. Ich kann mich nicht erinnern, wann ich das letzte Mal so schnell gerannt bin, aber was macht man nicht alles für ein paar gute Bilder.

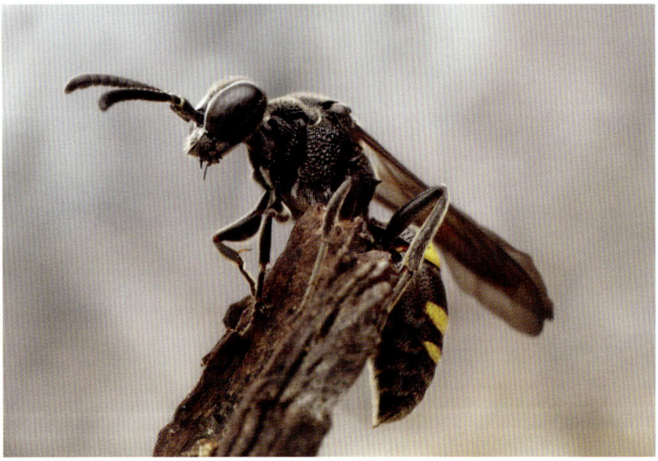

Eine Grabwespe (Spheciformes), fotografiert im Abbildungsmaßstab von 2:1.

Spinnenjäger

Einige Wegwespenarten jagen Spinnen und lähmen sie mit einem Stich, um sie dann in ihr Nest zu verschleppen, wo die Spinne als Nahrungsvorrat für den Nachwuchs der Wespe dient. Den Spinnen werden dabei von der Wespe oft die Beine abgebissen, um den Transport zu erleichtern. Andere Wegwespen legen direkt in die gelähmte Spinne ein Ei, die daraus geschlüpfte Larve frisst die Spinne dann von innen bei lebendigem Leib.

Wegwespen gehören zu den Hauptfressfeinden von Spinnen. Beispielsweise die in den USA und Mexiko vorkommende Wegwespe (Pepsis formosa), auch Tarantula Hawk (Tarantelfalke) genannt, jagt ausschließlich Vogelspinnen. Der Stich von Pepsis formosa soll der schmerzhafteste aller Wespenstiche sein. Auch vor der giftigsten Spinnengruppe der Welt, der acht Arten umfassenden Gattung der brasilianischen Wanderspinne (Phoneutria), machen Wegwespen nicht halt.

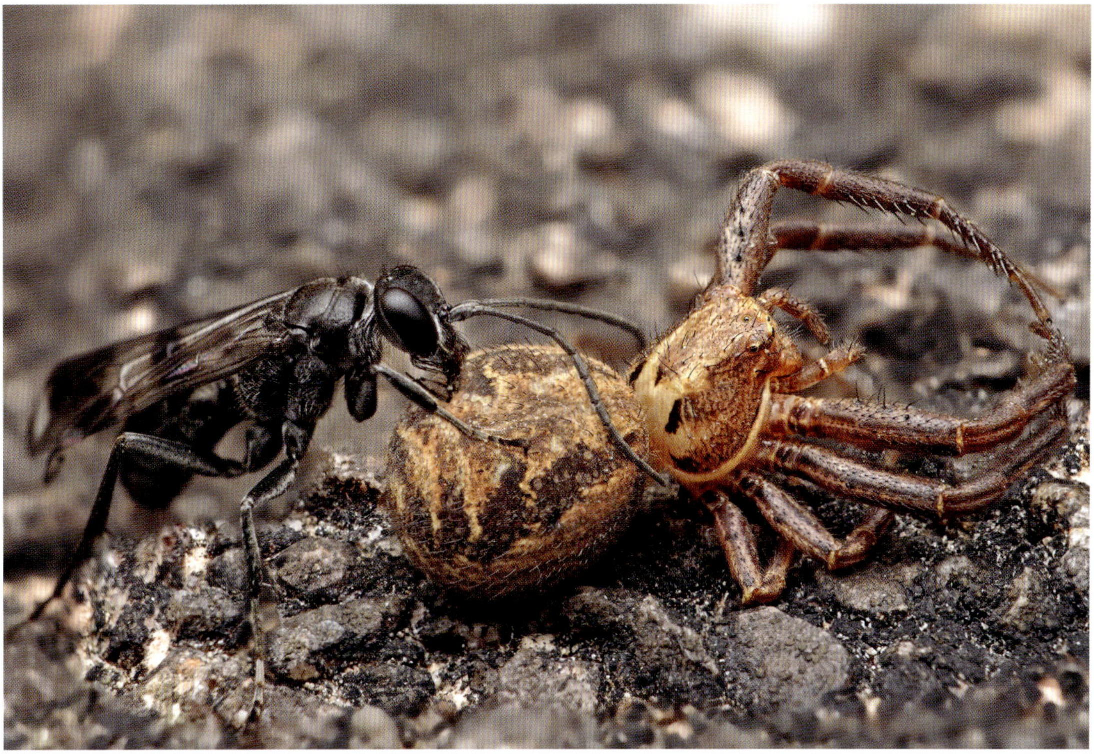

Eine Wegwespe (Pompilidae) beim Wegschleppen einer zuvor erbeuteten Krabbenspinne.

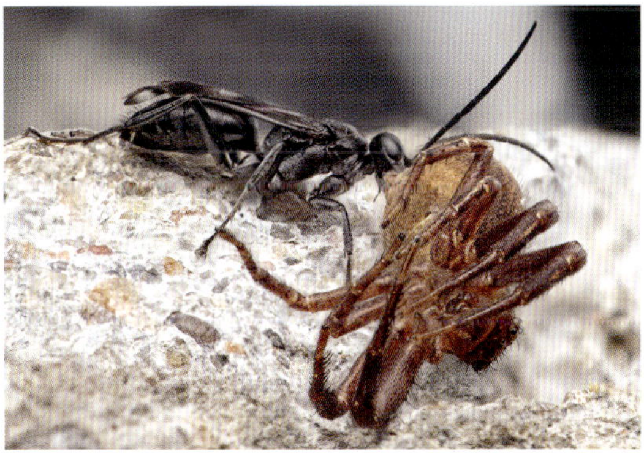

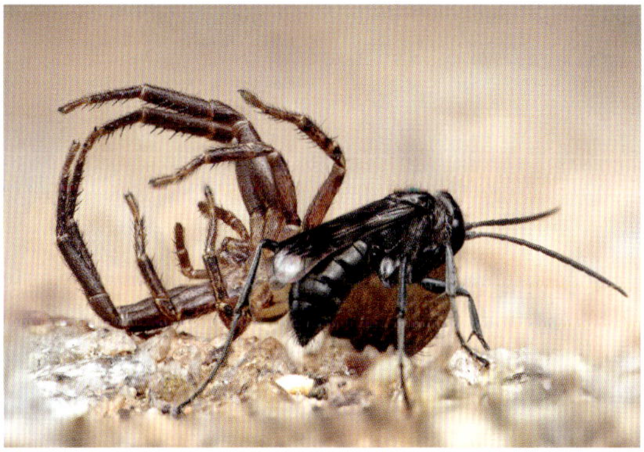

Eine Wegwespe (vermutlich Auplopus carbonarius oder Pompilus cinereus) mit gefangener Krabbenspinne (Xysticus sp.).

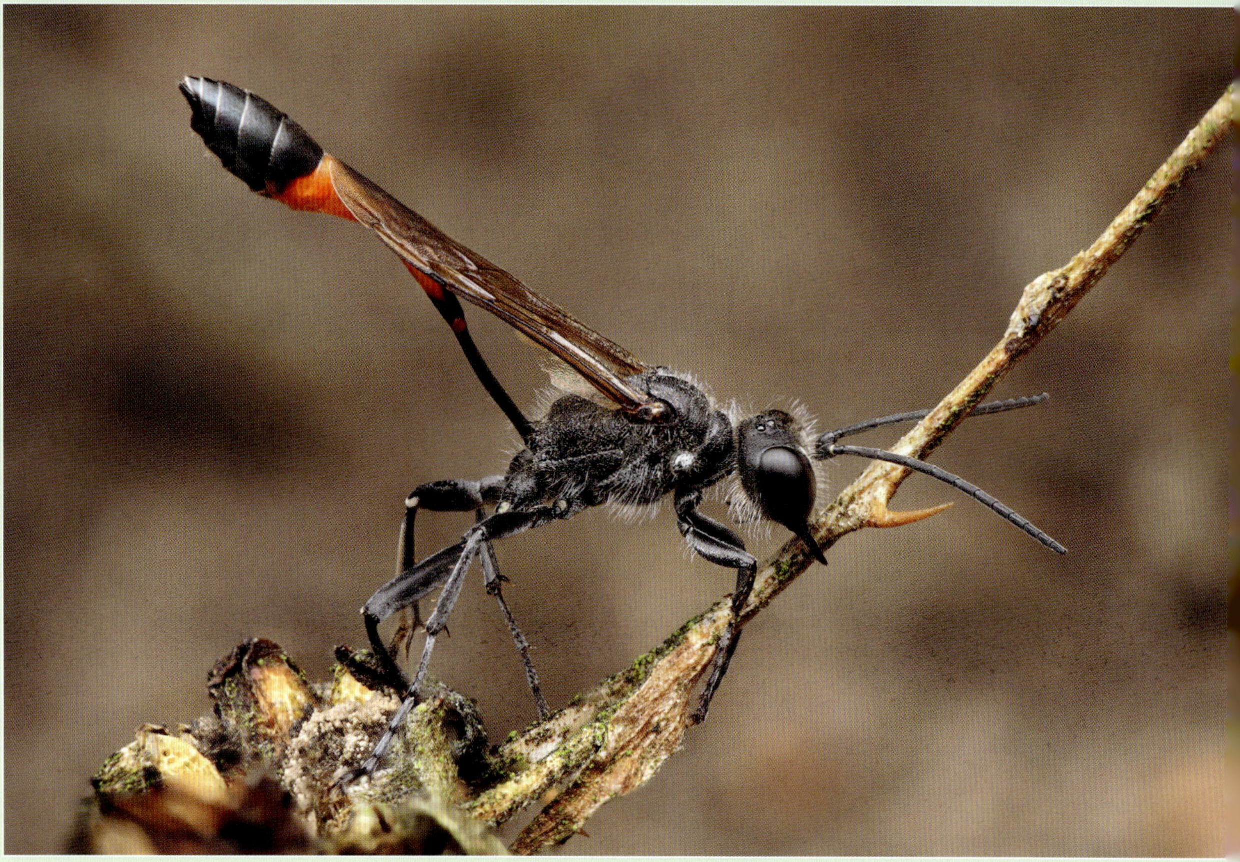

Eine Sandwespe (Ammophila) in Schlafposition. Das Bild habe ich morgens um 6 Uhr bei Mernes im Spessart aufgenommen. Es ist ein Focus Stack aus knapp 60 Aufnahmen.

Diese Schmalbauchwespe (Gasteruption assectator) habe ich im Tölzer Land an einer alten Holzhütte gefunden.

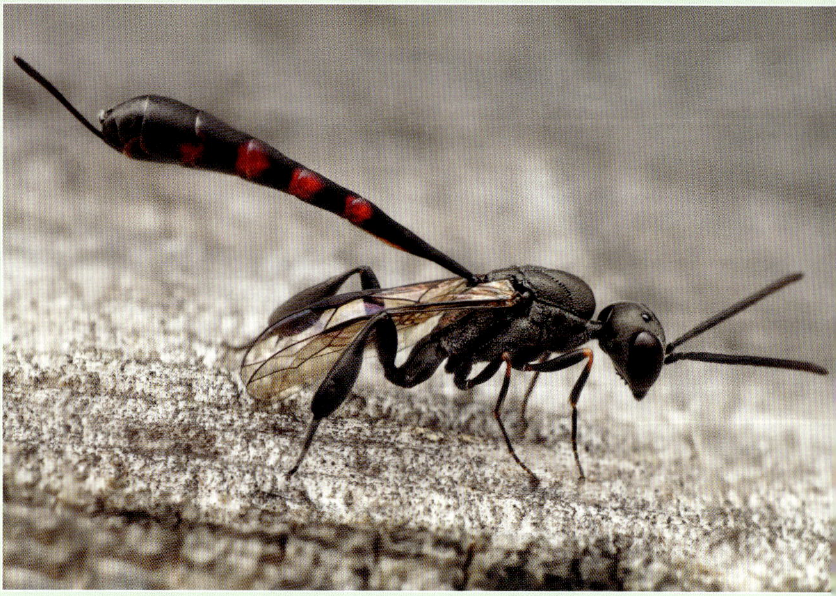

Gepanzerte Gesellen

Viele Käferarten sind dankbare Makromotive, da sie sich langsam bewegen und oft leicht zu finden sind. Eine Ausnahme bilden hier natürlich die Laufkäfer (Carabidae) und insbesondere die Sandlaufkäfer (Cicindelinae), die sich extrem schnell bewegen können. Aber auch diese kann man mit etwas Glück und Geduld gut fotografieren. Käfer bilden mit weltweit über 350.000 Arten die größte Ordnung innerhalb der Insekten.

Allein in Deutschland gibt es schon etwa 7.000 verschiedene Käferarten, von denen einige winzig klein sind, wie etwa die Zwergkäfer (Ptiliidae) und Punktkäfer (Clambidae) mit einer Körperlänge von unter 0,5 mm je nach Art. Andere Käferarten wie der Hirschkäfer (Lucanus cervus) zählen mit bis zu 8 cm Länge dagegen zu den größten einheimischen Insekten.

Prachtvoller Hirschkäfer

Zugegeben, die beiden Bildergebnisse des Hirschkäfer-Männchens sind nicht wirklich in einem extremen Abbildungsmaßstab fotografiert worden. Ich möchte sie aber dennoch zeigen, da es sich hierbei um ein sehr schönes und seltenes Insekt handelt. Hirschkäfer sind

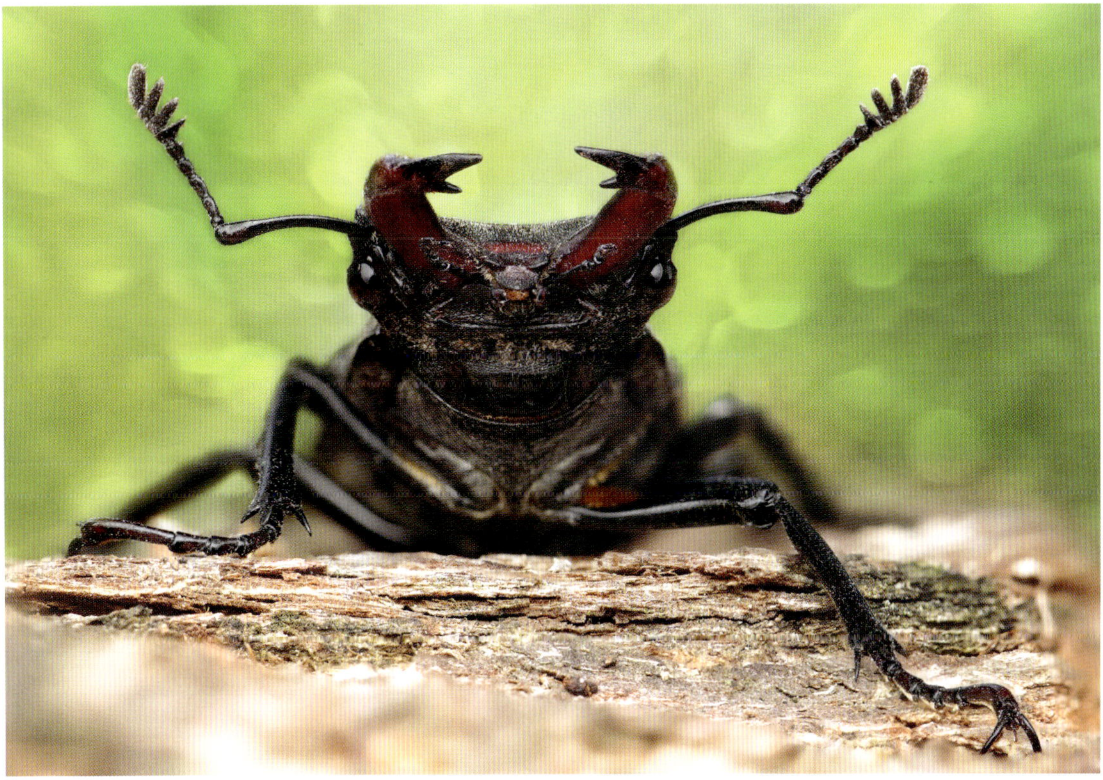

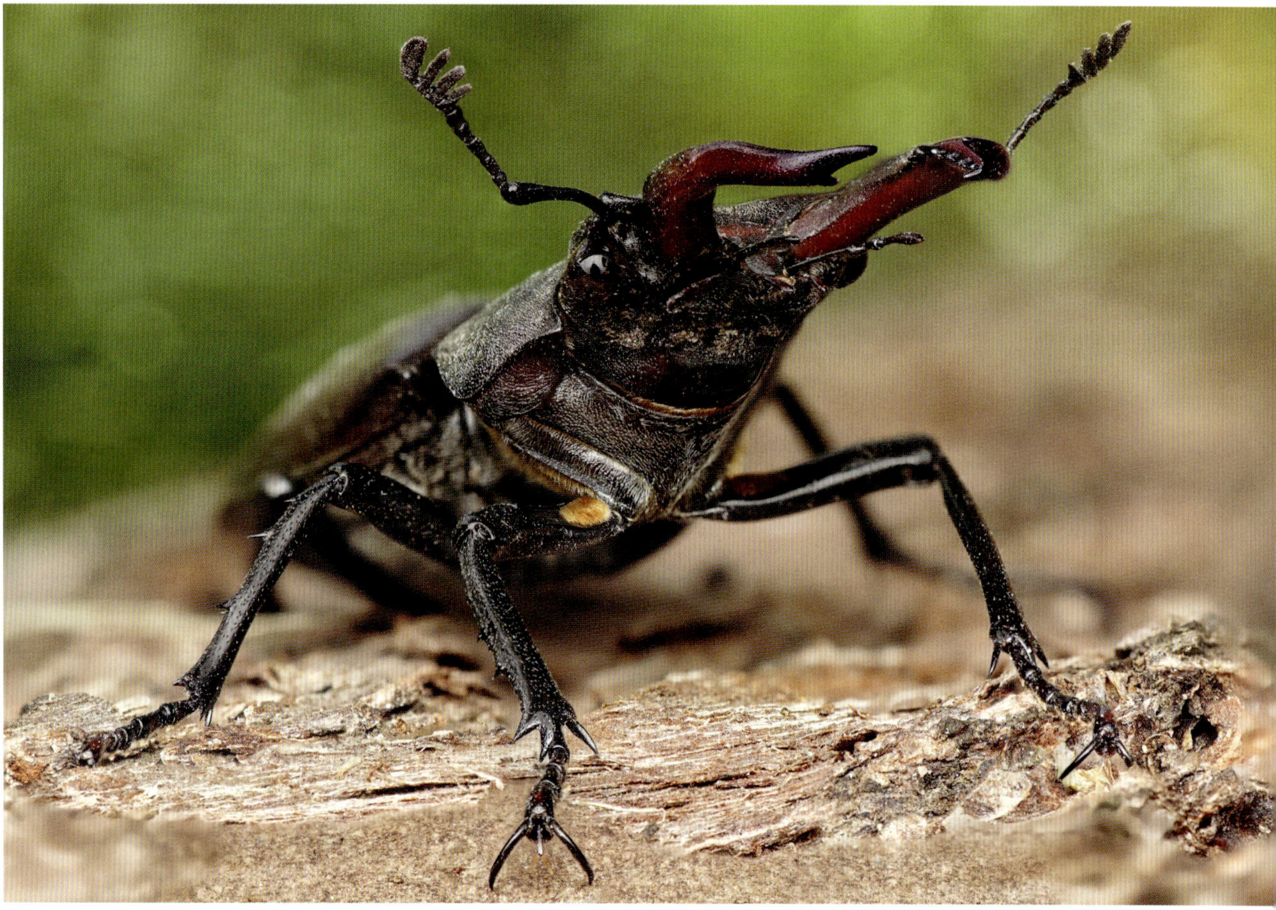

Ein Hirschkäfer-Männchen mit seinem mächtigen „Geweih". Das Bild ist ein Focus Stack, bestehend aus 63 Aufnahmen.

mittlerweile in Deutschland kaum noch zu finden und werden in der Roten Liste als stark gefährdet geführt. Selbst für einen extremen Wildlife-Makrofotografen muss es nicht immer der Riesen-Abbildungsmaßstab sein. Viel wichtiger ist es, jedes Motiv bestmöglich zu zeigen, und so ein Hirschkäfer sieht einfach am besten aus, wenn man ihn in voller Pracht sieht.

Fundort: Bei Jossa im Spessart.

Düsterer Lederlaufkäfer

Dieser Lederlaufkäfer ist mir bei einer Tour praktisch über den Weg gelaufen. Als er mich bemerkte, blieb er für lange Zeit vor Schreck – oder zur Tarnung – völlig ruhig stehen und hat sich gut fotografieren lassen. Ich habe schon einige Laufkäfer in ähnlichen Situationen gefunden, häufig laufen sie aber auch in einem Stück durch und verschwinden dann wieder im Gras oder Unterholz.

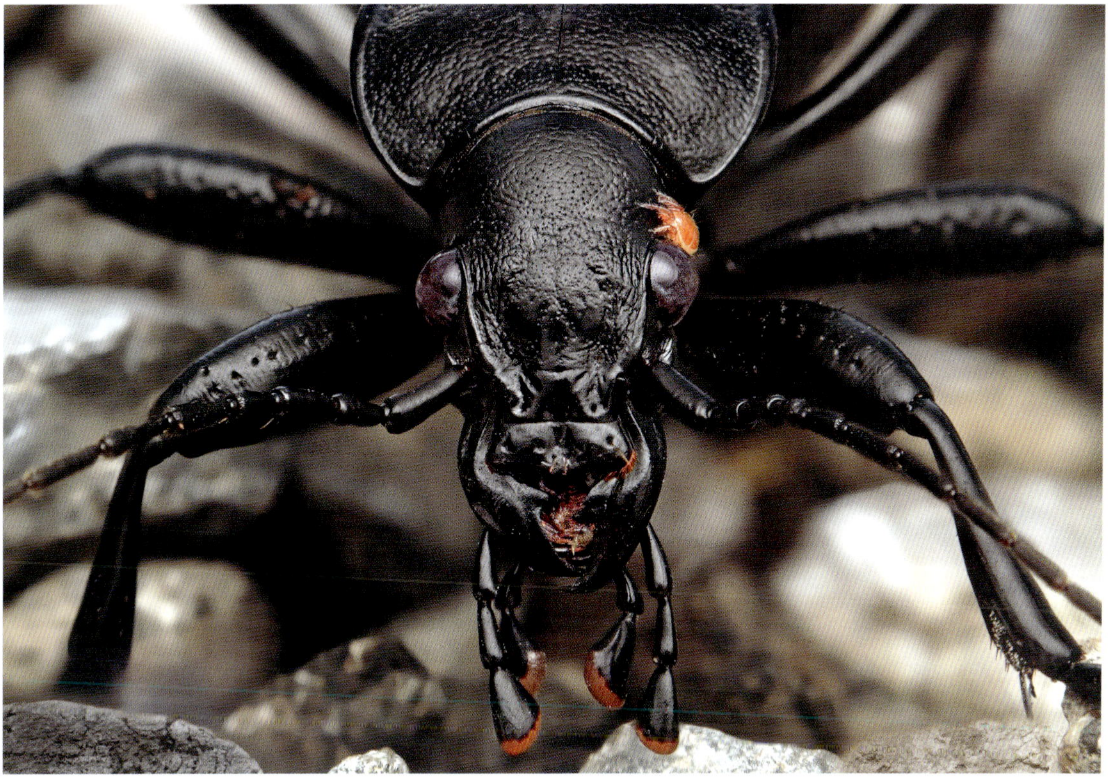

Ein Lederlaufkäfer (Carabus coriaceus) mit Milbenbefall.

Laufkäfer

Diese Familie der Laufkäfer ist überaus artenreich, allein in Mitteleuropa kommen schon etwa 760 Arten vor. Laufkäfer ernähren sich räuberisch und erbeuten dabei andere Insekten und Schnecken. Sie können sehr schnell laufen, Sandlaufkäfer sogar so schnell, dass ihre Augen beim Laufen die Umgebung nicht mehr scharf erfassen können und sie so, während sie rennen, praktisch blind sind.

Große Laufkäferarten wie den Schluchtwald-Laufkäfer (Carabus irregularis) findet man besonders in Wäldern. Die verschiedenen Sandlaufkäferarten mögen dagegen offene und sonnige Sandflächen. Alle Laufkäfer der Gattungen Carabus, Calosoma, Cicindelinae und Cychrus stehen in Deutschland unter Naturschutz, da die Lebensräume dieser großen Käferarten immer kleiner werden.

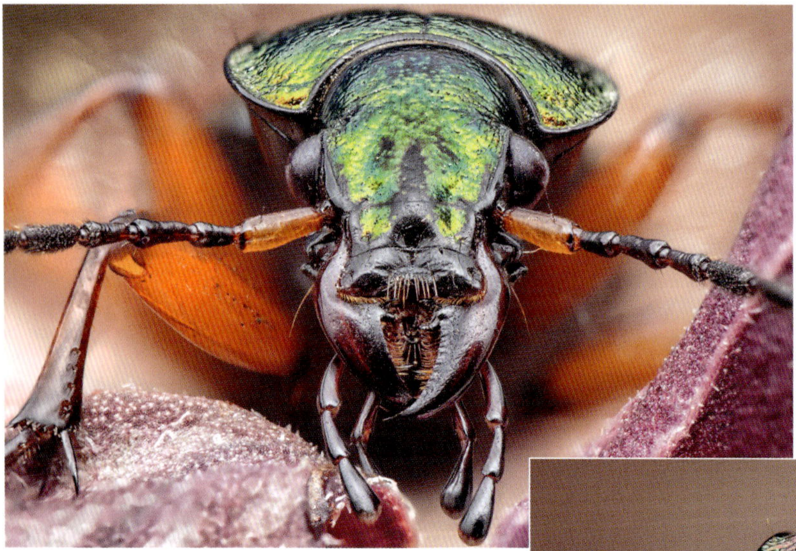

Dieser schöne Käfer ist ein Goldglänzender Laufkäfer (Carabus auronitens). Gefunden habe ich ihn Anfang Oktober beim Taufstein im Vogelsberg.

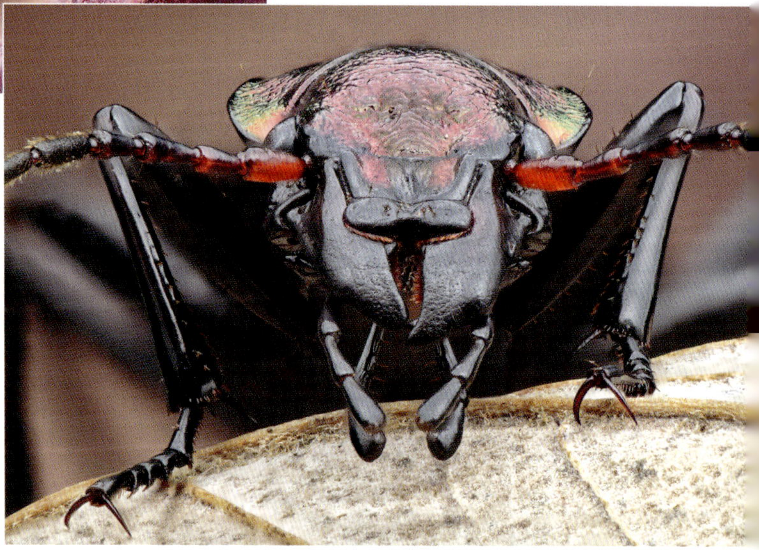

Ein Schluchtwald-Laufkäfer-Männchen in der Frontalen.

Messerscharfe Sandlaufkäfer

Die Laufkäfer der Unterfamilie der Sandlaufkäfer (Cicindelinae) gehören wohl zu den faszinierendsten, aber auch zugleich schwierigsten Makromotiven. Sie können sehr schnell rennen und haben gute Augen, was das Anpirschen an diese Käfer sehr schwierig macht. Wenn sie sich z. B. bedroht fühlen, fliegen sie auch häufig weg. Sie landen dann aber ein paar Meter weiter wieder. Sehr gute Chancen, Sandlaufkäfer zu finden, hat man in alten Steinbrüchen oder Sandgruben, sie leben dort oft in großer Zahl dicht beieinander.

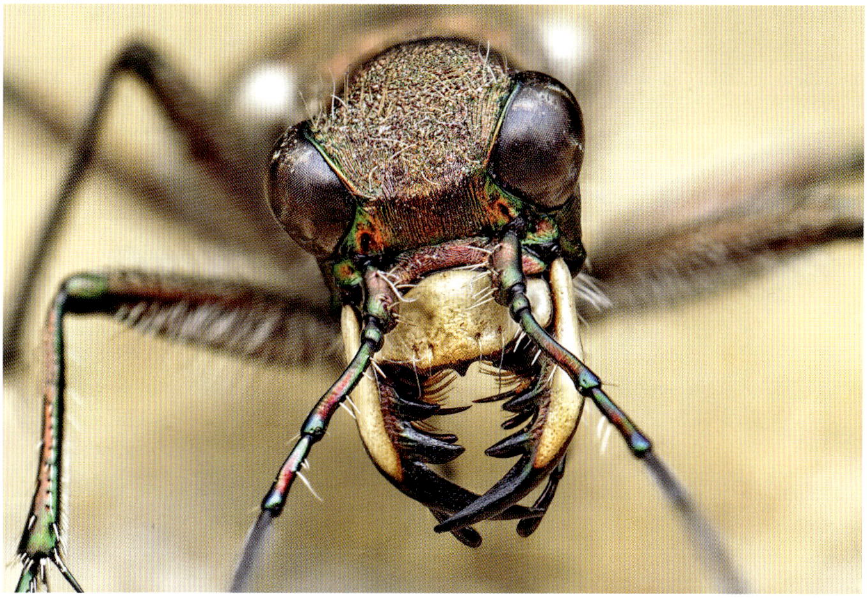

Ein Dünen-Sandlaufkäfer (Cicindela hybrida) mit seinen riesigen Mundwerkzeugen (Mandibeln).

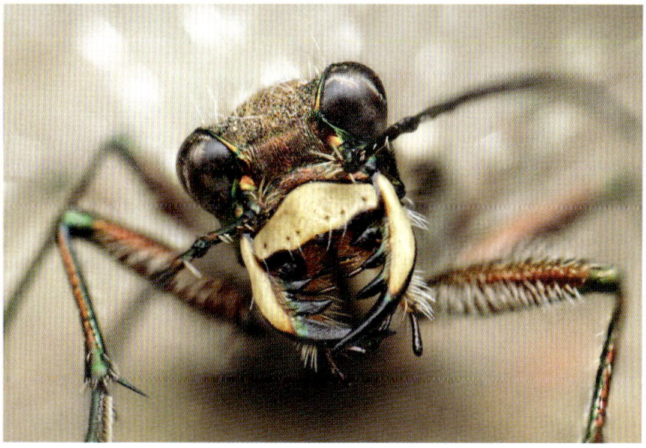

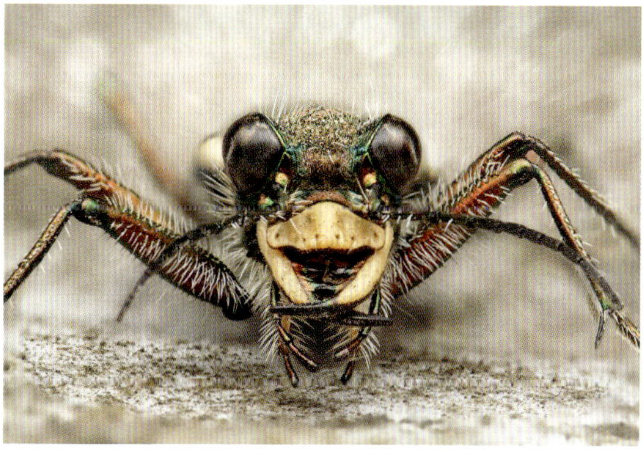

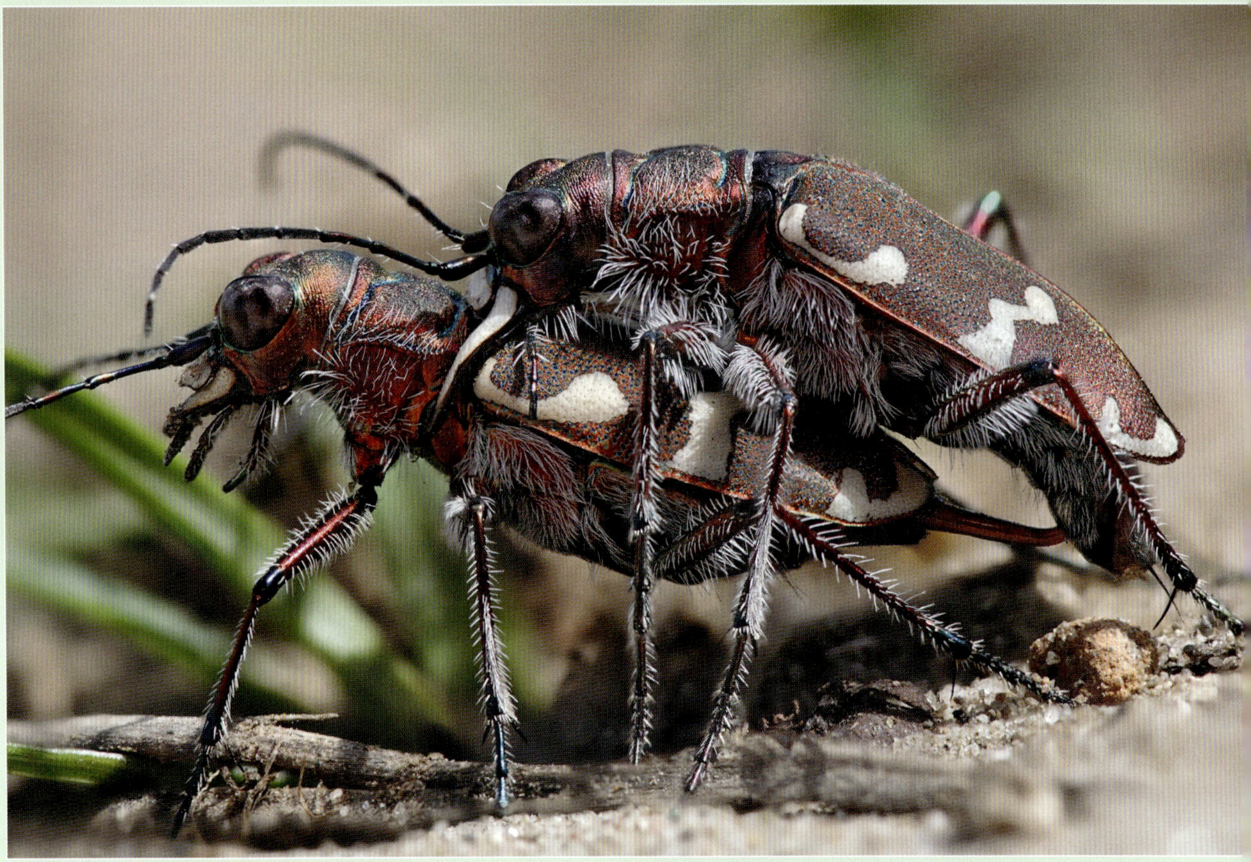

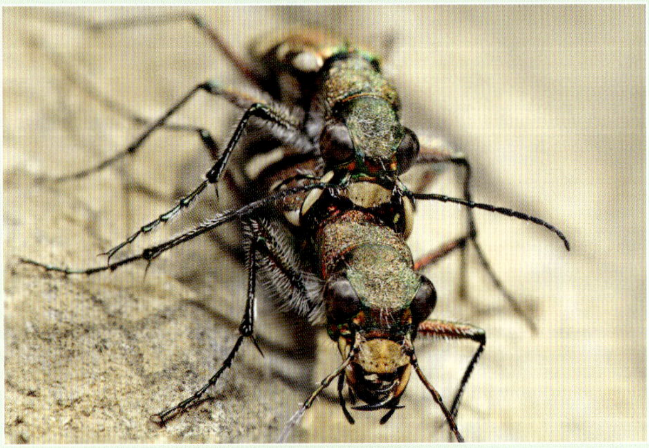

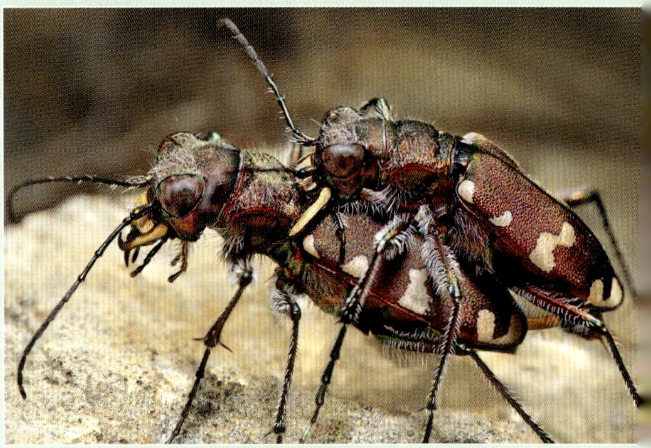

Bei diesen Paarungsbildern wurde kein Blitz eingesetzt. Sandlaufkäfer paaren sich im Frühjahr, die hier gezeigten Paarungsbilder wurden im Monat Mai aufgenommen. Generell sind Sandlaufkäfer etwa von April bis Oktober zu finden.

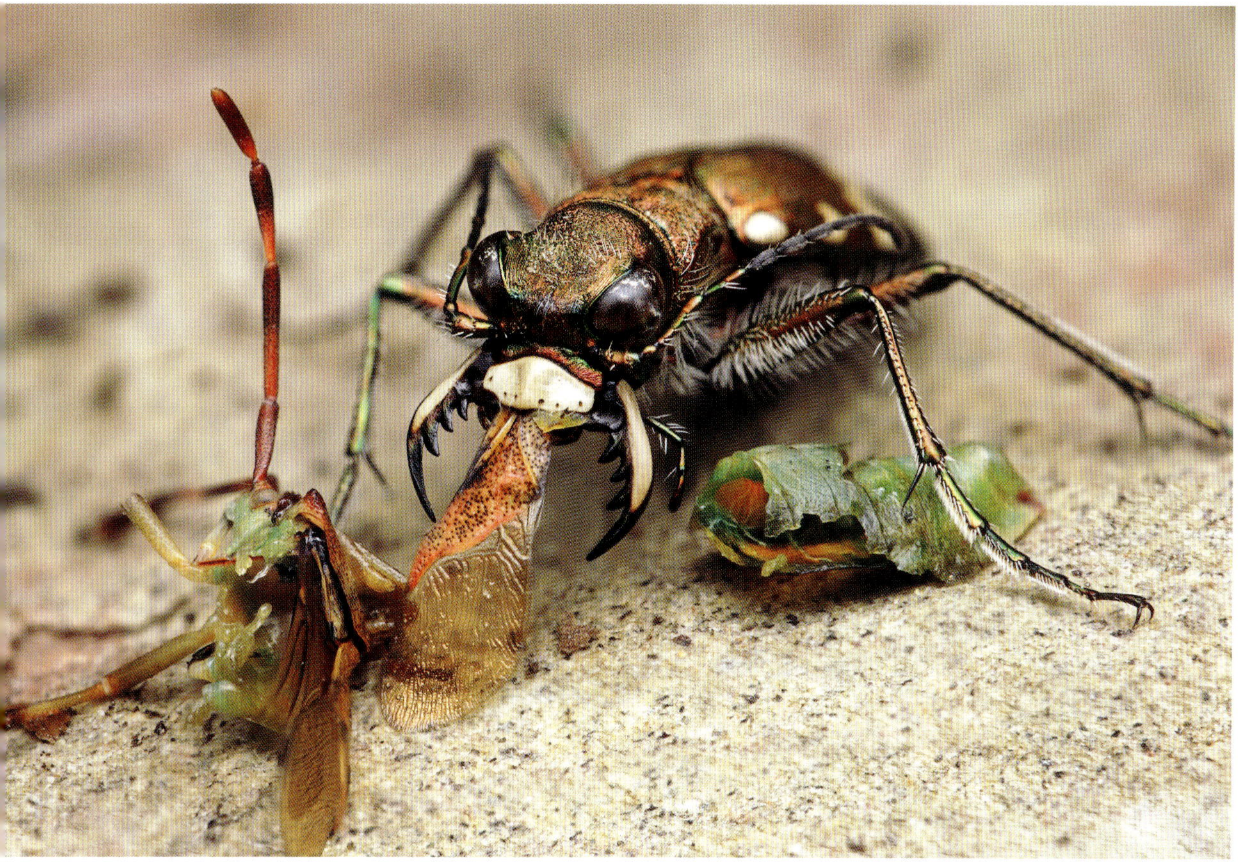

Ein Sandlaufkäfer, der eine Wanze mit seinen kräftigen Mandibeln regelrecht auseinandernimmt.

Das Bildergebnis einer Focus-Stacking-Serie aus 41 Einzelbildern der Dünen-Sandlaufkäfer bei der Paarung ist ausnahmsweise ohne Blitz entstanden (Seite 226 oben). Die Käfer haben mich mit Blitz und dem Diffusor, der sie komplett abgeschattet hatte, an dem sonnigen Tag einfach nicht nah genug rangelassen und sind ständig weggerannt. Daher habe ich hier auf den Einsatz von Blitzlicht verzichtet.

Richtig heranpirschen

Wenn Sie in freier Natur Insekten (und Spinnen) aufnehmen möchten, ist das richtige Heranpirschen wesentlich für Ihren Erfolg. Am besten nähern Sie sich an, indem Sie langsam von vorne kommen. Achten Sie besonders darauf, Seitwärtsbewegungen zu vermeiden, denn gerade diese verschrecken die Motive besonders leicht. Auch sollten Sie am besten vorher kurz schauen, ob sich nicht etwas im Weg befindet, das plötzlich knirscht oder andere Geräusche macht, wodurch das Insekt aufgeschreckt werden könnte.

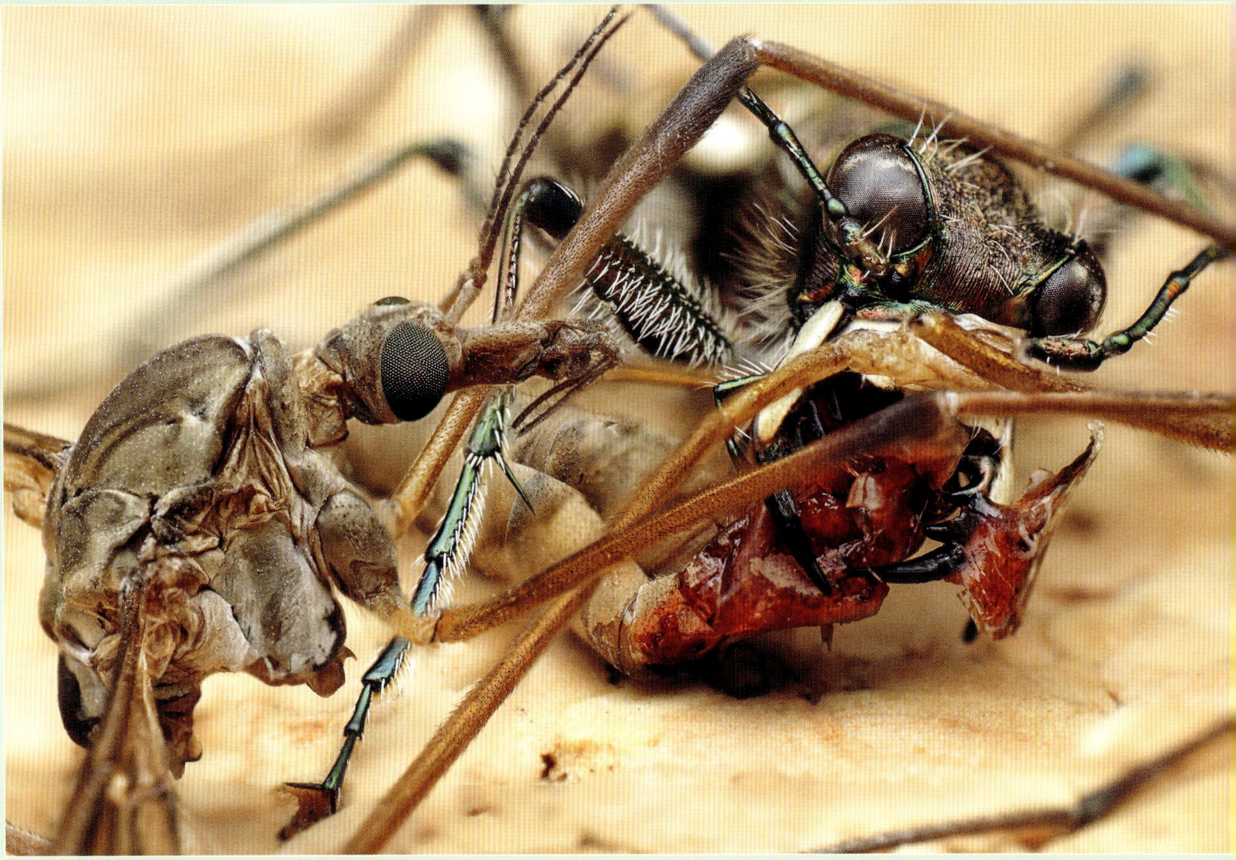

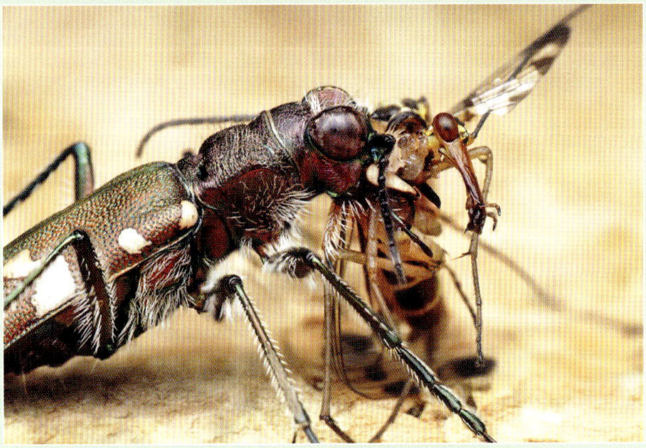

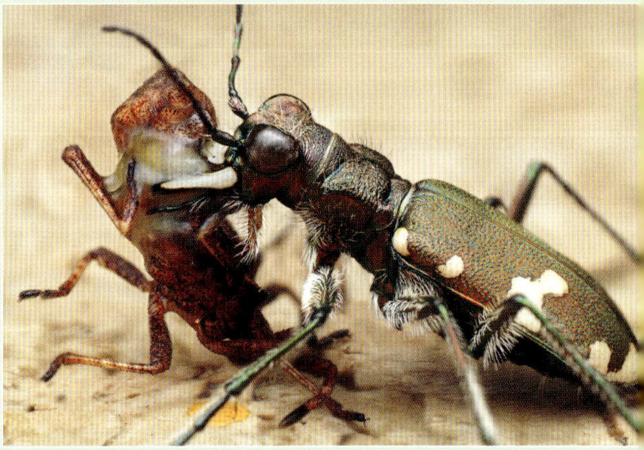

Ein Berg-Sandlaufkäfer (Cicindela sylvicola) mit seiner Beute.

Dieses Bildergebnis eines Berg-Sandlaufkäfers (Cicindela sylvicola) mit erbeuteter Schnake zählt zu den schwierigsten Focus Stacks, die ich bisher hatte. Da hier praktisch jedes Bild wegen der Kaubewegungen des Sandlaufkäfers unterschiedlich ist, musste ich die ganze Serie komplett manuell stacken.

Der Sandlaufkäfer hat der Schnake den Unterleib komplett abgebissen und frisst ihn auf, während die Schnake dabei zusehen muss und nicht mehr fähig ist, wegzufliegen. Aber wie die meisten Insekten besitzt auch die Schnake keine Schmerzrezeptoren, was zumindest ein wenig von dem Horror nimmt, die der Anblick einer ähnlichen Situation bei z. B. Säugetieren in uns auslösen würde.

Beuteszene fotografieren

Einen Sandlaufkäfer am helllichten Tag bei hoch stehender Sonne mit Beute zu fotografieren, ist extrem schwer, da schon der Schattenfall allein oft ausreicht, damit sich ihr Fluchtinstinkt einschaltet. Die meisten meiner Sandlaufkäfer-Beutesituationen habe ich aufnehmen können, indem ich mögliche Beutetiere im Sandlaufkäfer-Gebiet beobachtet habe. Sie wurden dann meist recht schnell von einem Sandlaufkäfer in der Nähe aufgespürt und überwältigt. Da ich zu dem Zeitpunkt schon meine Position eingenommen hatte, habe ich den Sandlaufkäfer auch nicht durch meine Bewegungen gestört.

Weitere Typen der Käferfamilie

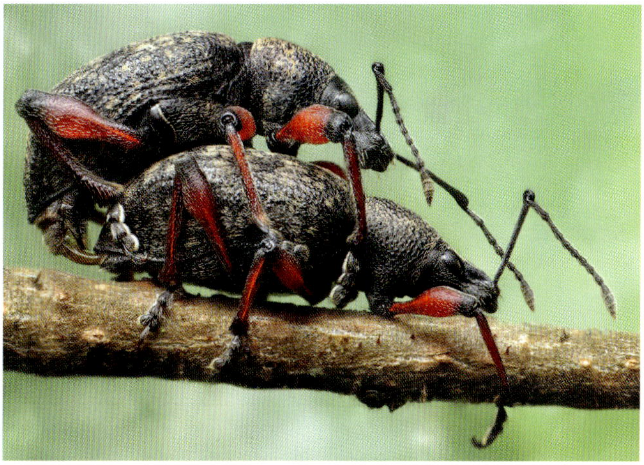

Rüsselkäfer bei der Paarung. Das Bild ist ein Focus Stack, bestehend aus 15 Aufnahmen.

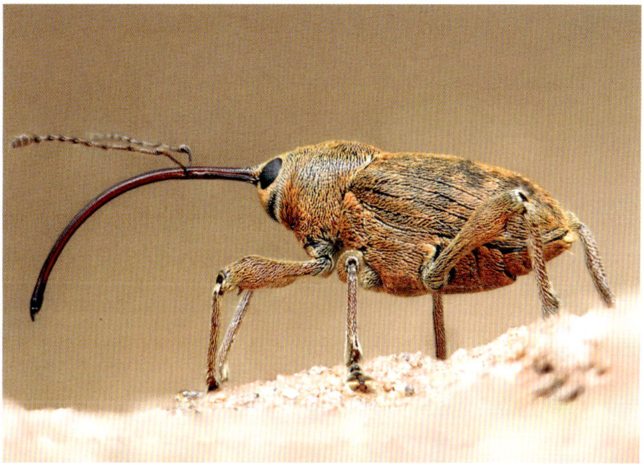

Ein Adern-Eichelbohrer (Curculio venosus). Diesen schönen Rüsselkäfer habe ich im Spessart gefunden.

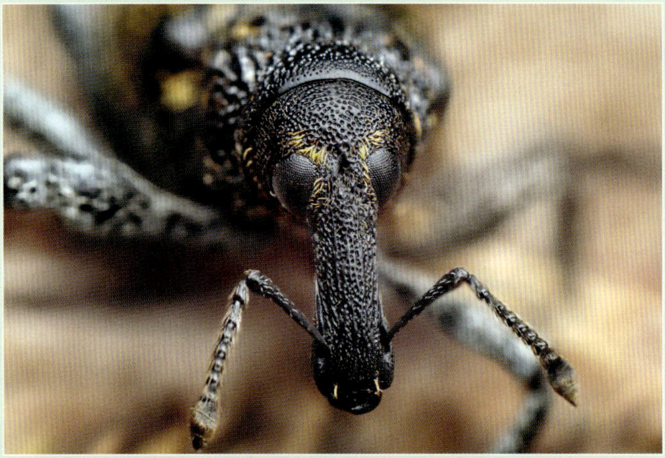

Bei einem meiner Workshops habe ich im Berchtesgadener Land diesen Rüsselkäfer entdeckt und fotografiert.

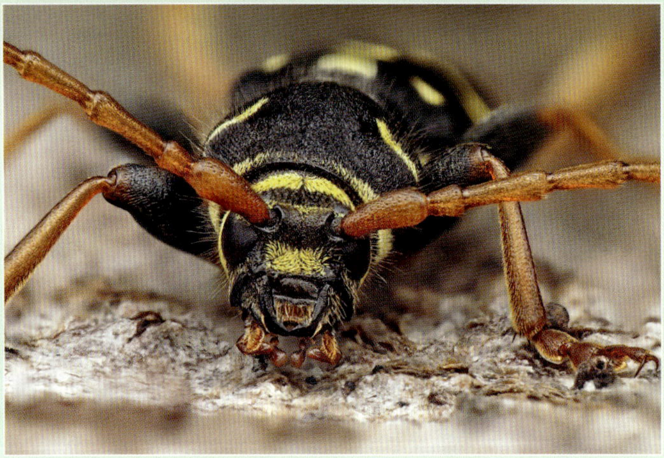

Ein Focus Stack, bestehend aus 37 Aufnahmen, von einem Eichenwidderbock (Plagionotus arcuatus).

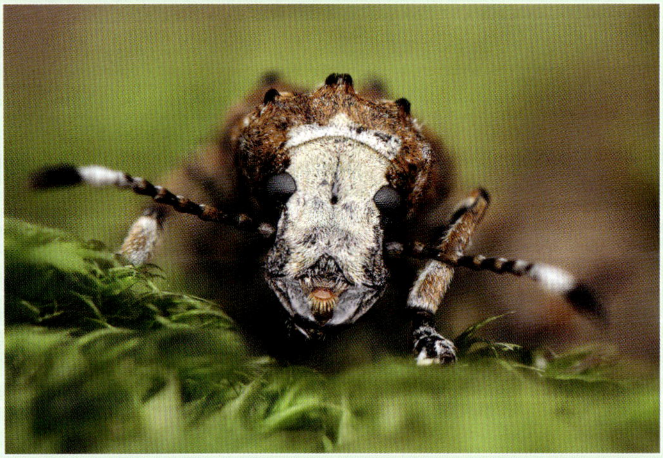

Diesen Großen Breitrüssler (Anthribus albinus) habe ich im Vogelsberg bei Herbstein fotografiert.

Räuberische Wanzen

Wanzen (Heteroptera) sind eine Insektenart, die zur Ordnung der Schnabelkerfe (Hemiptera) gezählt werden. In Deutschland gibt es etwa 1.000 verschiedene Wanzenarten, weltweit sind es ca. 40.000. Somit sind selbst bei dieser speziellen Insektenordnung extrem viele Fotomotive zu finden. Besonders die verschiedenen Raubwanzen- und Sichelwanzenarten, die sich räuberisch ernähren, sind sehr interessante Motive. Wanzen finden Sie praktisch in jedem Habitat, besonders Raubwanzen (Reduviidae), die aber wärmere Gebiete bevorzugen.

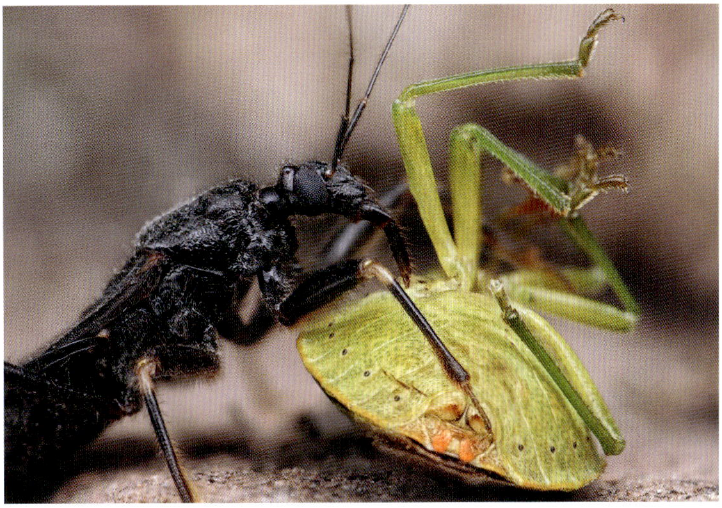

Die Große Raubwanze (Reduvius personatus) mit Beute. Diese Raubwanzenart wohnt in der Nähe von Häusern und anderen Gebäuden und kann Menschen schmerzhaft stechen. Für ihre Beute, die alle möglichen Insekten umfasst, die sie erwischt, ist der Stich innerhalb kürzester Zeit tödlich.

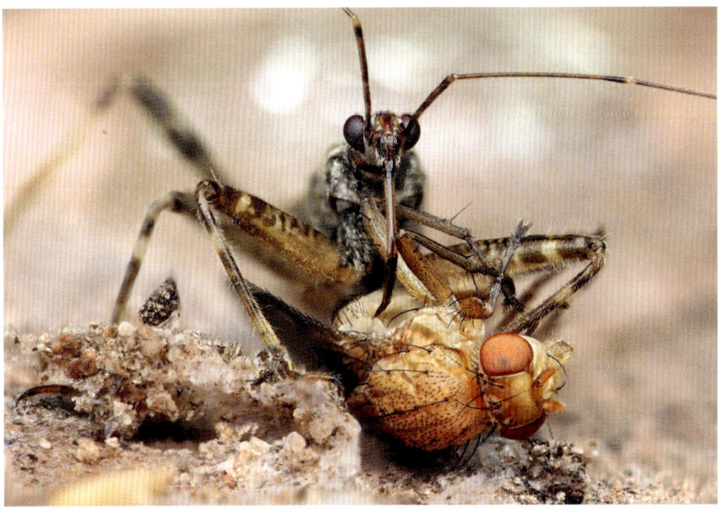

Eine Sichelwanze (Nabidae) beim Aussaugen einer Fliege.

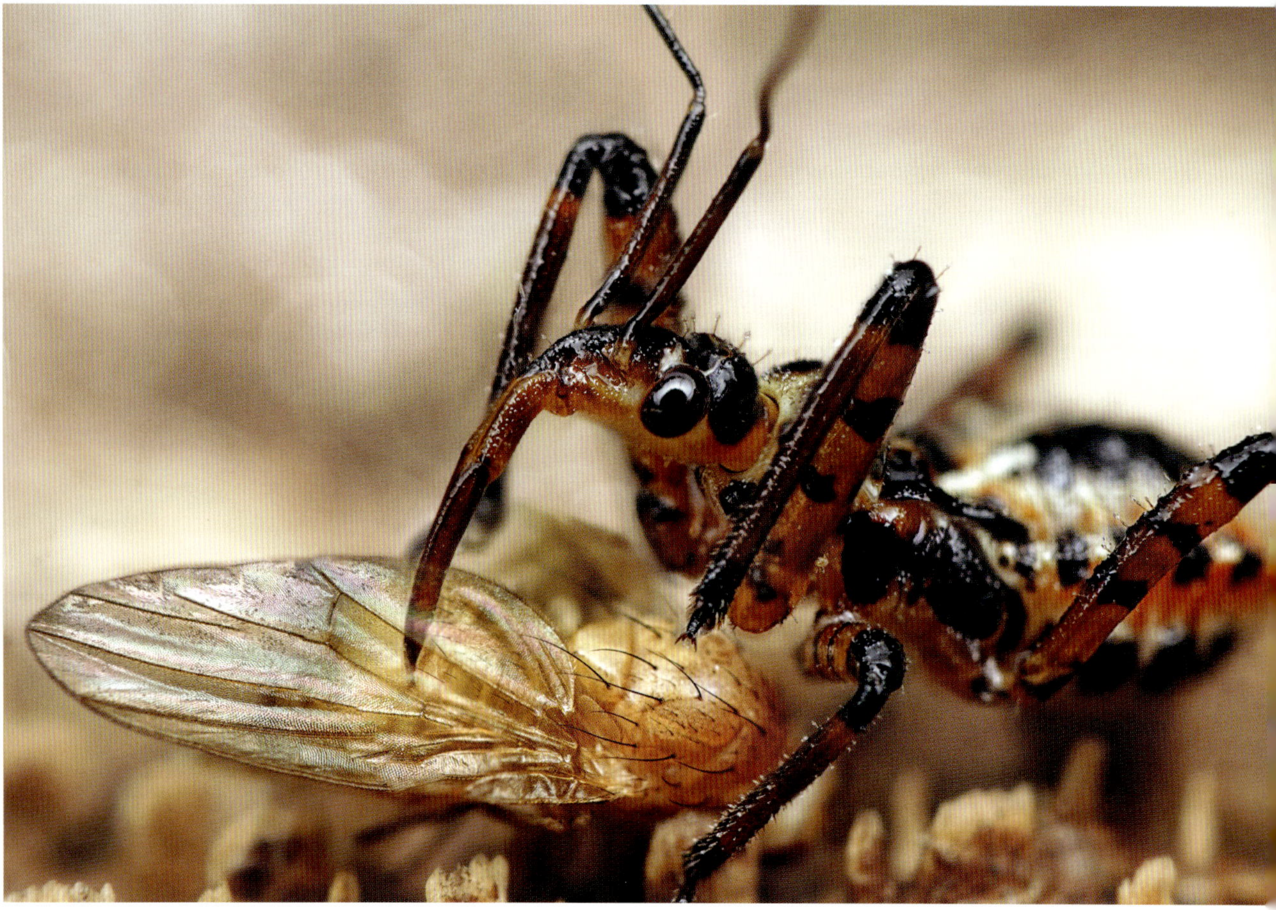

Bei dieser Wanze, die ich mit Beute an einem Holzstoß im Spessart gefunden habe, wird es sich vermutlich um eine junge Mordwanze handeln.

Rote Mordwanze bei der Arbeit

Die Rote Mordwanze kann leicht mit der Geringelten Mordwanze verwechselt werden. Die Rote Mordwanze hat aber deutlich mehr rote Körperbereiche. Im Makrobild und aus der richtigen Perspektive betrachtet, sieht man den deutlichsten Unterschied darin, dass die Rote Mordwanze einen roten Stechrüssel hat, während er bei der Geringelten Mordwanze schwarz ist. Beide Wanzenarten mögen warme Gebiete, wobei die Rote Mordwanze die Wärme wohl noch mehr liebt als die Geringelte Mordwanze. Ich habe sie nämlich bisher nur in einem Wärmegebiet bei Würzburg gefunden.

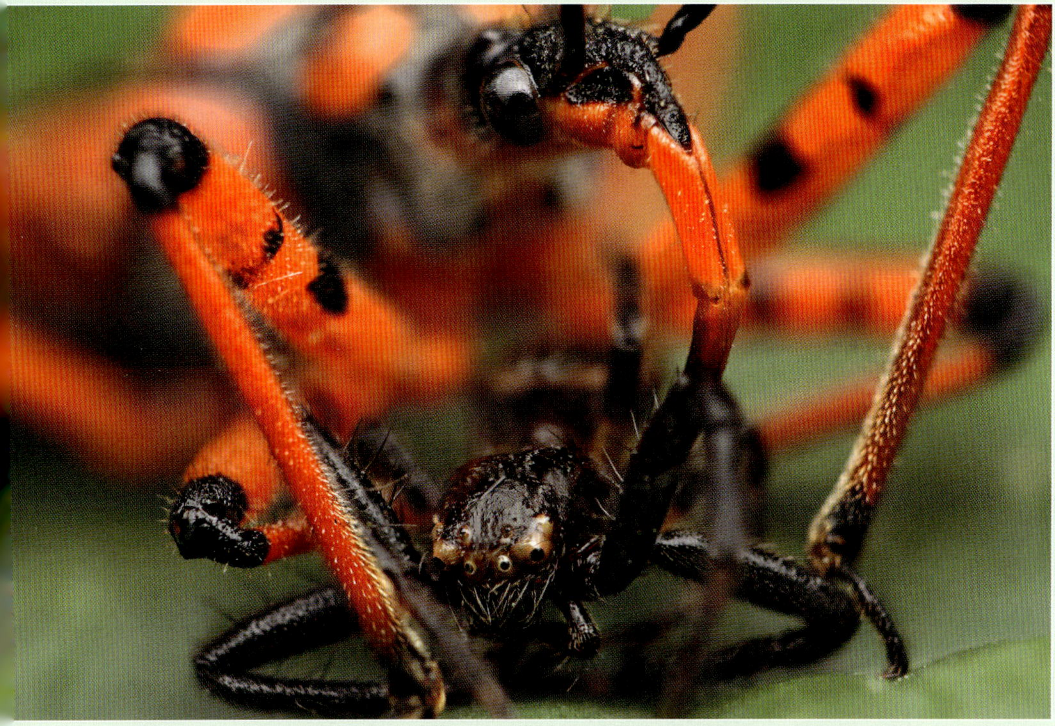

Eine Rote Mordwanze (Rhynocoris iracundus) mit einer erbeuteten Krabbenspinne.

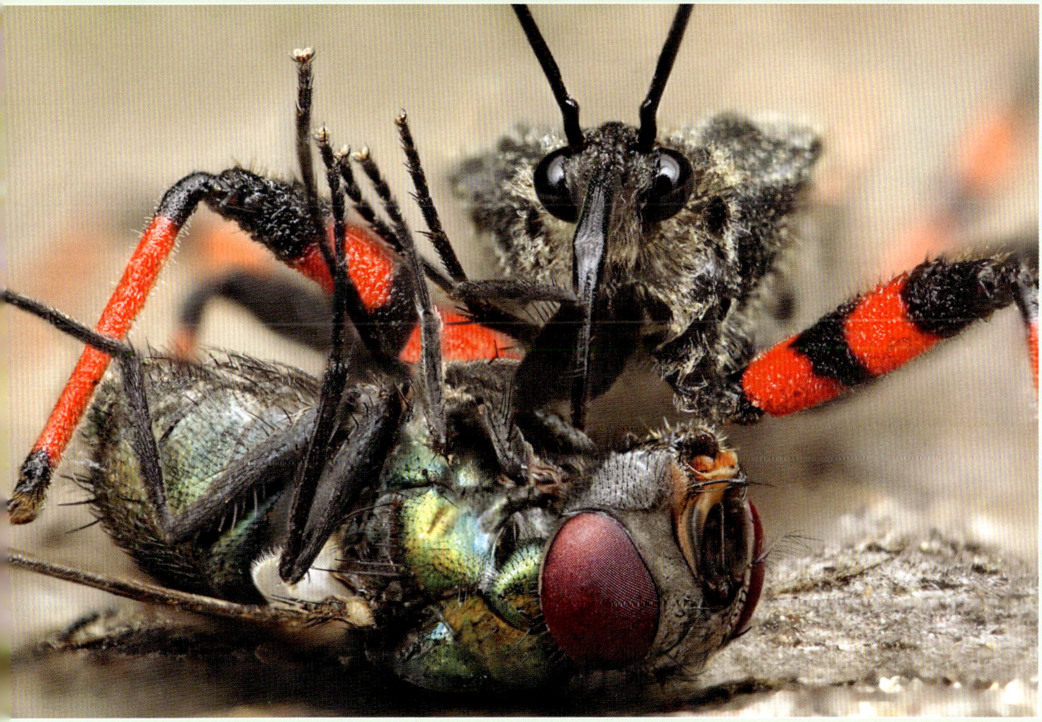

Eine Geringelte Mordwanze (Rhynocoris annulatus) beim Aussaugen ihrer Beute. Aufgenommen bei Jossa im Spessart.

Ameisen, Schnaken & Co.

In diesem Abschnitt sind alle sonstigen Insektenarten zu finden die ich auf meinen Fototouren fotografiert habe. Gesucht habe ich meistens nach Spinnen und Raubfliegen, aber natürlich habe ich auch sonst alle Insektenarten gerne fotografiert, wenn sich die Gelegen-

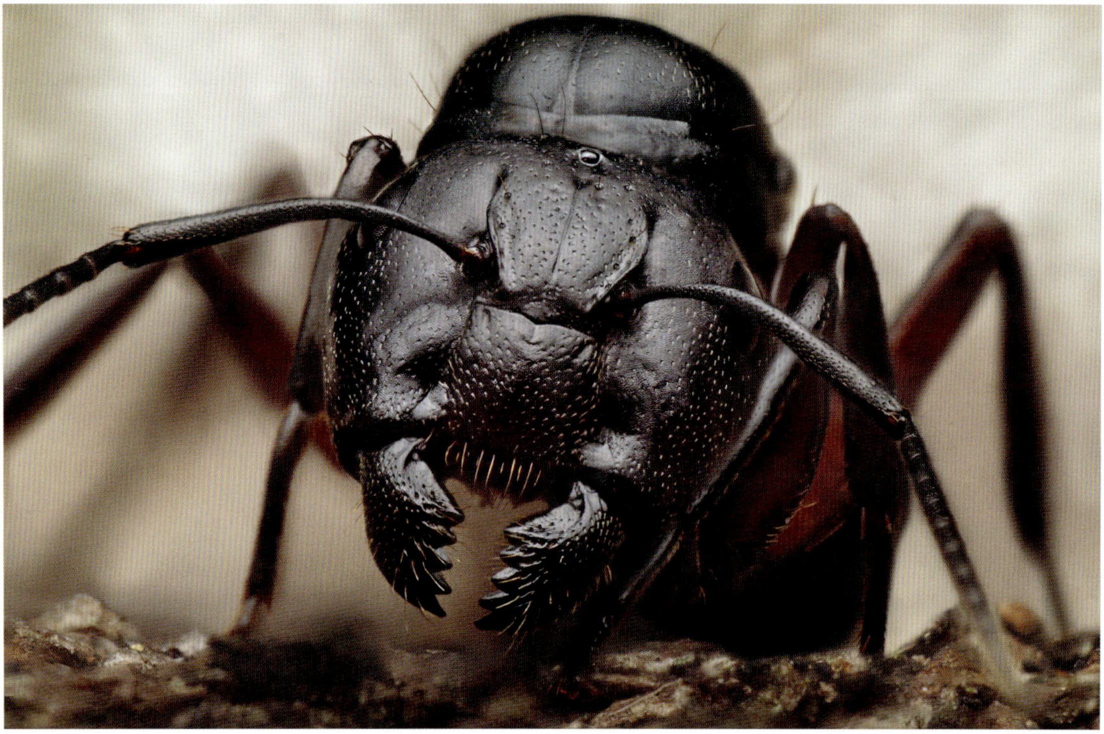

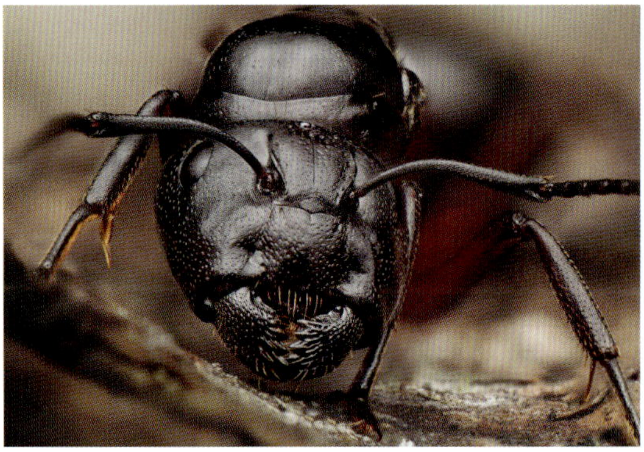

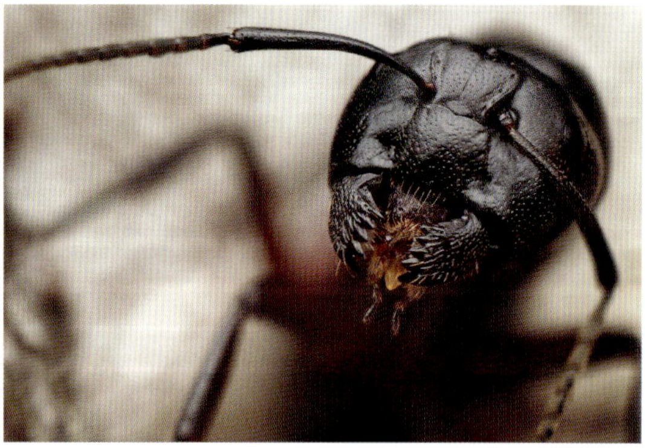

Dieses Bildergebnis einer Rossameise (Camponotus) ist ein Focus Stack aus 35 Aufnahmen.

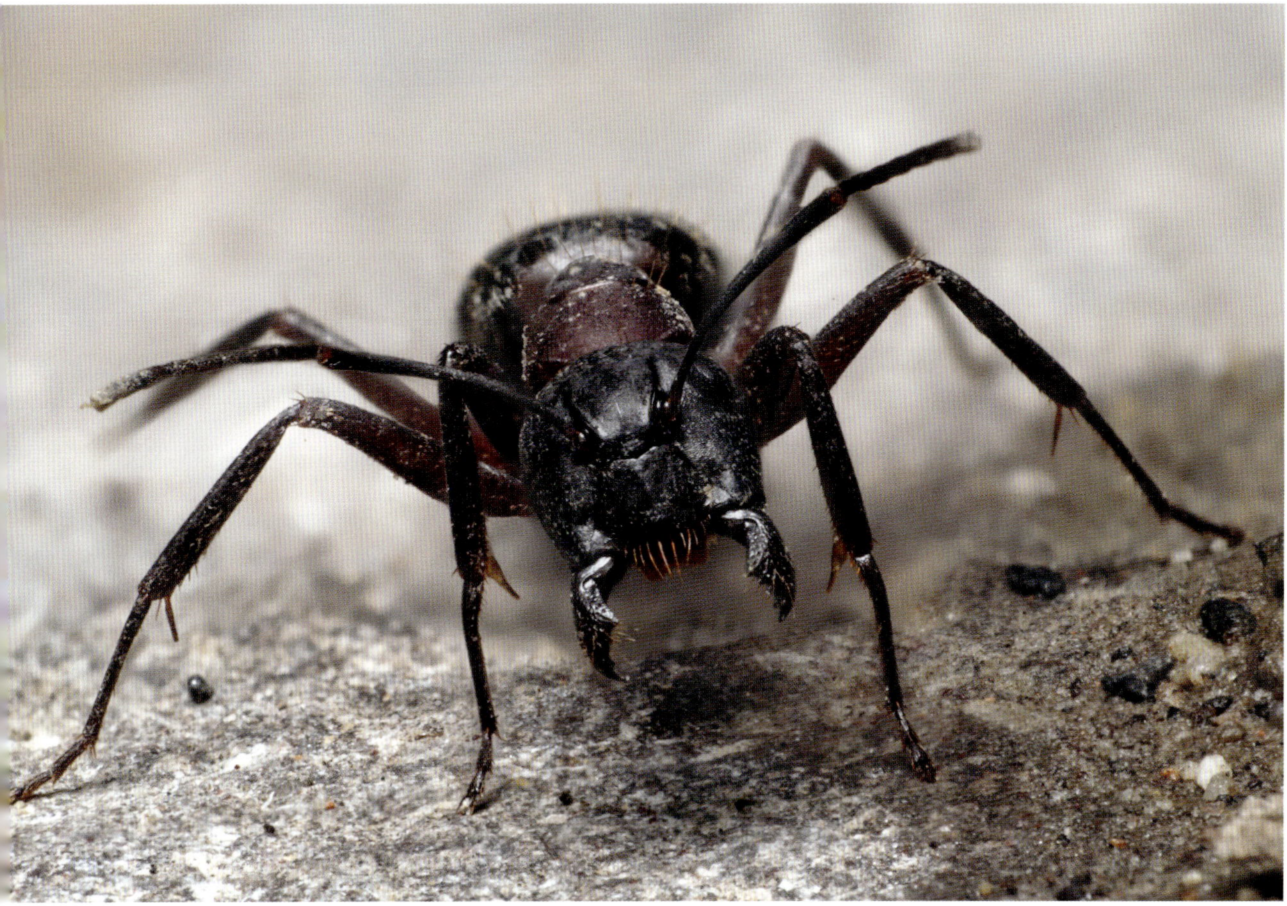

Eine wütende Waldameise (Formica).

heit dazu ergab. Schaut man nur genau genug hin, dann kann man in der Natur praktisch alle paar Meter geeignete Makromotive entdecken.

Emsige Ameisen

Ameisen gehören zu den schwierigeren Makromotiven, da sie einen hohen Bewegungsdrang haben. Die Bilder der hier gezeigten Rossameise konnte ich an einem kühlen Novembertag aufnehmen. Ich habe die Ameise unter einem Stück Rinde gefunden, wo sie sich versteckt hielt. Durch die Kälte war die Ameise recht träge, sie hat sich zwar während der Aufnahmen immer wieder bewegt, ist aber zum Glück nicht davongelaufen. Nach Fertigstellung meiner Bilder habe ich die Ameise mitsamt Holzstück wieder an eine windgeschützte Stelle gelegt.

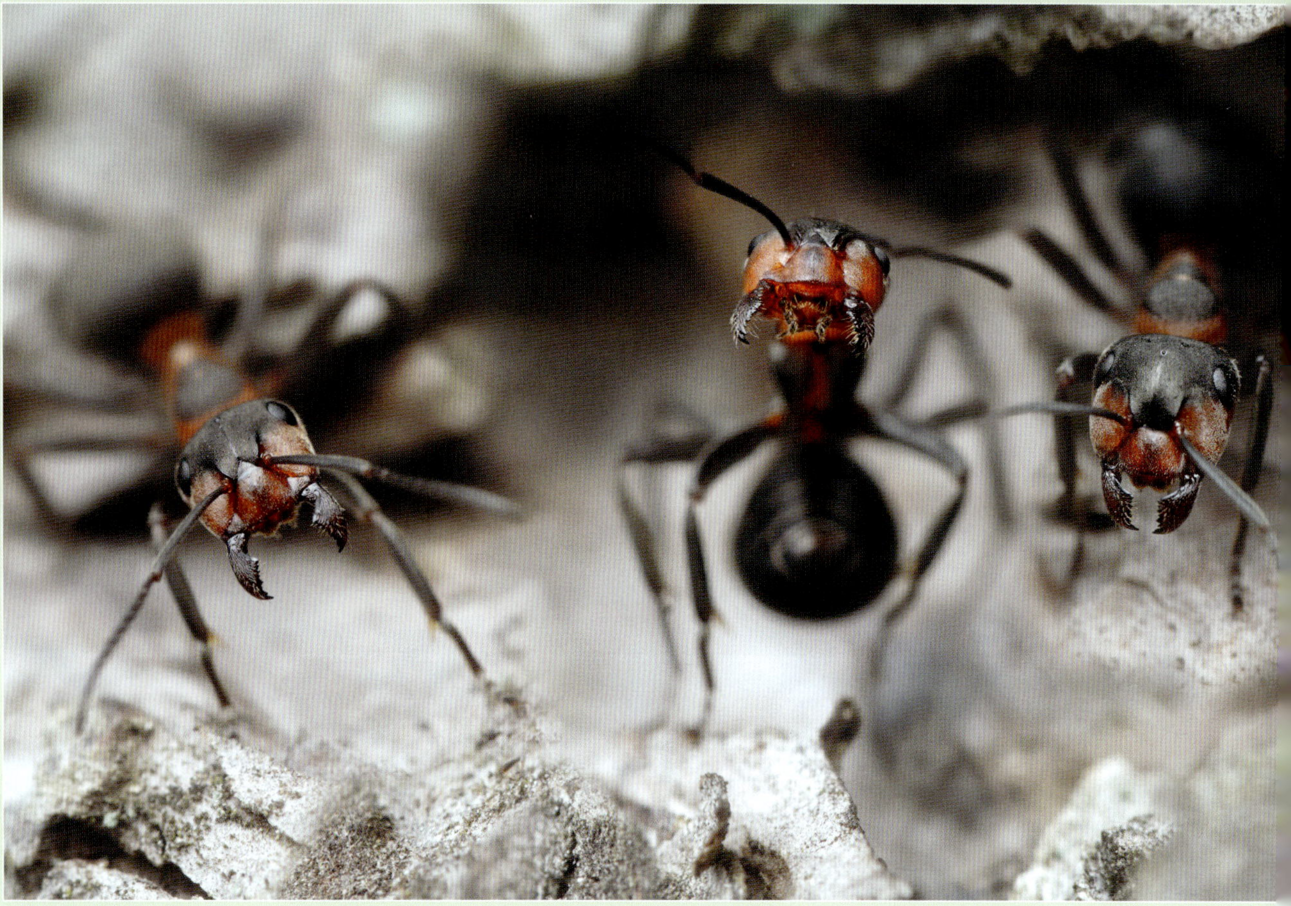

Diese Gruppe wütender Ameisen konnte ich bei einem Workshop aufnehmen.

Ameisen anlocken

Ameisen lassen sich aber nicht nur bei kalten Temperaturen fotografieren. Wenn man eine oder wie in diesem Fall gleich mehrere aggressive Ameisen vor sich hat, die eine Abwehrposition einnehmen, kann man sie dann häufig auch gut ablichten. Dieses Bildergebnis einer „Ameisengang“ habe ich während eines Workshops an einem Baum aufnehmen können. Einige Makrofotografen locken Ameisen mit einer Zuckerlösung, die Ameisen sind dann mit dem Aufsaugen der süßen Flüssigkeit beschäftigt und lassen sich so ebenfalls gut fotografieren.

Zähe Schnaken

Gerade bei Schnaken ist ein derartiger Befall von Parasiten bzw. Milben nicht selten zu beobachten. Anders als bei z. B. Säugetieren wie Rindern oder Pferden, die von Parasiten (Mücken und Bremsen) regelrecht gequält werden, merken Schnaken dank ihres harten Exoskeletts nichts von den Milben.

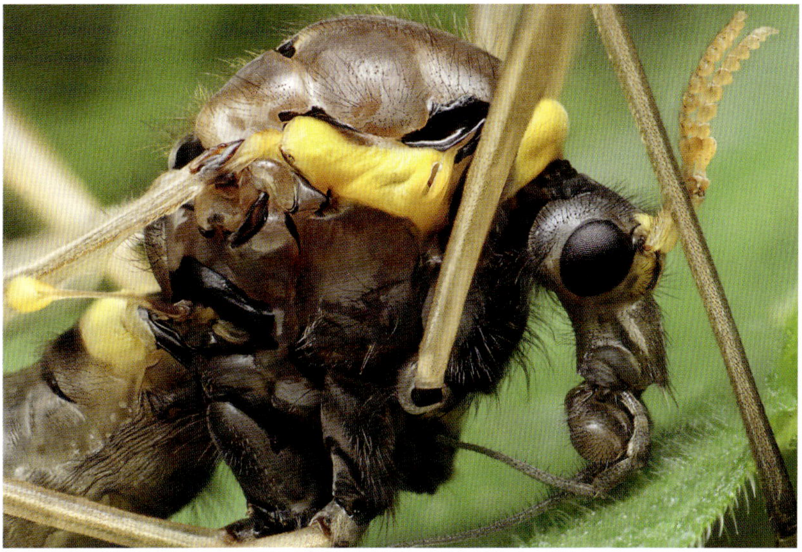

Eine Schnake (Ctenophora flaveolata) im Abbildungsmaßstab von ca. 2,4:1. Das Bild ist ein manueller Focus Stack, bestehend aus 9 Aufnahmen.

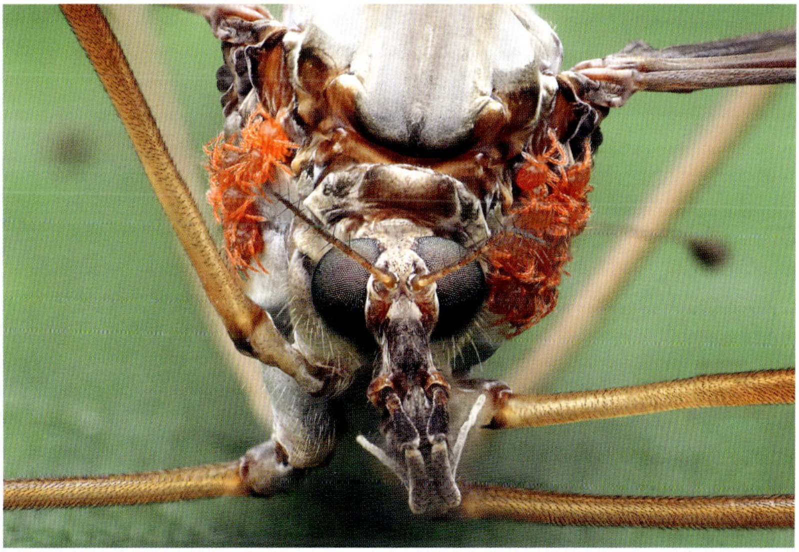

Eine Schnake mit Milbenbefall.

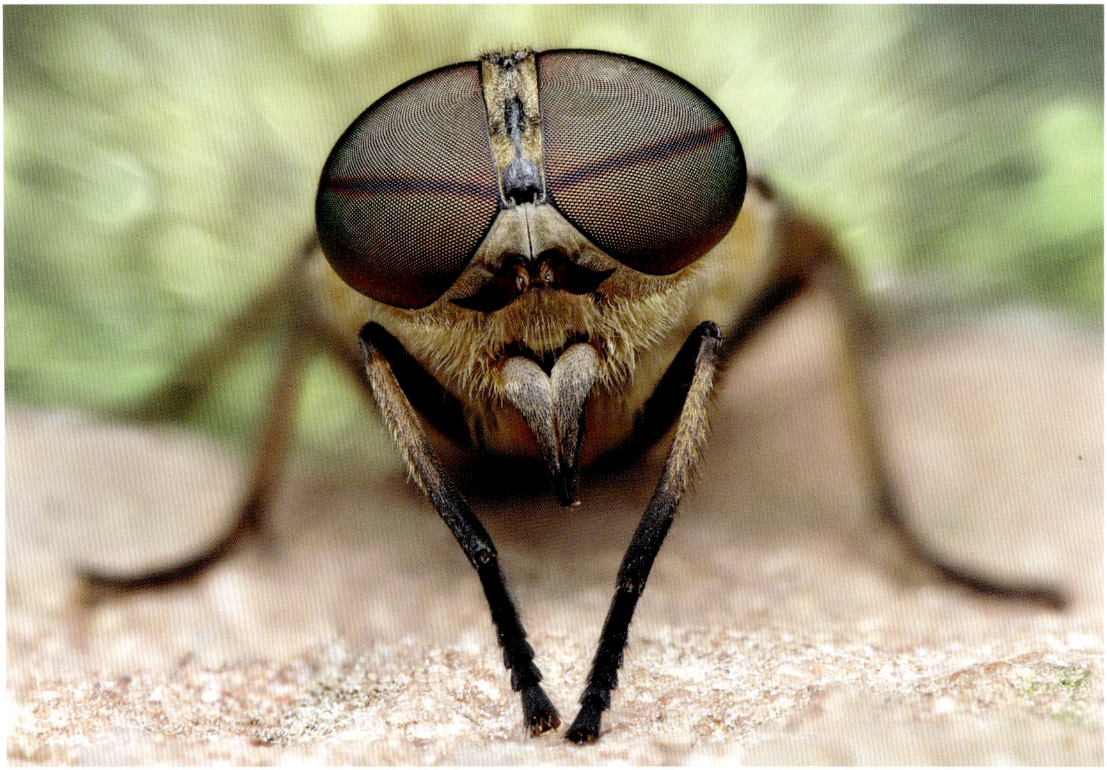

Ein Rinderbremsen-Weibchen (Tabanus bovinus). Das Bild ist ein Focus Stack aus 26 Aufnahmen.

Stechfreudige Bremsen

Die Regenbremse (Haematopota pluvialis) hat wie alle Bremsen sehr schöne Facettenaugen und wird wegen des besonderen Musters und der bunten Färbung der Augen auch Regenbogenbremse genannt. Es ist die häufigste Bremsenart Europas, und es ist auch die Bremse, die mich in den letzten Jahren am häufigsten gestochen hat.

Ich hatte im Tölzer Land in einigen Gebieten während meiner Touren manchmal zehn Regenbremsen auf einmal an mir sitzen, die an mein Blut wollten. Das Einzige, was half, war, schnell in den Wald zu gehen. Ich kenne den genauen Grund nicht, aber Bremsen scheinen Wälder nicht zu mögen und verfolgen einen meistens nur bis zum Waldrand. Regenbremsen sind nur besonders kurz vor, während und nach einem Gewitter- bzw. Regenschauer aktiv.

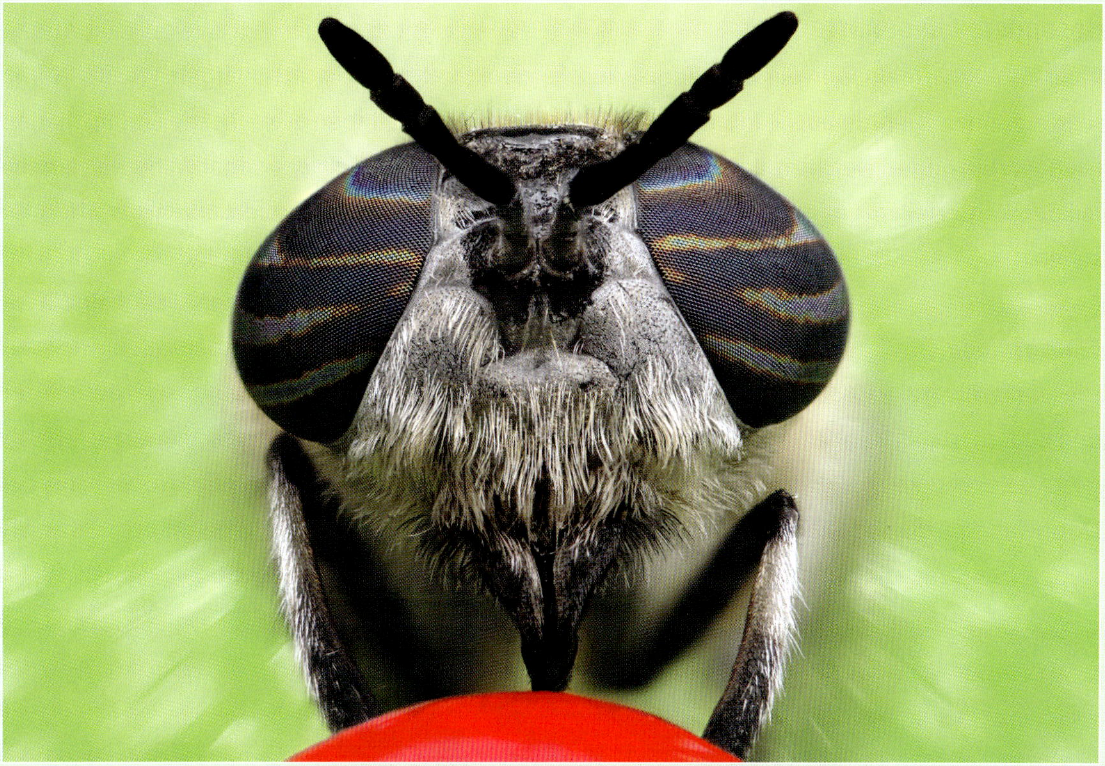

Eine seltene Purpurringbremse (Heptatoma pellucens) beim Blutsaugen. Für diese Aufnahme bzw. das Focus-Stacking-Bildergebnis habe ich einen Blutstropfen von mir „geopfert". Fundort bei Jossa im Spessart.

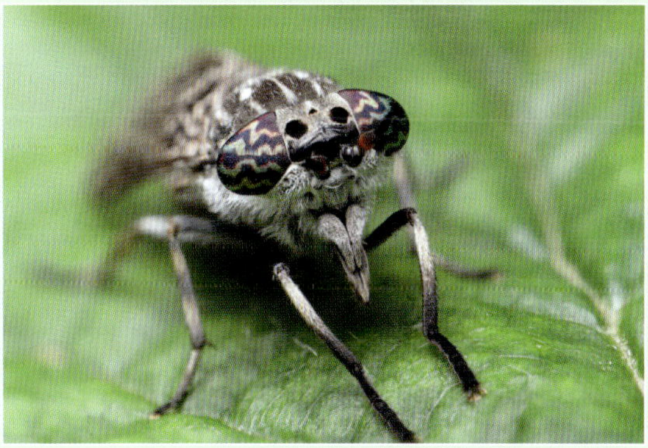

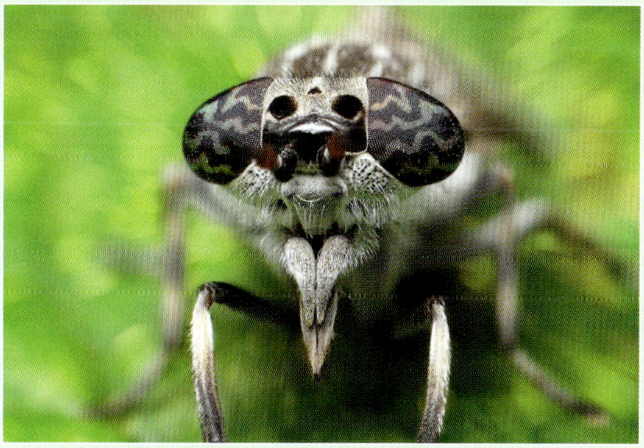

Die Regenbremse (Haematopota pluvialis) mit ihren auffälligen Facettenaugen im Zickzack-Muster.

Besondere Fliegenarten

Viele Insektenarten haben ein besonders skurriles Aussehen. Gerade auch unter den vielen Fliegenarten gibt es welche mit besonders auffälligen Körperteilen. Einige davon sind hier zu sehen.

Eintagsfliege

Dieses merkwürdig aussehende Insekt auf beiden Bildern ist das Männchen einer Eintagsfliege. Das Besondere an diesem Insekt sind seine Doppelaugen, die sogenannten Turbanaugen. Neben den sehr auffälligen großen Facettenaugen besitzt es noch ein zweites Paar Augen direkt unter den Facettenaugen. Wie der Name schon verrät, leben erwachsene Eintagsfliegen nur wenige Tage oder sogar Minuten je nach Art. Bis dahin leben die Larven der meisten Eintagsfliegenarten aber mindestens ein Jahr unter Wasser. Damit kommen sie auf ein für Insekten relativ normales Lebensalter. Auch ein mächtiger Hirschkäfer, der frisch geschlüpft aus seinem Kokon im Erdreich kriecht, lebt als erwachsener Käfer nur wenige Wochen. Bis dahin hat er aber immerhin bis zu acht Jahre als Larve unter der Erde gelebt.

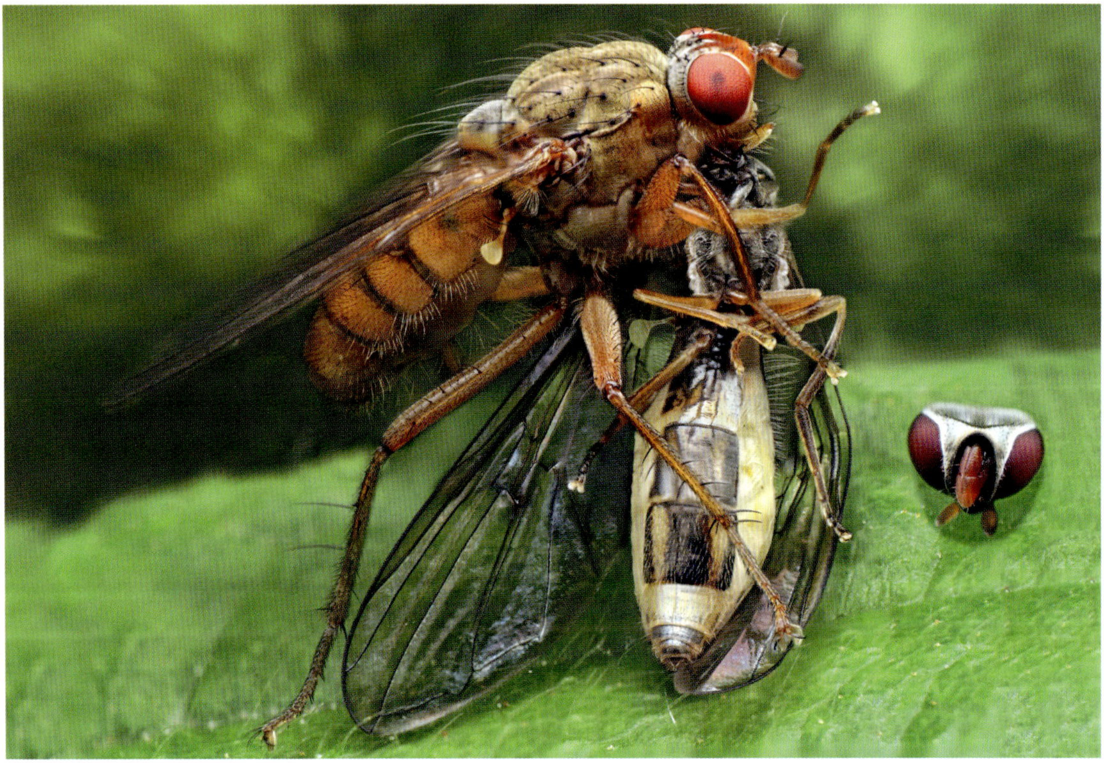

Eine Dungfliege (Scathophagidae) mit erbeuteter und geköpfter Schwebfliege. Diese tolle Situation habe ich an einem Waldrand bei Bad Tölz fotografiert.

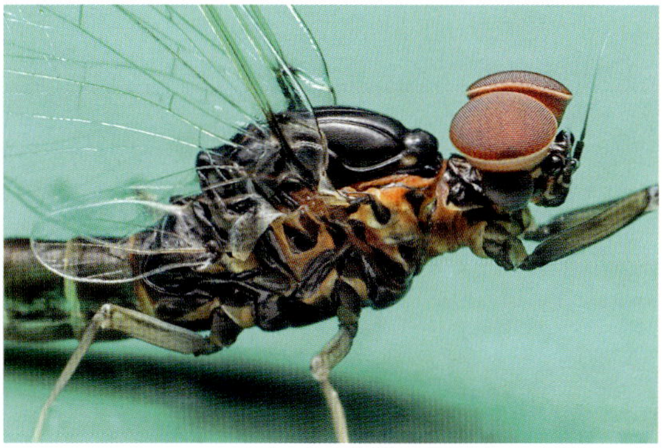

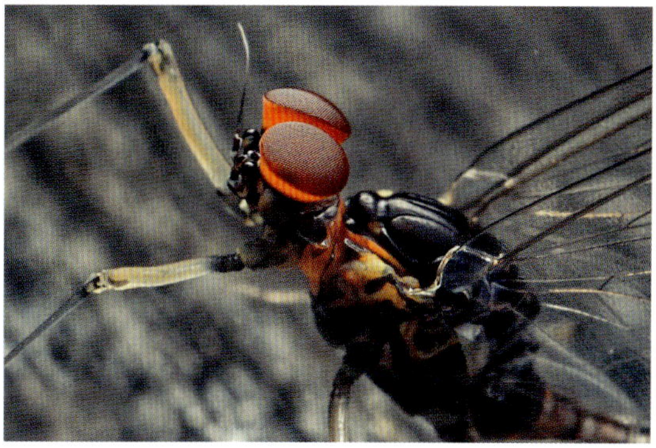

Das Männchen einer Eintagsfliege.

Kamelhalsfliege

Diese schönen Insekten gehören zur Gruppe der Netzflüglerartigen (Neuropterida). Von den weltweit etwa 200 Kamelhalsfliegenarten kommen in Deutschland nur 10 Arten vor. Der lange Hals, der den Fliegen den Namen gibt, ist eigentlich das Brustsegment (Prothorax), an dem sich auch das erste Beinpaar befindet. Die Weibchen der Kamelhalsfliegen sind an der langen Legeröhre (Ovipositor) zu erkennen. Gefunden habe ich alle hier gezeigten Exemplare an sonnigen Waldrändern im Gebüsch.

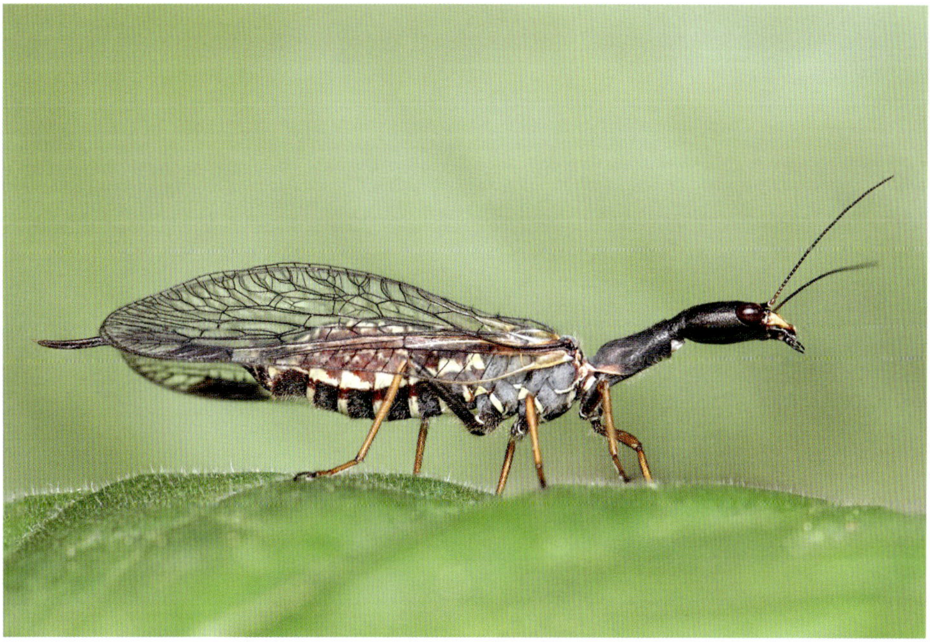

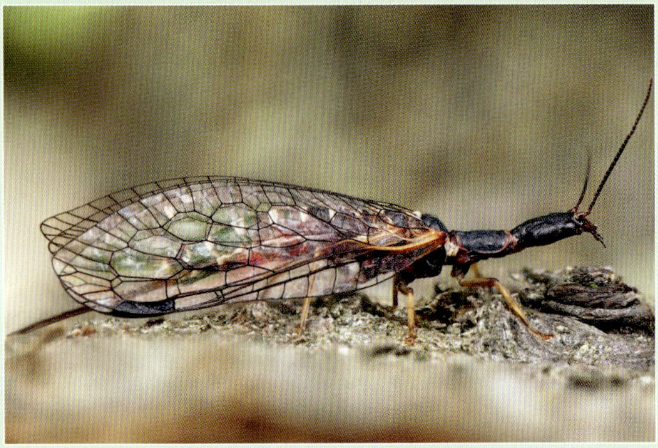

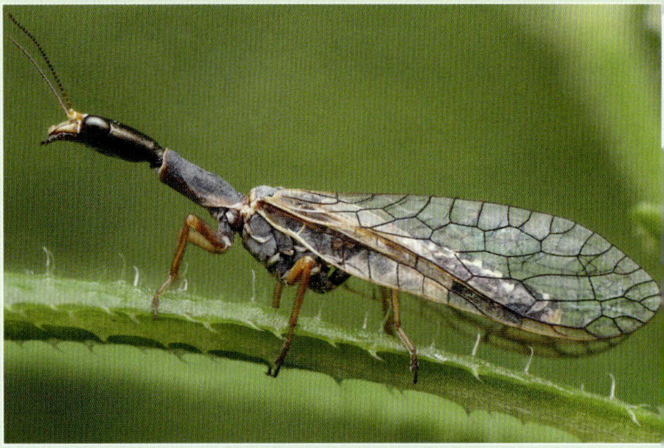

Ein weiteres Insekt mit einem sehr besonderen Körperbau ist diese Kamelhalsfliege (Raphidioptera).

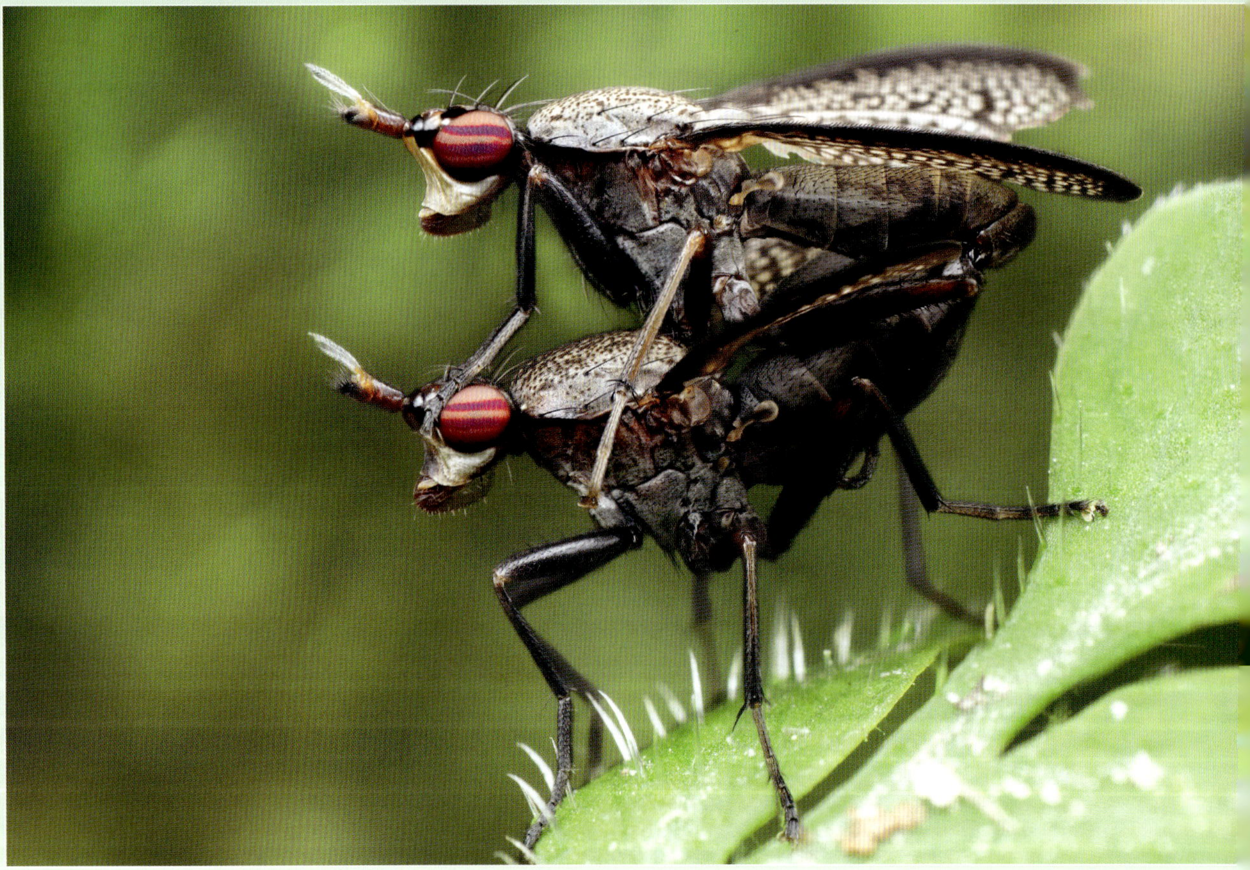

Die Paarung der Melierten Schneckenfliege (Coremacera marginata).

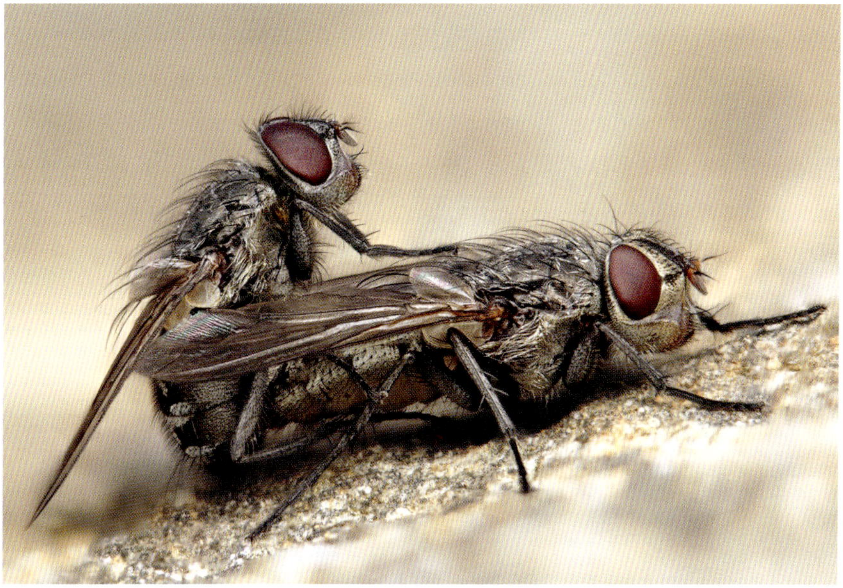

Fliegen bei der Paarung. Das Bild ist ein Focus Stack, bestehend aus 24 Aufnahmen.

Eingeschweißte Heuballen

Der merkwürdig aussehende Hintergrund kommt daher, dass diese Paarung auf einem eingeschweißten Heuballen fotografiert wurde. Gerade im Frühjahr an den ersten warmen und sonnigen Tagen findet man an solchen mit Folie umwickelten Heuballen viele Insekten und Spinnen, die sich aufwärmen wollen.

Vor allem wenn diese Heuballen an Waldrändern stehen, ist die Artenvielfalt darauf oft sehr groß. Von Spinnenarten wie Listspinnen, Grünen Krabbenspinnen, Streckerspinnen und Wolfspinnen über verschiedene Wanzenarten bis hin zu einigen Fliegenarten ist dort alles Mögliche vertreten. Aber nicht nur im Frühjahr sollte man an diesen Stellen Ausschau halten, auch im Herbst oder generell unter dem Jahr kann es sich lohnen.

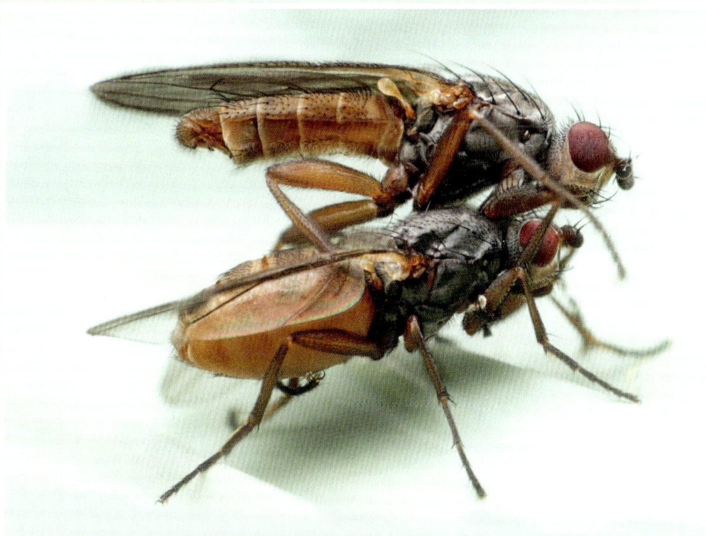

Zwei Dungfliegen kurz nach der Paarung. Während das Männchen „leer gepumpt" aussieht, hat das Weibchen einen prallen Hinterleib.

Die Waffenfliegen sind eine Gattung aus der Familie der Zweiflügler und gehören zu den Fliegen. Es gibt weltweit über 2.600 verschiedene Arten, in Deutschland jedoch nur etwa 65. Der martialisch anmutende Name „Waffenfliege" kommt übrigens nicht von einem übergroßen Stechrüssel oder Stachel, sondern weil manche von der Färbung her so aussehen, als hätten sie eine Uniform an. Sie ernähren sich von Nektar und Pollen und sind völlig harmlos.

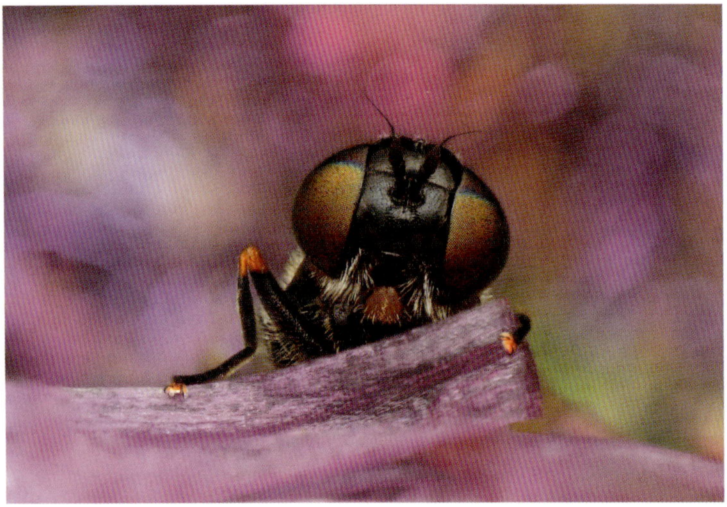

Eine Waffenfliege (vermutlich Chloromyia formosa), fotografiert auf einer lilafarbenen Blüte.

Feinschmecker Märzfliege

Die Märzfliege gehört zu den Haarmücken. Man kann sie im Frühjahr oft in größerer Anzahl im Gebüsch finden. Diese Insektenart ernährt sich, anders als es ihr Name vermuten lässt, nur von Pflanzensäften und Blütennektar.

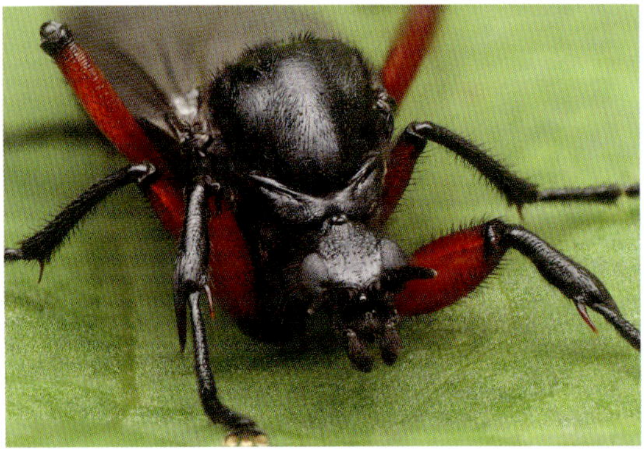

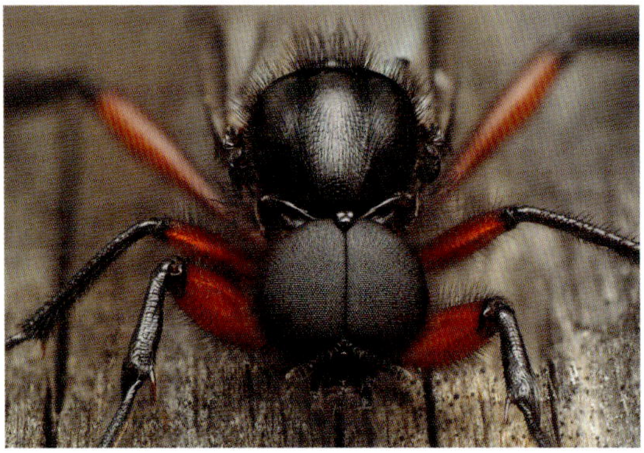

Das Weibchen (links) und das Männchen (rechts) der Märzfliege (Bibio marci).

Skorpionsfliegen

Die Insektenart der Skorpionsfliegen (Panorpidae), die zu den Schnabelfliegen gehört, hat ein sehr auffälliges Äußeres. Neben dem langen Schnabel, durch den die Fliege wie ein Flugsaurier aussieht, besitzt das Männchen außerdem ein Genitalsegment, das wie der Stachel eines Skorpions anmutet. Skorpionsfliegen sehen aber nicht nur besonders aus, sie haben auch eine spezielle Vorgehensweise bei ihrer Ernährung. Sie werden nämlich häufig dabei beobachtet, wie sie die Beute von Webspinnen im Netz fressen. Die Skorpionsfliege geht dabei ruhig und gelassen vor und saugt in aller Ruhe die tote Beute aus. Was dabei besonders erstaunlich ist, ist die Tatsache, dass die Spinne die Skorpionsfliege dabei gewähren lässt und sie nicht angreift. Warum diese spezielle Verbindung zwischen Skorpionsfliegen und Spinnen besteht, ist bisher nicht geklärt.

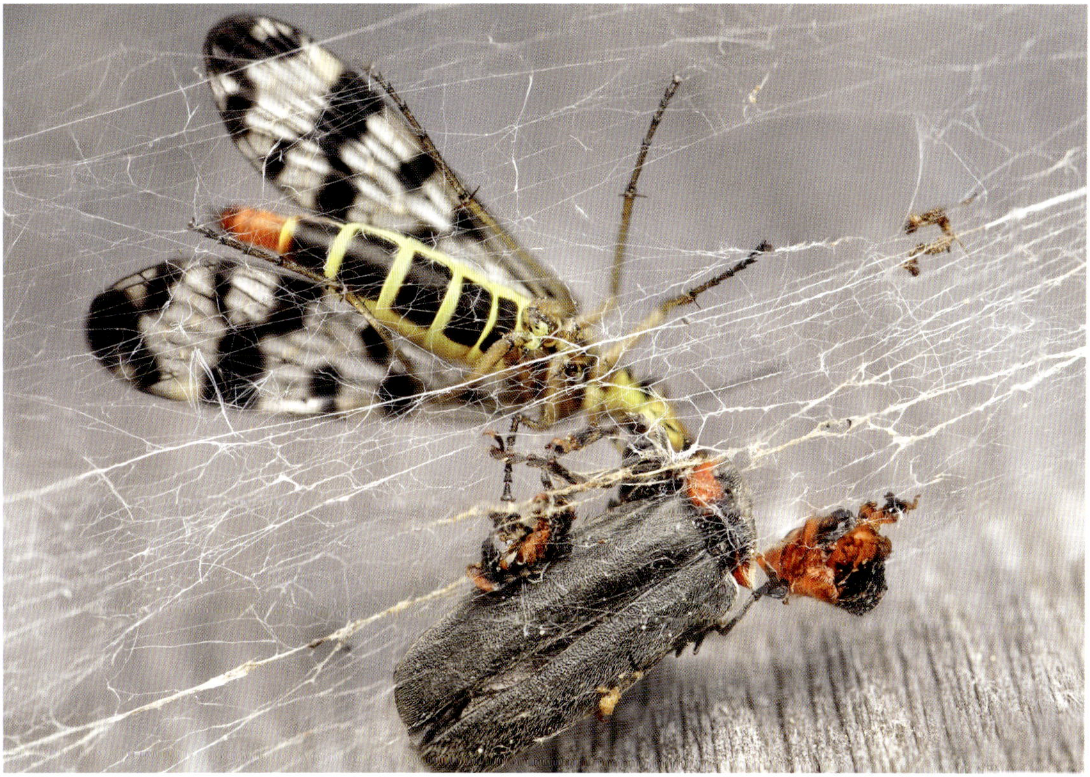

In aller Ruhe macht sich die Skorpionsfliege (Panorpidae) über die Reste eines Käfers her.

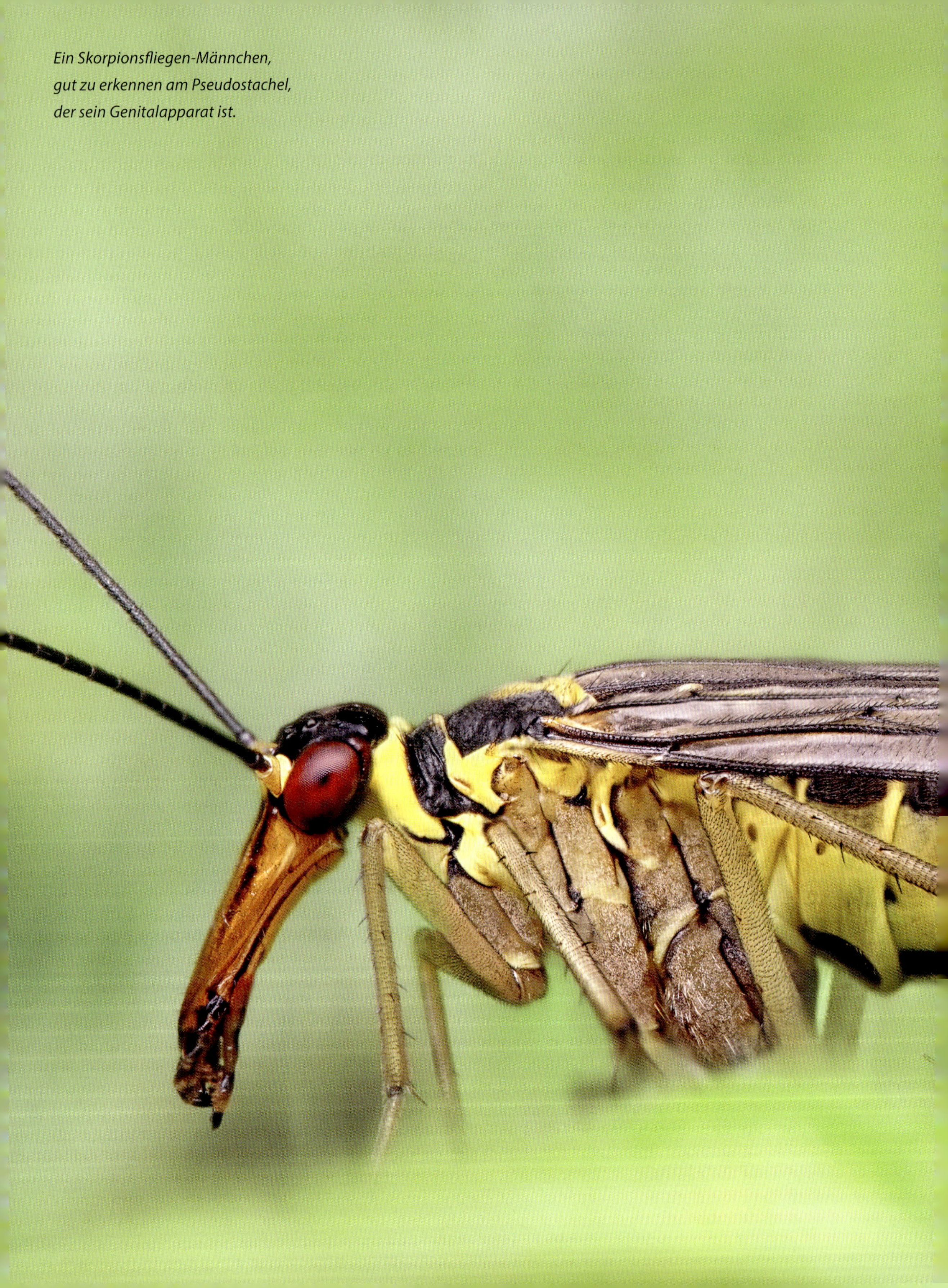

Ein Skorpionsfliegen-Männchen, gut zu erkennen am Pseudostachel, der sein Genitalapparat ist.

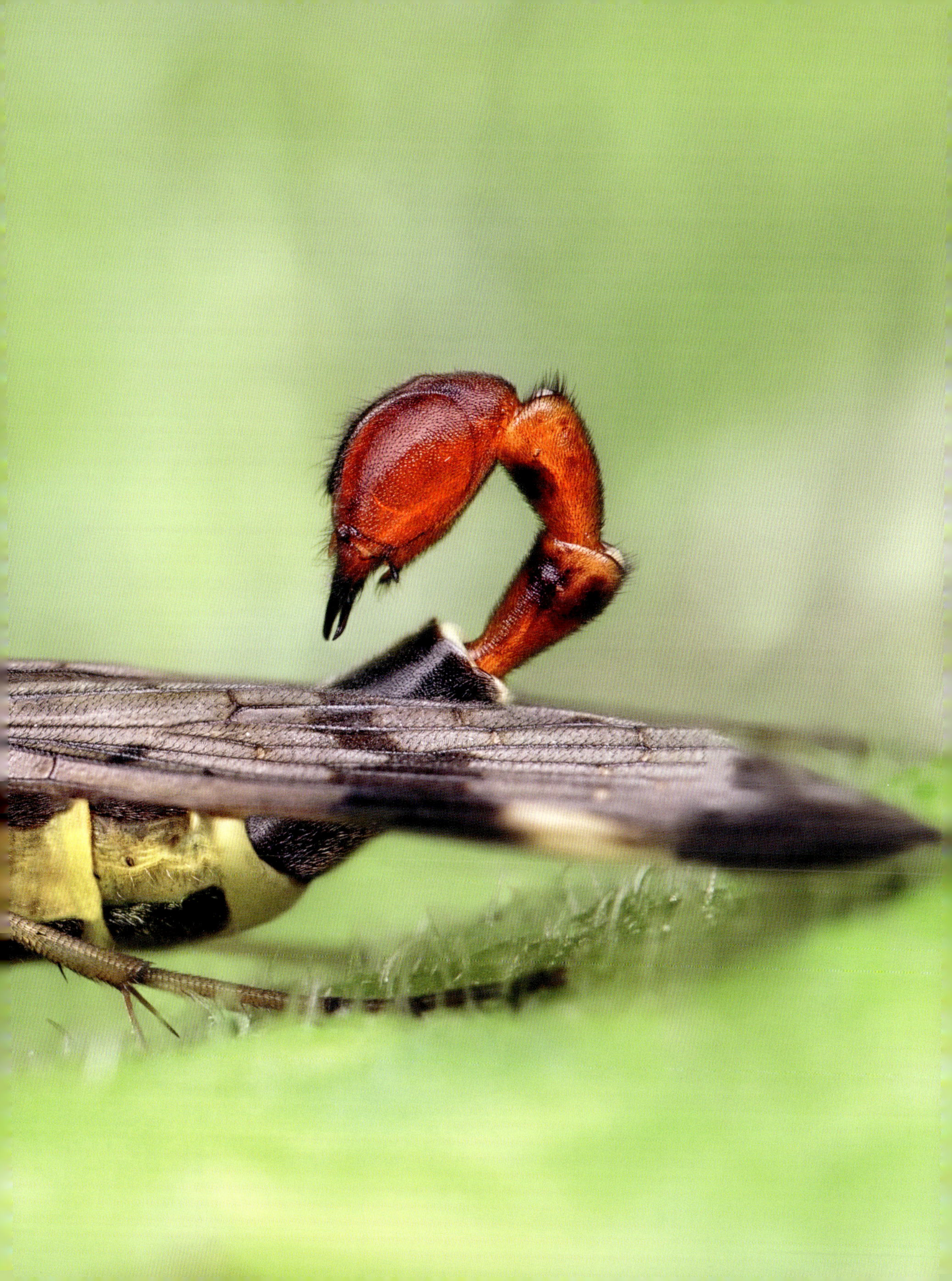

Skurrile Zikaden

Diese merkwürdig aussehenden Insekten gehören zu den Buckelzikaden (Membracidae). In Europa gibt es nur wenige Arten davon, weltweit werden aber bis zu 10.000 Arten der Buckelzikaden vermutet. Die Formen, die ihre Halsschilde teilweise haben, sind wirklich extrem besonders, manche Schilder sehen aus wie Dinosaurier oder Hirschgeweihe. Sie gehören daher definitiv zu den skurrilsten Insekten, die es gibt.

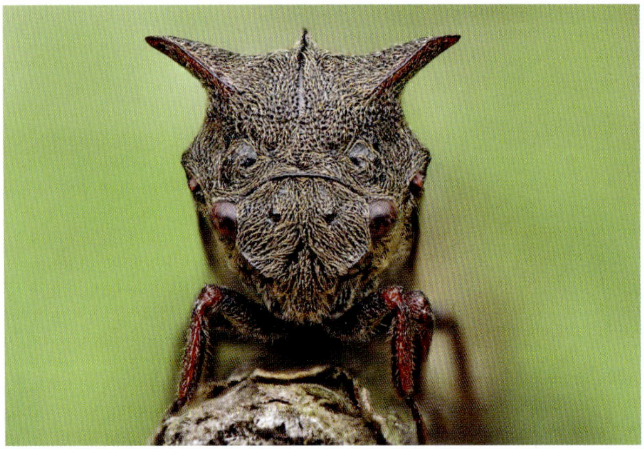

Eine Buckelzikade (Membracidae) in der Frontalen.

Dieses Bildergebnis einer Dornzikade (Centrotus cornutus) ist ein Focus Stack aus 40 Aufnahmen. Gefunden habe ich diese schöne Zikade im Ellbacher Moorgebiet bei Bad Tölz.

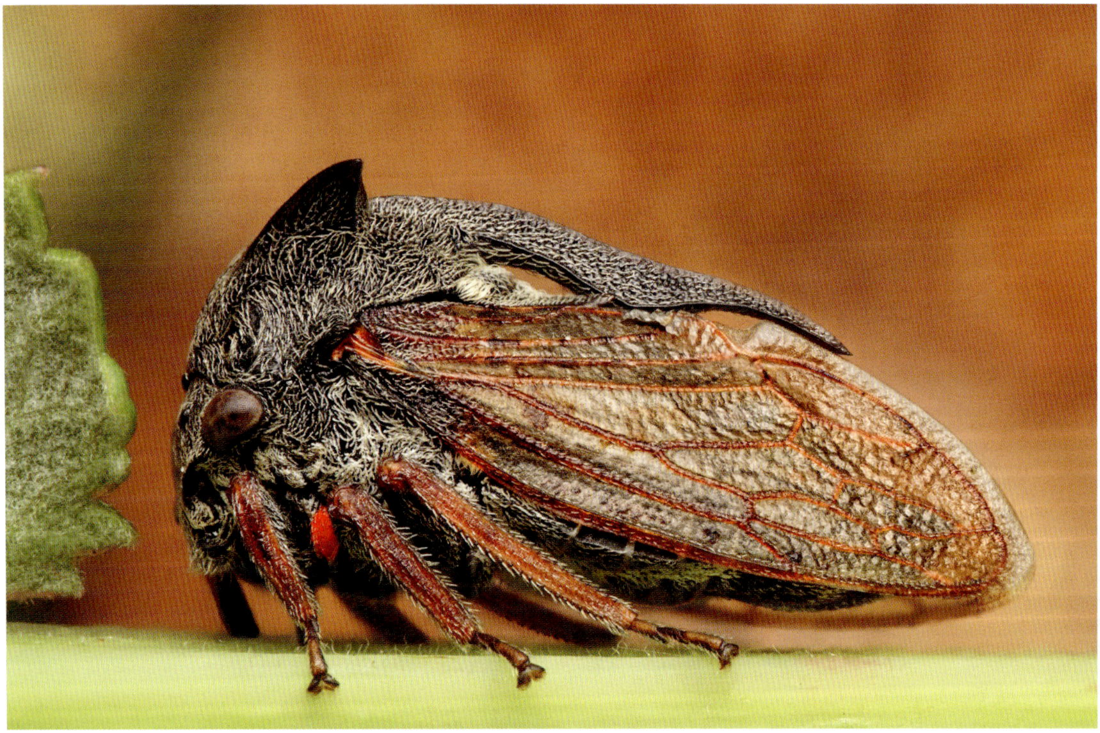

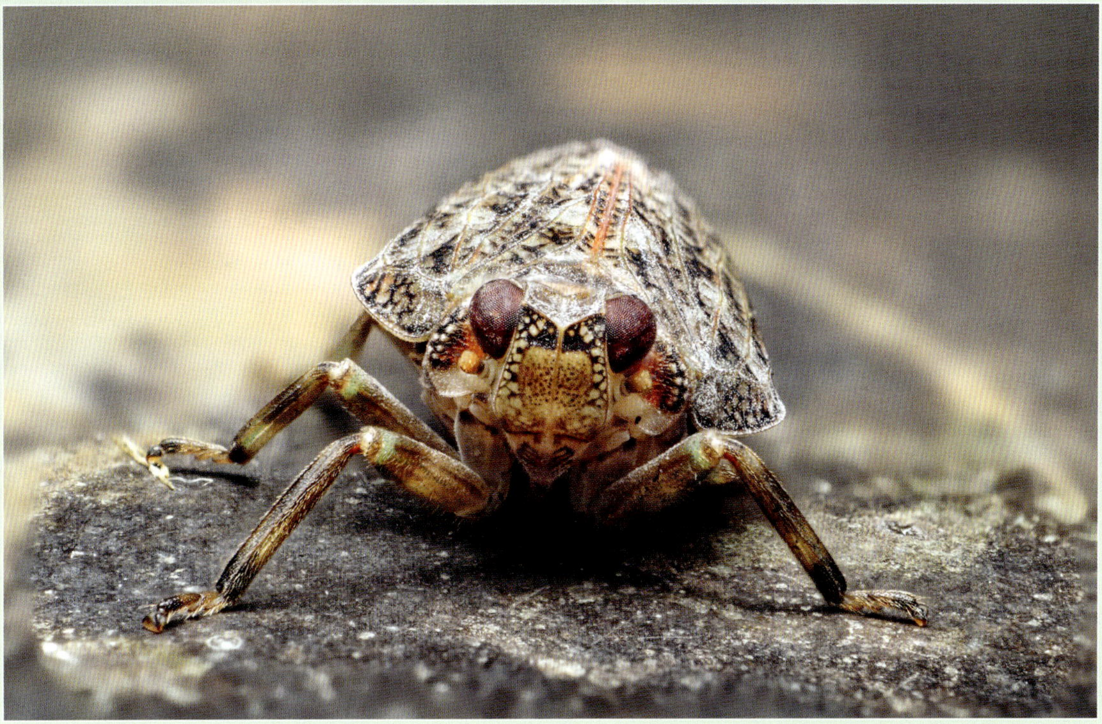

Eine Echte Käferzikade (Issus coleoptratus). Ein sehr kleines Insekt, das eine Körperlänge von nur etwa 7 mm erreicht. Gefunden am Isarstauwerk bei Bad Tölz.

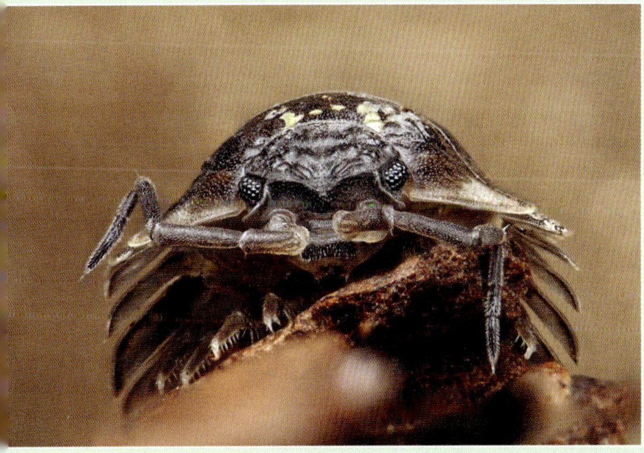

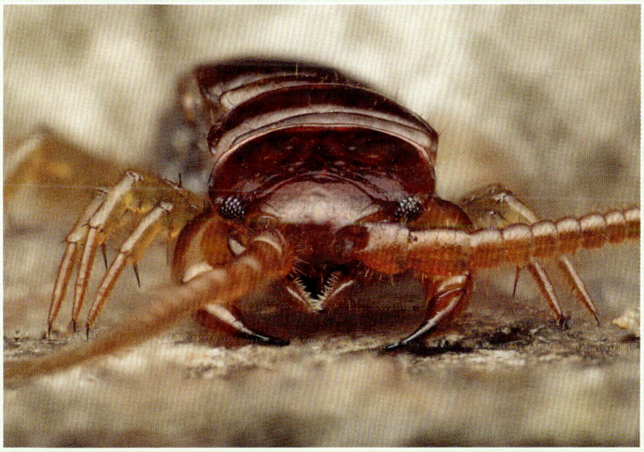

Insekten und Spinnen gehören zum Stamm der Gliederfüßer (Arthropoda). Daneben gibt es noch weitere Tierarten, die diesem Stamm angehören. Auch Asseln (links) und Hundertfüßer (rechts) sind Tiere, die dazugehören. Sie leben eher im Verborgenen, z. B. unter Steinen oder Totholz.

5 SECHS TIPPS FÜR DAS PERFEKTE MAKRO

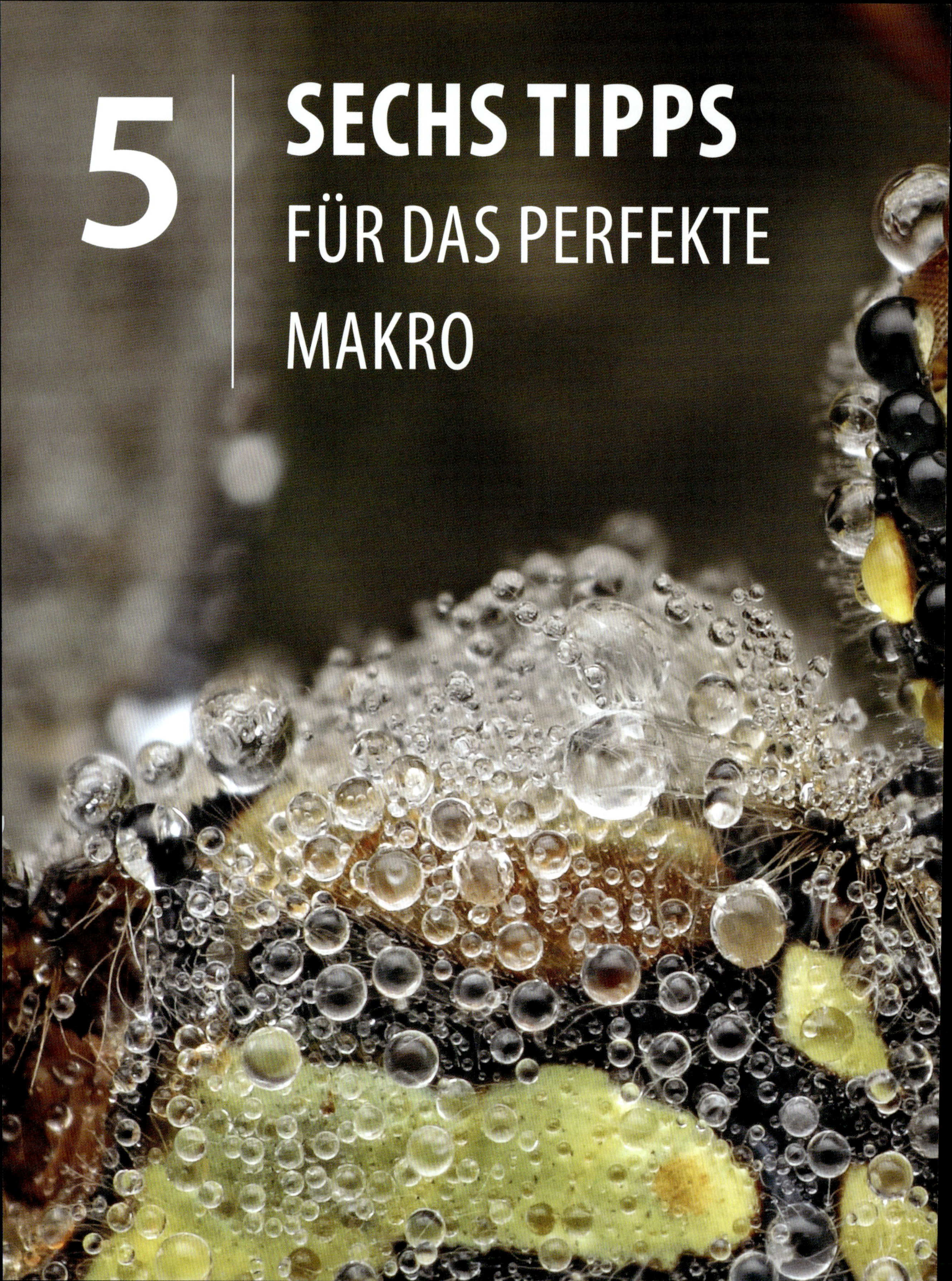

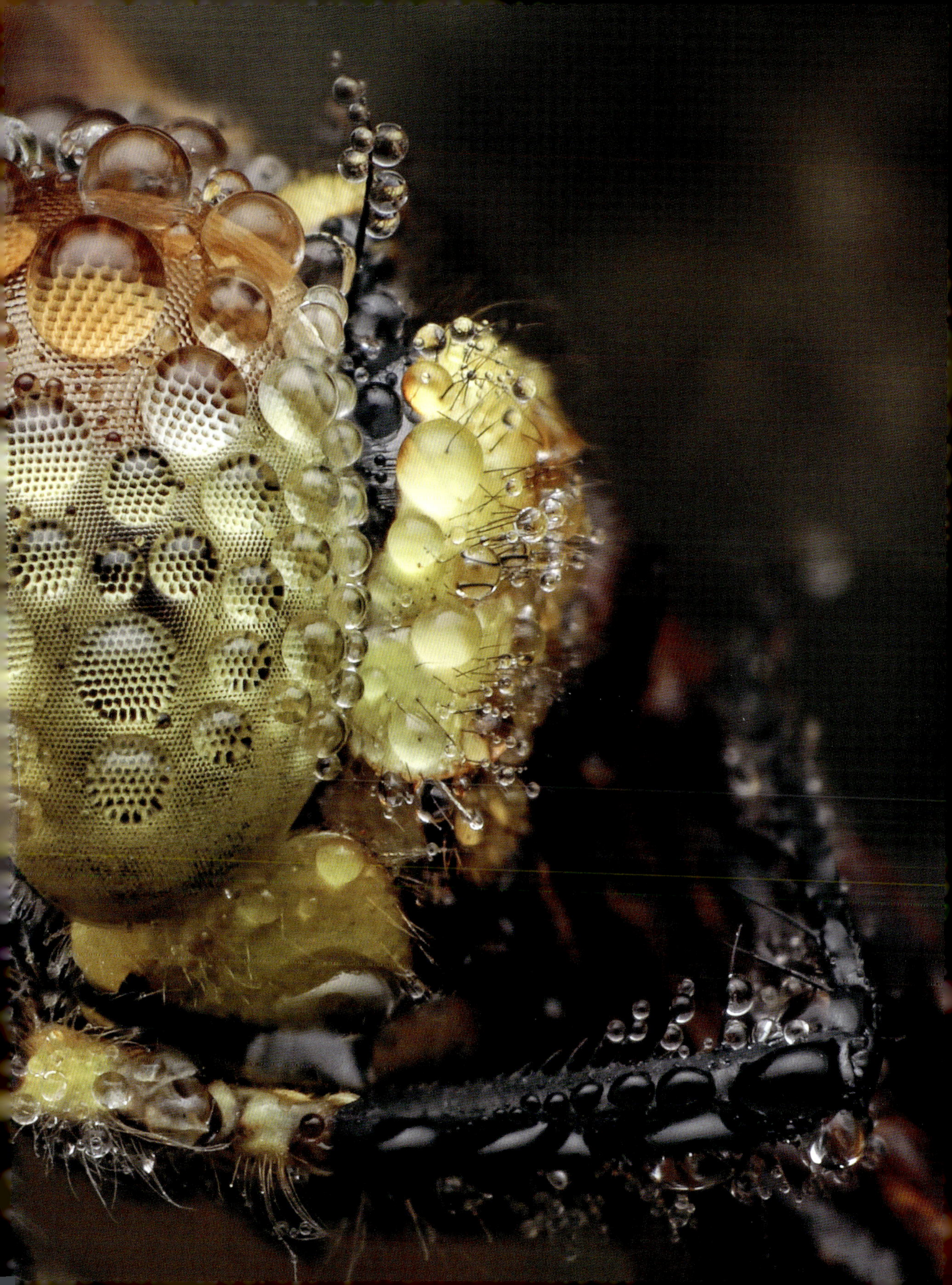

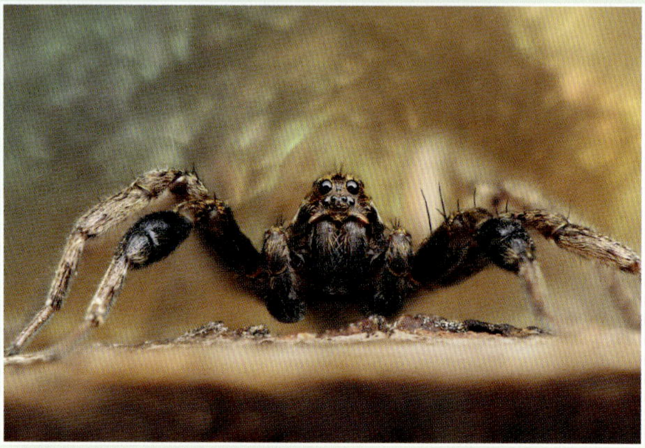

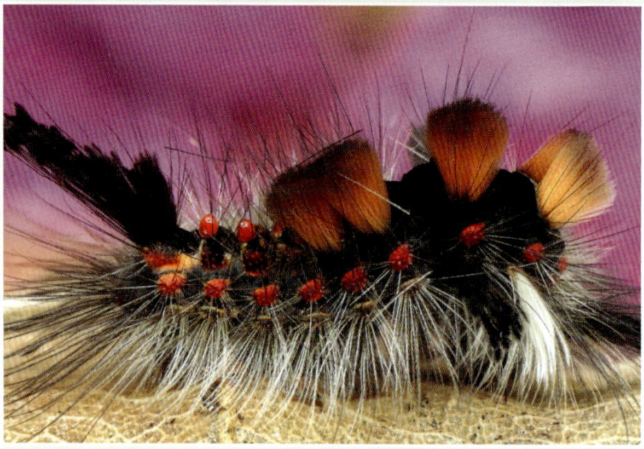

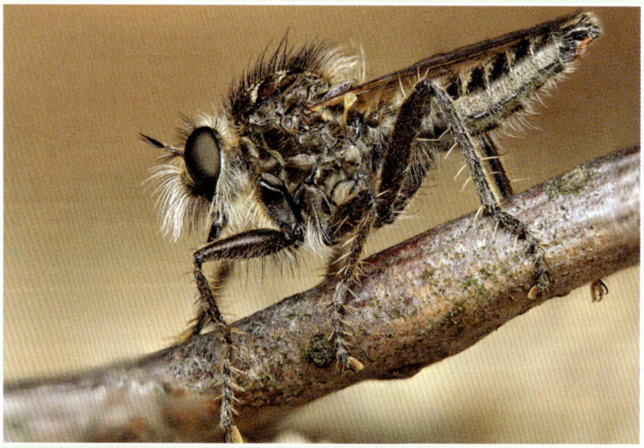

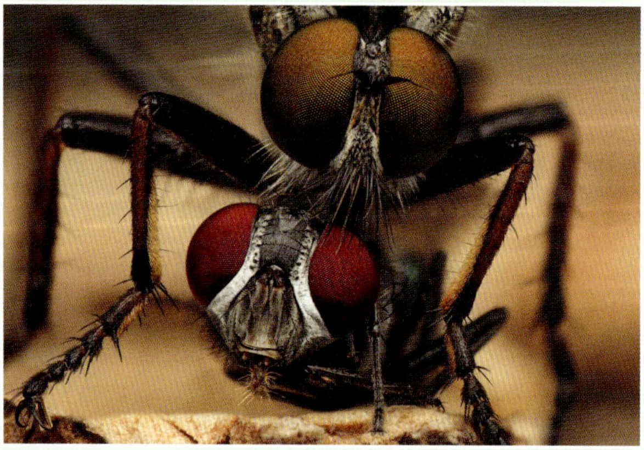

5

Sechs Tipps für das perfekte Makro

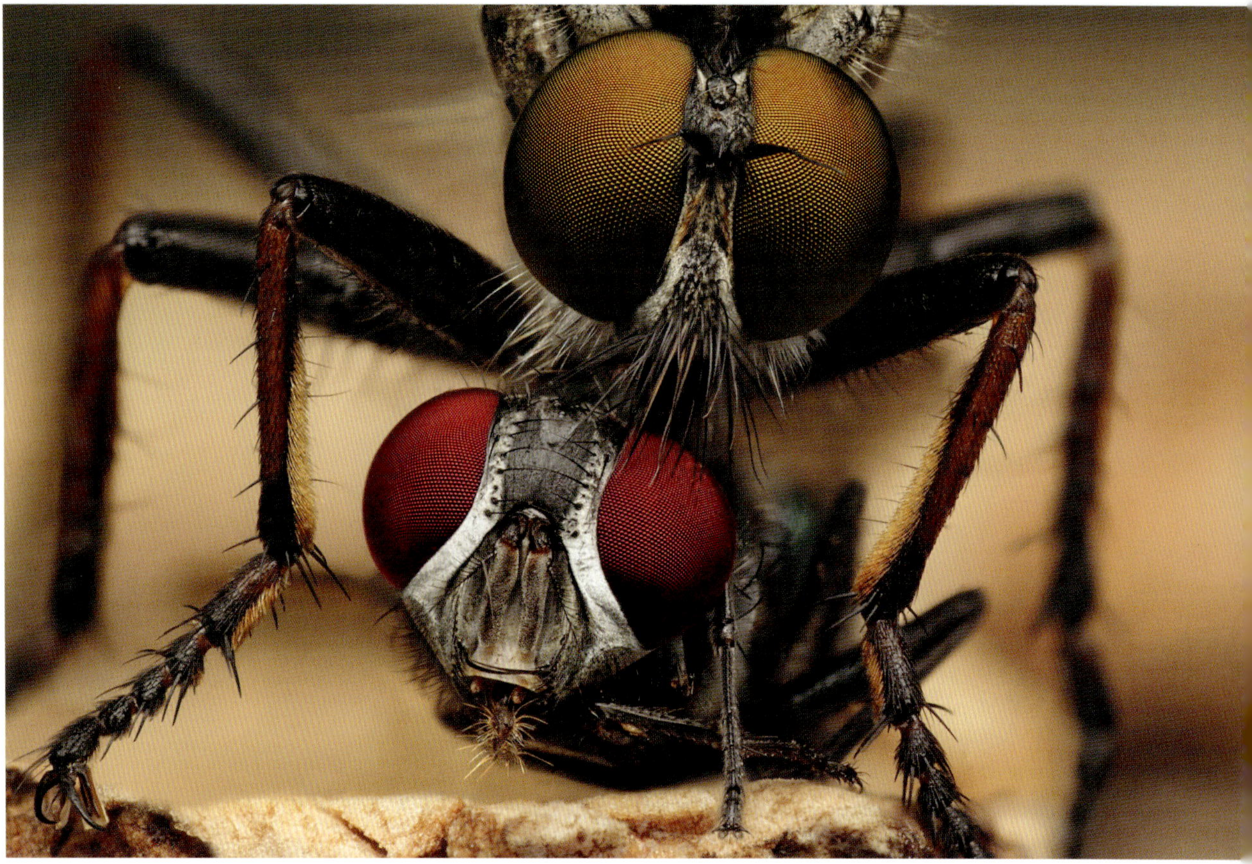

Dank eines guten Diffusors ist das Blitzlicht bei dieser Raubfliegen-Beuteszene so weich, dass es als solches nicht zu erkennen ist.

Ein sehr gutes extremes Makrobild ist das Ergebnis von Wissen und Erfahrung, der Kaufpreis der Kameraausrüstung spielt dabei keine Rolle. Worauf es wirklich ankommt, um atemberaubende Bildergebnisse zu erhalten, erfahren Sie jetzt.

Tipp 1: Licht

Die wichtigste Voraussetzung für ein wirklich gutes Makrobild ist das ideale Licht. Das beste Licht ist so weich, dass kein Bereich des Motivs überstrahlt wirkt oder die Kontraste im Allgemeinen zu hart sind. Ob es sich dabei um natürliches Licht handelt, wie es überwiegend in der „normalen" Makrofotografie eingesetzt wird, oder ob es sich um Blitzlicht handelt, spielt dabei keine Rolle. Generell sollte das Licht mög-

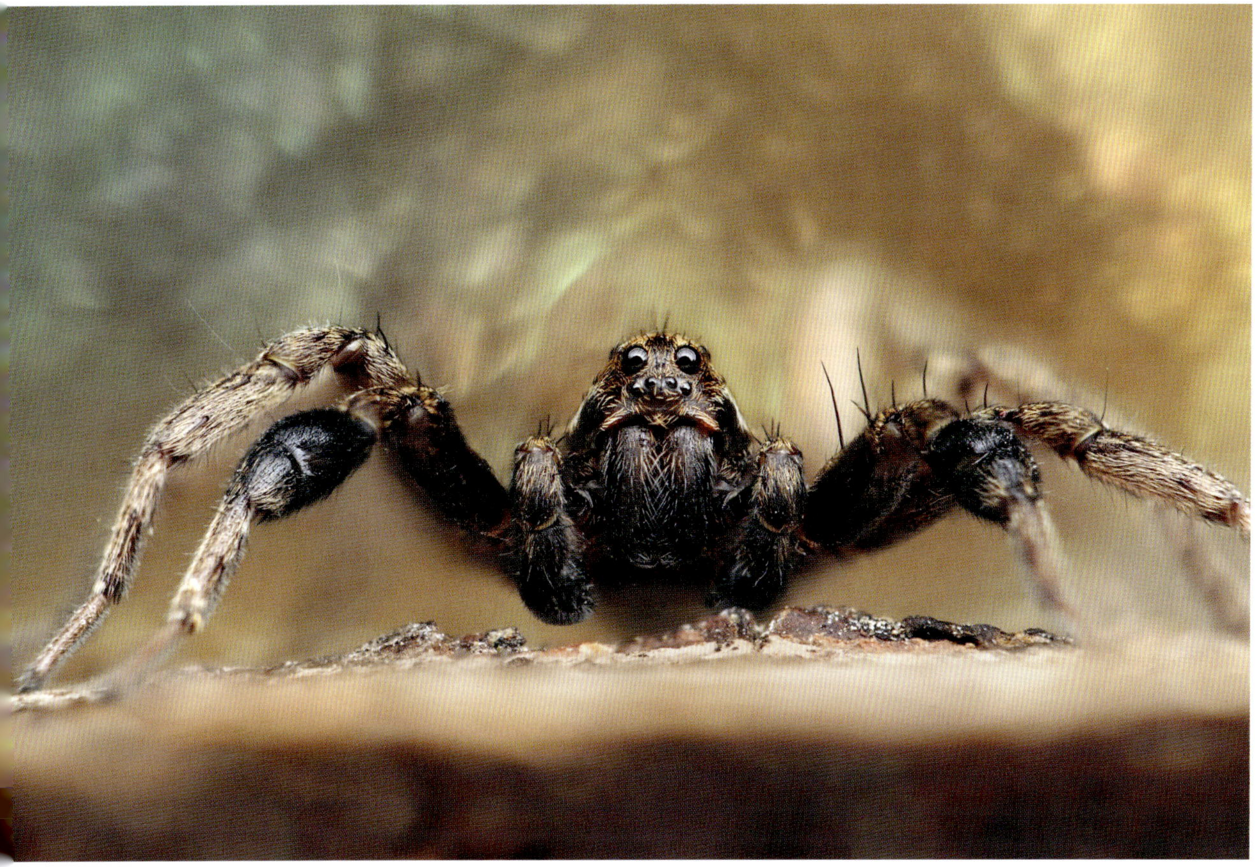

Eine kleine Wolfspinne mit großer Wirkung. Ein Focus Stack, aus 30 Aufnahmen bestehend.

lichst weich sein, und das geht natürlich auch mit Blitzlicht, wie die Bilder in diesem Buch zeigen.

Beim Einsatz von natürlichem Licht müssen Sie die passende Tageszeit (früher Morgen, früher Abend) abwarten oder sollten zumindest bei bewölktem Himmel unterwegs sein. Beim Blitzeinsatz ist auf jeden Fall ein passender Diffusor nötig, der das Licht möglichst weich macht.

Tipp 2: Perspektive

Je tiefer die Perspektive gewählt ist, aus der das Motiv fotografiert wird, umso imposanter ist die Wirkung. Es sieht einfach sehr beeindruckend aus, wenn z.B. eine kleine Wolfspinne, die aus einer sehr tiefen Perspektive fotografiert wird, auf dem Bildergebnis wirkt, als sei sie mehrere Meter groß.

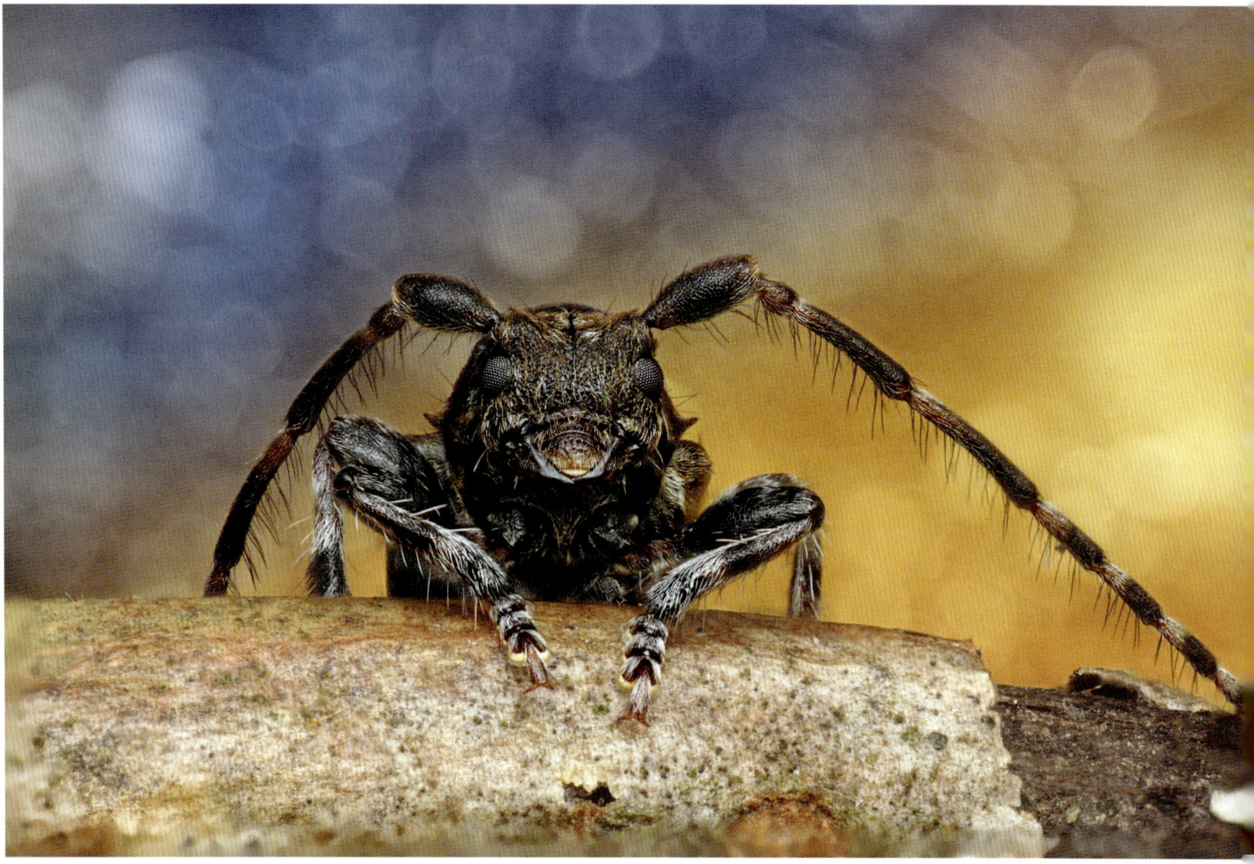

Nur mit der Aufnahme- und Bildbearbeitungstechnik „Focus Stacking" konnte dieser Bockkäfer mit einer derart hohen Schärfentiefe abgebildet werden.

Tipp 3: Schärfe und Schärfentiefe

Neben dem Licht und der Perspektive ist die Schärfe bzw. Schärfentiefe ein entscheidender Faktor für die Bildwirkung. Dazu müssen Sie sich im extremen Makrobereich „on Location" mit der Aufnahmetechnik und beim Postprocessing am Computer mit dem „Focus Stacking" vertraut machen – eine besondere Technik, bei der mehrere Einzelbilder mit den jeweils schärfsten Bereichen überlagert werden.

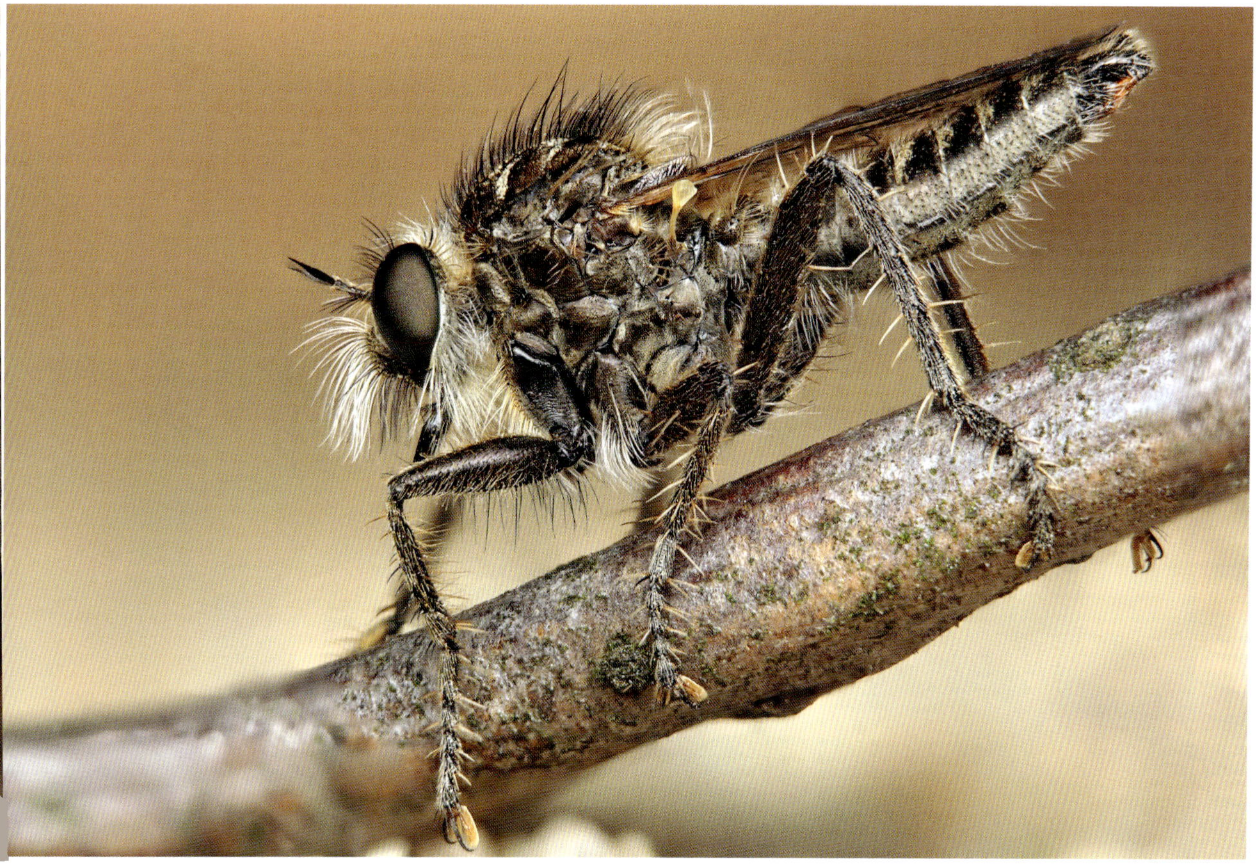

Diese Raubfliege wurde im Abbildungsmaßstab von ca. 2:1 aufgenommen. Der hier verwendete Abbildungsmaßstab ist groß genug, um alle Details des imposanten Insektenkörpers zu sehen, gleichzeitig aber auch klein genug, damit die gesamte Raubfliege ins Bild gepasst hat, was mir in dieser Situation besser gefällt, als nur einen Teil des Körpers zu zeigen.

Tipp 4: Abbildungsmaßstab

Es muss in der extremen Makrofotografie nicht immer der größtmögliche Abbildungsmaßstab sein. Je nach Motiv und Situation kann es häufig auch besser aussehen, wenn Sie alles davon aufs Bild bekommen. Haben Sie bereits ein spezielles Setup (z.B. Retroadapter mit Festbrennweite), können Sie die Kamera bei den Aufnahmen auch nach links oder rechts schwenken, um alle Bereiche zu erfassen. Die so entstandene Bilderserie wird dann später am Computer montiert und zusammengerechnet.

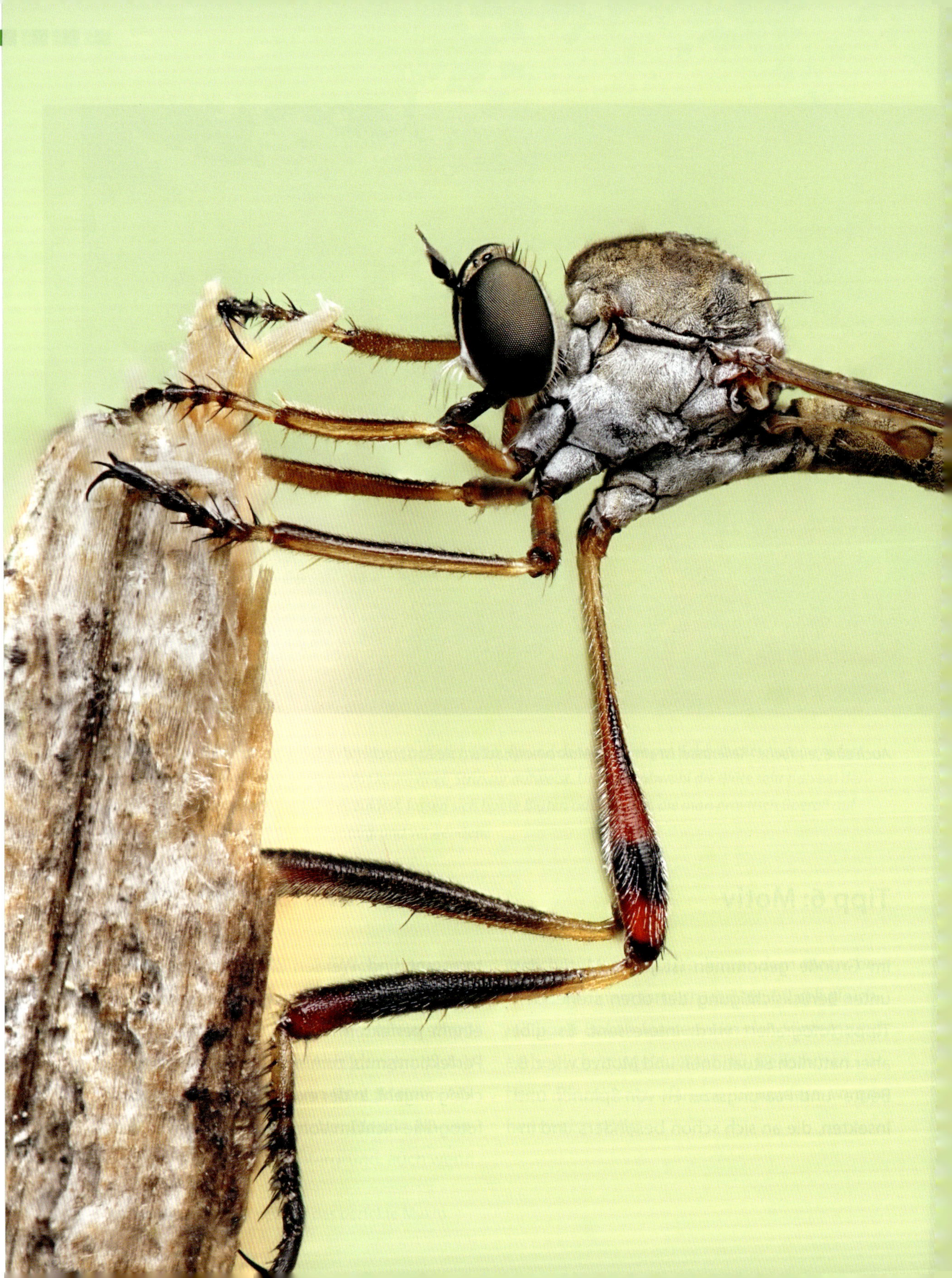

6 FOCUS STACKING UND BOKEH

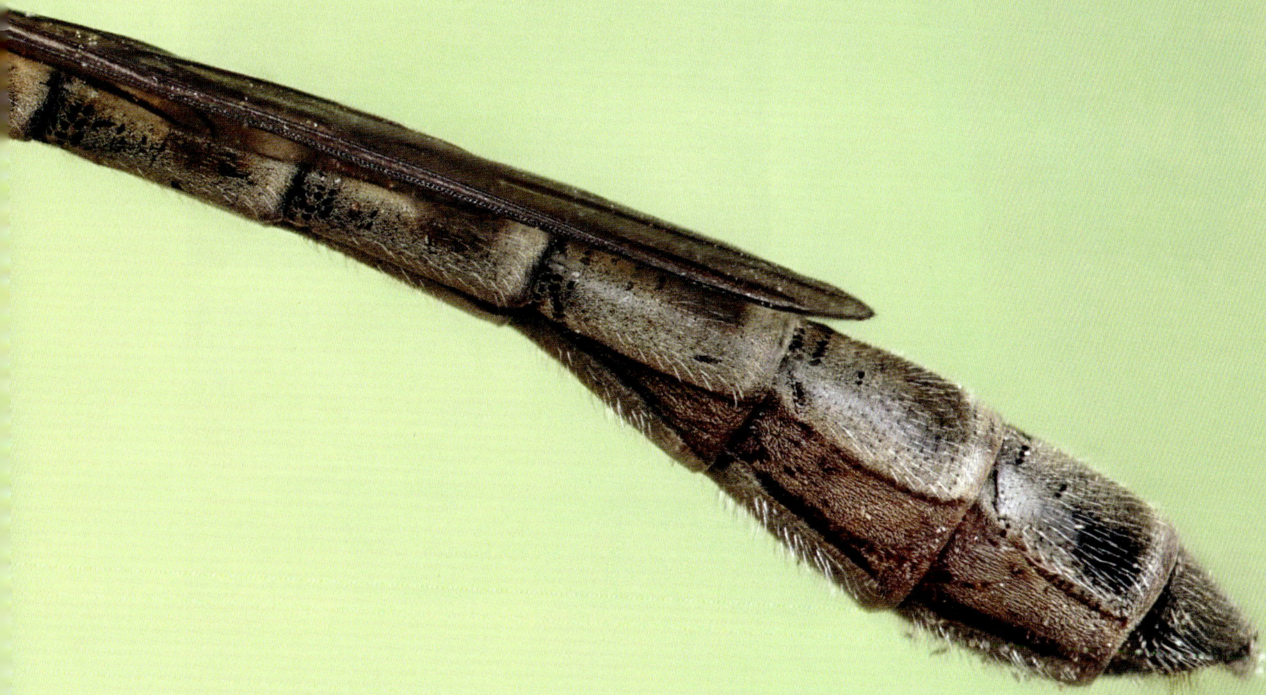

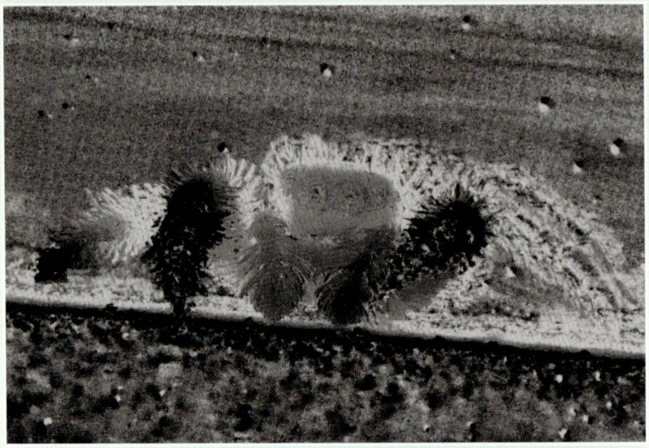

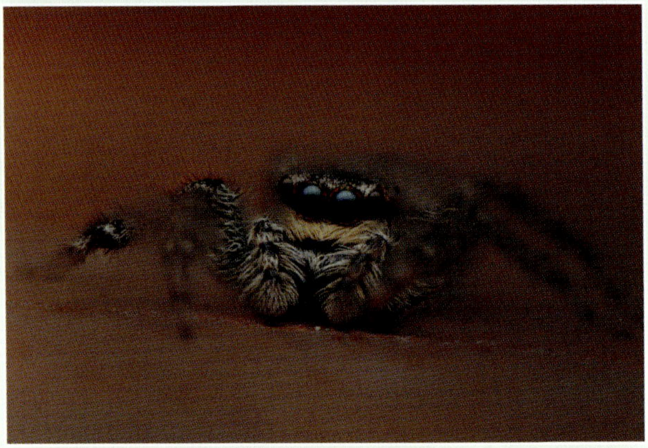

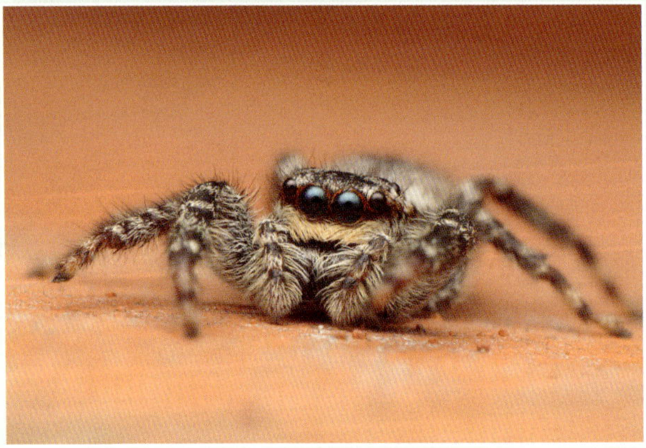

6

Focus Stacking und Bokeh

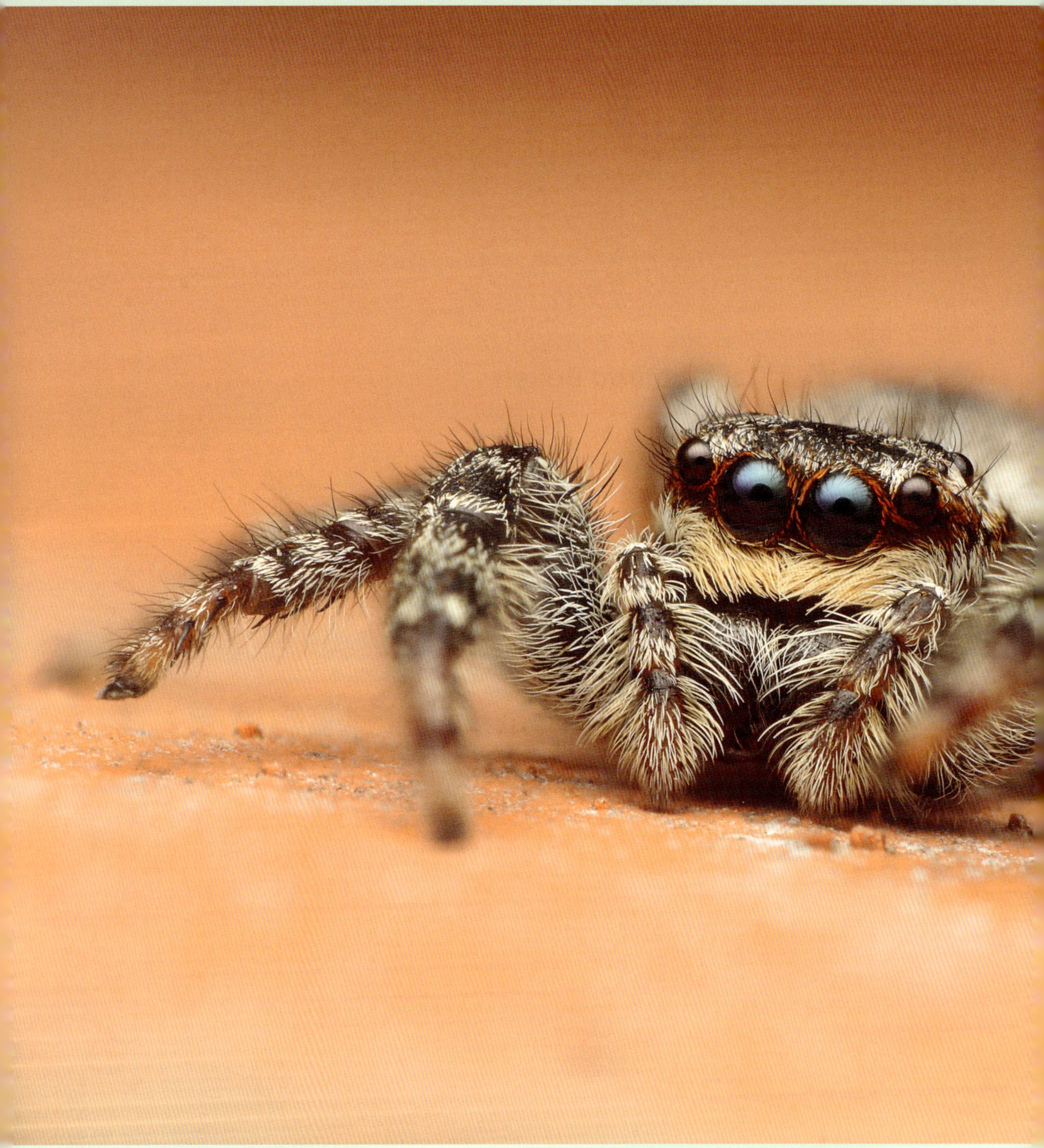

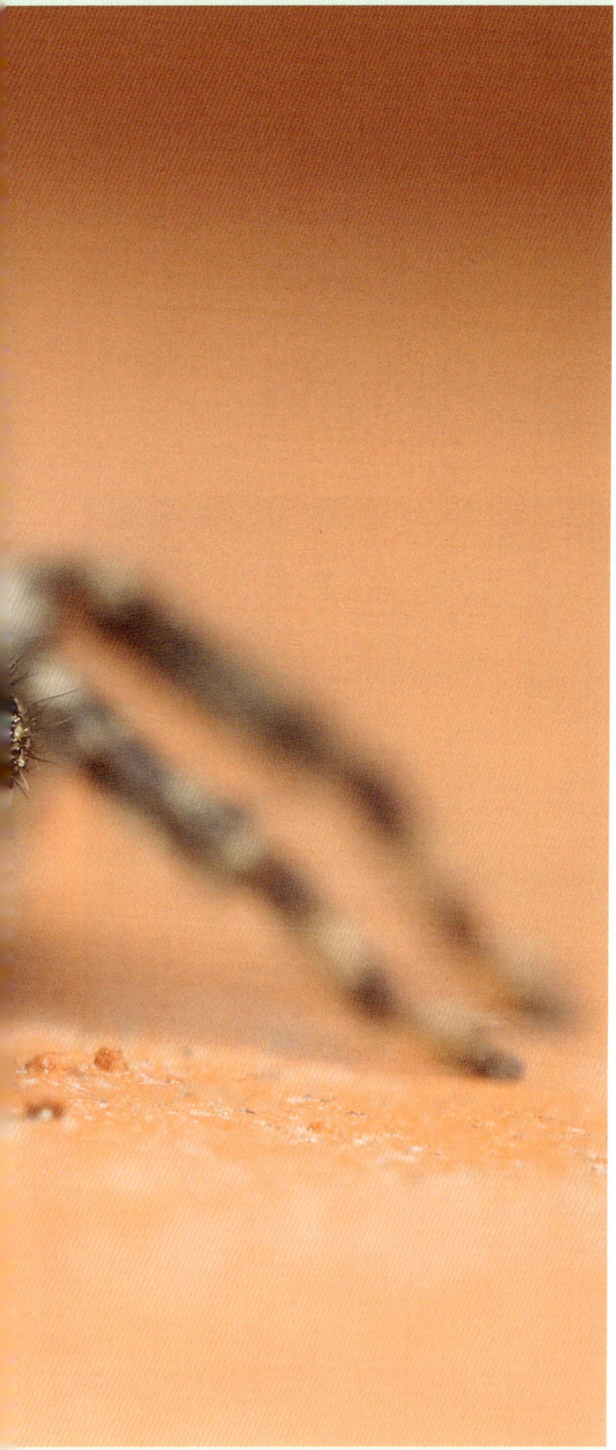

Damit Sie die bei Ihren Fototouren entstandenen Bilderserien in voller Pracht präsentieren können, müssen diese am Computer bearbeitet werden. Dazu gehört vor allem das Zusammenfügen der Bilder per Focus Stacking. Ich nutze dazu ausschließlich Adobe Photoshop CC. Ab Version Adobe Photoshop CS5 ist eine Focus-Stacking-Funktion an Bord, mit der sich bei geeigneten Bilderserien gute Ergebnisse erzielen lassen.

Automatischer Focus Stack

Für einen automatischen Focus Stack darf es innerhalb der Bilderserien am besten keine oder nur sehr wenige Bewegungen des Motivs geben. Bei größeren oder vielen Bewegungen werden entsprechend viele Stacking-Fehler erzeugt. Je nachdem, wie viele Fehler im Bild zu sehen sind, kann nun dieses Zwischenergebnis zur weiteren Bearbeitung verwendet werden. Bei zu vielen Fehlern im Bild sollten Sie jedoch den Focus Stack am besten komplett manuell durchführen.

Das gelungene Focus Stacking einer Rindenspringspinne.

Achten Sie darauf, dass die dafür verwendete Bilderserie nicht zu groß ist. Aufnahmeserien von maximal 20 Bildern eignen sich am besten für das manuelle Focus Stacking.

Mit Photoshop CC

1. Klicken Sie zuerst im Photoshop-Menü *Datei* auf den Befehl *Skripten/Dateien in Stapel laden*.

2. Nachdem Sie den Stapel aller Einzelbilder geladen haben, wählen Sie die Bilder aus, die Sie stacken möchten, aktivieren danach die Option *Quellbilder nach Möglichkeit automatisch ausrichten* und bestätigen das Ganze mit *OK*.

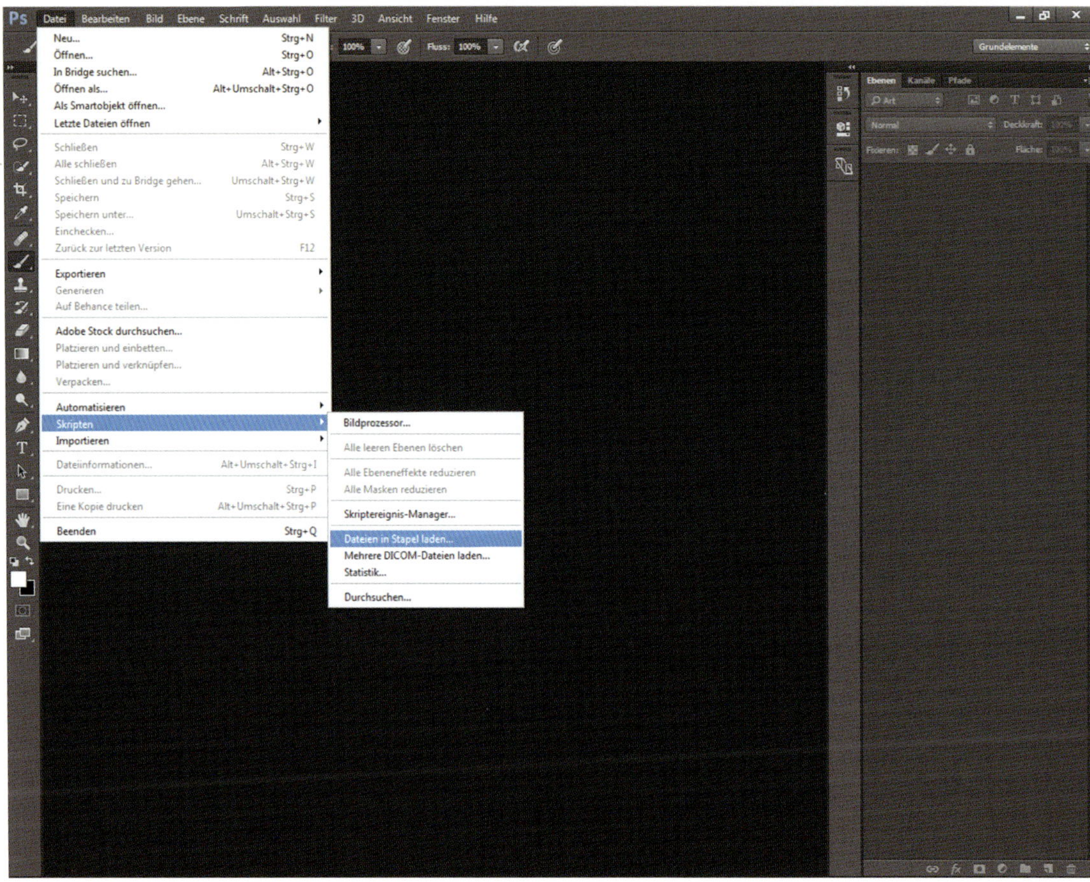

Laden der Einzelbilder.

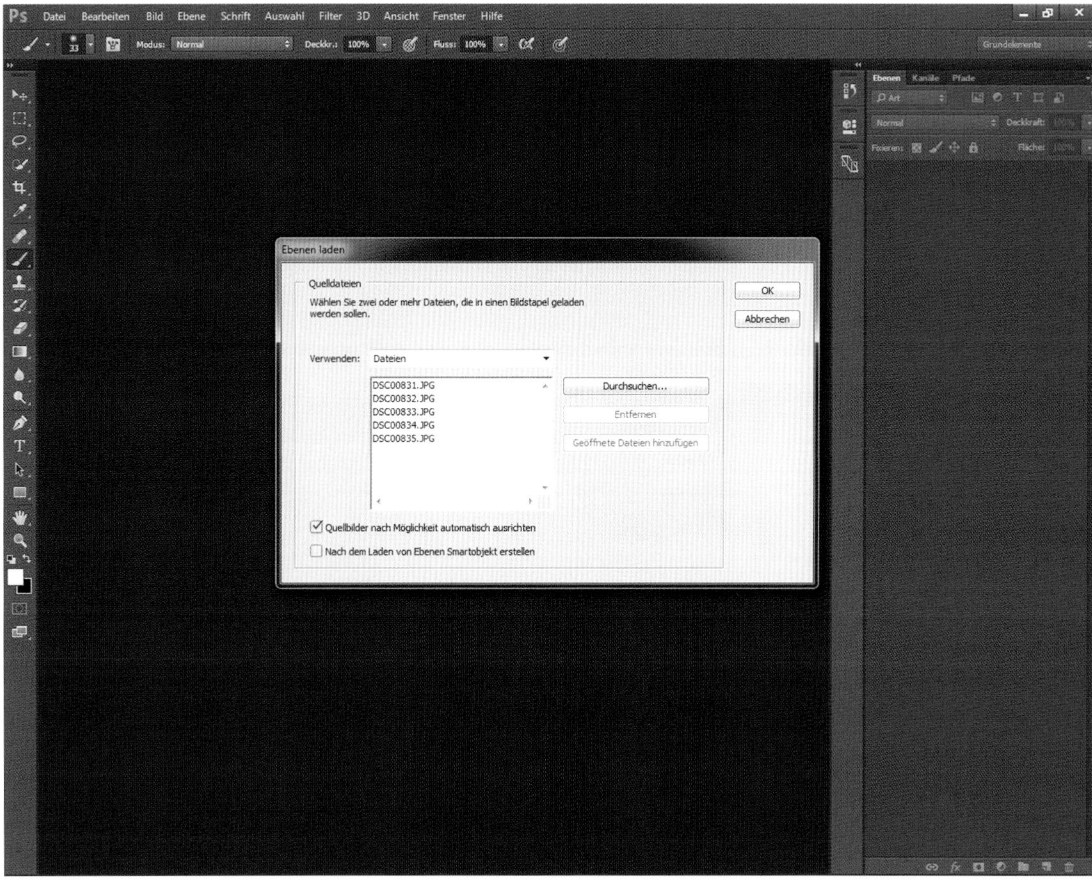

Bilder laden und ausrichten.

3. Nun wählen Sie mit der Tastenkombination Alt+Strg+A im Bedienfeld *Ebenen* alle Ebenen aus. Oder klicken Sie, sofern die unterste Ebene bereits markiert ist, bei gedrückter ⇧-Taste einfach die oberste Ebene an, und alle Ebenen sind ausgewählt.

4. Öffnen Sie jetzt das Menü *Bearbeiten* und wählen Sie den Befehl *Ebenen automatisch überblenden* aus. Es öffnet sich das Dialogfeld *Ebenen automatisch überblenden*.

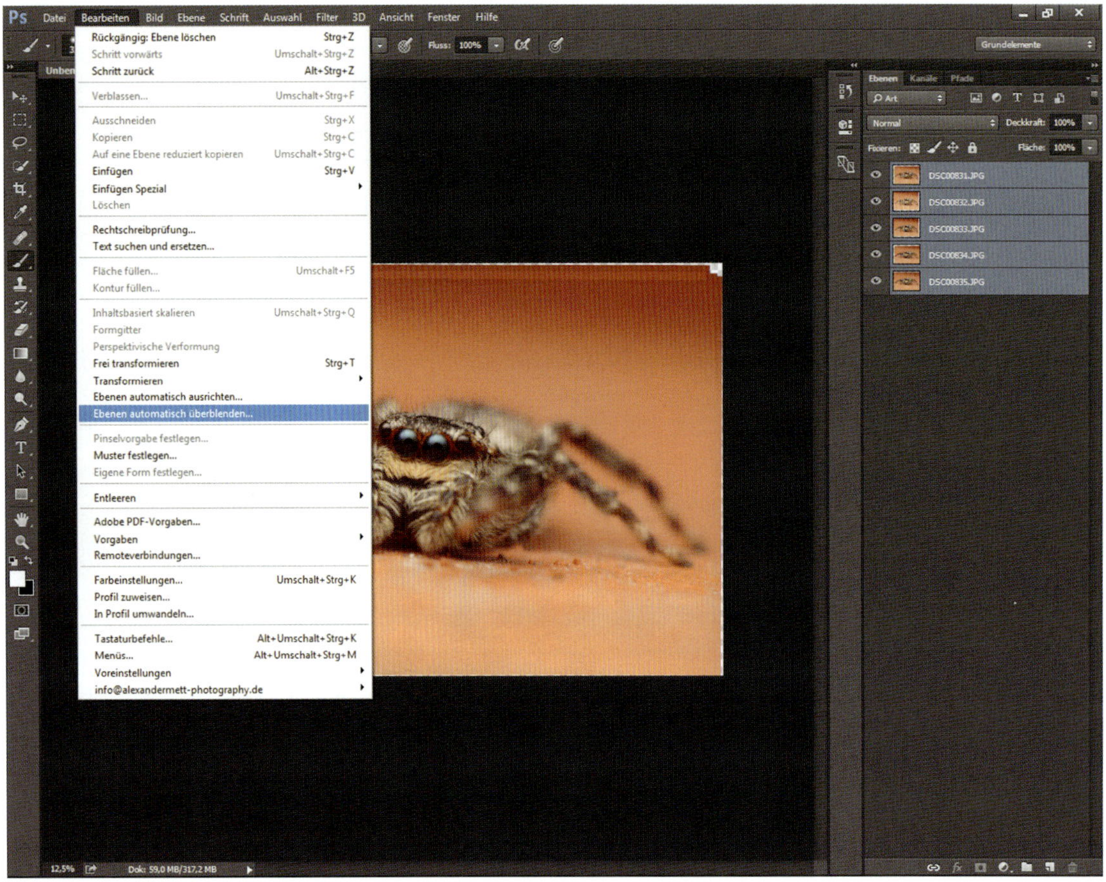

Auswählen aller Ebenen.

Stacking-Fehler

Neben den „normalen" Focus-Stacking-Fehlern, die durch Bewegungen des Motivs entstehen und sich in Form von Dopplungen von z. B. Beinen oder Fühlern äußern, gibt es noch eine zweite Art von Bildfehlern. Bei diesen Stacking-Fehlern ziehen sich schmale Unschärfestreifen durchs Bild, entweder waagerecht oder senkrecht. Sie befinden sich normalerweise in den Randbereichen des Bilds. Wenn man nun bei den Einzelaufnahmen im Bilderordner nachschaut und diese Bereiche dort bei irgendeinem Bild scharf zu sehen sind, weiß man, dass es sich um diese Art von Stacking-Fehlern handelt, da ja die Schärfe nicht bilderseitig fehlt. Diese Fehler werden wohl durch eine zu geringe Rechenleistung des PCs in diesem Moment verursacht. Obwohl ich das JPEG-Format verwende und auch einen schnellen PC besitze, treten diese Stacking-Fehler bei großen Bilderserien immer wieder mal auf. Ausbessern lassen sich die Fehler in Photoshop z. B. mit dem Stempelwerkzeug oder mit der manuellen Focus-Stacking-Variante.

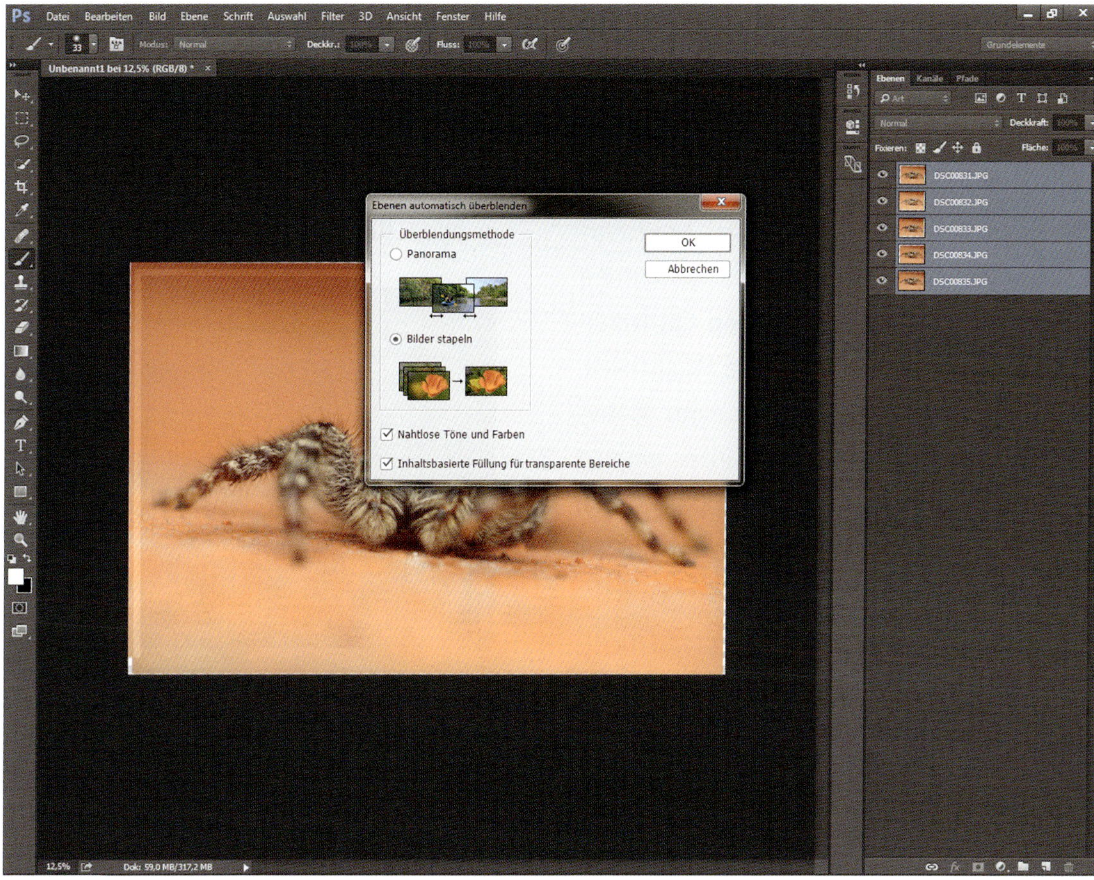

Einstellen der Überblendungsmethode.

5. Im Dialogfeld *Ebene automatisch überblenden* aktivieren Sie jetzt die Option *Bilder stapeln* und markieren anschließend das Kontrollfeld *Nahtlose Töne und Farben*.

Dann noch ein letzter Klick auf den *OK*-Button, und Photoshop verrechnet alle Bilder zu einem Focus Stack.

Mit Affinity Photo

Affinity Photo aus der britischen Softwareschmiede Serif ist die Softwareüberraschung schlechthin. Sie hat einfach alle Werkzeuge, die Fotografen und Bildbearbeiter brauchen, und positioniert sich als direkter Konkurrent zu Mastermind Adobe Photoshop CC. Natürlich bietet auch Affinity Photo die Möglichkeit, mit mehreren Einzelaufnahmen eines Motivs mit unterschiedlichen Fokusdistanzen ein Bild zu „rendern", das nach dem Stacking über eine wesentlich größere Schärfentiefe verfügt als die Einzelbilder.

1. Klicken Sie zuerst im Affinity-Photo-Menü *Datei* auf den Befehl *Neue Fokuskombination*.

2. Es öffnet sich das Fenster *Neue Fokuskombination*. Hier klicken Sie auf den Button *Hinzufügen*, wodurch der *Finder* aktiviert wird. Im *Finder* öffnen Sie den Ordner, der die Einzelbilder für das Stacking enthält.

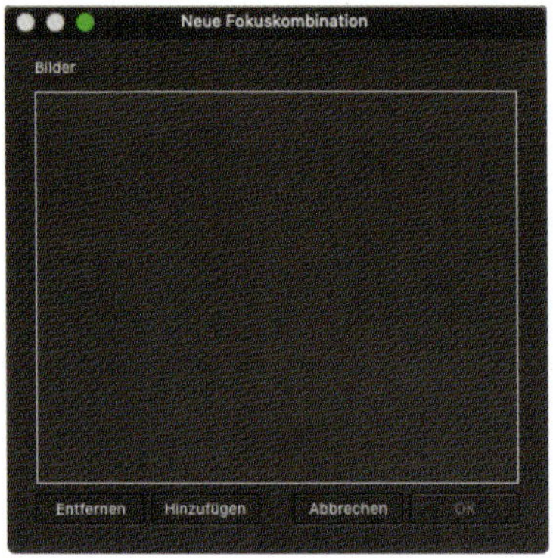

Das noch leere Fenster Neue Fokuskombination.

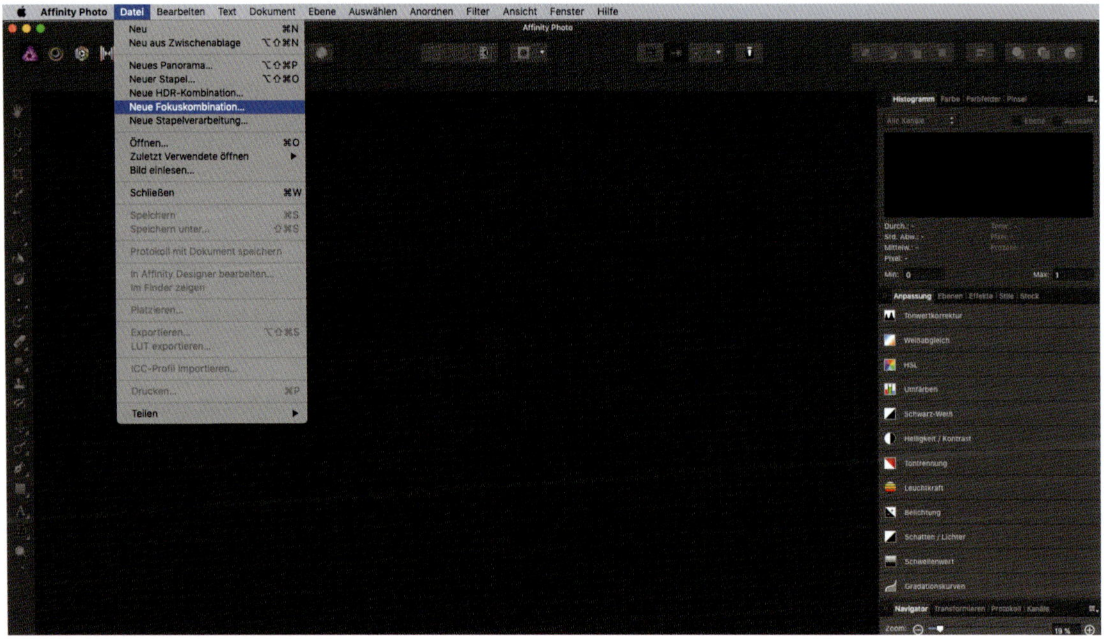

Den Befehl Neue Fokuskombination wählen.

3. Markieren Sie jetzt im *Finder* die für den Stack benötigen Einzelbilder und bestätigen Sie dann die Auswahl mit Klick auf *Öffnen*.

Die Einzelbilder für den Stack.

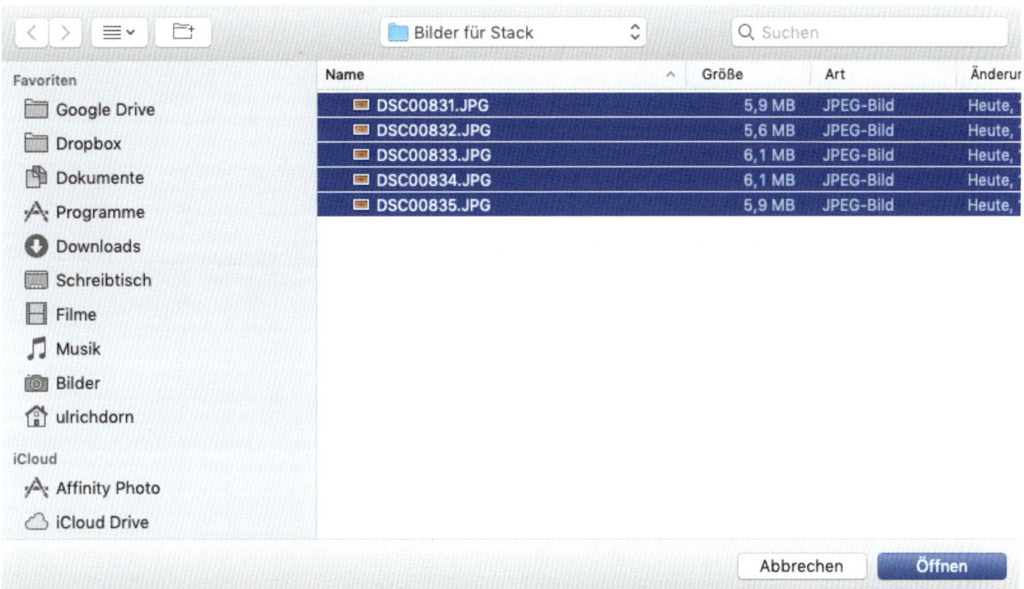

4. Die im Finder markierten Bilder werden nun im Fenster *Neue Fokuskombination* angezeigt. Möchten Sie jetzt noch ein Bild aus dem Stapel löschen, markieren Sie das entsprechende Bild und klicken auf den Button *Entfernen*. Starten Sie dann das automatische Stacking mit Klick auf den Button *OK*.

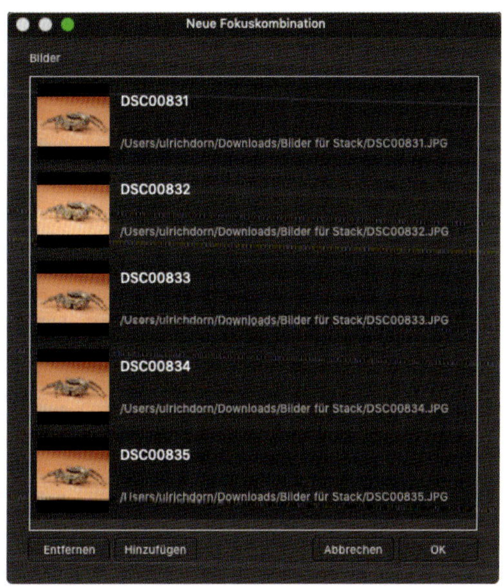

Der Bilderstapel, aus dem das neue scharfe Bild gerechnet wird.

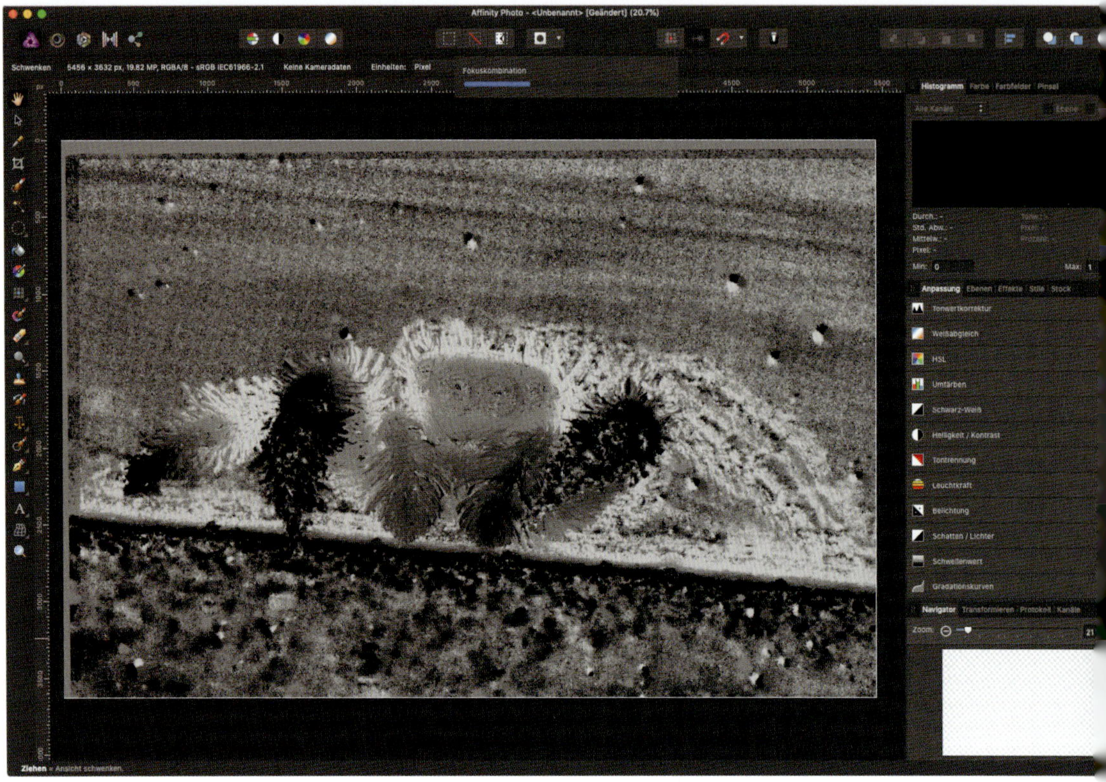

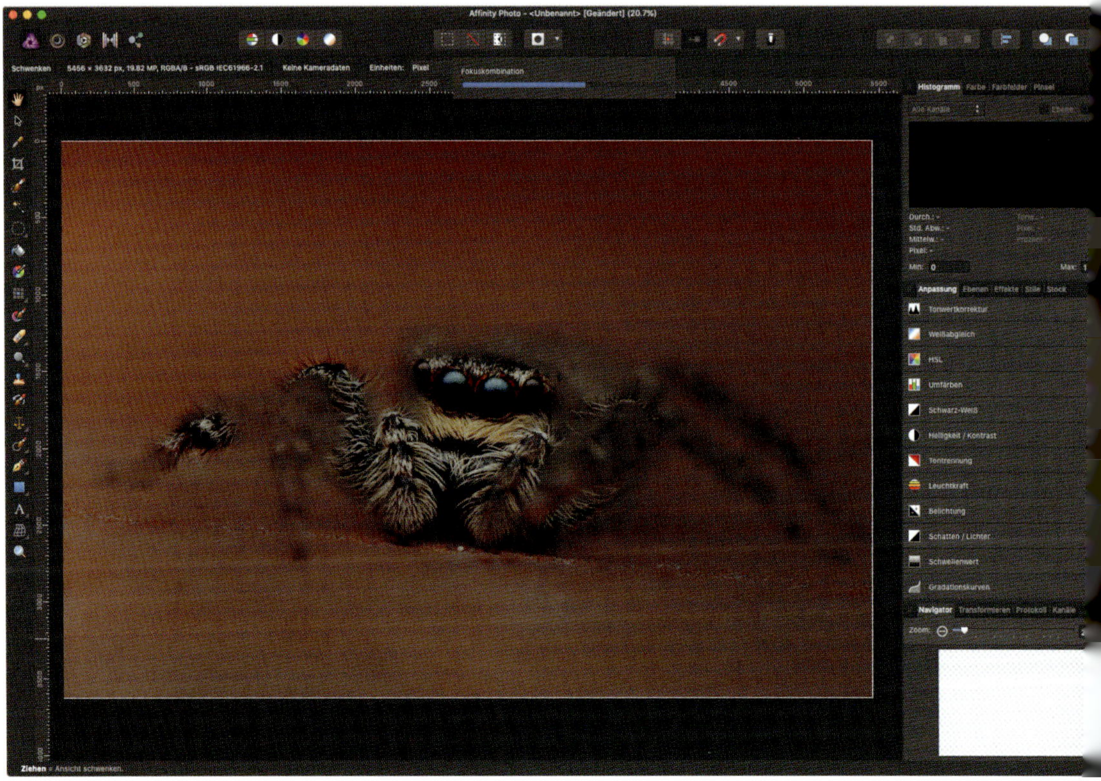

Die beiden Abbildungen zeigen zwei Ausschnitte aus dem Verrechnungsprozess der Fokuskombination.

5. Nach dem Klick auf *OK* beginnt der Verrechnungsprozess. Dabei entsteht die *Fokuskombination* aus den Einzelbildern exakt aus den Bereichen mit den meisten Details – auf denen der Fokus der Kamera lag –, und diese werden zu einem neuen Bild zusammengesetzt. Den Verrechnungsprozess können Sie bei Affinity Photo wunderbar mitverfolgen, wie die folgenden Abbildungen zeigen.

6. Nach nur wenigen Sekunden ist der automatische Focus Stack fertig und kann zur weiteren Bearbeitung gespeichert oder exportiert werden.

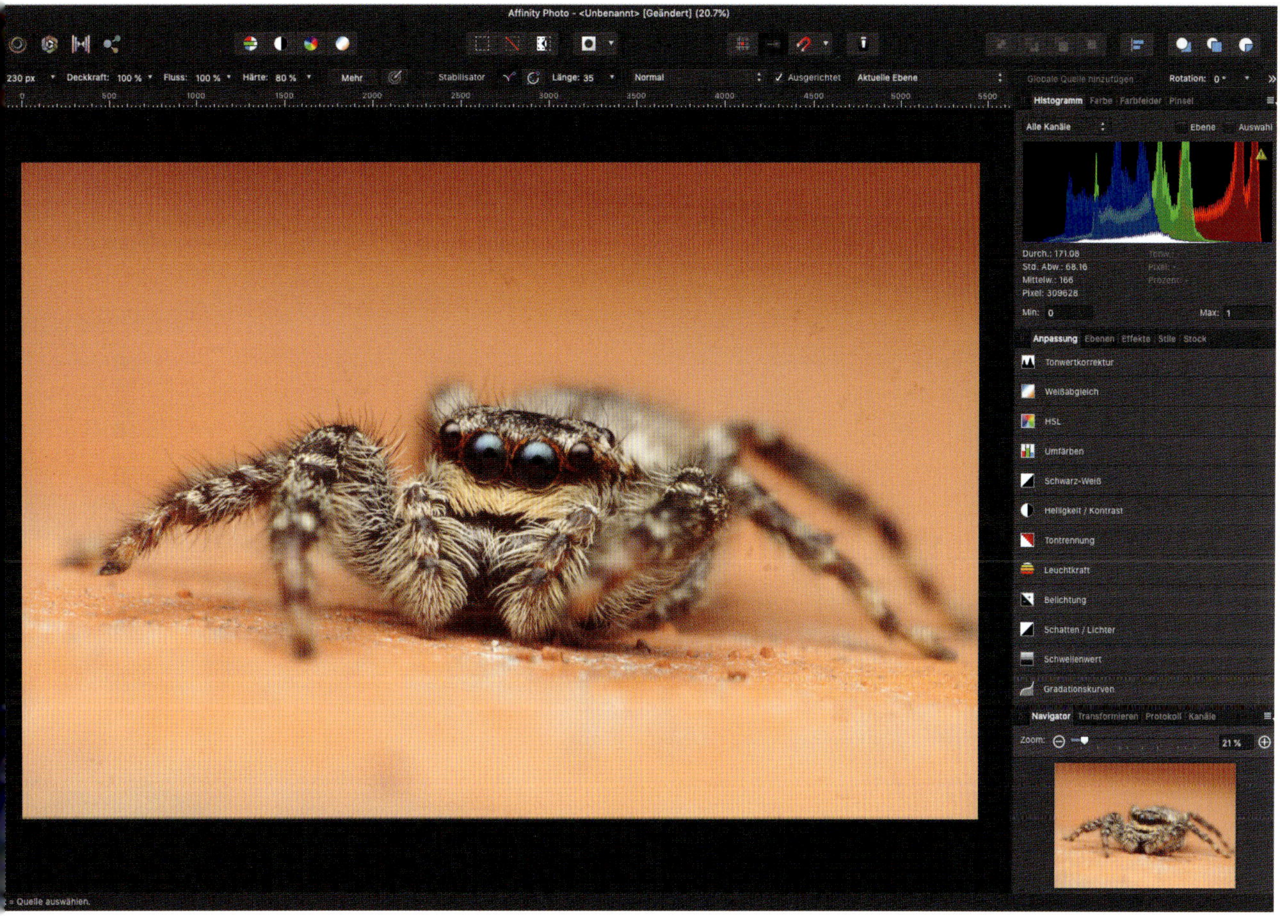

Der fast fertige Focus Stack mit Affinity Photo. Lediglich ein paar Staubflecken müssen noch aus dem Bild entfernt werden.

Manueller Focus Stack

Für das manuelle Focus Stacking wird in dem Fall das Ergebnis des automatischen Focus Stacking als Grundlage zur weiteren Bearbeitung benutzt.

Mit Adobe Photoshop

Das Motiv für dieses Beispiel ist eine Schlupfwespe, die sich bei der Aufnahme auch überaus ruhig verhalten hat. Leider war es am Gartenzaun, an dem ich die Schlupfwespe aufgenommen habe, sehr windig, und so sind einige Bewegungen bei den Fühlern und Beinen entstanden. Da diese Bereiche aber bei den Einzelbildern scharf abgebildet sind, hat Photoshop die Bilder beim automatischen Stacking doppelt eingefügt, denn das Programm blendet bei dem Vorgang immer die scharfen Bereiche ein und erkennt nicht, ob es sich um doppelte Körperpartien handelt.

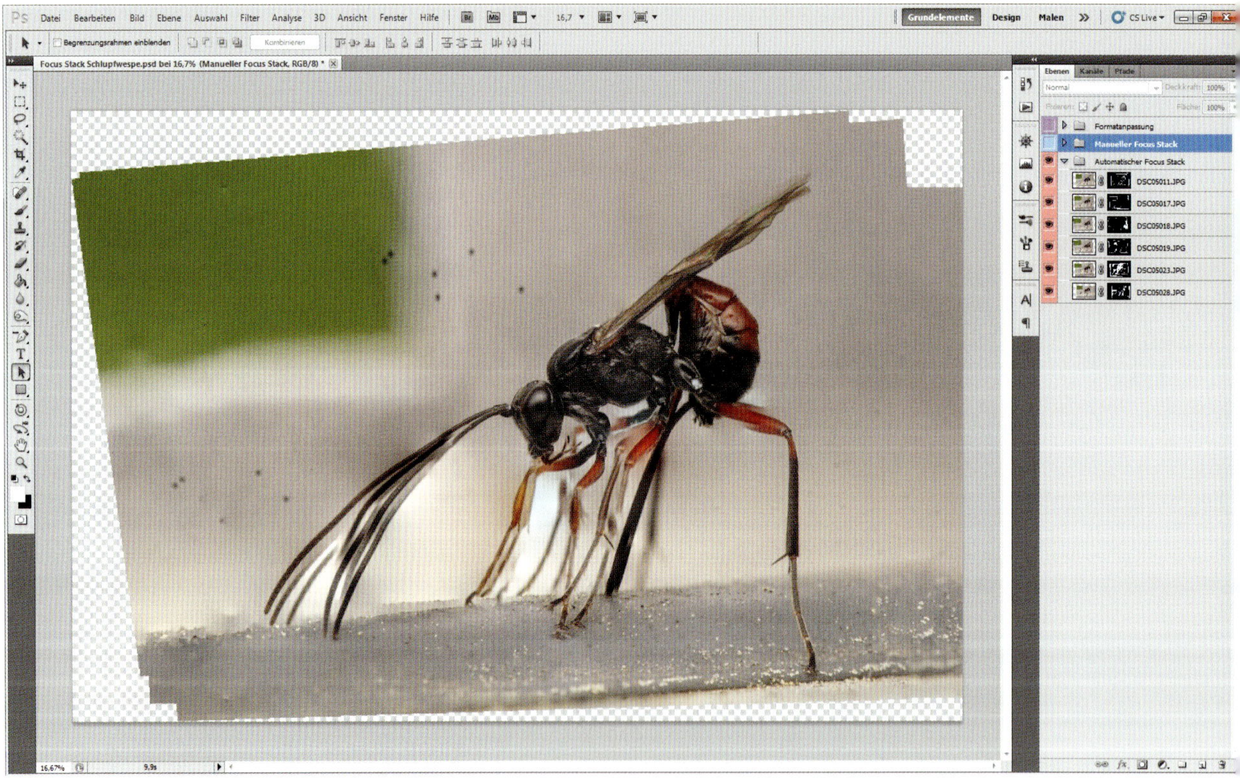

Die Stacking-Fehler bei der Schlupfwespe sind gerade noch so in Ordnung, es sind also nicht zu viele oder welche, die zu schwer auszubessern wären.

1. Im ersten Schritt schauen Sie in Ihren Bilderordner und suchen die Bilder heraus, bei denen diese Bereiche jeweils gut aussehen und vor allem scharf sind. Diese Bilder legen Sie dann als einzelne Ebenen über das fehlerhafte Focus-Stacking-Ergebnis und erzeugen eine invertierte bzw. schwarze Maske für jede Ebene.

2. Vor dem Anlegen der Maske richten Sie die Ebene so aus, dass diese mit der unteren Ebene an der auszubessernden Stelle deckungsgleich mit der unteren Hauptebene ist.

   Dazu reduzieren Sie die Deckkraft der neuen Ebene auf ca. 50 % und verschieben dann die Ebene so, dass es passt. Manchmal ist es auch nötig, die Ebene ein wenig zu drehen. Das machen Sie in Photoshop mit der Funktion *Frei transformieren* oder mithilfe der Tastenkombination Strg+T.

3. Das Erzeugen einer schwarzen Maske geschieht, indem Sie zuerst eine weiße Maske anlegen und dann bei aktiver Maske gleichzeitig Strg+I drücken.

   Alternativ dazu können Sie auch direkt beim Anlegen der Maske die Alt-Taste drücken. Danach ist erst mal die Ebene ausgeblendet. Sie könnten auch eine weiße Maske verwenden, aber meistens ist es so, dass mehr ausgeblendet als eingeblendet werden muss. Eine weiße Maske blendet ein, eine schwarze Maske blendet aus.

4. Im nächsten Schritt greifen Sie zum Pinsel-Werkzeug und stellen die *Deckkraft* auf *100 %* und die *Härte* auf *0* ein. Dann malen Sie, wie die Abbildung zeigt, mit dem Pinsel bei aktiver Maske den Bereich der neuen Ebene ins Bild, um den Stacking-Fehler auszubessern.

5. Da durch den automatischen Focus Stack das Bildformat komplett verändert wurde, stellt man am besten nach dem manuellen Focus Stack das originale Bildformat wieder her, indem man ein Originalbild als neue Ebene darüberlegt und den Focus Stack mit dem Freistellungswerkzeug auf dieses Format schneidet.

Das manuelle Focus Stacking ist Fluch und Segen zugleich. Segen, weil damit alles möglich ist, im Buch sind sogar Fressszenen von Sandlaufkäfern zu sehen, die sich bei jedem einzelnen Bild bewegt haben. Wenn Sie aber bereit sind, wirklich viel Zeit in die Bildbearbeitung zu investieren, können Sie noch so schwere Bilderserien zusammenfügen, und genau der Zeitfaktor ist auch der Fluch dabei.

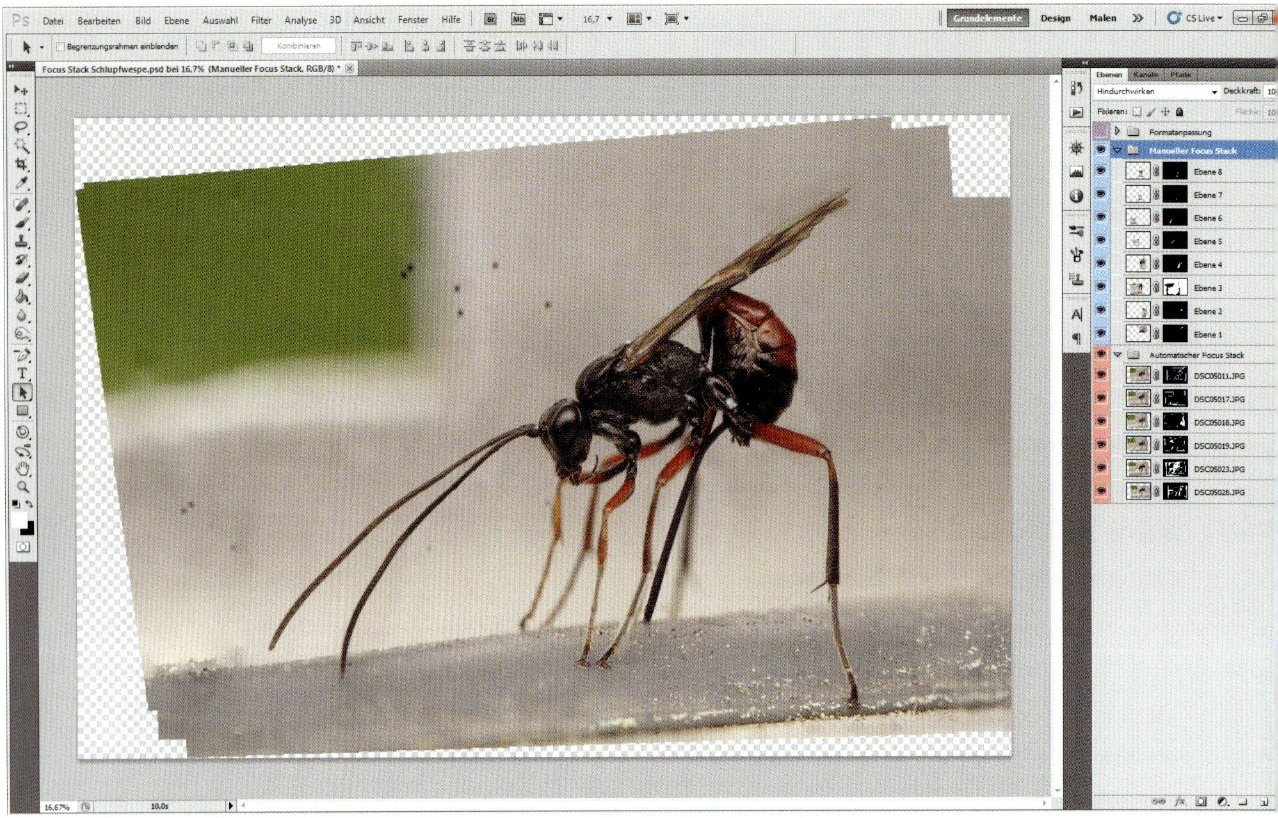

Im Beispiel der Schlupfwespe habe ich das mit insgesamt acht neuen Ebenen gemacht und dann einen fehlerfreien Focus Stack als Ergebnis bekommen.

Ich habe in den letzten sechs Jahren nicht nur Tausende Stunden mit Fototouren verbracht, sondern auch genauso viel Zeit mit der Bildbearbeitung. Während die Fototouren eigentlich immer noch viel Spaß machen, kann ich das für die Bildbearbeitung nicht mehr wirklich behaupten. Aber keine Angst, bis es bei mir so weit war, hatte ich schon einige Hundert Bilder fertig bearbeitet. Für manche davon habe ich deutlich über zehn Stunden, verteilt auf mehrere Tage, benötigt.

Das ist aber nicht unbedingt die Regel. Je nachdem, wie fit man in der Bildbearbeitung ist und wie leicht eine Bilderserie zu stacken ist, kann man auch mal mit etwa einer Stunde davonkommen. Für den Focus Stack der Schlupfwes-

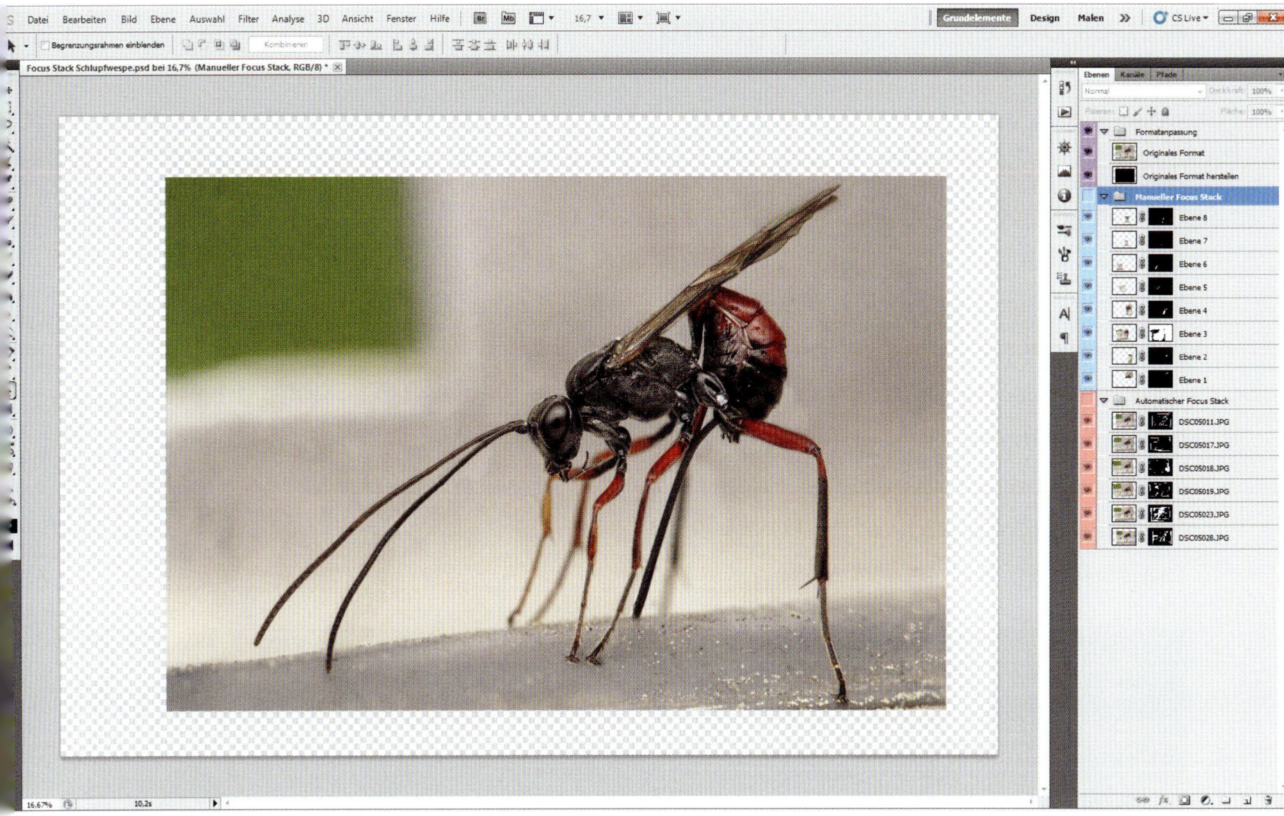

Weitere Arbeitsschritte im Rahmen der „normalen" Bildbearbeitung, wie das Entfernen von Blendenflecken, Kontrastoptimierung oder das Bearbeiten von Schärfe und Farben, sind in diesem Bildbeispiel bereits erledigt und werden daher nicht weiter erläutert.

pe habe ich knapp zwei Stunden benötigt, was noch vertretbar ist, wenn solche Ergebnisse dabei herauskommen.

Focus Stacking lässt sich natürlich nicht nur mit Photoshop betreiben. Da ich diese Software aber schon seit vielen Jahren nutze und mit Photoshop auch alles habe, was ich für eine perfekte Bildoptimierung benötige, ist es für mich beim Focus Stacking die erste Wahl.

Weitere (spezielle) Focus-Stacking-Programme sind:

- Affinity Photo (54,99 Euro)
- Helicon Focus Pro (ca. 140,00 Euro)
- FOCUS projects 4 professional (99,00 Euro)
- Zerene Stacker Professional Edition (ca. 250,00 Euro)
- Combine ZP (kostenlos)

Neues Bokeh als Hintergrund

Wünschen Sie sich einen neuen Bokeh-Hintergrund und haben Sie bereits einige Bokeh-Aufnahmen gemacht, starten Sie mit dem Einbauen einer passenden Aufnahme in eine extreme Makroaufnahme. Dazu nutzen Sie eine Bildbearbeitungssoftware wie Adobe Photoshop CC oder Affinity Photo. Das geht sehr einfach ohne aufwendiges Freistellen des Motivs.

Wenn ich bei einem Makrobild ein Bokeh einfügen möchte, mache ich das direkt nach dem Focus Stacking.

1. Zuerst wird die Bokeh-Aufnahme in Adobe Photoshop CC als neue Ebene über das Hauptbild gelegt, und als Ebenenfüllmethode wird *Weiches Licht* eingestellt. In manchen Fällen passt auch noch der Modus *Ineinanderkopieren*, wobei dadurch die Kontraste und die Sättigung der Farben wesentlich stärker ausfallen. Daher verwende ich hier meistens den Modus *Weiches Licht*.

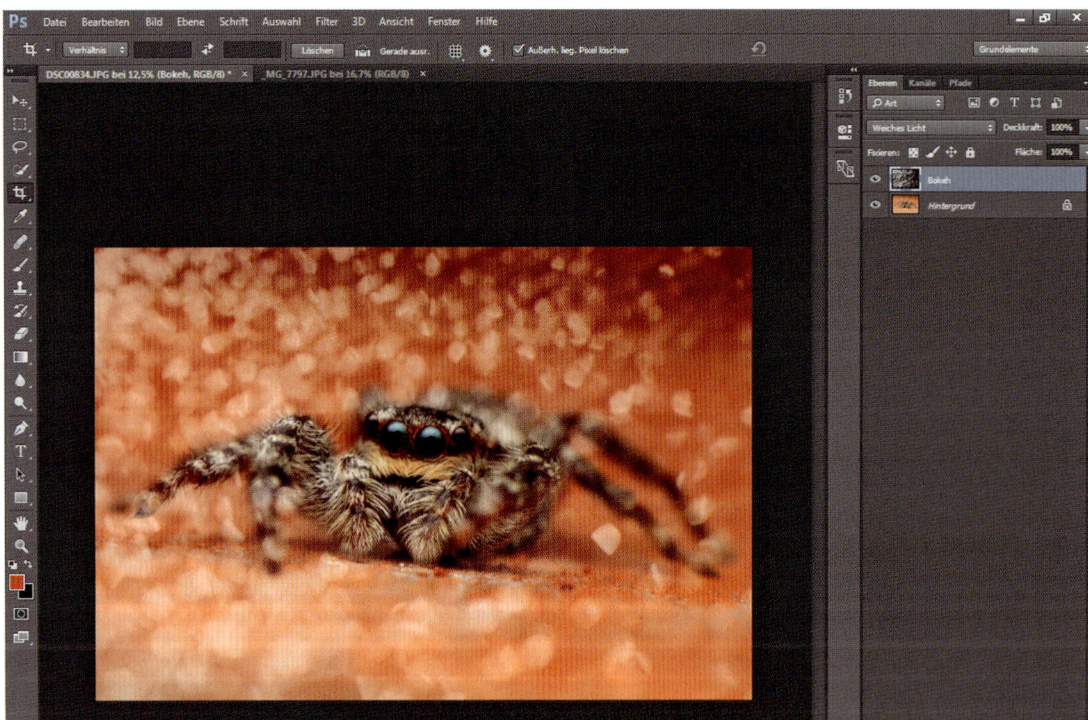

Bokeh-Aufnahme als neue Ebene einfügen.

2. Als Nächstes legen Sie eine Maske für die Bokeh-Ebene an. Je nachdem, was nun größer ist, der Bereich mit dem Bokeh oder der mit dem Motiv, können Sie die Maske auch mit invertieren oder gleich beim Erstellen der Maske die Alt-Taste gedrückt halten.

3. Wenn Sie sich dafür entscheiden, das gesamte Bild zu maskieren (schwarze Maske), malen Sie nun mit dem Pinsel-Werkzeug und weißer Farbe die Bildbereiche aus, an denen das Bokeh zu sehen sein soll.

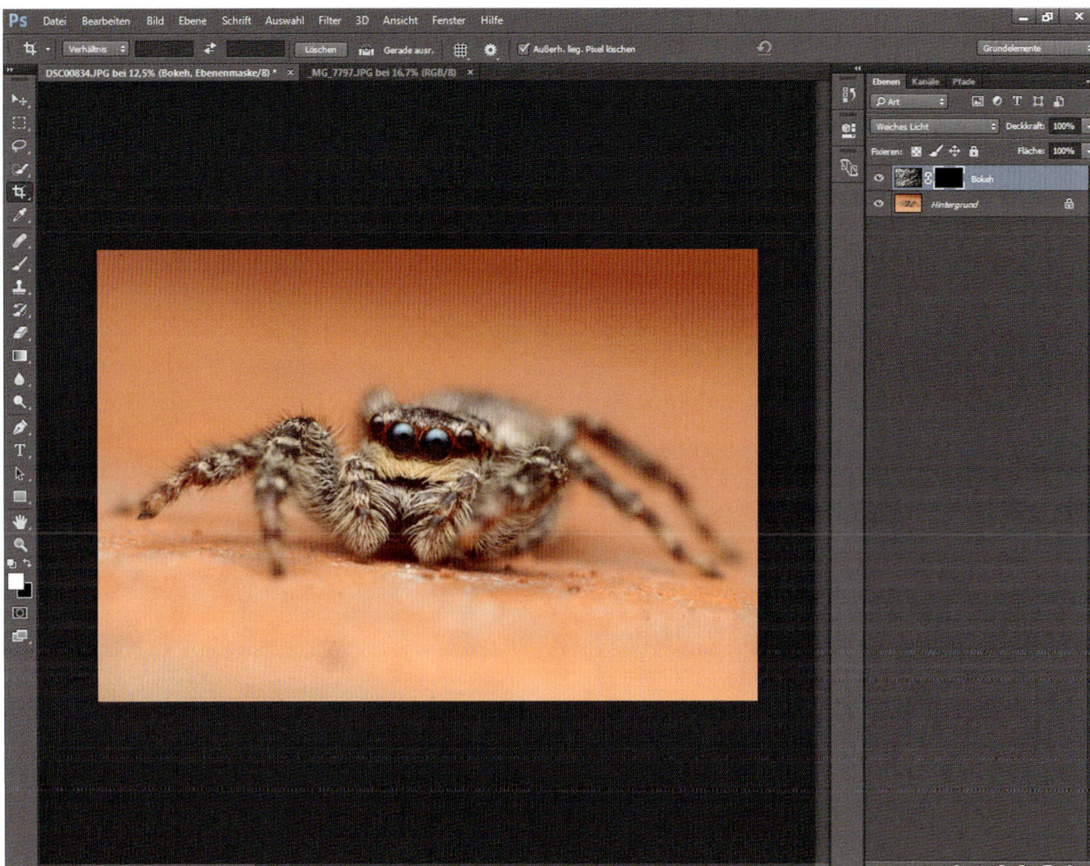

Maske für die neue Bokeh-Ebene anlegen.

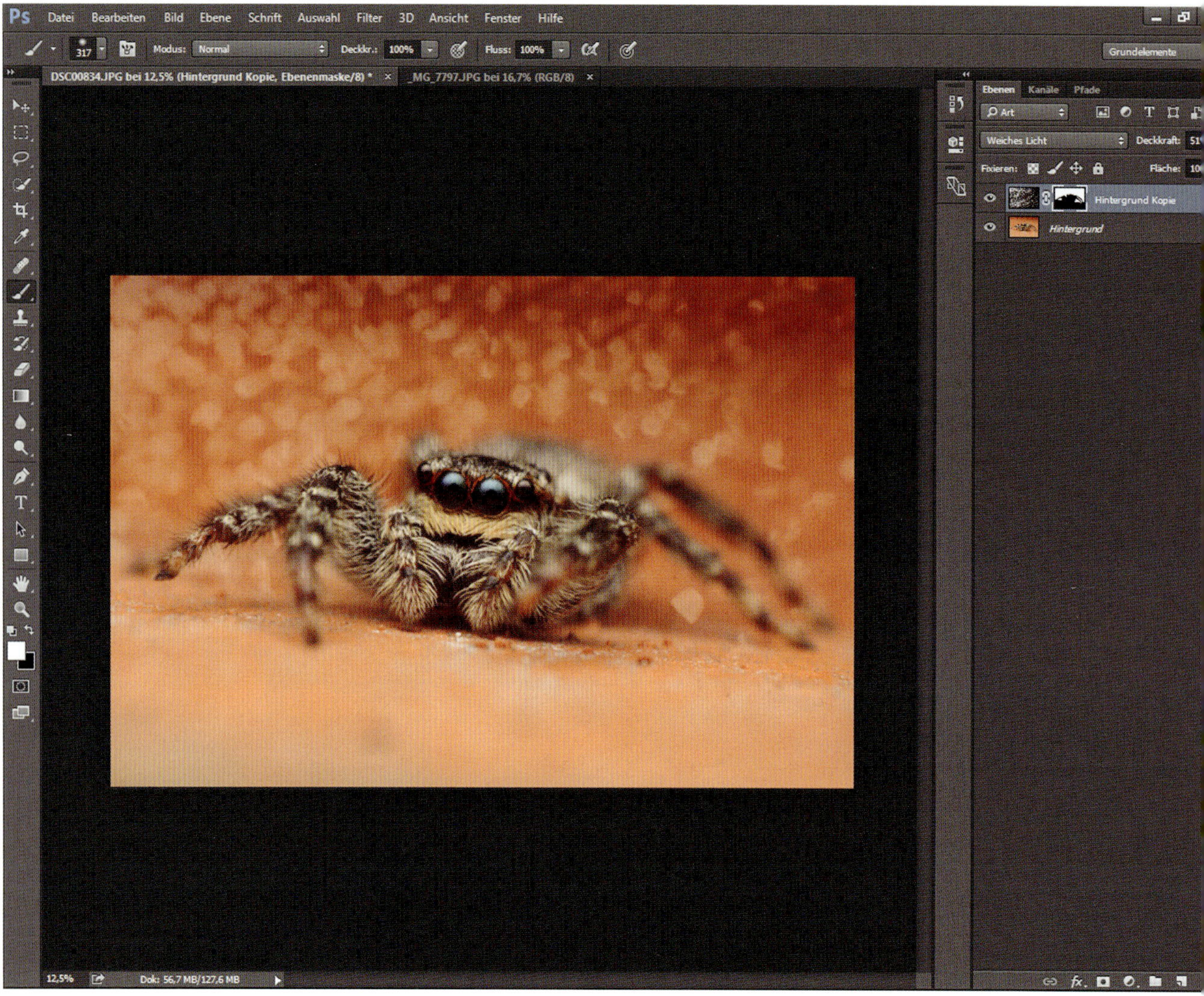

Das Bild mit einem neuen Bokeh.

Alternativer Bearbeitungstipp

Falls das Bokeh-Bild selbst mit der Füllmethode *Weiches Licht* zu unnatürlich wirkt und die Farben zu sehr leuchten bzw. einfach nicht zum Hauptbild passen, erstellen Sie eine Einstellungsebene des Typs *Farbton/Sättigung* und wenden diese als Schnittmaske auf die Bokeh-Ebene an: mit gedrückter Alt-Taste zwischen die Einstellungsebene und die Bokeh-Ebene klicken. Jetzt können Sie die Sättigung der Bokeh-Ebene reduzieren oder auch den Farbton so anpassen, dass es zum Bild passt.

Wenn das Bokeh etwas dynamischer wirken soll, können Sie die Weichzeichnungsfilter *Bewegungsunschärfe* und *Radialer Weichzeichner* dafür verwenden. Sie können die Filter bereits anwenden, bevor Sie die Maske für die Bokeh-Ebene anlegen, oder auch danach. Um Änderungen an der Bokeh-Aufnahme mit schon erstellter Maske durchzuführen, muss die Aufnahme rechts im *Ebenen*-Bedienfeld einmal angeklickt werden, dann ist sie aktiv und kann z. B. mit einem Weichzeichnungsfilter bearbeitet werden.

Buchempfehlung und Links

Für die Bestimmung von Spinnen ist „Der Kosmos Spinnenführer" ein hervorragendes Nachschlagewerk. Hier werden sehr viele einheimische Spinnenarten gezeigt und erklärt.

Ich nutze für die Bestimmung von Insekten sehr gern die Webseite *Insektenbox.de*.

Wenn Sie speziell über Raubfliegen mehr erfahren möchten, sind der Atlas für Raubfliegen (*asilidae.de*) sowie das Buch „Die Raubfliegen Deutschlands" bestens geeignet.

Haben Sie schon eine ungefähre Ahnung, um welche Spinne es sich handeln könnte, ist die Webseite *wiki.arages.de* eine gute Anlaufstelle zur weiteren Bestimmung.

Bei Facebook gibt es auch viele Spinnen- und Insektenbestimmungsgruppen. Dort laden Sie ein Bild des unbekannten Motivs mit Angaben wie Fundort und Fundzeit hoch und bekommen dann oft schon innerhalb weniger Minuten die passende Antwort.

Index

D

E

F

G

H

I

J

K

L

M

T

U

V

W

Z

Bildnachweis

Alle Bilder in diesem Buch wurden von **Alexander Mett** erstellt.

Ausgenommen der Pressefotos: S. 14 Sony. S. 18-19 Sony.